Faire œuvre à deux

Autres titres de la collection

Alain Paiement. Bleu de bleu
Christine Bernier (dir.)

Écrans motiles
Sylvain Campeau

Le devenir-femme des historiens de l'art. Michael Fried et Georges Didi-Huberman
Katrie Chagnon

Stratégies figuratives dans l'art juif I et II
I. *Étude de trois haggadot sépharades du XIVe siècle*
II. *Autour de Moïse*
Olga Hazan

Oser sa voix. La galerie Roger Bellemare (1971-2021)
Laurier Lacroix

Edmund Alleyn. Biographie
Gilles Lapointe

François-Marc Gagnon et l'art au Québec. Hommage et parcours
Gilles Lapointe et Louise Vigneault (dir.)

Art, publics et cultures numériques. Flux d'images et vie des œuvres
Suzanne Paquet et Alexandrine Théorêt (dir.)

Faire œuvre à deux
Le Livre surréaliste au féminin

Andrea Oberhuber

Les Presses de l'Université de Montréal
PRESSES UNIVERSITAIRES DE RENNES

Tous les efforts ont été faits pour retrouver les propriétaires et les ayants droit des œuvres picturales et archives photographiques reproduites dans cet ouvrage. En cas d'erreurs ou d'omissions, veuillez communiquer avec l'éditeur.

Mise en pages : Yolande Martel

*Catalogage avant publication de Bibliothèque et Archives nationales du Québec
et Bibliothèque et Archives Canada*

Titre : Faire œuvre à deux : le Livre surréaliste au féminin / Andrea Oberhuber.

Nom : Oberhuber, Andrea, auteure.

Collection : Collection « Art+ ».

Description : Mention de collection : Art+ | Comprend des références bibliographiques.

Identifiants : Canadiana (livre imprimé) 20230054285 | Canadiana (livre numérique) 20230054293 | ISBN 9782760648265 | ISBN 9782760648272 (PDF) | ISBN 9782760648289 (EPUB)

Vedettes-matière : RVM : Surréalisme (Littérature)—Histoire et critique. | RVM : Écrits de femmes—20e siècle—Histoire et critique. | RVM : Livres d'art—Histoire—20e siècle. | RVM : Art et littérature.

Classification : LCC PN56.S87 O24 2023 | CDD 809/.91163—dc23

Dépôt légal : 3ᵉ trimestre 2023
Bibliothèque et Archives nationales du Québec

© Les Presses de l'Université de Montréal, 2023
© Presses Universitaires de Rennes, 2023

Cet ouvrage a été publié grâce à une subvention de la Fédération des sciences humaines de concert avec le Prix d'auteurs pour l'édition savante, dont les fonds proviennent du Conseil de recherches en sciences humaines du Canada.

Les Presses de l'Université de Montréal remercient de leur soutien financier le Fonds du livre du Canada, le Conseil des arts du Canada et la Société de développement des entreprises culturelles du Québec (SODEC).

IMPRIMÉ AU CANADA

Für Theo, der mit Claude Cahuns, (Marcel) Moores
und Frida Kahlos Bildern seit den
frühen Kindheitstagen vertraut ist.

REMERCIEMENTS

F RUIT DE PLUSIEURS ANNÉES de recherches subventionnées par le Conseil de recherches en sciences humaines (CRSH) qui m'ont amenée à travailler dans diverses bibliothèques de livres rares ou collections spéciales (Bibliothèque nationale de France, Bibliothèque littéraire Jacques Doucet, Beinecke Rare Book and Manuscript Library de l'Université Yale, Houghton Library de l'Université Harvard, Bibliothèque de la Ville de Paris, Bibliothèque municipale de Nantes, Bibliothèque des livres rares et collections spéciales de l'Université de Montréal), le présent ouvrage doit sa forme finale au concours d'un certain nombre de personnes que je souhaite ici remercier très sincèrement.

Parmi elles se trouvent les étudiantes et étudiants des cycles supérieurs ayant suivi entre 2016 et 2019 mon séminaire consacré au Livre surréaliste au féminin et qui a donné lieu non seulement à des dialogues féconds, mais également à des journées d'étude et même à une exposition, en 2018, à la Bibliothèque des sciences humaines de l'Université de Montréal. Je tiens à adresser mes remerciements les plus chaleureux à Jean-Philippe Beaulieu, ami de longue date et *alter ego* universitaire, pour nos discussions toujours stimulantes sur la place des écrivaines dans l'histoire culturelle française, leur accès au savoir, sur ce que signifie pour une femme manifester son *ethos* dans un travail collaboratif, de même que pour sa rigoureuse révision de mon manuscrit. Je remercie aussi Michel Pierssens, ancien collègue incollable sur tout ce qui a trait au XIXe siècle, pour ses précieux conseils en matière d'histoire du livre et sa relecture de certaines parties du manuscrit. J'exprime toute ma gratitude à Pascale Joubi dont l'assiduité et le perfectionnisme ont permis, comme d'un coup de baguette magique, la mise en forme de l'étude. Un grand merci à Nadine Schwakopf pour son coup de main dans la quête d'illustrations de haute qualité, ainsi qu'à Connie Caputo pour avoir réalisé des reproductions photographiques à partir de livres surréalistes de ma collection privée. Grand merci à Aude Deharme et à Marie-Gilberte Devise, ayants droit respectivement de Lise Deharme et de Valentine Penrose, pour leur générosité et leur précieuse collaboration.

Finalement, mes remerciements «institutionnels» vont au Conseil de recherches en sciences humaines (pour la subvention accordée), aux bibliothécaires Normand Trudel, Catherine Bernier, Kevin Repp, Marion Chaigne et Caroline Flahaut dont l'intérêt pour mes recherches était indéfectible tout au long du processus, à Erich Brinkmann, à Monica Tran, à Christine Morault, à Marine Henry et à Caroline Lascaux. Merci à l'équipe des Presses de l'Université de Montréal de m'avoir accompagnée dans la préparation du manuscrit pour la publication.

Travailler sur la démarche collaborative entre auteurs et artistes au sein de l'espace du livre aura été pour moi l'occasion, à maintes reprises, de mettre en pratique, dans le monde universitaire et dans le cadre de diverses expositions, l'écoute attentive de l'autre qui permet d'entretenir le dialogue et de trouver un terrain d'entente afin de faire aboutir le projet. C'est une affaire de rencontre et, surtout, de partage.

Démarche collaborative et dialogue intermédial : le livre comme support

Sur un fond blanc, neutre, se font face deux figures au corps de femme, à tête d'oiseau-poisson ornée de jolies crêtes faisant penser à une chevelure qui flotte dans le vent, et au cou infiniment long. Leurs corps se chevauchent en partie. Le personnage de gauche, dont le torse est tourné vers le spectateur, tandis que la tête et les bras sont vus de profil, semble nourrir celui de droite qui maintient son bec grand ouvert. Ce mouvement de don-réception (à moins qu'il ne s'agisse d'une scène d'engloutissement d'une figure hybride par l'autre ?) se répète au niveau de la poitrine : du sein gauche du personnage au bec grand ouvert sort une jolie petite dague qui s'enfonce dans l'ouverture verticale – assez longue (la ressemblance avec une vulve s'impose) – située entre les seins de la femme-oiseau aux bras se terminant en tête de poisson. Mais il n'y a pas de sang qui coule dans cette scène de *pénétration* apparemment sans heurt, sans violence. Une seule précaution bienveillante est prise de la part de la figure de droite : avec l'index et le majeur, elle veille à ce que l'ouverture ne se prolonge pas vers le bas du corps. La mesure visant à limiter l'ouverture s'expliquerait-elle par la montée d'insectes vers la fente au milieu du corps ? Les doigts serviraient-ils également de barrière, de sorte que les insectes ne puissent entrer dans l'orifice ? Une autre petite armée des mêmes insectes se promène en double file sur le haut du corps de la figure qui à la fois pénètre l'autre et prend soin d'éloigner tout intrus indésirable. Comme pour renforcer cette idée, dix doigts s'érigent en vigile, à la racine du cou : serait-ce un rempart supplémentaire contre l'avancée des bestioles ?

La paradoxale harmonie des figures représentées au moment de leur imbrication mutuelle est amplifiée par la présence d'une main, dans la partie inférieure droite de l'image. Elle caresse ce qui ressemble fortement à la queue d'un poisson se prolongeant en une queue d'oiseau courbée vers le milieu du dos du personnage de droite. Cette autre forme hybride – par ailleurs surdimensionnée par rapport aux corps des femmes-oiseaux – paraît sortir de la longue chevelure de la figure de droite, ou alors elle y entre ; la direction du mouvement n'est pas évidente. Grâce à la main caressante, l'équilibre des corps, de leurs membres, est garanti, et ce, malgré une disposition asymétrique de certaines parties corporelles : deux têtes, quatre bras, deux paires d'yeux si l'on accepte de voir l'aréole comme un œil. On pourrait y ajouter les yeux incrustés sur les bouts de bras en forme de têtes de poisson. À bien y regarder, on finit par voir des yeux partout parce qu'on perçoit encore un autre œil (de poisson) au milieu de l'échancrure du col dentelé, seul élément vestimentaire de la figure de gauche. Comble de la profusion du regard métonymisé, la tête de cette même femme-poisson-oiseau ne s'apparente-t-elle pas à un œil agrandi, à la pupille dilatée ?

Tout nous regarde dans cette image, alors que les deux figures de *femmes* où les règnes se confondent sont entièrement concentrées l'une sur l'autre. Le regard et le toucher y sont omniprésents. La scène de rencontre est insolite ; elle est saturée d'onirisme, elle happe notre attention. Les multiples jeux de regards nous incitent, en effet, à entrer dans l'image, à y découvrir les nombreux détails graphiques, en même temps que l'intimité de la rencontre suggère la distance. Notre regard cherche alors à trouver un équilibre entre proximité et écart.

Démarche collaborative et Livre surréaliste

Si, pour amorcer la réflexion sur le Livre surréaliste au féminin[1], j'ai évoqué de manière ekphrastique le dessin en noir et blanc[2] de Max Walter

---

1. L'emploi de la majuscule a pour but de signaler d'emblée qu'il s'agit d'un genre d'objet *livre* bien déterminé, issu de l'esthétique avant-gardiste, basé sur l'idée du travail collaboratif et celle d'un dispositif texte/image complexe qui distingue le Livre surréaliste notamment de la tradition du livre illustré des XVIIIe et XIXe siècles, ainsi que de celle plus contemporaine du livre d'artiste. Il en va de même pour le Livre surréaliste au féminin.
2. L'éditeur Éric Losfeld ne propose aucune information sur les spécificités techniques de l'image placée en couverture du *Poids d'un oiseau* (1955) de Lise Deharme. Compte tenu des veines dans la chevelure des deux personnages, l'on pourrait penser à une épreuve imprimée à partir d'une matrice gravée en relief sur bois. Dans sa monographie consacrée à *Max Walter Svanberg et le règne féminin* (préface d'André Breton, Paris, Le Musée de poche, 1975, p. 66-68 et p. 144), José Pierre rappelle que le numéro 3 de la revue surréaliste *Médium* (1954) fut entièrement illustré de dessins de l'artiste suédois, parmi lesquels

Svanberg[3], peintre surréaliste suédois, c'est parce que cette scène si intrigante entre deux personnages hybrides, qui orne la couverture du *Poids d'un oiseau*[4] de Lise Deharme, peut être lue comme la métaphorisation de la démarche collaborative propre au livre dit surréaliste. Les sens de la vue et du toucher sont ici mis en abyme, renvoyant au dialogue de l'écriture (à travers la synecdoque de la main) et des arts picturaux[5] (moyennant l'œil et l'importance du regard) au sein de l'objet *livre*. Publié en 1955 par Deharme, *Le Poids d'un oiseau* accueille cinq dessins de Leonor Fini. La romancière et poète Deharme, égérie du groupe surréaliste depuis l'entre-deux-guerres, notamment d'André Breton, et amie intime de Paul Éluard, en est alors à sa première collaboration avec l'artiste visuelle Fini, bien établie dans les milieux artistiques parisiens. Le couple de créatrices Deharme/Fini récidivera en 1969 pour réaliser *Oh! Violette ou la Politesse des végétaux*[6]. Mais rappelons surtout que, outre ces deux œuvres, la poète avait déjà cosigné avec Claude Cahun, en 1937, l'album *Le Cœur de Pic*, « livre pour enfants qui a l'âge que vous [le lecteur] voulez avoir[7] », comme le formule Éluard dans la préface.

Les trois exemples évoqués rapidement ci-dessus montrent que, de manière générale, le Livre surréaliste n'a presque jamais un seul auteur. Mis en pratique dans *Les Champs magnétiques*, par Breton et Soupault dès 1919, avant même la fondation officielle du mouvement surréaliste, sous forme d'une écriture à quatre mains, ce type d'ouvrage a été ensuite pensé par Aragon comme un « livre unique » qu'il souhaitait écrire en

---

se trouve celui des femmes-oiseaux-poissons. L'auteur insiste sur la charge hautement érotique de ces dessins en noir et blanc. Pour prendre connaissance du dessin, voir sa reproduction sur la couverture du *Poids d'un oiseau* : https://tinyurl.com/msmpnvtt.

3. Il n'est pas inintéressant de signaler que ce même dessin fut utilisé sur la couverture de trois autres livres publiés chez Le Terrain vague. La Base de données francophone de l'imaginaire (BDFI : http://forums.bdfi.net/viewtopic.php?id=2890) recense *La Géométrie dans la terreur* de Jacques Sternberg (n° 2, 1955), *Les Messagers clandestins* (n° 5, 1956) de Marcel Béalu et *La Vierge chimère* (1957) de François Valorbe. *Le Poids d'un oiseau* constitue le numéro 3 de la collection reprise dans les années 1960 par Éric Losfeld. Si l'on peut s'interroger sur le recyclage de l'image, force est de constater qu'elle figure par excellence l'hybridité des personnages deharmiens ainsi que celle du dispositif texte/image propre au Livre surréaliste.

4. Lise Deharme, *Le Poids d'un oiseau*, Paris, Le Terrain vague, 1955, n. p.

5. Le terme « pictural » renvoie aux formes d'expression visuelles bidimensionnelles telles que la peinture, la gravure, le dessin, la photographie, le collage, le photomontage, etc.

6. Lise Deharme, *Oh! Violette ou la Politesse des végétaux*, illustrations de Leonor Fini, Paris, Éric Losfeld, 1969.

7. Lise Deharme, *Le Cœur de Pic*, photographies de Claude Cahun, Paris, José Corti, 1937, n. p. L'album a été réédité en 2004 chez MeMo à Nantes.

1928[8] et enfin, dans *Nadja*, de Breton, vaguement associé à des portes battantes[9]. Fruit d'une démarche collaborative qui déploie des rapports texte/image d'une grande variabilité, le Livre surréaliste appelle une autre manière de lire qui prenne en compte cette réalité double. Ce qui explique par ailleurs la nécessité d'un nouveau type de lecteur, plus alerte et actif, susceptible d'adopter la posture d'un lisant-regardant: disposé également à se lancer dans une lecture-spectature et, selon la matérialité spécifique de certaines œuvres (format, choix du papier, reliure, types d'images, etc.), à se prêter au jeu d'une «tactilecture[10]». Espace d'échange et d'expérimentation, le Livre surréaliste poursuit de maintes façons, outre la matérialisation du signe et la spatialisation de la page, la remise en cause de la linéarité de la lecture inaugurée par le *Coup de dés* (1897) mallarméen, à travers ses multiples jeux typographiques et, surtout, la disposition libre des mots et des vers (ce qui en reste) sur la page d'écriture comparable à une partition de musique. Accueillant plus ou moins simultanément le textuel et le visuel, ce type d'objet *livre* perpétue, tout en la dépassant, la tradition du livre illustré au sein duquel l'image est en principe ajoutée *a posteriori*. Toutes ces caractéristiques font que le Livre surréaliste constitue un véritable changement de paradigme non seulement dans l'histoire et la conception de l'objet *livre* en tant que tel, mais aussi en ce qui concerne le rôle à jouer par le lecteur-spectateur dans le processus de signification. Les nouvelles modalités de l'objet *livre* avant-gardiste[11] proposent, par comparaison aux éditions bibliophiliques du XIXe siècle, un haut degré de complexification des rapports texte/

8. Louis Aragon, *Traité du style*, Paris, Gallimard, 1980 [1928].
9. Le narrateur-protagoniste déclare: «Je persiste à réclamer les noms, à ne m'intéresser qu'aux livres qu'on laisse battants comme des portes, et desquels on n'a pas à chercher la clef» (André Breton, *Nadja*, Paris, Gallimard, 1963 [1928], p. 18). La formule des «livres qu'on laisse battants comme des portes» demeure quelque peu énigmatique, ce qui explique sans doute qu'elle a souvent été réduite à la métaphore des «portes battantes».
10. C'est ainsi qu'Emmanuelle Pelard désigne la manipulation de certains livres-objets par le lecteur qui est en même temps spectateur: «*Iconolecture, tactilecture*: la réinvention du lire dans le livre-objet de Roland Giguère», *Mélusine*, n° 32 («À belles mains. Livre surréaliste – livre d'artiste»), 2012, p. 145-155. Gérard Dessons va dans le même sens lorsqu'il conçoit le «corps du livre», c'est-à-dire sa matérialité, comme un «corps poétisé»: «Tératologie du livre d'artiste», dans Montserrat Prudon (dir.), *Peinture et écriture 2: le livre d'artiste*, Paris, La Différence et UNESCO, 1997, p. 41.
11. Les surréalistes ne sont pas les seuls au début du XXe siècle à vouloir renouveler le dispositif «livre». Pensons aux recueils *Parole in libertà* (1912) et *Parole in libertà futuriste: olfattive, tattili-termiche* (1932) de Filippo Tommaso Marinetti, au magnifique livre-objet *La Prose du Transsibérien et de la Petite Jehanne de France* (1913) de Blaise Cendrars, avec les *Couleurs simultanées de Mme Delaunay-Terk*, ou aux deux livres réalisés conjointement

image. En effet, l'image ne se contente plus d'être une paraphrase visuelle du texte ni de faire office de *simple* support de lecture, comme le formule Renée Riese Hubert[12]. L'image excède au contraire la fonction mimétique pour devenir le complément des mots : elle entre en dialogue avec ce que dit le texte, le précède, l'interrompt, y succède, formant avec lui un dispositif d'exploration réciproque du *littéral* et du *figural*. Le choix de ce dispositif à la croisée de deux moyens d'expression traduit le désir de faire œuvre à deux[13], illustré dans la présente étude à partir d'un certain nombre de démarches collaboratives entre une auteure et un artiste visuel ou une artiste visuelle.

Ces réflexions génériques sur le dialogue intermédial au sein du livre d'avant-garde ne constituent que quelques éléments de réponse préliminaires à la question soulevée par Henri Béhar (et que l'on imagine rhétorique) dans son article introductif du dossier de *Mélusine* consacré au « Livre surréaliste » : « y a-t-il un livre surréaliste ou seulement un conglomérat de livres produits par des surréalistes, que par métonymie on nomme livres surréalistes (au pluriel) ? En d'autres termes, quels seraient les critères permettant de dire, d'emblée, ceci est, ceci n'est pas, surréaliste[14] ? ». Plusieurs éléments de réponse complémentaires ont été apportés dans le dossier « À belles mains. Livre surréaliste – livre d'artiste » publié toujours dans la revue *Mélusine* (2012) et dont les contributions sur des ouvrages aussi divers que *La Femme visible*, *Facile*, *Fata Morgana*, *Logbook*, *Dons des féminines*, *Les Variations citadines* et *Lithographies*, entre autres, rouvraient explicitement le dialogue entamé 30 ans plus tôt, afin d'interroger à frais nouveaux les spécificités de l'objet *livre* que constituerait le Livre surréaliste imaginé dès 1918 par Aragon, Breton et Soupault sous le titre « Livre sur les peintres ». On se rappelle que ce livre fantôme, s'il n'a jamais été réalisé, se voulait un « espace d'écriture collective[15] » anticipant d'un an celui des *Champs*

---

par Paul Éluard et Max Ernst, membres de Dada avant leur conversion au Surréalisme : *Répétitions* et *Les Malheurs des immortels*, publiés tous deux en 1922.

12. Voir Renée Riese Hubert, *Surrealism and the Book*, Berkeley, University of California Press, 1988, p. 3-17.

13. Pour plus de détails, voir Andrea Oberhuber, « Livre surréaliste et livre d'artiste mis en jeu », *Mélusine*, n° 32, 2012, p. 9-30 ; *Idem*, « Exposer des œuvres en partage : travail collaboratif et livre surréaliste au féminin », *Au féminin. Livres surréalistes 1930-1975*, catalogue publié sur le site « Littératures : modes d'emploi » : http://www.litteraturesmodesdemploi.org/catalogue_expo/au-feminin-livres-surrealistes-1930-1975/, 2020, p. 2-6.

14. Henri Béhar, « En belle page », *Mélusine*, n° 4 (« Le livre surréaliste »), 1982, p. 13.

15. Sophie Lemaître, « Le "Livre sur les peintres" de 1918 », *Mélusine*, n° 32, 2012, p. 61.

magnétiques, ainsi que la fondation de la revue *Littérature*. Supposons la question du Livre surréaliste (y en a-t-il un ou s'agirait-il simplement d'un « conglomérat de livres produits par des surréalistes » ?) résolue. Fort bien, mais qu'en est-il alors du Livre surréaliste *au féminin*, de ses particularités en fait d'historicité et de généricité, de travail collaboratif, de communauté et de partage ? Ce sont ses propriétés génériques et genrées – quelle auteure sollicite quel ou quelle artiste – que je me propose d'explorer dans ce qui suit et plus loin dans l'ouvrage, sur la base d'analyses de cas de figure singuliers et complémentaires.

Le Livre surréaliste au féminin, un genre à part (entière)

Un constat s'impose d'emblée : si le travail collaboratif entre *un* auteur et *un* artiste ayant abouti aux grands classiques du Livre surréaliste – songeons à *Simulacre* (1925) de Michel Leiris et André Masson, à *Facile* (1935) de Paul Éluard et Man Ray, à *Fata Morgana* (1942) d'André Breton et Wifredo Lam, et à *Parler seul* (1950) de Tristan Tzara et Joan Miró – a suscité de nombreuses études critiques[16], il n'en est pas de même des œuvres créées par deux femmes ou par une femme et un homme. Les exemples de collaborations « féminines », « mixtes » ou ceux de « dualité créatrice » (c'est le cas d'une auteure se dédoublant en artiste visuelle, ou *vice versa*) sont pourtant nombreux, où les femmes transgressaient les pratiques de l'illustration, de la reliure ou du *scrapbooking* réservées traditionnellement à leur sexe[17]. Le travail collaboratif de Lise Deharme et

---

16. En témoignent les deux dossiers de la revue *Mélusine* cités plus haut : le numéro 4 (« Le livre surréaliste », 1983) et le numéro 32 (« À belles mains. Livre surréaliste – livre d'artiste », 2012) ; l'ouvrage de référence de Renée Riese Hubert, *Surrealism and the Book*, *op. cit.* ; ainsi que le chapitre qu'Yves Peyré consacre aux entrelacs du texte et de l'image dans *Peinture et poésie : le dialogue par le livre, 1874-2000*, Paris, Gallimard, 2001, p. 30-87.

17. Mentionnons, à titre d'exemples, Valentine Hugo sollicitée comme illustratrice de livres surréalistes, dont *Placard pour un chemin des écoliers* (1937) de René Char et *Appliquée* (1937) d'Éluard, de même que Toyen qui contribua par une gravure à *Sur la route de San Romano* (1948) et par une lithographie tirée en sanguine ouvrant en frontispice *La Lampe dans l'horloge* (1948) de Breton. Leonor Fini, en parallèle de son travail de peintre et d'auteure, fournit des illustrations pour des éditions de Shakespeare, de Poe, de Nerval, de Baudelaire et de Verlaine. Quant au travail de reliure, on pense à Marguerite Bernard, à Rose Adler, à Germaine Schroeder et à Lucienne Thalheimer qui exécuta l'étonnante reliure « à la sirène » pour le manuscrit d'*Arcane 17* (de Breton) « en peau de morue mosaïquée, tachetée et pigmentée havane clair, avec une découpe en creux différente sur chaque plat laissant apparaître une plaque de verre insérant sur le premier plat un collage composé de la photographie du visage d'Élisa Breton près d'une feuille découpée en forme de cœur » (http://www.andrebreton.fr/work/56600100155090). Pour plus de détails, voir Henri

Claude Cahun pour *Le Cœur de Pic* au milieu des années 1930, ainsi que les deux œuvres réalisées avec Leonor Fini, *Le Poids d'un oiseau* et *Oh! Violette ou la Politesse des végétaux* dans la seconde moitié du XXe siècle, pour reprendre les exemples convoqués d'entrée de jeu, ne constituent pas des cas isolés, bien au contraire. Ces travaux de collaboration au féminin s'inscrivent à vrai dire dans un vaste ensemble, composé d'une quarantaine d'ouvrages qui demeurent peu connus jusqu'à aujourd'hui. S'étendant entre 1928 pour la première œuvre (*Il était une petite pie* de Lise Hirtz et Joan Miró)[18] et 1985 pour la dernière (*Caroline* de Meret Oppenheim)[19], le Livre surréaliste au féminin, les trois modalités de collaboration confondues, s'échelonne de fait sur plus d'un demi-siècle. Sous le dénominateur commun qui confère à une femme auteur le rôle d'instigatrice, donc à l'origine du projet livresque, se rassemblent ainsi des œuvres comme *La Maison de la Peur* et *La Dame ovale* (Leonora Carrington et Max Ernst, respectivement 1938 et 1939), *Le Journal de Frida Kahlo* (1944-1954; publié posthumément en 1995), *Dons des féminines* (Valentine Penrose, 1951), *Le Réservoir des sens* (Belen et André Masson, 1966), *Sur le champ* et *Annulaire de lune* (Annie Le Brun et Toyen, 1967 et 1977), *Hexentexte* et *Oracles et spectacles* (Unica Zürn, 1954 et 1967), *En chair et en or* (Dorothea Tanning, 1973), *Brelin le frou ou le Portrait de famille* (Gisèle Prassinos, 1975), *Le Livre de Leonor Fini* (Leonor Fini, 1975) et *Oiseaux en péril* (Dorothea Tanning et Max Ernst, 1975). La liste pourrait être allongée et inclure également des œuvres dans lesquelles le partage de l'espace du livre se réduit au choix du frontispice (pensons à celui de Jean Dubuffet pour *Demain Monsieur Silber* de Kay Sage, 1957, et au dessin de Wolfgang Paalen faisant face à la page titre du *Nouveau Candide*, 1936, de Valentine Penrose) ou à l'insertion

---

Béhar, « André Breton soulève l'*Arcane 17* », dans Maryse Vassevière (dir.), *La fabrique du surréalisme*, Paris, Association pour l'étude du surréalisme, 2009, p. 7-28. Sur l'histoire de la reliure, voir Yves Peyré, *Histoire de la reliure de création : la collection de la Bibliothèque Sainte-Geneviève*, Dijon, Éditions Faton, 2015.

18. Lise Hirtz (alias Lise Deharme), *Il était une petite pie*, huit dessins en couleur par Joan Miró, Paris, Jeanne Bucher, 1928. Rappelons au passage que Jeanne Bucher, amie du poète, graphiste et relieur Georges Hugnet, était une marchande d'art et galeriste importante dans l'entre-deux-guerres; elle exposa, par exemple, Picasso, Kandinsky, Miró, Ernst, Masson et Lipchitz dans sa galerie-librairie.

19. Meret Oppenheim, *Caroline. Gedichte und Radierungen*, Bâle, Edition Fanal, 1985. Cet ouvrage ainsi que *Sansibar* (Bâle, Edition Fanal, 1981) pourraient également être qualifiés de livres d'artiste, compte tenu de leur facture précieuse (impression en embossage), des dates de publication respectives et de la distance d'Oppenheim à l'égard de l'esthétique surréaliste.

d'une pointe sèche de Toyen dans *Tout près, les nomades* (1972), fascicule moyen format imprimé sur papier Ingres et signé Annie Le Brun.

Ce qui frappe dans le corpus des collaborations à l'origine desquelles se trouve une auteure, outre le grand nombre d'ouvrages, est leur remarquable diversité. Ces ouvrages ne se conforment à aucun modèle, ni à aucun dispositif « commun » ayant présidé à la mise en œuvre du texte/image. S'il est parfois possible d'observer des références ou des emprunts formels à ce que j'ai appelé plus haut les « grands classiques du Livre surréaliste », la motivation en est généralement une volonté d'infléchir certaines pratiques surréalistes : pensons aux collages mi-pastiches, mi-parodies de ceux de Max Ernst réalisés par Valentine Penrose pour *Dons des féminines*; aux touches « féminines » des pointes sèches et des photocollages (fruits, fleurs, animaux, parties du corps humain) que, dans le prolongement du travail graphique développé aux côtés de l'artiste et poète tchèque Štyrský, Toyen propose à Annie Le Brun pour *Annulaire de lune* et *Sur le champ*; aux stratégies de réécriture d'idées fixes surréalistes (amour fou, désir et érotisme transgressifs, humour noir, insurrection du « je » lyrique ou des personnages, fusion femme-nature souvent ironisée, etc.) largement répandues chez Belen, Prassinos, Carrington, Deharme, Mansour et Le Brun, entre autres. Les différentes formes de mise en livre, d'écritures et de techniques picturales opérées par les couples d'artistes ou les auteures-artistes seront examinées en détail dans les sept chapitres d'analyse à venir. La diversité du Livre surréaliste au féminin, pour reprendre le fil d'Ariane, se manifeste sur différents plans : elle concerne d'abord la variabilité du format – de l'album de grande taille (*Le Livre de Leonor Fini*) au format nain (*Le Tablier blanc* de Lise Deharme), en passant par le livre aux dimensions moyennes (*La Dame ovale*) et même le format livre de poche (*Brelin le frou ou le Portrait de famille*), toute la gamme est exploitée –, puis le choix du papier, de la typographie, et, finalement, l'esthétique iconographique. Aucune maison d'édition ne s'est spécialisée dans la publication de livres issus d'une collaboration entre une auteure et un ou une artiste, ce qui n'a rien d'étonnant compte tenu de l'époque. Les Éditions surréalistes, G.L.M., José Corti et Georges Visat, pour citer ces quatre éditeurs célèbres, accueillirent à l'occasion des œuvres de femmes. Ainsi *Le Cœur de Pic* parut-il chez Corti, *Sur le champ* aux Éditions surréalistes, *Oracles et spectacles* et *Oiseaux en péril* chez Visat. Autrement dit, plusieurs de ces ouvrages avaient leur place à côté de ceux signés par d'éminents représentants du Surréalisme. Pourtant, du point de vue de la réception, leur visibilité ne semble pas avoir été la même si l'on se fie au peu d'attention qu'ils ont suscité du côté de la critique, tant à l'époque que jusqu'à récemment. Ce problème était amplifié dans le cas de livres surréalistes au féminin publiés chez de petits éditeurs, peu connus ou ne les mettant pas assez en valeur: pensons à *Annulaire de lune* publié aux Éditions Maintenant[20], à *L'Ignifère* paru à la Librairie Saint-Germain-des-Prés, au *Poids d'un oiseau* chez Le Terrain vague ou au *Réservoir des sens* chez La Jeune Parque. Cet ensemble *au féminin*, qui n'a encore jamais été perçu comme tel, mais plutôt comme des œuvres éparses, publiées ici ou là, fait l'objet de la présente étude justement dans le but de contribuer à la fois à sa visibilisation et à sa valorisation, en évitant l'écueil de l'apologie: il s'agit avant tout de briser le plafond de verre nous empêchant de tenir compte de l'intérêt des diverses modalités collaboratives imaginées par des créatrices avant-gardistes en fait de discours, de formes et de supports livresques.

Quant aux genres littéraires et aux types d'images qui cohabitent, dialoguent et parfois se concurrencent, il serait difficile de réduire le Livre surréaliste au féminin à la prose plutôt qu'à la poésie[21], à la peinture plutôt qu'à la photographie, au dessin ou au collage. La diversité des choix génériques, scripturaires et esthétiques est là aussi de mise, à l'instar de celle qui caractérise les travaux collaboratifs entre écrivains et peintres hommes[22]. Si Frida Kahlo opte tout naturellement pour la peinture et le dessin dans *Le Journal de Frida Kahlo*, le récit autographique *Aveux non avenus* est quant à lui rythmé par dix photomontages composés par le couple Cahun-Moore, et l'abécédaire *Bonaventure* est encadré d'illustrations hors texte (photographies, dessins), en noir et blanc. Pour sa part, le roman érotique dans la tradition sadienne *Oh! Violette ou la Politesse des végétaux*, de Deharme, abrite pudiquement des dessins de Fini reproduits sur un papier mauve-fuchsia et rappelant

---

20. La fondation en 1972 de cette maison d'édition par Annie Le Brun, Pierre Pauchmard, Radovan Ivšić, Georges Goldfayn, Gérard Legrand et Toyen inaugure pour la première une période de collaboration intellectuelle et artistique particulièrement féconde. Y paraîtront par exemple, dès la première année, *La Traversée des Alpes* et *Tout près, les nomades*.
21. Une seule pièce de théâtre a pu être relevée: *Le Bleu des fonds* de Joyce Mansour, illustrations de Pierre Alechinsky, Paris, Le Soleil noir, 1968.
22. En font foi le titre et le contenu de l'ouvrage d'Yves Peyré, *Peinture et poésie: le dialogue par le livre, 1874-2000*, Paris, Gallimard, 2001.

des croquis de mode. La prose poétique d'Annie Le Brun dans *Sur le champ* est accompagnée de photocollages de Toyen, tandis que le recueil de poésie *Carré blanc* de Joyce Mansour accueille des eaux-fortes gravées par Pierre Alechinsky, que les anagrammes d'Unica Zürn font face à des dessins à l'encre de Chine dans *Hexentexte* et qu'*En chair et en or* conjugue poèmes brefs et gravures sur cuivre de Dorothea Tanning. Il n'existe pas de modèles ni d'esthétiques privilégiés, mais chaque livre est le fruit de choix propres aux couples d'artistes qui ne les répètent d'ailleurs jamais, même si leur travail collaboratif s'inscrit dans la durée.

Aussi comprend-on aisément, étant donné la nature différente, inventive et variable, d'un livre à l'autre, des sources iconiques, que le dispositif texte/image n'obéit pas à un seul régime. Bien que, dans certains exemples, l'image reste encore d'obédience illustrative, elle affirme dans beaucoup d'autres son autonomie, relative ou absolue. C'est précisément sur ces cas de figure que portera l'étude, surtout parce qu'ils témoignent d'une conception différente, novatrice, de l'objet *livre* : les dessins, les gravures, les photomontages, les collages, les peintures et les eaux-fortes y ponctuent, rythment ou interrompent, parfois radicalement, le flux du texte qui, selon la conception de Lessing, est un art du temps, contrairement à la peinture, art de l'espace[23]. Nous verrons que cette distinction « classique » est révolue pour ce qui a trait aux rapports texte/image dans le Livre surréaliste. Reste toutefois à savoir quelle est la nature de la relation que peuvent entretenir les deux moyens d'expression, soit l'écrit et le pictural. À cette interrogation toujours centrale s'ajoute une ultime question qu'il conviendra de se poser au moment d'analyser le dispositif livresque : que deviendrait le texte si l'on en supprimait les illustrations ? Cette question est d'autant moins anodine que certains livres indiquent la présence d'images mais seulement dans une partie restreinte du tirage. Mentionnons, à titre d'exemple, *L'Ignifère* (1969) de Claire Goll qui comporte des lithographies originales de Leonor Fini[24].

---

23. Bernard Vouilloux discute la validité de cette ancienne distinction proposée dans le *Laokoon* de Lessing : « Le texte et l'image : où commence et comment finit une interdiscipline ? », *Littérature*, n° 87, 1992, p. 95-98.
24. « *L'Ignifère* a été tiré à 26 exemplaires sur vélin ornés de trois lithographies de Leonor Fini, marqués de A à Z, 60 exemplaires sur vélin ornés de deux lithographies de Leonor Fini numérotés de 1 à 60 et 500 exemplaires numérotés de 61 à 560 le tout constituant l'édition originale », indique méticuleusement le justificatif de tirage.

En tant que nouvelles formes livresques, les œuvres consignent le travail issu d'une démarche collaborative à laquelle s'ajoute parfois l'apport de l'éditeur, troisième partenaire dont le travail sur la matérialité du livre n'est pas à sous-estimer. On pense à Guy Lévis Mano, à Georges Visat et, bien entendu, à Georges Hugnet, poète, artiste, essayiste et relieur des plus singuliers. À deux ou à trois, donc, les collaboratrices et collaborateurs réunis autour d'un projet commun font se côtoyer des moyens d'expression hétérogènes, soit l'écriture et les arts picturaux, l'ensemble étant mis en œuvre par un spécialiste du savoir-faire livresque. Le croisement des arts et de leurs médias respectifs se révèle ainsi un véritable *milieu*, espace de l'entre-deux dans le sens intermédiatique qu'incarne l'objet *livre* qui fait valoir la variabilité des coïncidences entre le *littéral* et le *figural*. Les effets de collusion et de collision, de convergence et de divergence entre deux moyens d'expression produisent des écarts plus ou moins grands entre les mots et les images, invitant à une lecture double à travers laquelle nous sommes amenés à *voir* le texte, à *lire* l'image[25], et idéalement à alterner entre les deux postures de perception. C'est en tant que lecteur-spectateur que nous pouvons apprécier le travail collaboratif entre auteures et artistes circulant, à diverses périodes du XXe siècle, entre les genres littéraires, les médias mobilisés au sein du dispositif *livre* et les milieux artistiques de leur temps.

Normes et écarts : à propos de quelques traits communs

À la recherche de caractéristiques communes au corpus à l'étude – à la fois hétérogène et homogène –, on finit par en trouver une qui se dessine par défaut : l'idée et le processus de *faire œuvre à deux* ne sont que rarement thématisés. Tout se passe comme si la démarche collaborative, idéal avant-gardiste par excellence, allait de soi et ne nécessitait par conséquent pas de commentaire, pas d'avis au lecteur de la part de l'auteure. Il se peut également que le *faire* de l'œuvre ne soit pas considéré comme relevant de la pratique d'écriture ni de celle de la création artistique. Deux ouvrages font exception à cette règle du jeu. Dans *Le Livre de Leonor Fini*, l'auteure-artiste aborde ouvertement la question en

---

25. L'idée du croisement de la lecture et de la « spectature », voire de l'inversion des deux postures, est abordée par Liliane Louvel dans *Texte/image : images à lire, textes à voir*, Rennes, Presses universitaires de Rennes, 2002. Voir aussi le dossier « Voir le texte, lire l'image » que j'ai dirigé pour *Dalhousie French Studies*, n° 89, 2009.

évoquant dans la préface le rôle participatif joué par José Alvarez, éditeur et écrivain espagnol : « Avant de commencer à travailler sur ce livre avec José Alvarez, nous avons étalé par terre des centaines de photos, et nous avons joué avec elles comme aux dominos[26] ». L'emploi du pronom personnel « nous » ainsi que l'expression « avec José Alvarez » ne laissent aucun doute sur le fait que cette œuvre au format surdimensionné et à la matérialité soignée a été pensée à deux. Mais on n'apprend jamais vraiment en quoi pouvait consister le concours d'Alvarez, parce que l'ouvrage signé Fini comporte exclusivement ses textes, ses peintures, ses dessins et des photographies la montrant toujours elle dans de grandioses mises en scène de soi. L'auctorialité de l'ensemble est par ailleurs clairement revendiquée quelques lignes plus loin lorsque le « nous » cède la place au « je » : « Des ensembles sont ainsi formés, et je leur ai donné les titres de certains de mes tableaux. Comme dans un scrapbook, j'ai écrit un commentaire là où j'en avais envie[27] ». Ces propos formulés à la première personne semblent ainsi conférer à l'autre, c'est-à-dire à Alvarez, la fonction d'un conseiller plutôt que celle d'un véritable collaborateur. Qu'importe, ce qui compte pour l'instant est la thématisation de la fabrique de l'œuvre réalisée conjointement avec un ou une partenaire ou avec soi-même. C'est à l'occasion dans une préface, comme on vient de le voir, que sont consignées les traces d'une démarche collaborative, ou alors dans un échange de lettres : dans *Le Cœur de Pic*, ni Lise Deharme ni Claude Cahun n'évoquent les modalités du processus de création, mais des références à ce sujet se retrouvent sous la plume d'Éluard qui a servi d'intermédiaire entre les deux créatrices. La correspondance du poète révèle les quelques allers-retours entre Deharme, Éluard et Cahun : « Vos photos sont idéales pour les poèmes de *L'Heure des Fleurs* [titre originel du *Cœur de Pic*]. Je crois que ce petit livre aura un immense succès[28] ». Et le poète de continuer : « Tout va s'arranger, je m'en occuperai et je crois que le livre sera prêt à temps[29] ». Même si Deharme et Cahun ne semblent avoir échangé que par le biais d'Éluard, leur collaboration est inscrite à même la couverture où le nom de la poète précède le titre

---

26. Leonor Fini, *Le Livre de Leonor Fini. Peintures, dessins, écrits, notes de Leonor Fini*, Lausanne, La Guilde du Livre et Clairefontaine, 1975, p. 5.
27. *Ibid.*
28. Lettre de Paul Éluard à Claude Cahun, 15 août 1936. Je cite la lettre d'après la thèse de Charlotte Maria, *Correspondances de Claude Cahun : la lettre et l'œuvre*, vol. 2, thèse de doctorat, Université de Caen Basse-Normandie, 2013, p. 310.
29. *Ibid.*

du recueil, suivi de l'image de Pic en couleur, en dessous de laquelle on lit, telle la légende de la photographie, que le livre est « illustré de vingt photographies par Claude Cahun ». Rares sont les exemples de livres surréalistes qui annoncent le travail collaboratif dès la page couverture. Le nom de l'auteur ou de l'auteure l'emporte généralement sur celui de l'artiste (femme ou homme), probablement parce que nous sommes malgré tout dans le domaine du livre et non dans celui des arts visuels. Précisons toutefois pour ne rien passer sous silence et parce qu'il faudra y revenir dans les études de cas que, si le nom de l'artiste apparaît sur la couverture, il s'agit pour la plupart de peintres ou de dessinateurs connus – Masson, Ernst, Miró, Paalen, Dubuffet –, sans doute pour augmenter, selon une logique commerciale compréhensible, l'attractivité du livre signé par une femme auteur.

Qu'elles aient été publiées dans l'entre-deux-guerres ou bien plus tardivement par rapport aux années de gloire du Surréalisme, les œuvres du corpus s'inscrivent, de près ou de loin, dans l'esthétique de ce mouvement d'avant-garde, et font la part belle à ses valeurs qui constituent un véritable univers de pensée et de *praxis* à la croisée de l'Ancien et du Nouveau, entre certaines idées du XIXe siècle notamment et celles menant vers l'avenir : le merveilleux, le rêve, l'instinct ; l'enfance et le jeu ; l'inconnu, l'inconscient et l'informe[30] ; Éros et Thanatos ; la folie et l'irrationnel ; la révolte et la subversion des normes établies ; la fusion des règnes (humain, animal, végétal, minéral) et l'hybridité des figures ; l'écriture/création à quatre mains ; la déconstruction et la reconfiguration des identités genrées, soit du masculin, du féminin, du neutre ou de l'androgyne. Si pratiquement toutes ces idées et valeurs sont déclinées d'une manière ou d'une autre sur le plan thématique, certaines renvoient à une esthétique plus caractéristique des créatrices surréalistes que de leurs homologues masculins. J'en identifie cinq traits en particulier : 1° les auteures et les artistes visuelles sont nombreuses pour qui la démarche collaborative – dans ses multiples facettes – constitue un idéal de création en soi, décliné sur la longue durée, à savoir souvent au-delà même de la fin du mouvement surréaliste. C'est non seulement le cas de Lise Deharme qui s'est aventurée dans des collaborations avec Joan Miró, Claude Cahun, Hanns Reich et Leonor Fini, mais également

---

30. Voir Rosalind Krauss, *Le Photographique : pour une théorie des écarts*, Paris, Éditions Macula, 1990.

celui de Claude Cahun, fidèle à Moore durant presque toute leur vie d'artistes partagée entre Nantes, Paris et Jersey. 2° L'investissement des pratiques intermédiales est particulièrement prégnant chez les créatrices des deuxième et troisième générations du Surréalisme, et leurs livres portent forcément les traces de la diversité de leurs activités créatrices : Valentine Penrose est poète, romancière et collagiste ; Nelly Kaplan réalise des documentaires et des longs métrages avant de publier des nouvelles et des récits sous le pseudonyme de Belen, tout en poursuivant son travail de cinéaste ; Unica Zürn écrit des pièces radiophoniques, des anagrammes, des récits auto(bio)graphiques, tout comme elle dessine et peint ; Leonor Fini peint, dessine, écrit et crée des costumes pour la scène ; Meret Oppenheim est peintre, sculptrice et poète, et ainsi de suite. 3° La tendance à l'hybridation des genres littéraires et identitaires donne lieu à des œuvres comme *Aveux non avenus* ou *Dons des féminines*, où l'étroite imbrication du genre et du *gender* soulève des questions ontologiques sur ce que signifie écrire (sur soi), s'affranchir du modèle hétérosexuel et désirer quelqu'un du même sexe, s'imaginer autre, grâce au rêve ou le rapprochement des règnes jusqu'à leur confusion, le temps d'un livre. 4° Pratiques bien connues dans l'histoire culturelle des femmes (écrivaines, peintres, dramaturges, actrices de théâtre, photographes, cinéastes et danseuses)[31], les stratégies de réécriture et de révision d'un féminin mythique, envisagées en tant que moyens de se positionner face aux modèles de création dominants, se déploient délibérément en mode d'humour et d'ironie – il était question de pastiche plus haut –, comme chez Carrington, Cahun, Prassinos, Deharme, Belen et Penrose. Leur écriture respective se nourrit à même ces figures de discours, contrecarrant l'idée reçue que les femmes (auteurs) n'auraient pas le sens de l'humour et ne maîtriseraient pas l'outil de l'ironie. 5° La dernière caractéristique est plutôt de nature éthique (au sens rhétorique d'image de soi) et culturelle : si, dans la première moitié du XXe siècle, revendiquer la posture d'écrivaine ou d'artiste nécessitant l'affranchissement du rôle convenu de muse-modèle-maîtresse relève encore d'un courage et d'un besoin d'émancipation certains, occuper le territoire de l'objet *livre* avant-gardiste dès la fin des années 1920 en choisissant de manière ciblée sa ou son partenaire de création, voire en optant pour

---

31. Je renvoie, à titre d'exemple, à Martine Reid (dir.), *Femmes et littérature. Une histoire culturelle*, tomes I et II, Paris, Gallimard, 2020.

la dualité créatrice, est signe d'une audace culturelle dans le contexte d'un imaginaire qui, historiquement, n'admet que difficilement l'idée du couple créateur, et encore moins chez les femmes. À cette cinquième caractéristique revient le rôle de pivot puisqu'elle oriente une partie des choix littéraires et esthétiques.

Les analyses à venir dans la partie principale mettront en relief, au sein des livres à l'étude, des lignes de force qui relèvent, à divers degrés, de ces principaux traits distinctifs. Se modulant en fonction de parcours créatifs particuliers, ces traits confèrent au corpus une relative cohésion qui permet de l'aborder comme un ensemble dont la contribution à l'esthétique surréaliste se révèle indéniablement significative.

La « part du féminin[32] » dans le Surréalisme

Le fait que la plupart des livres surréalistes signés par une auteure datent de la période de l'après-guerre ne signifie pas que les femmes étaient complètement absentes au moment de la fondation du mouvement en 1924, date de publication du *Premier Manifeste du surréalisme*, et dans les années suivant cet événement décisif. Elles étaient toutefois peu nombreuses à côtoyer le cercle de poètes, de peintres et de photographes qui se réunissaient régulièrement au Bureau central de recherches surréalistes, 15, rue de Grenelle, pour donner forme à leurs idées. Comme Susan Rubin Suleiman l'a montré à partir de photographies de Man Ray datant de 1924, et qui consignent la composition du groupe dès les premières heures de sa formation, Simone Breton et Mick Soupault figurent sur ces images en tant que « femmes de » André Breton et Philippe Soupault[33]. Évoquons à ce titre un cliché de Man Ray où l'on voit Simone Breton assise devant une machine à écrire, entourée d'hommes en train de rêver au-dessus d'un cube vide tenu par Robert Desnos[34]. Durant les années de genèse du mouvement et de mise en place des valeurs fondamentales, des images possibles demeurent celles de la muse, de la maîtresse, du

---

32. Tel est le sous-titre du collectif dirigé par Georgiana M. M. Colvile et Katharine Conley, *La femme s'entête. La part du féminin dans le surréalisme*, Paris, Lachenal et Ritter, 1998.
33. Voir Susan Rubin Suleiman, *Subversive Intent. Gender, Politics and the Avant-Garde*, Cambridge et Londres, Harvard University Press, 1990, p. 21-24.
34. Cette photographie est reprise sur le site d'Anna Artaker (*Unknown Avant-Gardes*) qui s'applique à rendre compte de la place des femmes au sein des avant-gardes : http://www.images.ch/2010/artistes/Anna_Artaker-20.html.

modèle d'artiste ou de la femme-enfant, «trope[s] essentiel[s] du surréalisme[35]». Simone Kahn (première épouse de Breton), Gala Éluard/ Dalí, Nusch Éluard et Suzanne Muzard[36] se retrouvèrent essentiellement dans ce rôle, mais pas uniquement. Car Simone Khan, une habituée de la librairie d'Adrienne Monnier très intéressée par les avant-gardes, pour ne prendre que cet exemple, entretenait une correspondance d'abord avec sa cousine Denise Lévy[37], future femme de Pierre Naville, puis avec Breton lorsque les amoureux étaient séparés géographiquement[38].

Le pouvoir fantasmatique du «féminin» comme source d'inspiration est condensé dans un texte programmatique d'Aragon, *Une vague de rêves*, précédant de quelques mois la publication du *Premier Manifeste du surréalisme*. L'écrivain y note:

> Nous avons accroché une femme au plafond d'une chambre vide où il vient chaque jour des hommes inquiets, porteurs de secrets lourds. [...] Nous travaillons à une tâche pour nous-mêmes énigmatique, devant un tome de Fantômas, fixé au mur par des fourchettes. Les visiteurs nés sous des climats lointains, ou à notre porte, contribuent à l'élaboration de cette formidable machine à tuer ce qui est, pour l'achèvement de ce qui n'est pas. Au 15 de la rue de Grenelle, nous avons ouvert une romanesque Auberge pour les idées inclassables et les révoltes poursuivies. Tout ce qui demeure encore d'espoir dans cet univers désespéré va tourner vers notre dérisoire échoppe ses derniers regards délirants: il s'agit d'aboutir à une nouvelle déclaration des droits de l'homme[39].

L'esprit révolutionnaire qui souffle dans ce texte et se traduit explicitement par le désir d'arriver à une «nouvelle déclaration des droits de l'homme» ne prévoit pas d'accueillir des femmes dans cette «romanesque Auberge», métonymie du mouvement d'avant-garde à lancer,

---

35. Ilene Susan Fort, «Introduction», *Au pays des merveilles: les aventures surréalistes des femmes artistes au Mexique et aux États-Unis*, catalogue d'exposition, sous la direction d'Ilene Susan Fort et Tere Arcq, Munich, Londres et New York, DelMonico Books et Prestel, 2012, p. 19.
36. Jacqueline Chénieux-Gendron les désigne comme «la *première génération* des femmes autour des surréalistes français»: «De l'écriture au féminin dans le surréalisme», dans Georgiana M. M. Colvile et Katharine Conley (dir.), *La femme s'entête, op. cit.*, p. 61.
37. Simone Breton, *Lettres à Denise Lévy (1919-1929) et autres textes*, édition Georgiana M. M. Colvile, Paris, Éditions Joëlle Losfeld, 2005.
38. André Breton, *Lettres à Simone Kahn (1920-1960)*, édition Jean-Michel Goutier, Paris, Gallimard, 2016.
39. Louis Aragon, «Une vague de rêves», *Commerces*, n° 2, 1924, p. 89. L'essai est repris dans les *Œuvres poétiques complètes* (Paris, Gallimard, 2007) et en volume chez Seghers, 2006.

susceptible de permettre le passage de Dada au Surréalisme. Toutefois, le corps féminin en plâtre accroché au plafond est moins à comprendre, d'un point de vue d'aujourd'hui, comme une expression purement misogyne, que comme synonyme de source d'inspiration *poétique*. Dans le script masculin du Surréalisme, ce corps suspendu fait office d'écran de projection propice à enregistrer les «secrets lourds», les «idées inclassables» et les «révoltes poursuivies». Aux yeux de ceux qui formeront bientôt le groupe de Breton, le corps féminin appartient donc au surréel davantage qu'il ne renvoie à une matérialité physique réelle appelée «femme». On sait que cette vision d'un corps objet du désir a laissé de nombreuses traces dans la poésie, la peinture et la photographie surréalistes: des *Yeux d'Elsa* (Éluard) à *Érotique voilée* (Man Ray), en passant par *Je ne vois pas la [...] cachée dans la forêt* (René Magritte), *La Femme sans tête* (Max Ernst) et *La Poupée* (Hans Bellmer), les œuvres sont nombreuses à attester l'intérêt fantasmatique voué au féminin par les Pygmalions de la Centrale qui ne se lassaient pas de créer des Galatées à leur image. En témoignent éloquemment les portraits de Gala réalisés par Salvador Dalí ou les innombrables poèmes d'amour inspirés à Éluard par la même muse, femme en chair et en os.

À regarder ces figures et figurations du féminin, on constate que cet Autre idolâtré, souvent privé de tête (dans nombre de tableaux d'Ernst et de photographies de Ray, entre autres)[40], dont on dédouble les jambes (*La Poupée* de Bellmer), qu'on représente en sirène inversée (comme dans *L'Invention collective* de Magritte), propose certes de stupéfiantes images sous forme de tableaux, de photographies, de sculptures ou de films; mais ces représentations issues d'un «*male gaze*[41]» ne devaient pas faciliter la venue des femmes auteurs ou artistes de l'époque au

---

40. Dans *The Surrealist Look: An Erotics of Encounter* (Cambridge et Londres, MIT Press, 1997, p. ix), Mary Ann Caws fustige la vision du corps féminin mise en œuvre par les artistes hommes du Surréalisme. Il existe, affirme l'historienne de l'art et critique littéraire, «une relation directe entre la figuration et la perception de l'autre ou le soi que l'on représente» («*an absolute relation between what you represent and what you believe of the other or the self you represent*»). Toutes les traductions en français sont les miennes, sauf indication contraire.

41. Conceptualisé en 1975 par Laura Mulvey («Visual Pleasure and Narrative Cinema», *Screen*, vol. 16, n° 3, 1975, p. 6-18), le terme est aujourd'hui fréquemment utilisé par des historiennes et historiens de l'art, notamment par Griselda Pollock qui l'introduit dans le discours critique dans *Vision and Difference. Femininity, Feminism and Histories of Art*, Londres et New York, Routledge, 1988, en réponse à l'ouvrage de Timothy James Clark, *The Painting of Modern Life: Paris in the Art of Manet and His Followers*, New York, Simon & Schuster, 1982.

Surréalisme. Qui était là, en ce milieu des années 1920, proche des surréalistes ? Simone Kahn, Marie-Berthe Aurenche, Lise Deharme, Valentine Hugo… ? Dans les premières pages du *Manifeste* de 1924, Breton ouvre à « des femmes ravissantes », sans les nommer, la porte de son « *château* […] non loin de Paris[42] » lorsqu'il mentionne les amis qui viennent lui rendre visite. Ils sont nombreux et ils ont tous un nom. Dix ans plus tard, le photomontage du groupe surréaliste que produit Man Ray sous forme d'un échiquier montre 20 membres ; on n'y reconnaît que des hommes : Breton, Ernst, Dalí, Arp, Tanguy, Char, Crevel, Éluard, De Chirico, Giacometti, Tzara, Picasso, Magritte, Brauner, Péret, Guy Rosey, Miró, Mesens, Hugnet et Ray. Même Simone Breton et Mick Soupault ne figurent plus dans ce script masculin.

Le féminin comme l'Autre de la création, source d'inspiration mystérieuse ou continent noir insondable, n'est pas propice au décloisonnement des frontières traditionnelles entre création (le propre de l'homme) et rôle de muse (« fonction » féminine convenue et convenable), pour recourir à ce vieil antagonisme. Étonnant paradoxe que celui d'un mouvement d'avant-garde qui élève l'altérité au rang d'un Idéal à explorer : « Le Surréalisme, c'est l'Autre, la recherche passionnée de l'Autre : où l'automatisme de l'écriture et de la parole est à entendre, quant à la passivité qu'il requiert, au sens de *passion* et de ce qui se fait *passage*, donne le passage à l'Autre – inconnu[43] », et qui y a considérablement cantonné le deuxième sexe. Dans l'une des premières études d'envergure consacrées à la représentation des femmes et à leur rôle de créatrices et non de muses au sein du mouvement, Rudolf E. Kuenzli porte un regard particulièrement réprobateur sur ce qu'il considère comme un univers proprement masculin dans lequel évoluait le groupe autour de Breton, préoccupé de construire, les yeux fermés, ses fantasmes du féminin[44]. Notons au passage que « les yeux fermés » est un motif récurrent dans les œuvres visuelles surréalistes. En un mot, depuis

---

42. André Breton, *Premier Manifeste du surréalisme, op. cit.*, p. 27. Les italiques sont de l'auteur.
43. Mireille Calle-Gruber, *Histoire de la littérature française du XXe siècle ou Les repentirs de la littérature*, Paris, Champion, 2001, p. 115 [l'auteure souligne].
44. Voir Rudolf E. Kuenzli, « Surrealism and Misogyny », dans Mary Ann Caws, Rudolf E. Kuenzli et Gwen Raaberg (dir.), *Surrealism and Women*, Cambridge et Londres, MIT Press, 1991, p. 18.

l'étude de Xavière Gauthier[45], les critiques littéraires et les spécialistes d'histoire de l'art, notamment féministes, ont insisté sur la reconduction dans le Surréalisme d'un certain nombre de lieux communs quant à l'imaginaire féminin tel que construit dans la culture occidentale[46] : à la femme-fleur (ou femme-nature plus largement) tant vénérée par les poètes surréalistes s'ajoute l'idéal de la femme-enfant incarnée par la jeune Gisèle Prassinos dès lors que, en 1934, elle fit entendre ses premiers poèmes automatiques, dont « La sauterelle arthritique », à Breton, Éluard, Char, Péret, Parisot et Mario Prassinos réunis au café Dynamo[47].

C'est notamment pour ce type de représentation de la femme muse que Katharine Conley forge le terme « *automatic woman* » dans son ouvrage éponyme[48]. Dotée de « pouvoirs féminins redoutables » capables de provoquer « un effet de surprise » ou un « choc quasi électrique[49] », la « femme automatique » inspire l'acte de création *automatique* parce qu'elle s'apparente, selon Conley, à une machine moderne, à la fois fascinante et inquiétante. C'est une Olympia des années 1920, une figure de l'entre-deux qui donne accès au merveilleux et au surréel, en réunissant en elle les antinomies rationnel/irrationnel, adulte/enfant, ici-bas/au-delà[50]. Autrement dit, elle est la parfaite médiatrice entre la réalité perçue comme morne, dépourvue d'imagination[51], et l'univers du rêve ouvrant, grâce au récit qu'on en fait, vers tous les possibles. Ainsi, de *Nadja* (1928)

---

45. Dans *Surréalisme et sexualité*, Paris, Gallimard, 1971, Xavière Gauthier propose une lecture psychanalytique de la poésie et de la peinture surréalistes en insistant sur la misogynie du groupe de Breton qui, à travers l'idéalisation de l'amour et la fragmentation du corps féminin, se serait servi de la femme dans sa rébellion contre la loi du Père.
46. Les surréalistes restent cependant fidèles à leur esthétique « révolutionnaire » en valorisant des figures féminines marginalisées, voire dépréciées dans la pensée dominante, telles la sorcière, la femme folle et la criminelle. Voir, à ce propos, Georges Sebbag, « Musidora, Nadja et Gradiva », *Histoires littéraires*, n° 37, 2009, p. 43-60.
47. Immortalisée par Man Ray, la scène montre la grande attention des écrivains à l'égard de la jeune fille, sœur du peintre Mario Prassinos.
48. Katharine Conley, *Automatic Woman. The Representation of Women in Surrealism*, Lincoln et Londres, University of Nebraska Press, 1996. La quintessence de cette réflexion a été publiée trois ans plus tôt sous le titre « La femme automatique du Surréalisme », *Pleine Marge*, n° 17, 1993, p. 69-80.
49. *Ibid.*, p. 69-70.
50. Voir Katharine Conley, « La femme automatique du Surréalisme », *loc. cit.*, p. 69. La critique insiste sur l'importance de la figure de *L'Immaculée Conception* (1930), exploitée par Breton et Éluard, en ce qui a trait à l'imaginaire surréaliste du corps féminin liminal.
51. Dans le *Premier Manifeste du surréalisme*, *op. cit.*, p. 14, Breton exalte l'imagination (« Chère imagination ») et l'esprit de liberté (« la *plus grande liberté* d'esprit », italiques de l'auteur) comme valeurs essentielles du nouveau mouvement.

à *Arcane 17* (1945) en passant par *L'Amour fou* (1937), la «femme» incarne successivement l'idéal de la beauté «convulsive» et scandaleuse pour être stylisée finalement en conductrice d'électricité mentale[52]. Proposons deux autres exemples pour illustrer la fécondité des muses : d'un côté, *Les Yeux d'Elsa* (Triolet) sont source d'amour et de poésie pour Aragon, tandis que, de l'autre, l'esprit de révolte de la jeune Leonora Carrington donne un nouvel élan à la créativité du peintre et collagiste Ernst, avant que plusieurs de ces «femmes automatiques» procèdent à la désautomatisation du regard sur elles et s'engagent à leur tour dans une démarche de création, si elle n'avait pas déjà été amorcée auparavant. Ce processus est souvent accompagné d'un éloignement psychologique[53] ou géographique. Mais comment passer du statut d'objet du désir ou de partenaire d'un couple créateur à la posture d'auteure ou d'artiste autonome? Telle est la question qui se pose, par exemple, à Leonora Carrington, à Valentine Penrose et à Jacqueline Lamba lorsqu'elles se séparent respectivement d'Ernst, de Roland Penrose et de Breton. La question du sujet créateur à part entière s'impose avec plus d'insistance encore au moment de l'arrivée des deuxième et troisième générations de créatrices au fil des années 1930 à 1950[54]. Sans vouloir forcer la généralisation, à la lumière des trajectoires de ces deux générations et en introduisant dans la réflexion les variables «féminin» et «générationnel», l'on constate que c'est par un double mouvement d'affiliation puis de désaffiliation que Lee Miller, Dora Maar, Alice Rahon, Nora Mitrani, Bona de Mandiargues, Belen, Unica Zürn[55], et toutes celles mentionnées plus haut, se positionnent comme sur des cercles tracés autour de la nébuleuse surréaliste, de ses

---

52. Voir Katharine Conley, «La femme automatique du Surréalisme», *loc. cit.*, p. 70-71.

53. Souvent par la rupture du couple que beaucoup de ces «muses» formèrent dans un premier temps avec les éminents représentants du Surréalisme. Renée Riese Hubert fait état de l'importance du partenariat entre hommes et femmes dans son étude séminale *Magnifying Mirrors. Women, Surrealism and Partnership*, Lincoln et Londres, University of Nebraska Press, 1994, p. 1-29.

54. Jacqueline Chénieux-Gendron, «De l'écriture au féminin dans le surréalisme», *loc. cit.*, p. 61-62. À propos de ces deux générations, Gwen Raaberg soulève la question du sujet créateur et de l'autonomie artistique des créatrices surréalistes se rapprochant du mouvement au fil des années 1930 : «The Problematics of Women and Surrealism», dans Mary Ann Caws, Rudolf E. Kuenzli et Gwen Raaberg (dir.), *Surrealism and Women*, *op. cit.*, p. 2-3.

55. Contentons-nous ici de constater que son cas est particulièrement complexe, entre autres à cause de sa relation tumultueuse avec Hans Bellmer et de ses nombreux séjours dans des hôpitaux psychiatriques.

représentants emblématiques, des idées et des valeurs avant-gardistes, tantôt se rapprochant du Centre le moment d'un projet commun, tantôt s'en éloignant, et ce, jusqu'au choix de l'exil. Elles ne sont que rarement, pour ne pas dire jamais, membres du mouvement ; certaines, telles Lise Deharme, Joyce Mansour, Gisèle Prassinos, Claude Cahun et Toyen, échappèrent tout au long de leur carrière, pour des raisons très différentes, à la logique d'une relation amoureuse avec un homme membre du Surréalisme français. Toutes – la généralisation est cette fois de mise – s'installent en périphérie de la nébuleuse surréaliste, dans ses marges[56], ce qui les amène à travailler de manière oblique[57] les valeurs poétiques et esthétiques, notamment par les stratégies de réécriture et de *révision* des *topoï* de l'avant-garde surréaliste : elles retravaillent les figures archétypales de la femme-enfant (qui ressuscite Alice de Lewis Carroll en rendant hommage au merveilleux), de la muse, de la folle, de la sorcière, certes, mais elles s'intéressent également de près aux diverses modalités d'autoreprésentation littéraire et picturale[58], à l'hybridité des règnes, au merveilleux, au rêve, à Éros et à Thanatos.

Se situant elles-mêmes pour la plupart dans un entre-deux artistique et médiatique, leur démarche intermédiale évoquée plus haut les conduit *tout naturellement* à investir l'objet *livre*, espace de rencontre, de partage et d'expérimentation, dont il sera essentiellement question dans les parties d'analyse à venir. C'est grâce à la démarche collaborative que les auteures et les artistes du corpus à l'étude porteront la mémoire du Surréalisme au-delà de la fin officielle du mouvement, soit la mort de Breton en 1966 ou, selon la logique propre à toute avant-garde, la publication d'un manifeste de dissolution trois ans plus tard par Jean Schuster dans *Le Monde*, sous le titre « Le quatrième chant ». Elles ont laissé leurs marques, cela ne fait plus aucun doute, comme elles ont été marquées par les pratiques surréalistes, tout particulièrement dans le domaine du livre.

---

56. Comme toute avant-garde qui se respecte, le Surréalisme se définit en marge de la doxa, des courants littéraires et artistiques dominants, ainsi que des normes et des conventions sociales jugées contraignantes pour « [l']homme, ce rêveur définitif », selon l'idéal bretonien (*Premier Manifeste du surréalisme, op. cit.*, p. 13). Ce positionnement périphérique inspire à Susan Rubin Suleiman la notion de « double marginalité » à partir de laquelle auraient créé les femmes dites surréalistes : *Subversive Intent, op. cit.*, p. 20-32.
57. C'est la revue *Obliques* qui, en 1977, donne le coup d'envoi à une première tentative de rassembler les femmes auteures et artistes dans un dossier thématique.
58. Voir le dossier n⁰ 33 de *Mélusine* (2013, « Autoreprésentation féminine ») consacré à ce sujet, sous la direction de Georgiana M. M. Colvile et Annie Richard.

Une communauté malgré tout

Les récentes expositions internationales, telles *Angels of Anarchy. Women Artists and Surrealism* à la Manchester Art Gallery (2009-2010), *Die andere Seite des Mondes. Künstlerinnen der Avantgarde* à la Kunstsammlung Nordrhein-Westfalen (2011), *In Wonderland. Surrealist Adventures of Women Artists in Mexico and the United States* au Los Angeles County Museum of Art (2012), *Pionnières : artistes dans le Paris des Années folles* au Musée du Luxembourg (2022) et *Surréalisme au féminin ?* au Musée de Montmartre (2023) pourraient nous faire croire que les femmes auteurs et artistes avaient formé une communauté au sein de chacune des trois avant-gardes historiques données, ou du moins en leurs marges, pour reprendre l'idée de Susan Rubin Suleiman. Or la question d'une communauté au féminin ne correspond pas vraiment à une réalité historique. Les expositions susmentionnées révèlent la face cachée des avant-gardes en ce qui a trait à la présence, au sein du Futurisme, de Dada et du Surréalisme, de créatrices comme Valentine de Saint-Point, Elsa von Freytag-Loringhoven (dite Baroness Elsa), Hannah Höch, Emmy Hennings, Sophie Taeuber, Claude Cahun, Florence Henri, Germaine Krull, Leonora Carrington, Lee Miller, Valentine Penrose, Frida Kahlo, Remedios Varo, Kati Horna, Eileen Agar et Ithell Colquhoun, entre autres. En effet, ces expositions laissent entrevoir l'apport des femmes à l'élaboration d'une esthétique novatrice misant sur le décloisonnement des frontières culturelles et linguistiques, artistiques et médiatiques. En même temps, ces expositions et les catalogues, tous d'une grande qualité de recherche et de documentation, montrent qu'il existait essentiellement des liens amicaux – parfois amoureux[59] – ponctuels.

Si plusieurs créatrices surréalistes semblaient se connaître plus ou moins intimement ; si elles se fréquentaient à l'occasion de réunions de groupe, lors de la signature d'un tract ou d'un pamphlet[60] ; si elles étaient conviées à participer aux expositions surréalistes nationales et

---

59. De 1936 à 1938, Valentine Penrose et Alice Rahon entretinrent une relation amoureuse les conduisant en Inde où elles se familiarisèrent avec l'hindouisme, et qui donna lieu à un dialogue poétique passionné. Voir Georgiana M. M. Colvile, «Through an Hourglass Lightly : Valentine Penrose and Alice Rahon Paalen», dans Russell King et Bernard McGuirk (dir.), *Reconceptions : Reading Modern French Poetry*, Nottingham, The University of Nottingham Press, 1996, p. 81-112.

60. C'est le cas de Claude Cahun dont la signature apparaît dans divers tracts surréalistes et qui rédigea, à l'instigation de Breton, l'essai poétique *Les paris sont ouverts* (1934), contre la récupération de la poésie par des considérations politiques, voire idéologiques.

internationales[61]; si elles accédaient également aux réseaux de publication (revues, maisons d'édition) et que, de manière générale, elles jouaient un rôle significatif dans la « conversation surréaliste », comme le formule Katharine Conley[62] pour faire valoir la circulation des idées et des échanges entre membres d'une même communauté, elles ne paraissaient pas se percevoir ni vouloir se constituer en groupe à l'intérieur du mouvement officiel. Comment se manifestaient alors les liens entre certaines écrivaines, photographes, peintres, dessinatrices et cinéastes ? Les relations d'amitié mises en pratique et en œuvre, idéal cher aux avant-gardes de l'entre-deux-guerres, prennent des formes concrètes lorsque Dora Maar photographie Nusch Éluard dans une pose de rêveuse (*ca* 1935) et Leonor Fini assise sur une chaise, faisant face à l'objectif dans une pose érotique (1936); quand Claude Cahun réalise des portraits photographiques de Jacqueline Lamba seule (1939) ou en compagnie de sa fille Aube; quand Lola Alvarez Bravo saisit Frida Kahlo et son reflet dans un miroir (*ca* 1944 et *ca* 1945); lorsque Bona de Mandiargues peint Unica Zürn selon l'esthétique de la courtepointe tout en intégrant à sa toile (1986) les idiosyncrasies de l'auteure-artiste allemande; et que Lee Miller immortalise Meret Oppenheim en version solarisée (1932), Nusch Éluard riant aux éclats (1937), Eileen Agar posant sa main droite sur une sculpture (1937) et Dorothea Tanning dans son atelier à Sedona (1946)[63]. Outre ces portraits de l'Autre, elles ne rédigèrent pas de préfaces ni de postfaces aux livres signés par l'une des romancières ou poètes à l'étude, laissant ce rôle tutélaire aux écrivains et artistes consacrés : Éluard signe la préface du *Cœur de Pic* de Deharme et Cahun, ainsi que celle d'*Herbes à la lune* et de *Dons des féminines* de Penrose; Georges Visat, Patrick Waldberg et Hans Bellmer encadrent de leurs propos

---

61. Ainsi, une photographie (anonyme) montre la présence de Diana Brinton, de Nusch Éluard, d'Eileen Agar, de Sheila Legge et d'une amie (non identifiée) de Dalí à la première exposition internationale du Surréalisme à Londres en 1936. Voir la reproduction de l'image dans le catalogue *Angels of Anarchy. Women Artists and Surrealism*, sous la direction de Patricia Allmer *et al.*, Munich, Prestel, 2009, p. 205.
62. Katharine Conley, « Women in Surrealist Conversation : Introduction », *Journal of Surrealism and the Americas*, vol. 5, n°s 1-2, 2011, p. I-XIV. Évoquant les métaphores d'une « *dinner table* », d'un banquet et d'un symposium, la critique note : « Les femmes avaient une place à la table et leurs œuvres artistiques et littéraires reflètent leur présence visible dans l'économie intellectuelle du Surréalisme » (« *Women had a place at the table and their work in art and writing reflects their visible presence in the intellectual economy of Surrealism* »).
63. Voir, pour la plupart, les reproductions dans *Angels of Anarchy*, *op. cit.*

Oracles et spectacles de Zürn; Radovan Ivšić rédige l'avis au lecteur de *Sur le champ* de Le Brun; présent sur les rabats du livre, André Pieyre de Mandiargues guide le lecteur vers *Le Réservoir des sens* de Nelly Kaplan (alias Belen). Si, de fait, des affinités électives sont indéniables et si la notion de partage est inscrite à même la démarche de plusieurs auteures et artistes, les liens entre elles ne sont pas abordés de front. La question d'une communauté de créatrices et, selon cette idée, d'une solidarité au féminin se pose différemment pour les exilées au Mexique, entre lesquelles semblait avoir régné un sentiment d'appartenance à un groupe[64]. Leonora Carrington, Remedios Varo, Kati Horna, Alice Rahon et, en partie, Frida Kahlo partageaient littéralement leur passion pour la peinture, l'écriture, la photographie et les recettes de cuisine[65]. Les idées circulaient à travers un réseau aux maillons plus perméables que dans le groupe surréaliste parisien; les liens d'amitié s'avéraient propices au travail de chacune sans que cela donnât lieu pour autant à des projets collaboratifs[66], en tout cas pas sous forme d'œuvres hybrides.

Malgré l'absence (réelle) d'une communauté avant-gardiste, plus précisément surréaliste au féminin, il est possible – et c'est l'objectif déclaré du présent ouvrage – de construire d'un point de vue épistémologique un espace qui leur soit commun et auquel on peut *a posteriori* rattacher la majorité des créatrices engagées dans un projet collaboratif: le Livre surréaliste comme point d'aboutissement d'une collaboration

---

64. Jaqueline Chénieux-Gendron observe à propos du Mexique comme terre d'accueil: «Mexico est devenu un lieu d'accomplissement surréaliste international, avec la présence de nombreux surréalistes français qui s'y sont réfugiés après la guerre». Le «voyage mythique d'Antonin Artaud en 1936» y aurait selon elle joué un rôle important: *Surréalismes: l'esprit et l'histoire*, Paris, Honoré Champion, 2014, p. 318.

65. Voir le catalogue d'exposition *Surreal Friends: Leonora Carrington, Remedios Varo, and Kati Horna*, édité par Stefan van Raaij, Joanna Moorhead et Teresa Arcq, Farnham, Lund Humphries, 2010. Pour les liens entre plusieurs femmes photographes, voir Mary Ann Caws, «These Photographing Women: the Scandal of Genius», dans *Angels of Anarchy, op. cit.*, p. 31-33. Georgiana M. M. Colvile insiste, pour sa part, sur les idées de réseautage et d'influences mutuelles: «*Temple of the Word*: (Post-)Surrealist Women Artists' Literary Production in America and Mexico», *Journal of Surrealism and the Americas*, vol. 5, n°s 1-2, 2011, p. 1-18.

66. Notons que le couple Rahon-Paalen participa à la quatrième Exposition internationale du surréalisme à la Galeria de Arte Mexicano, aux côtés de Frida Kahlo et de Diego Rivera. Il ne faut pas oublier de mentionner la revue *Dyn* dirigée par Wolfgang Paalen au Mexique, dans laquelle se trouvent des œuvres d'art d'Alice Rahon, d'Eva Sulzer, de Rosa Rolanda et de Doris Heyden, ainsi que des textes de Rahon, de Jacqueline Lamba, de Valentine Penrose et d'Anaïs Nin. Il en est de même pour les revues américaines *VVV* et *View* qui ouvrent elles aussi leurs pages aux femmes auteurs et artistes. Voir Ilene Susan Fort, «Introduction», *loc. cit.*, p. 27.

inspirée du partage. Durant une cinquantaine d'années, auteures et artistes œuvrent en effet autour de l'objet *livre* en mettant en valeur l'idée d'une cocréation, d'une écriture à quatre mains prônée comme praxis interartistique *et* éthique de partage. Je proposerais, dans un élan constructiviste, l'idée d'une « communauté œuvrante[67] » pour évoquer les divers projets collaboratifs dont la visée était de mettre à mort l'idéal romantique obsolète du créateur solitaire dans sa tour d'ivoire[68]. Michel Lafon et Benoît Peeters ne constatent-ils pas en 2006 encore qu'« [u]n étrange tabou traverse l'histoire de la littérature : l'écriture en collaboration. […] l'idée demeure qu'une œuvre digne de ce nom doit émaner d'une seule personne. […] Le génie ne se décline qu'au singulier[69] » ? En ce sens, les démarches collaboratives récidivées de Lise Deharme et Joan Miró, de Claude Cahun et (Marcel) Moore, de Leonora Carrington et Max Ernst, de Joyce Mansour et Pierre Alechinsky, d'Annie Lebrun et Toyen, de Kay Sage et Jean Dubuffet, d'une part, et les collaborations restées uniques comme dans le cas de Belen et André Masson ou dans celui de Dorothea Tanning et Max Ernst, d'autre part, montrent que le génie peut également se décliner au « dual[70] », voire au pluriel (si l'on accorde à l'éditeur le rôle du tiers parmi les collaborateurs). Ces exemples montrent surtout que le Livre surréaliste fait la part belle à l'impératif moderniste poundien du « *Make it new!* » par le dépassement des conventions littéraires et esthétiques ; on comprend que, si cette forme livresque existe en une panoplie de configurations, toutes obéissent à l'économie de l'échange et du partage.

67. L'allusion à la réflexion de Jean-Luc Nancy sur *La communauté désœuvrée* (Paris, Christian Bourgois, 2011) est évidente. Si le philosophe s'interroge sur ce qui reste aujourd'hui de la « communauté », de ses mythes, de ses idées, de ses politiques, c'est pour arriver à constater que malgré toutes les résistances et insistances, ce n'est pas une entité dépassée parce qu'elle réside dans l'être-ensemble, dans l'être en commun.
68. Précisons que le « génie solitaire » est plutôt une fabrication idéalisante rétrospective, puisque plusieurs romantiques chérissaient l'idée de collaboration, notamment au théâtre et à l'opéra, qui n'aboutissait toutefois que ponctuellement (entre Deschamps et Vigny ; entre Nodier, Hugo, Lamartine et Taylor). Voir, à ce propos, Anthony Glinoer, « Y a-t-il une "identité collective" du romantisme de 1830 ? », *Romantisme*, n° 147, 2010, p. 29-40.
69. Michel Lafon et Benoît Peeters, *Nous est un autre : enquête sur les duos d'écrivains*, Paris, Flammarion, 2006, p. 7.
70. Le « dual » existe en grec et en latin comme nombre grammatical désignant « deux » ou le couple formé par deux entités ; perdu dans la plupart des langues indo-européennes, ce nombre fait le pont entre le singulier et le pluriel et me paraît parfaitement correspondre aux diverses modalités de la démarche collaborative à l'étude.

Tout compte fait, la troisième «avant-garde historique», pour reprendre le terme de Peter Bürger qui désigne ainsi, dans son ouvrage séminal, le Futurisme, Dada et le Surréalisme[71], se révèle un terreau fécond pour les auteures et les artistes visuelles affiliées de près ou de loin au Surréalisme. D'un point de vue historiographique, la longévité des pratiques d'un mouvement à géométrie variable, sans cesse en cours de métamorphose, dépasse de loin celle de la majorité des avant-gardes du XXe siècle. Cette durée de vie exceptionnelle est certes due à la jeunesse des créatrices au moment où elles se rapprochent du mouvement en plus grand nombre (*grosso modo* dès les années 1930), mais également à l'usage créatif des arts et des médias, tel qu'indiqué plus haut, dont elles font preuve pour la plupart. En ce sens, la valorisation des vases communicants entre la littérature et les autres arts – il suffit de penser à la passion vouée par les surréalistes au cinéma et aux écrits sur le 7e Art[72] – favorise la création d'un environnement stimulant pour ces créatrices qui trouvent une porte d'entrée à l'avant-garde souvent grâce au couple (dans la vie) qu'elles formaient avec l'un des écrivains ou artistes[73]. Pénétrer dans le «château» des amis, y faire acte de présence, y rencontrer le chef de file ou l'un des autres membres du groupe pour, finalement, quitter le cercle surréaliste et se positionner en périphérie du mouvement, telles sont le plus souvent les étapes successives d'affiliation et de désaffiliation parcourues par les femmes auteurs et artistes. Ilene Susan Fort constate à cet égard: «Ces femmes trouvent dans le surréalisme une liberté qu'aucune esthétique ne leur a donnée jusqu'ici, mais

---

71. Peter Bürger, *Théorie de l'avant-garde*, traduit de l'allemand par Jean-Pierre Cometti, Paris, Éditions Questions théoriques, 2013 [1974].

72. Voir Karine Abadie, *La cinéologie de l'entre-deux-guerres: les écrivains français et le cinéma*, thèse de doctorat, Université de Montréal, 2016.

73. Dans *Magnifying Mirrors*, *op. cit.*, Renée Riese Hubert démontre la fécondité du couple créateur à partir d'exemples presque exclusivement hétérosexuels (Sophie Taeuber et Hans Arp; Leonora Carrington et Max Ernst; Unica Zürn et Hans Bellmer; Kay Sage et Yves Tanguy; Lee Miller et Man Ray; Alice Rahon et Wolfgang Paalen; Remedios Varo et Wolfgang Paalen; Hannah Höch et Raoul Hausmann; Toyen, Štyrský et Heisler; Frida Kahlo et Diego Rivera), faisant ainsi l'impasse sur le couple Claude Cahun et (Marcel) Moore. En revanche, elle mentionne, dans le chapitre sur «Valentine et Roland Penrose», la relation amoureuse entre la première et Alice Rahon, à l'origine d'un dialogue poétique croisé mais qui n'a jamais donné lieu à un travail collaboratif. Le chapitre sur Meret Oppenheim est placé sous le signe du «*reluctant partner*» («partenaire réticent»): on sait qu'elle avait posé pour Man Ray, par exemple dans la série photographique *Érotique voilée*, et qu'elle avait entretenu des liaisons amoureuses passagères avec André Pieyre de Mandiargues et Max Ernst, alors que sa relation avec Marcel Duchamp était de plus longue durée, tout en gardant son autonomie artistique.

beaucoup d'entre elles ne connaîtront le plein épanouissement qu'après s'être physiquement éloignées de Paris et de ses milieux artistiques officiels[74]». C'est donc grâce à la désaffiliation, synonyme de plus de distance spatiale et d'autonomie quant au pouvoir créateur, que Leonora Carrington, Gisèle Prassinos, Bona de Mandiargues, Leonor Fini ou Unica Zürn (malgré ses allées-venues entre Paris et Berlin, ponctuées de plusieurs séjours en hôpital psychiatrique) ont réussi à *faire œuvre*: tantôt seule ou avec le concours d'un ou d'une artiste, tantôt par le dédoublement de l'auteure en artiste (ou inversement), assumant, dans et grâce au travail de création, une ex-centricité parfois bouleversante.

Dans la foulée des considérations développées jusqu'à présent afin de préparer le terrain pour les chapitres d'analyse de la partie principale, retenons que le Livre surréaliste au féminin apparaît comme un espace permettant la conjonction de deux forces créatrices mues par le désir d'expérimenter différentes modalités qui visent à faire dialoguer l'écrit et le pictural au sein de dispositifs livresques variables. La rencontre avec l'autre créateur soulève une série de questions qui guideront l'analyse des œuvres hybrides retenues à des fins d'étude : à qui revient le rôle d'instigateur d'une démarche collaborative ? Comment s'effectue le partage des compétences dans l'espace du livre – de la couverture à la quatrième de couverture en passant par le corps du texte/image ? Comment est composée la double page, en tant qu'entité à part entière ou comme lieu de passage vers les pages précédentes ou suivantes ? De quelle manière peut-on imposer sa voix, sa vision, tout en respectant le terrain de l'autre ? Quelle posture devrait adopter le lecteur entamant ces œuvres hybrides où se côtoient l'écriture et l'image – peinture, photographie, dessin, collage ou pointe sèche ?

Ne restons plus sur le seuil. Les livres s'ouvrent pour donner à lire et à voir des univers singuliers, parfois aussi stupéfiants que «la rencontre fortuite sur une table de dissection d'une machine à coudre et d'un parapluie[75]». On se rappelle l'importance pour Breton de cette nouvelle conception du «beau comme» décliné par Lautréamont dans *Les Chants de Maldoror*: la rencontre des auteures et des artistes visuels, hommes ou femmes, cosignataires des livres surréalistes dont il sera ici question,

---

74. Ilene Susan Fort, «Introduction», *loc. cit.*, p. 20.
75. Comte de Lautréamont, *Les Chants de Maldoror*, chant VI, 1, dans *Œuvres complètes*, Paris, G.L.M., 1938, p. 256.

provoque à l'occasion l'effet de surprise, de trouble ou d'émerveillement caractéristique de l'image poétique surréaliste. Lançons-nous désormais dans l'enquête sur un corpus d'œuvres qui existent empiriquement, qui s'inscrivent dans une temporalité en bonne partie étrangère à celle des années de gloire du mouvement et dont je me propose de constituer une collection rétrospective dans le but d'ajouter un nouveau chapitre à l'histoire du Surréalisme, certes, mais également à celle du Livre surréaliste placé sous les signes du féminin, du partage et de la démarche collaborative[76].

Le parcours de lecture s'effectuera autour de certaines œuvres emblématiques qui semblent particulièrement généreuses en ce qui a trait à la facture matérielle de ce que l'on considère comme un objet *livre*. Cette générosité se traduit dans la complexité des rapports texte/image et de leur fonctionnement, dans la richesse de ce qui est donné à lire et à voir, de même que dans la diversité des modèles collaboratifs à l'origine de la production de ces livres. S'ils font indéniablement partie du corpus du Livre surréaliste au féminin, certains des ouvrages mentionnés dans les réflexions de cette introduction présentent, de manière générale, un intérêt moins marqué relativement à l'exploration et au développement des moyens d'expression avant-gardistes, notamment par le choix d'un dispositif texte/image tributaire du modèle illustratif. C'est le cas, par exemple, d'*Oh! Violette ou La Politesse des végétaux* où les dessins de Leonor Fini servent essentiellement à illustrer le roman de Lise Deharme, à donner forme au personnage principal et à ses postures érotiques. Pensons aussi à *Brelin le frou ou le Portrait de famille* de Gisèle Prassinos qui privilégie des rapports de collusion entre les dessins (placés au début des chapitres) et le récit, sorte de parodie du roman familial. Quant à *Bonaventure* de Bona de Mandiargues, réalisé à partir d'enregistrements nocturnes effectués par Alain Vircondelet, les éléments visuels à l'intérieur du livre, ainsi que les quelques pages de photographies et de reproductions de tableaux insérées au début et la fin, ne trouvent pas d'échos directs dans le corps du texte, conçu comme une encyclopédie de soi[77].

---

76. Voir Andrea Oberhuber, « Une œuvre, deux signatures : la part du photographique dans le livre surréaliste », dans Marta Caraion et Jean-Pierre Montier (dir.), *Photolittérature*, catalogue d'exposition édité par la Fondation Jan Michalski pour l'écriture et la littérature, Montricher, 2016, p. 68-81.

77. Il y a lieu d'ailleurs de se demander si l'ajout des images, comme complément des fragments qui forment ce récit de soi fragmentaire, ne relève pas de l'intervention de l'éditeur (Stock).

Dans le cadre exploratoire de cette étude, il a bien fallu prendre des décisions douloureuses en réservant à un deuxième temps de la réflexion certaines œuvres susceptibles de confirmer les résultats de mes observations sur le Livre surréaliste au féminin. Ainsi une étude éventuelle des deux ouvrages composés par Annie Le Brun et Toyen, à savoir *Sur le champ* et *Annulaire de lune*, permettrait-elle d'étoffer notre compréhension du type de rapports à l'œuvre dans la démarche de Cahun et Moore. Pour intéressante qu'elle soit, la collaboration Le Brun/Toyen ne rendrait toutefois compte d'aucune nouvelle posture d'auteure ou d'artiste, les deux livres perpétuant de manière originale, dans les années 1960-1970[78], les pratiques collaboratives au féminin telles que déclinées dans la première partie de l'étude. Du côté des collaborations mixtes, se pencher sur *La Reine des Sabbats* et *Le Réservoir des sens* de Belen, en collaboration respectivement avec les artistes visuels Le Maréchal et André Masson, pourrait montrer une autre facette de l'humour (noir) et de l'ironie présents dans les livres de Carrington/Ernst.

Si l'exhaustivité, en accordant une part égale à tous les objets, représente le but ultime de toute étude d'ensemble, elle entraîne parfois la chercheuse du côté de la redondance et de l'uniformité de l'approche analytique. À force de vouloir rendre compte de tout, on risque de ne pas percevoir les lignes de force du corpus. Il faut donc effectuer un travail d'équilibriste, faire preuve de discernement dans la manière d'appréhender les parties et le tout. Car ne s'agit-il pas, au fond, d'éviter une désensibilisation du regard qui aurait comme conséquence l'aplanissement du relief offert par ces livres singuliers ?

Dans cet esprit, la disposition du corps de l'étude répond à une volonté de rendre justice à la nature particulière de chaque livre, sous l'éclairage des trois modalités collaboratives esquissées antérieurement. À une première partie sur la collaboration au féminin (où il sera question d'*Aveux non avenus*, du *Cœur de Pic* et du *Poids d'un oiseau*) succédera la section sur la collaboration mixte (on lira les études sur *La Maison de la Peur*, *La Dame ovale* et *Oiseaux en péril*), qui sera suivie

---

78. Pour des analyses substantielles consacrées aux deux œuvres, voir Fannie Morin et Caroline Hogue, « Cerner le désir infiniment : *Sur le champ* d'Annie Le Brun et Toyen », https://lisaf.org/project/le-brun-annie-sur-le-champ/, ainsi que Benjamin Gagnon Chainey et Karianne Trudeau Beaunoyer, « Prendre la parole, se parer du langage : "beauté convulsive" et "insurrection lyrique" dans *Annulaire de lune*, d'Annie Le Brun et Toyen », https://lisaf.org/project/brun-annie-annulaire-de-lune/.

d'un troisième et dernier ensemble d'analyses (portant sur *Hexentexte, Oracles et spectacles, Dons des féminines* et *Le Livre de Leonor Fini*) placé sous le signe de la dualité créatrice, synonyme de la posture double d'auteure-artiste. Les trois parties ne sont pas organisées en ordre chronologique de parution des œuvres afin d'éviter de suggérer l'idée qu'il existerait un mouvement continu et téléologique au sein du corpus. *Aveux non avenus*, première œuvre singulièrement plurielle, réalisée en collaboration étroite entre une auteure et une artiste visuelle, et *Le Livre de Leonor Fini*, sorte d'apogée d'une dualité créatrice expérimentale, d'un genre vertigineux qui n'a pas de semblable dans le corpus, font office de balises tant historiques qu'esthétiques[79]. Si, d'un chapitre à l'autre, les réflexions se veulent complémentaires et cumulatives, le lecteur est en principe libre de déterminer son propre parcours à travers le présent ouvrage, ce qui est tout à fait à l'image de la lecture-spectature que proposent nombre de livres surréalistes, entre contrainte et liberté.

---

79. Rappelons que *Le Livre de Leonor Fini* n'est pas la dernière œuvre hybride dans la lignée des livres surréalistes au féminin que j'essaie d'établir, mais elle constitue en quelque sorte son aboutissement au milieu des années 1970. *Brelin le frou, Bonaventure, Annulaire de lune, Caroline* et *Sansibar* datent de la même période qu'il convient de qualifier de postsurréaliste.

PARTIE I
Collaboration au féminin

Une œuvre en partage : *Aveux non avenus* de Claude Cahun et Moore

« Nous. / "Rien ne peut nous séparer."[1] » C'est ainsi que s'amorce la partie VI d'*Aveux non avenus*, titrée « Singulier pluriel » et précédée d'un photomontage montrant un jeu d'échecs sur lequel ont été apposées, dans la partie inférieure gauche, deux cartes à jouer : habillés pareillement en costume noir, Lahire (valet de cœur)[2] et Pallas (dame de pique)[3] croisent les regards, main droite appuyée coquettement sur la hanche. L'expression oxymorique « Singulier pluriel » peut être comprise comme la métaphore du couple créateur que forment Claude Cahun (1894-1954, née Lucy Schwob) et Marcel Moore (1892-1972, née Suzanne Malherbe) à partir de 1913[4], de l'originalité de leur démarche collaborative presque tout au long de leur vie commune et, finalement, de l'œuvre publiée en 1930 aux Éditions du Carrefour, qui conjugue l'écrit et le photographique au sein du même espace livresque. Le je(u), la pose et le travestissement, l'original et la copie, le clair-obscur, le double et le couple comptent

---

1. Claude Cahun, *Aveux non avenus*, Paris, Éditions du Carrefour, 1930, p. 117. Je cite d'après l'édition originale, reprise en fac-similé par François Leperlier dans la réédition de la majeure partie de l'œuvre littéraire, journalistique et essayistique de Cahun : *Écrits*, Paris, Jean-Michel Place, 2002. Désormais, les références à *Aveux non avenus* seront indiquées par le sigle *ANA* placé entre parenthèses dans le corps du texte, suivi de la page.
2. On y reconnaît facilement les traits de Cahun.
3. Je ne saurais attribuer une identité au visage de la Dame travestie en homme sur la carte de jeu.
4. La première collaboration « officielle » de Cahun et Moore remonte à octobre 1913, année à laquelle elles commencent à publier des chroniques de mode illustrées dans *Le Phare de la Loire* et *Le Petit Phare*. Pour ce qui est des photographies, il est plus hasardeux d'indiquer un moment précis, sachant que seul un très petit nombre des clichés est daté. Dans le catalogue *Claude Cahun. Bilder* (Munich, Schirmer & Mosel, 1997, p. 2), la longue série des (auto)portraits s'ouvre par une image datée d'environ 1912, et la même photographie indique comme date « vers 1913 » dans le catalogue *Claude Cahun* (Paris, Hazan et Jeu de Paume, 2011), p. 10. Anne Egger, dans *Claude Cahun, l'antimuse* (Brest, Les Hauts-Fonds, 2015, p. 28), évoque prudemment le début des années 1910 pour des prises de vue en amateur faites par les deux artistes en herbe.

parmi les leitmotivs d'une aventure déclarée d'abord « invisible » (*ANA*, p. 1) et deux pages plus loin, « sentimentale » (*ANA*, p. 3).

La rencontre des deux jeunes femmes, encore adolescentes, date de 1909. Dans une lettre-fleuve rétrospective à Charles-Henri Barbier, Cahun évoque cette rencontre comme un choc amoureux : « Au printemps, j'en vins à faire l'école buissonnière : un nouveau sentiment *bouleversant* – m'animait. Une passion jalouse, exclusive… Bientôt rien n'exista plus pour moi que mes relations avec *Suzanne*[5] ». De 1909 à 1917 (année du mariage de Maurice Schwob, père de Lucy, avec Marie Eugénie Malherbe, mère de Suzanne), elles se voient « en cachette, à la campagne », mais parfois aussi chez l'une ou chez l'autre, tout comme, à l'occasion, elles partent en voyage ensemble, selon le récit de Cahun dans la même lettre. Placée au milieu d'*Aveux non avenus*, la partie VI comporte d'ailleurs plusieurs allusions au couple, aux « [s]erments d'amours : sincères mensonges », à la « [m]agie rose », à la difficulté d'assumer notamment le désir lesbien qui ne porte jamais ce nom (*ANA*, p. 117, 118-119, 125). Lorsqu'au début des années 1920, Cahun et Moore[6] se lancent dans l'élaboration d'*Aveux non avenus*, œuvre de longue haleine, elles n'en sont pas à leur première expérience de travail à quatre mains (Fig. 1). Et même s'il s'agit de ce que j'appellerais leur *opus magnum* parce que l'écriture est des plus complexes et énigmatiques, parce que le dispositif texte/image se révèle d'obédience surréaliste proprement dite (le jeu de renvois entre le texte et l'image nécessite un haut degré de déchiffrement), les deux artistes exploreront d'autres espaces de collaboration : dans le cadre de leurs activités de « francs-tireurs[7] » contre

---

5. Lettre à Charles-Henri Barbier du 21 janvier 1951, dans Charlotte Maria, *Correspondances de Claude Cahun : la lettre et l'œuvre*, *op. cit.*, vol. 2, p. 436 ; les mots en italiques sont en encre rouge dans le tapuscrit.

6. C'est ainsi (ou par la version « longue » du pseudonyme, Marcel Moore) que Suzanne Malherbe signe la majeure partie de sa production picturale – dessins de mode et de costumes pour le théâtre, cartes postales, illustrations de livres et photomontages, dont celui par lequel s'ouvre en frontispice *Aveux non avenus*. Sur la complexité de la pseudonymie chez Cahun et Moore, voir Charlotte Maria, « Claude Cahun ou les masques de l'identité », dans Jean-Philippe Beaulieu et Andrea Oberhuber (dir.), *Jeu de masques. Les femmes et le travestissement textuel (1500-1940)*, Saint-Étienne, Publications de l'Université de Saint-Étienne, 2011, p. 227-237, et Alexandra Bourse, « Claude Cahun, un auteur ? Travestissement et crise de l'auctorialité dans *Aveux non avenus* », dans Frédéric Regard et Anne Tomiche (dir.), *Genre et signature*, Paris, Classiques Garnier, 2018, p. 99-111.

7. Expression employée par l'Oberst Sarmsen lors du procès pour désigner les actions du couple Cahun-Moore et que la première reprend dans sa lettre à Charles-Henri Barbier, *loc. cit.*, p. 467.

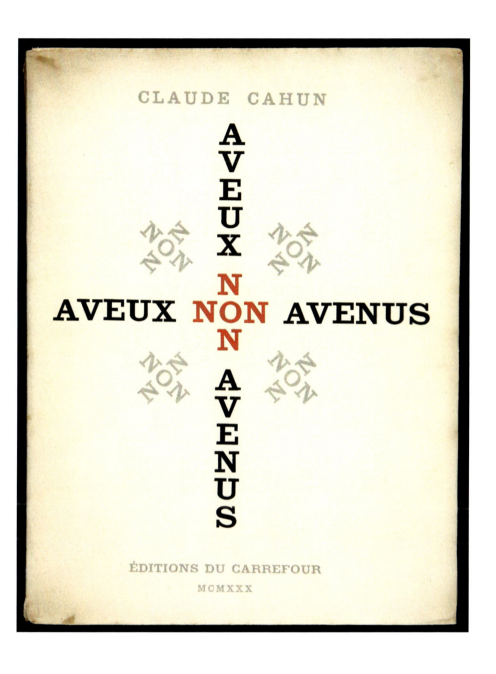

FIG. 1 Couverture, dans Claude Cahun, *Aveux non avenus*, 1930 ; Ville de Nantes – Bibliothèque municipale [612504R].

l'occupant nazi sur l'île de Jersey, durant la Seconde Guerre mondiale ; lors de performances photographiques sur le muret et dans le jardin de La Rocquaise, leur propriété à Saint Brelade, sur Jersey ; et, ultimement, dans *Le Chemin des chats*[8], une série de onze photographies augmentées de phrases éparses, inscrites à l'endos de chacune des images, le tout s'apparentant à un bref photorécit que l'on pourrait imaginer animé[9]. Faire œuvre à deux, telle est la devise qui semble avoir été le moteur de création de l'un des couples les plus hauts en couleur de l'entre-deux-guerres parisien et qui aura poursuivi son désir d'allier, durant 40 ans, les compétences respectives des deux partenaires, en expérimentant divers supports et modes collaboratifs[10]. Si la fille de Maurice Schwob, éditeur du journal nantais *Le Phare de la Loire*, nièce de Marcel Schwob, éminent représentant du symbolisme tardif, auteur de *Vies imaginaires* (1896), et petite-nièce de l'orientaliste Léon Cahun, aspire d'abord et avant tout à une reconnaissance dans les cercles littéraires de l'époque[11] pour se laisser tenter rapidement par la pratique photographique et l'expérience du théâtre, Moore reste fidèle à sa formation artistique aux Beaux-Arts de Nantes : elle travaillera essentiellement comme dessinatrice et illustratrice, tout en réalisant avec Cahun un grand nombre de photographies[12] et en apportant, dans les années 1920, son concours aux

---

8. Il s'agit en réalité de deux séries du *Chemin des chats* que la Bibliothèque municipale de Nantes (Ms 3581/III) date des années 1949-1953.

9. Y aurait-il un intérêt cinématographique à détecter derrière les dernières œuvres réalisées par le couple Cahun-Moore ? L'article de François Leperlier répond partiellement à la question : « *La Dame masquée* et le cinéma de Claude Cahun », *Europe*, vol. 95, n° 1056, avril 2017, p. 217-228.

10. La thèse d'Alexandra Arvisais permet de prendre la juste mesure non seulement de l'ampleur mais également des différentes facettes de cette démarche collaborative, du symbolisme tardif aux activités politiques en passant par le modernisme style anglo-saxon et l'avant-garde surréaliste : *L'esthétique du partage dans l'œuvre littéraire et picturale de Claude Cahun et Moore*, thèse de doctorat, Université de Montréal et Université de Lille, 2018.

11. Pour l'héritage littéraire de Cahun, voir Agnès Lhermitte, « "La nièce de Marcel Schwob" », dans Andrea Oberhuber et Alexandra Arvisais (dir.), *Héritages partagés de Claude Cahun et Marcel Moore, du XIXe au XXIe siècles. Symbolisme, modernisme, surréalisme, postérité contemporaine*, http://cahun-moore.com/collectif-heritages-partages-de-claude-cahun-et-marcel-moore/la-niece-de-marcel-schwob/. Voir aussi Patrice Allain, « Du poétique au politique : les épreuves de la révolution », dans *Claude Cahun et ses doubles*, catalogue édité par la Bibliothèque municipale de Nantes et le Musée des Beaux-Arts de Nantes, Nantes, MeMo, 2015, p. 86-94.

12. Rappelons que la redécouverte de Cahun a d'abord eu lieu dans le contexte de la photographie, notamment pour l'aspect spectaculaire des autoportraits. Eve Gianoncelli retrace les différentes phases de réception de l'auteure-artiste des deux côtés de l'Atlantique, avec toutes les différences que cela implique (figure exceptionnelle *versus* pensée

théâtres d'avant-garde Le Plateau et Le Théâtre ésotérique, de même qu'à la danse (Béatrice Wanger, Léonide Massine, Florence Walton)[13]. Il ne faut pas oublier non plus les portraits réalisés à la gouache, au crayon ou à l'encre des acteurs Édouard de Max, Georges et Ludmilla Pitoëff, Léonide Massine et Roger Roussot[14].

Idée chère aux avant-gardes historiques : l'Art et la Vie[15] s'allient à divers niveaux et forment un couple indissociable – ressemblances et dissemblances réunies[16] – dans le cheminement de l'écrivaine-

genrée ou *queer*, entre autres), dans « Les voies de la (re)connaissance : Claude Cahun, artiste et intellectuelle au miroir transatlantique », *Genre, sexualité & société*, n° 16, 2016, https://journals.openedition.org/gss/3907?lang=en.

13. À la version revue et augmentée de l'essai biographique *Claude Cahun : l'exotisme intérieur* (Paris, Fayard, 2006), initialement publié sous le titre *Claude Cahun : l'écart et la métamorphose* (Paris, Jean-Michel Place, 1992), François Leperlier a ajouté en 2006 le bref chapitre (non désigné comme tel) « Vies et rêves de Moore » (p. 437-445) et une page dans le cahier iconographique placé en annexe, où il retrace la trajectoire de l'artiste, comme il l'avait fait auparavant pour le catalogue *Le rêve d'une ville : Nantes et le surréalisme* (Nantes et Paris, Musée des Beaux-Arts de Nantes et Réunion des musées nationaux, 1994), dans le portrait « Suzanne Malherbe : "Rêve de Moore" ». Si Leperlier n'a pas tort de constater que, après la publication d'*Aveux non avenus*, « l'œuvre et le nom de Marcel Moore s'effacent… », est-il légitime de conclure qu'elle aurait été « [p]eu soucieuse de faire carrière », se contentant d'« accompagner et [de] soutenir son amie » (p. 442) ? Endosser ce constat, ne serait-ce pas, du point de vue d'aujourd'hui, une manière de sous-estimer la part d'ombre qu'occupe Moore dans la réalisation des photographies, la rédaction des tracts, la fabrication de pancartes contre l'occupant nazi à Jersey, sans mentionner la reprise du travail photographique en amateur par le couple Cahun-Moore après leur libération de prison, une fois la première rétablie de ses séquelles d'emprisonnement ? N'est-ce pas synonyme de la difficulté à dépasser l'idéal de l'artiste singulier, à concevoir la cocréation comme choix esthétique et consigner une œuvre autrement ?

14. Voir la section « Marcel Moore : Art » dans le catalogue raisonné édité par Louise Downie, *Don't Kiss Me : The Art of Claude Cahun*, Londres et Jersey, Tate Publishing et Jersey Heritage Trust, 2006, p. 206-212.

15. C'est ce que, dans le chapitre « L'art et "la vie" », Anne Tomiche appelle une « équation art-vie » (p. 35) en renvoyant à l'idée marinettienne d'*art-vie-action* comme l'un des principaux traits communs aux avant-gardes du début du XXe siècle : *Naissance des avant-gardes occidentales, 1909-1922*, Paris, Armand Colin, 2015, p. 27-43.

16. La métaphore de la gémellité est filée non seulement dans plusieurs des célèbres (auto)portraits, souvent par le truchement du miroir ou des effets photographiques de dédoublement, mais aussi dans l'œuvre littéraire de Cahun, des *Jeux uraniens*, texte inédit rédigé entre 1916 et 1918, disponible sur le site du Jersey Heritage Trust (« Ami, nous qui ne portons pas le même nom nous ressemblons autant que deux mots frères […] », http://catalogue.jerseyheritage.org/collection/Details/collect/103126?rank=1, p. 3), jusqu'au dialogue sur la relation amoureuse composé dans *Aveux non avenus* (p. 112) : Je voudrais : / Être assez pareil à toi pour ne jamais te choquer, te déplaire, te quereller, te demander pardon – ni grâce. / Être assez différent de toi (et de moi), assez varié, pour que tu te reconnaisses en cet homme, et de loin et de haut, ridicule sans contre-coup ». Pour plus de détails sur la conception des « collaboratrices-jumelles » et le motif du *Doppelgänger*, voir Alexandra Arvisais, *L'esthétique du partage dans l'œuvre littéraire et picturale de Claude Cahun et Moore*, op. cit., p. 279-283 et p. 316-319.

photographe Cahun et de l'artiste visuelle Moore durant la première moitié du xxe siècle.

Le couple créateur: éthique et esthétique du partage

Le couple Cahun-Moore – telle est la formule qui rend le mieux justice à la complicité de Lucy Schwob et de Suzanne Malherbe, «fausse jumelle» (*ANA*, p. 14), dans plusieurs projets[17] – partage une éthique *et* une esthétique du travail collaboratif à géométrie variable. Ce faisant, elles rejoignent le cercle des nombreux écrivains et artistes avant-gardistes du xxe siècle, de Dada à Fluxus[18], ayant créé en duo ou en performance collective des manifestes, des tracts, des pamphlets ou alors des *happenings*, et ayant apposé selon cette logique une cosignature à l'œuvre. La conception du couple créateur met à mal l'idée du génie créateur solitaire, érigé en idéal à l'époque romantique; le couple créateur semble encore constituer «[u]n étrange tabou [qui] traverse l'histoire de la littérature[19]». Dans l'introduction de *Nous est un autre*, évoquée rapidement plus haut, Michel Lafon et Benoît Peeters montrent que, malgré les exemples des frères Goncourt, de Willy et Colette, de Breton et Soupault, de Prévert et Carné, entre autres, l'idée d'œuvre demeure associée à un seul nom, que «[l]'auteur unique reste érigé en dogme», que «[l]e génie ne se décline qu'au singulier[20]». L'étude d'Anne Sauvageot sur la scène artistique contemporaine va dans le même sens[21]. Rappelant, dans une

---

17. L'apport de Moore est aujourd'hui généralement jugé essentiel à la démarche photographique de Cahun, mais aussi aux ouvrages hybrides *Vues et visions* et *Aveux non avenus*. Voir, à titre d'exemple, Mireille Calle-Gruber, «Elles le livre», dans Andrea Oberhuber et Alexandra Arvisais (dir.), *Héritages partagés de Claude Cahun et Marcel Moore, du xixe au xxie siècles. Symbolisme, modernisme, surréalisme, postérité contemporaine*, http://cahun-moore.com/collectif-heritages-partages-de-claude-cahun-et-marcel-moore/elles-le-livre/.

18. En 2018, le Centre Pompidou-Metz consacra une importante exposition aux couples créateurs durant la première moitié du xxe siècle: *Couples modernes (1900-1950)*, sous la direction d'Emma Lavigne, Paris, Gallimard et Centre Pompidou-Metz, 2018.

19. Michel Lafon et Benoît Peeters, *Nous est un autre: enquête sur les duos d'écrivains*, *op. cit.*, p. 7. Les couples créateurs semblent un peu plus répandus en photolittérature. Voir Andrea Oberhuber et Jean-Pierre Montier, «1 + 1 = 3, ou comment naît l'œuvre photolittéraire», *Revue internationale de photolittérature*, n° 3 («Œuvres photolittéraires et couples créateurs»), 2021, http://phlit.org/press/?post_type=numerorevue&p=3307.

20. *Ibid.*

21. Anne Sauvageot, *Le partage de l'œuvre: essai sur le concept de collaboration artistique*, Paris, L'Harmattan, 2020. Elle montre que des artistes contemporains tels Miguel Barceló, Eduardo Kac et Céleste Boursier-Mougenot ont fait appel à des artisans, techniciens ou ingénieurs pour réaliser leurs œuvres nécessitant un savoir-faire très spécifique.

perspective historique, que les ateliers d'artistes du Quattrocento italien, ainsi que de la Renaissance néerlandaise et espagnole, avaient fonctionné selon le principe du collectif composé de compétences complémentaires ; que le partage des tâches était monnaie courante dans les ateliers de Rembrandt, de Titien ou du Greco[22] ; que les avant-gardes du XXe siècle avaient à nouveau investi de plain-pied la démarche collaborative et son effet corollaire, la signature collective[23], Sauvageot affirme à son tour que « ces mouvements [...] ont attenté plus ou moins ouvertement à la figure de l'artiste dans son unicité[24] ». Comment faire valoir autrement ce que l'art classique ou romantique désigne par les termes « style » et « signature » comme marques personnelles et, en un sens, souveraines de l'acte créateur, notamment dans le cas d'ouvrages hybrides ? Telle est la question à laquelle il s'agit de répondre dans le cas de la démarche collaborative sur la longue durée entre Cahun et Moore.

Concevoir le travail artistique comme un espace hospitalier propice à accueillir l'Autre, à partager avec celle-ci l'espace de chroniques de mode accompagnées d'un dessin[25], un recueil de poésie illustré (*Vues et visions*) et un récit de soi pour le moins hétérodoxe (*Aveux non avenus*), a donné lieu à une œuvre protéiforme, encore aujourd'hui souvent associée au seul nom de Cahun. Ne pas tenir compte d'une auctorialité partagée pour ce qui est d'une portion considérable du volet photographique (autoportraits[26], photomontages, performances et objets

22. Apportons une nuance : même réalisée en atelier, l'œuvre (peinte ou sculptée) pouvait porter la signature du maître (il était alors rémunéré différemment), validant ainsi son intervention personnelle et proposant un style, fût-il d'atelier. Pour les pratiques historiques, notamment à la Renaissance italienne, voir Michael Baxandall, *L'œil du Quattrocento*, Paris, Gallimard, 1985.
23. Voir Vincent Kaufmann, *Poétique des groupes littéraires : avant-gardes (1920-1970)*, Paris, Presses universitaires de France, 1997.
24. Anne Sauvageot, *Le partage de l'œuvre*, op. cit., p. 11.
25. Ces chroniques ont été réunies en 2022 par Ève Gianoncelli et François Leperlier dans une édition fac-similé, sous le titre *Il y a mode et mode*, chez Jean-Michel Place éditeur.
26. Le concours de Moore à ce qu'on appelle généralement « les autoportraits de Cahun » est tel qu'il convient de placer la première partie du terme entre parenthèses pour parler plutôt d'(auto)portraits photographiques, comme je l'ai déjà suggéré ailleurs, parce que Moore ne faisait pas qu'appuyer sur le déclencheur de leur Folding Pocket ; elle contribue activement aux prises de vue en série, c'est elle aussi qui fabriquera les photomontages pour *Aveux non avenus*. James Stevenson affirme que, de toute évidence, Cahun, « de son propre aveu, n'était pas une photographe professionnelle mais qu'elle utilisait l'appareil photo dans sa démarche de création artistique » (« *through her own volition was not a professional photographer, but used the camera to create her art* », p. 46), que quelqu'un d'autre a dû manipuler l'appareil, probablement Moore, tout en maintenant le terme générique « autoportrait » : « Claude Cahun : an Analysis of Her Photographique Technique », dans

photographiés), à propos duquel on sait, depuis les travaux de Tirza True Latimer, la part significative qui revient à Moore[27], peut paraître étonnant. Car, leitmotiv structurant sur le plan tant thématique que formel de plusieurs écrits littéraires et œuvres photographiques, le double – au sens du «*Doppelgänger*» développé par les romantiques allemands[28] – est au cœur de la démarche des collaboratrices, comme en témoignent les «initiales allitératives[29]» des divers pseudonymes : si Cahun paraît plus versatile quant au choix de ses noms de plume («M.» ou «S. M.», puis «Claude Courlis» et, en hommage à l'amant d'Oscar Wilde, «Daniel Douglas», avant d'adopter définitivement, vers 1917, «Claude Cahun»; et, durant les années de Résistance à Jersey, «der Soldat ohne Namen» ou «die Soldaten ohne Namen»), la pratique pseudonymique connaît une plus grande stabilité chez Malherbe qui, dès 1913, signe Marcel

Louise Downie (dir.), *Don't Kiss Me, op. cit.*, p. 46-55. J'ajouterai que la complémentarité du couple Cahun-Moore se concrétise dans deux (auto)portraits datant de l'année 1928 : l'un montre Moore habillée d'un bonnet et d'un pull au col V en rayures, devant un miroir dans lequel se reflète son image de profil ; l'autre présente Cahun habillée d'une veste en damier, donnant lieu lui aussi à un jeu sur le double de soi grâce au reflet dans le miroir (c'est d'ailleurs cette photographie qui est devenue iconique depuis la fin des années 1990, pour avoir été reproduite sur des affiches et des couvertures de divers catalogues d'exposition consacrés au Surréalisme ou à des femmes photographes). D'autres formes d'autoreprésentation *en couple* (pensons à la prise de vue en 1921 sur le balcon de la maison familiale au Croisic, ainsi qu'à *Entre nous* (1926), mise en scène de soi dans le sable grâce à des masques et autres objets recyclés) confirment l'idée de partage (de l'espace, de la création à quatre mains, etc.) entre deux sujets qui souhaitent toutefois éviter la confusion. Comme dans les exemples photographiques, l'une existe à côté de l'autre en gardant sa singularité, en assumant à la fois les positions de sujet et d'objet du regard.

27. À partir d'un pictogramme (projet d'un ex-libris ?) dessiné vers 1910 par celle qui s'appelle encore Lucy Schwob, faisant se recouper les initiales des deux noms («L.S.M») grâce à la lettre «S» commune à «Schwob» et à «Suzanne» (Malherbe), Latimer rassemble des «preuves» révélant l'inscription de l'ombre de Moore en bas à droite de certaines photographies, là où se trouve traditionnellement la signature de l'artiste : «"Narcissus and Narcissus" : Claude Cahun and Marcel Moore», dans *Women Together / Women Apart : Portraits of Lesbian Paris*, New Brunswick (New Jersey), Rutgers University Press, 2006, p. 68-104 ; *Idem*, «L'art de Claude Cahun et Marcel Moore», dans *Claude Cahun et ses doubles, op. cit.*, p. 13-20. Voir aussi Andrea Oberhuber, «Une œuvre, deux signatures : la part du photographique dans le livre surréaliste», *op. cit.*, p. 68-81.

28. Alexandra Arvisais s'intéresse de près à toutes les modulations de ce motif qui prend forme dans la structure de certains textes et dessins en diptyque (*Vues et visions*), dans la réécriture de grands mythes féminins sous le signe de la «femme nouvelle» (*Héroïnes*), à travers des œuvres hybrides (*Aveux non avenus* ; *Le Chemin des chats*), bon nombre d'(auto)portraits et de photomontages : *L'esthétique du partage dans l'œuvre littéraire et picturale de Claude Cahun et Moore, op. cit.*, p. 14, p. 263-287. Mary Ann Caws analyse les autoportraits à travers les tropes du double et du miroir, moyens d'«autoconstruction et construction de l'autre» («*self-construction and construction of the other*») : *The Surrealist Look, op. cit.*, p. 95-119 (pour la citation, p. 10).

29. Tirza True Latimer, *Women Together / Women Apart, op. cit.*, p. 74.

Moore ou simplement Moore[30] son œuvre picturale (dessins, peintures, décors de théâtre, photomontages)[31]. En rédigeant des chroniques de mode sous «M.» ou quelques fois sous «S. M.», publiées dans *Le Phare de la Loire* et *Le Petit Phare*, d'octobre 1913 à juillet 1914[32], et auxquelles sont systématiquement ajoutés des dessins déclinant des figures de la *New Woman*, Cahun et Moore marient leurs talents respectifs : le texte et l'image dialoguent dans la rubrique «Mode» et mettent en évidence cette figure de la «femme nouvelle, présente dans l'espace public, les textes littéraires, sur les écrans de cinéma et dans les arts picturaux. La pseudonymie unique – «der Soldat ohne Namen[33]» – sera à nouveau une option durant les années de contre-propagande à Jersey[34]. Stratégie auctoriale connue, les noms de plume et d'artiste font écho à des figures (littéraires, familiales) admirées par le couple ; mais ce sont autant de

30. Notons une seule exception : le premier dessin dans *Le Phare de la Loire* est signé «S. M. Moore», ce qui peut être lu comme «Suzanne Malherbe Moore», sorte de pseudonyme transitoire marquant le passage du nom civil au nom d'artiste.

31. On ignore souvent qu'outre *Vues et visions* (1918) et *Aveux non avenus* (1930), Moore illustra également les recueils *L'Invitation à la fête primitive* (1921) et *Oya insula* (1923) de Marc-Adolphe Guégan. Voir François Leperlier, *Claude Cahun : l'exotisme intérieur*, *op. cit.*, p. 441.

32. Voir, à ce sujet, Alexandra Arvisais, «Détournement du savoir féminin dans les écrits journalistiques de Claude Cahun alias "M"», @nalyses, vol. 10, n° 1, 2015, p. 178-195.

33. La signature des tracts, tous rédigés en allemand, des objets détournés (des pièces de monnaie, par exemple) et des pancartes distribuées un peu partout sur l'île de Jersey, de 1940 à l'arrestation du couple le 25 juillet 1944, varie entre le singulier («der Soldat ohne Namen» ou «Soldat ohne Namen») et le pluriel («die Soldaten ohne Namen»). Une bonne partie de ce matériel de contre-propagande est archivée au Jersey Heritage Trust (JHT/1995/00045) et à la Beinecke Rare Book and Manuscript Library (GEN MSS 721, plusieurs boîtes et fichiers).

34. L'historien Jeffrey H. Jackson focalise son intérêt sur la période de Résistance et d'emprisonnement du couple Cahun-Moore et insiste d'emblée sur leur partenariat créatif dans les activités de contre-propagande : *Paper Bullets. Two Artists Who Risked Their Lives to Defy the Nazis*, Chapel Hill, Algonquin Books, 2020. Voir aussi Jennifer L. Shaw, «Spiritual Arms Instead of Firearms : Cahun and Moore on the Isle of Jersey», *Exist Otherwise : The Life and Works of Claude Cahun*, Londres, Reaktion Books, 2017, p. 197-258. Ces dernières années, les activités de contre-propagande suscitent un intérêt grandissant auprès d'une nouvelle génération de chercheurs et chercheuses, dont J. H. Jackson. Outre François Leperlier (*Claude Cahun : l'exotisme intérieur*, *op. cit.*, p. 377-420) et Anne Egger (*Claude Cahun, l'antimuse*, *op. cit.*, p. 126-159) qui abordent les années de Résistance et d'emprisonnement dans leurs ouvrages biographiques, mentionnons surtout, pour leurs études pionnières, Claire Follain («Lucy Schwob and Suzanne Malherbe – résistantes», dans Louise Downie (dir.), *Don't Kiss Me*, *op. cit.*, p. 83-95], Lizzie Thynne («Action indirecte : politique, identité et subversion chez Claude Cahun et Marcel Moore dans la résistance contre l'occupation nazie de Jersey», dans Andrea Oberhuber (dir.), *Claude Cahun : pour une esthétique de l'entre-deux*, *op. cit.*, p. 69-92), et Mary Ann Caws («Claude Cahun : Island of Courage», *Glorious Eccentrics. Modernist Women Painting and Writing*, Hampshire, Palgrave Macmillan, 2006, p. 127-140).

noms de guerre choisis le plus souvent en défense d'une idée anticonformiste ou d'une valeur politique[35].

Les choix opérés par Cahun et Moore révèlent le parti pris en faveur de postures identitaires mobiles, de positions esthético-éthiques qui se construisent au fil d'une œuvre-vie[36]. Dans leur conception des identités genrées et sexuelles, les frontières sont perméables, le sexe et le *gender* sont naturellement dissociés, pour formuler ce constat en des termes butlériens. Aussi, selon l'idée de la performativité du *genre*, notamment dans les travaux photographiques du couple, l'assignation à un sexe biologique et les marques genrées qui lui correspondraient sont-elles itérées à la manière d'un rituel, comme autant de performances de rôles en série qui impliquent souvent la mise en scène du corps[37]. Mais le couple Cahun-Moore est loin d'être le seul de son temps à se lancer dans l'exploration de diverses *personae* (au sens étymologique de «masque»), montrant dans l'ultime photomontage d'*Aveux non avenus* que «[s]ous ce masque [se dissimule] un autre masque», que le «[j]e n'en finir[a] pas de soulever tous ces visages[38]» (Fig. 2). L'indéfinition grâce au double – voire au multiple –, tel semble l'objectif à atteindre, afin de rendre trouble la limite entre le Soi et l'Autre; le moi fuit et se réfugie souvent dans l'Autre. Aux alentours des mêmes années où Cahun achève l'écriture de son ouvrage de 1930, Virginia Woolf soulève une question similaire lorsque la voix narrative déclare que le personnage principal d'*Orlando* (1929), après un miraculeux changement de sexe, du masculin au féminin, «avait une grande variété de "moi" à qui faire appel, beaucoup plus que nous avons pu en montrer dans un espace limité, puisqu'une biographie est considérée comme complète lorsqu'elle rend compte simplement de cinq ou six moi, tandis qu'un être humain peut

---

35. Voir Alexandra Arvisais et Andrea Oberhuber, «Noms de plume et de guerre: stratégies auctoriales dans la démarche collaborative de Claude Cahun et (Marcel) Moore», dans Frédéric Regard et Anne Tomiche (dir.), *Genre et signature, op. cit.*, p. 113-128.

36. Dans *Artaud, l'astre errant* (Québec, Presses de l'Université Laval, 2021), Simon Harel utilise également ce mot composé pour évoquer l'imbrication du *faire* (œuvre) et de l'*être* dans les écrits de l'auteur.

37. Voir Judith Butler, *Trouble dans le genre. Pour un féminisme de la subversion*, traduction de Cynthia Kraus, Paris, Éditions de la Découverte, 2005 [1990], p. 248-249 et p. 260-263.

38. Très souvent citées dans les études sur les performances identitaires de Cahun, les deux phrases encadrent onze visages-masques qui sortent en deux rangées verticales d'un seul cou, comme pour mieux contenir cette tête d'Hydre. Les photomontages d'*Aveux non avenus* ne sont pas paginés.

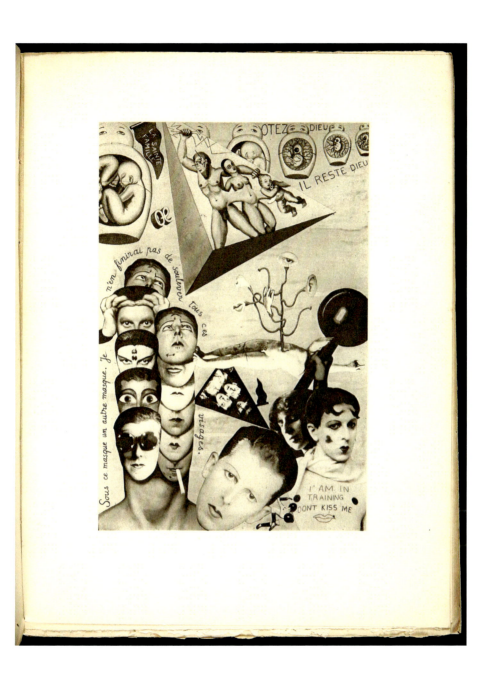

FIG. 2 Planche X, 1929-1930 (Moore et Claude Cahun), dans Claude Cahun, *Aveux non avenus*, 1930 ; Ville de Nantes – Bibliothèque municipale [612504R].

en avoir autant de mille[39] ». Le moi comme entité malléable, la porosité des frontières entre deux sujets, du moins le temps d'un livre, sont également thématisés dans *The Autobiography of Alice B. Toklas* (1933), récit de soi détourné de Gertrude Stein, où l'auteure écrit son auto(bio)graphie en passant par sa compagne Alice Toklas. Les deux exemples littéraires montrent par ailleurs la proximité que Cahun et Moore entretiennent avec le modernisme anglo-saxon[40] avant leur politisation au sein de l'Association des écrivains et artistes révolutionnaires (AÉAR) dès avril 1932[41], puis de Contre-Attaque à partir de 1934.

Dans *Aveux non avenus*, pour revenir à la pensée moderne d'une identité mobile et composite, l'une des voix narratives, qui changent de personne et de genre grammaticaux, affirme dans la section VI, sous l'intitulé « Singulier pluriel » mentionné plus haut, que « [c]haque être vivant – poupée russe, table gigogne – est censé contenir tous les autres » (*ANA*, p. 119). Un peu plus loin, on nous propose le mode d'emploi : « Ce n'est qu'après un grand nombre d'exercices (d'une valeur toute relative comme le suivant), ce n'est qu'en nous résignant aux partialités nécessaires, que nous pouvons durcir les moules de nos masques » (*ANA*, p. 119). La pseudonymie, les jeux de rôles, les mascarades et autres performances littéraires ou artistiques participent d'une vaste entreprise de réinvention de soi, d'un autoengendrement comme auteur[42] dans le cas de Cahun, et comme artiste dans celui de Moore. Adopter diverses poses et postures, se concevoir en

---

39. Virginia Woolf, *Orlando*, Paris, Stock, 1974 [1929], p. 330.
40. Peu de critiques insistent sur les influences du symbolisme et du modernisme sur le couple créateur. Voir, à ce sujet, le chapitre « Fin de siècle und Avantgarde » d'Andrea Stahl, *Artikulierte Phänomenalität. Der Körper in den Texten und Fotografien Claude Cahuns*, Würzburg, Königshausen & Neumann, 2012, p. 19-20 et p. 102-110.
41. Dans *Confidences au miroir*, Cahun revient sur son adhésion à ce groupe politique important de l'entre-deux-guerres : « J'avais toujours admis qu'en un monde nouveau il n'y eût plus de place pour les iconoclastes de mon espèce, et n'entrevoyant pas quel devenir pouvait m'attendre par-delà le renversement, le seul principe de justice me ralliait – passivement – à la cause du prolétariat. [...] J'entrai à l'A.E.A.R. » (*Écrits, op. cit.*, p. 594).
42. La forme masculine est employée ici exceptionnellement pour indiquer un soi-disant universel du statut d'auteur. Atteindre le Neutre constitue en vérité le but ultime des stratégies de travestissement textuelles et photographiques de Cahun. Voir Dominique Bourque, « Claude Cahun ou l'art de se démarquer », dans Dominique Bourque, Francine Descarries et Caroline Désy (dir.), *De l'assignation à l'éclatement. Continuité et ruptures dans les représentations des femmes*, Montréal, Cahiers de l'IREF, 2011, p. 145-161 ; Andrea Oberhuber, « Vers le Neutre : l'haltérophile et le Minotaure », *Mélusine*, n° 36, 2016, p. 113-122. La quête du Neutre inscrit Cahun dans l'imaginaire d'un « troisième sexe », tel qu'on le retrouve souvent dans la littérature et les arts de la seconde moitié du XIXe siècle à l'entre-deux-guerres, comme l'a démontré Laure Murat, « The Invention of the Neuter », *Diogenes*, n° 208, 2004, p. 72-84.

« poupée russe » ou « table gigogne » rend caduque l'idée d'une identité univoque, homogène et donc « intelligible » selon le binarisme ancien de l'Un *ou* de l'Autre, du masculin *ou* du féminin[43]. En ce sens, la signature pseudonymique, de même que les jeux de masques – scripturaires, génériques, photographiques, etc. – ont une valeur performative[44]. Le sujet cahunien préfère la métamorphose permanente à l'être stable.

Cette idée est déclinée avec insistance dans la partie ultime d'*Aveux non avenus*, datée de 1928 et faisant office d'un épilogue qui voit apparaître la métaphore de la mue : « Je veux changer de peau : arrache-moi la vieille » (*ANA*, p. 231), et du « devenir » au lieu de l'« être » (*ANA*, p. 229). Dans un élan de grandiloquence, le moi se dissocie de Dieu (convoqué d'ailleurs explicitement dans les planches liminaires I et X) – « Ôtez Dieu il reste moi » (*ANA*, p. 233) – pour déclencher un mouvement autoréflexif final : « Je m'arrête, un pied levé pour fuir. Pour fuir en cercle. [...] Je ferai ce qu'il faudra pour ça et je finirai bien... [...] Mon beau devenir, ce renfort inespéré m'arrive. Présent déjà passé, toi qui m'échappes, encore un instant de répit... » sont trois passages glanés dans les toutes dernières pages de l'œuvre, où le sujet d'énonciation pose un dernier regard sur l'entreprise scripturaire en train de s'achever. Oscillant entre pensées optimistes (« beau devenir ») et un scepticisme certain (« fuir en cercle », « renfort inespéré ») par rapport au travail accompli, le « je » se prépare à prendre la fuite en avant, vers un avenir incertain. D'autres jugeront de ces aveux mis en mots et en images, si difficiles à faire advenir.

Le fragment comme principe de (dé)composition

Œuvre composite, fragmentaire à outrance par tous les moyens textuels, typographiques et visuels possibles[45], *Aveux non avenus* se partage entre

---

43. Voir Judith Butler, *Trouble dans le genre, op. cit.*, p. 78-85. Après avoir soulevé plusieurs questions en matière de l'identité comme « idéal normatif » ou « fait descriptif », la philosophe note : « la "cohérence" et la "constance" de la personne ne sont pas des attributs logiques de la "personne" ni des instruments d'analyse, mais plutôt des normes d'intelligibilité socialement instituées et maintenues » (p. 84).

44. À propos de l'acte de se renommer, Gayle Zachmann rappelle que la pseudonymie constitue une pratique performative (*performative practice*) : « Cahun and the Politics of Culture. Resistance, Journalism, and Performative Engagement », *Contemporary French Civilization*, vol. 35, n° 2, 2011, p. 28.

45. « L'Hétéroclite ne se laisse incarner ni par un, ni par tous », lit-on à la page 226 d'*Aveux non avenus*. Allégorisé par la majuscule, le terme ressemble à une sorte de profession de foi en même temps qu'il montre l'impossibilité de sa représentation. Le livre regorge de ce genre d'assertions paradoxales.

deux modes d'expression : l'écriture et la photographie, plus précisément le photomontage. Si les fragments textuels, de longueur variable, relèvent pour la plupart des écritures de l'intime, les images quant à elles sont inspirées du collage dadaïste, d'une part, et de l'esthétique photographique surréaliste, d'autre part : le couple découpe, sélectionne, assemble et colle des fragments iconiques, il laisse apparentes des ruptures et des fractures entre les morceaux, comme le veut le collage[46], tout en y ajoutant à l'occasion des mots isolés ou des bouts de phrase. Résultats de cette pratique avant-gardiste qui remonte en vérité au Cubisme (à l'origine de la destruction consciente du « système de la représentation » prévalant « depuis la Renaissance[47] »), les dix photomontages[48] font valoir certains principes qui relèvent du dédoublement, de la distorsion et de la double exposition ; ce sont des techniques permettant le décloisonnement des frontières entre « imagination et réalité », créant « une impression d'*inquiétante étrangeté* » propice, selon Rosalind Krauss, au « frisson métaphysique[49] » bien présent dans les expérimentations d'André Kertesz, de Man Ray, de Lee Miller, de Dora Maar, de Germaine Krull, de Hans Bellmer et du couple Cahun-Moore, entre autres.

Comment se présente au lecteur ce récit « autographique » (puisqu'il n'est pas vraiment question de relater sa vie à la manière de Rousseau, Sand, Stendhal, Colette ou Gide) qui semble vouloir faire fi non seulement de toute chronologie présumée, plus ou moins linéaire, mais également d'une unité de composition permettant de suivre les digressions du « je » narrant, par-delà l'écart temporel entre le passé et le présent de l'écriture, ses réflexions, sa volonté de retracer les états révolus[50] ? Dans le

---

46. Voir Elza Adamowicz, *Surrealist Collage in Text and Image. Dissecting the Exquisite Corpse*, Cambridge, Cambridge University Press, 1998, p. 13-16, p. 26-63 ; *Idem*, « Claude Cahun surréaliste : photoportraits, automontage », *Interfaces*, n° 17, 2000, p. 57-71.
47. Peter Bürger, *Théorie de l'avant-garde, op. cit.*, p. 121.
48. Dans un sens strict, il faudrait dire que certaines images sont des photomontages et d'autres, des photocollages, puisqu'ils contiennent d'autres éléments (visuels ou textuels) que des photographies. La distinction entre « photocollage » et « photomontage » a été introduite dans le discours esthétique par Giovanni Lista, à propos de la pratique futuriste qui mélangeait, dès 1915, dessins préexistants et photographies au sein d'un même collage : *Le Futurisme : création et avant-garde*, Paris, L'Amateur, 2001. J'emploierai ici toutefois le terme parapluie « photomontage » pour l'ensemble des dix héliogravures.
49. Rosalind Krauss, « Corpus Delicti », dans Rosalind Krauss, Jane Livingston et Dawn Ades, *Explosante fixe : photographie et surréalisme*, Paris, Hazan, 2002, p. 85.
50. Depuis Jean Starobinski, « Le style de l'autobiographie », *Poétique*, n° 3, 1970, p. 257-265, le récit autobiographique se caractérise par l'identité du narrateur et du héros

cas des aveux cahuniens, ces présupposés s'érigent en obstacles à l'écriture et, par effet de ricochet, à la lecture : maintenir une ligne directrice, qu'elle soit rétrospective ou introspective, s'avère ardu, voire impossible, face à une mémoire défaillante[51] ; la difficulté se voit augmentée dès lors que le sujet d'énonciation avoue à la fin du préambule – appelons-le, avec Philippe Lejeune, un « pacte autobiographique[52] » revisité – que ce qui lui importe au fond est de « coudre, piquer, tuer [...] avec l'extrême pointe », de « [n]e voyager qu'à la proue de [s]oi-même » (*ANA*, p. 2). Ces paroles quelque peu sibyllines sont à l'image des sillons que dessinera un « je » narrant dans les eaux troubles de la réminiscence.

On découvre en effet un assemblage de fragments de textes de longueur inégale appartenant à différents genres littéraires : sur un récit de/sur soi constamment remis en cause[53] et qui, à en croire le titre, mène à l'aporie, à des questions irrésolubles, se greffent les formes du récit de rêve (pratiqué par les surréalistes avant tout au début du mouvement[54]), de l'aphorisme, du journal intime, de la correspondance, du dialogue théâtral, de la poésie et de la réflexion métaphysique. Les neuf parties d'*Aveux non avenus* sont de plus entrecoupées, à la manière du *Manifeste*

---

de la narration (qu'en 1975, Philippe Lejeune, dans *Le pacte autobiographique*, désignera comme « identité onomastique »), par la narration (et non la description) d'une expérience personnelle et par une « suite temporelle suffisante pour qu'apparaisse le tracé d'une vie » (p. 257), pour que le lecteur perçoive la « transformation intérieure de l'individu », le « caractère exemplaire de cette transformation » (p. 261). Sur l'histoire de l'écriture autobiographique et ses principales caractéristiques, voir Philippe Lejeune, *L'autobiographie en France*, Paris, Armand Colin, 1998 [1971] ; Jacques et Éliane Lecarme-Tabone, *L'autobiographie*, Paris, Armand Colin, 1997 ; Sébastien Hubier, *Littératures intimes. Les expressions du moi, de l'autobiographie à l'autofiction*, Paris, Armand Colin, 2003.

51. « Je perds la mémoire, et cette vague personnalité de s'être trop exhaussée, – truquée, certes ! – tombe. Je m'en désintéresserai si l'on m'en donne une autre... En voilà assez. Dissolvons » (*ANA*, p. 8). Un peu plus loin, le travail d'anamnèse est à nouveau problématisé : « En vain / Ma mémoire se gonfle en vain, / gorgée de ces faux trésors. [...] C'est toute ma vie que j'en tire, / Toute remise en question » (*ANA*, p. 46).

52. Pour le poéticien, ce pacte, au fondement de l'écriture autobiographique, est conclu avec le lecteur dans les premières pages du livre et implique l'aveu de sincérité quant au récit de soi à déplier : *Le pacte autobiographique*, Paris, Seuil, 1996 [1975], p. 44-46.

53. Anne Duch considère *Aveux non avenus* comme un « contre-modèle de l'autobiographie » qui « réaménage un dispositif énonciatif » singulier, dont le titre, le préambule et le reste de l'œuvre : *L'autoportrait textuel par Claude Cahun : énonciation, formes génériques et détournements dans Aveux non avenus (1930)*, thèse de doctorat, Université de Stockholm, 2017, p. 25.

54. *La Révolution surréaliste* en contient plusieurs dans ses premiers numéros. Cahun publia quelques récits de rêve dans *Le Disque vert* (n° 2, 1925), codirigé par Franz Hellens et Henri Michaux, et en intègre à *Aveux non avenus*.

Dada 1918 de Tristan Tzara et, à une moindre échelle, du *Premier Manifeste du surréalisme* (1924) d'André Breton, par des symboles typographiques qui rendent visible la fragmentation de l'ensemble : étoiles, cœurs, bouches et yeux scandent à intervalles irréguliers notre rythme de lecture. À cette fragmentation du texte s'ajoute celle provoquée par les dix « héliogravures composées par Moore d'après les projets de l'auteur », comme l'indique la page de titre du livre. D'une inquiétante étrangeté, pour reprendre la désignation freudienne employée par Krauss à propos de la photographie surréaliste, ces images sont insérées entre les neuf parties hétéroclites qui vont à l'encontre d'une unité de composition : cela s'applique à une thématique qui charpenterait le tout autant qu'à la voix narrative qui nous guiderait à travers le dédale de ces prétendues confessions remontant à une longue tradition chrétienne (saint Augustin) et laïque (Rousseau) et que Cahun récuse dès le titre par le choix du terme « aveu » au pluriel[55]. Ce qui est jugé avouable ne peut se faire que partiellement, par bribes et fragments.

En effet, la configuration du dispositif texte/image fait apparaître plus de fissures que de sutures entre l'écrit et le photographique. Forme matricielle d'*Aveux non avenus*, la fragmentation régit décidément les deux moyens d'expression. On ne s'étonne donc pas de lire, dans la partie II intitulée « MOI-MÊME (faute de mieux) », un passage sur la vitre, la feuille de verre et le tain : où mettre ce dernier, se demande la voix narrative à la première personne, « devant ou derrière la vitre », pour ne pas s'emprisonner, s'aveugler, ni s'enfermer « du dehors » (*ANA*, p. 29) ? Et on n'est pas surpris de constater que ce même passage débouche sur la métaphore du vitrail en même temps qu'est évoquée la quasi-impossibilité de saisir son image, ni celle, par ailleurs, du « Passant » apostrophé par le « je » :

> Vue trouble, lignes brisées... Vous ne voulez pas vous arrêter, comprendre. Et moi-même le puis-je ? Alors, casser les vitres. Mais laisser passer le vitrier sans recours lâche. (Qui répare ses maladresses les paye.)

---

55. Dans le chapitre « Le refus de la confession », Anne Duch (*L'autoportrait textuel par Claude Cahun, op. cit.*, p. 47-60) s'intéresse de près au glissement sémantique de la confession (qui présuppose les repentirs et l'humilité du pécheur) vers les aveux. Cela dit, on trouve le terme « confession » (voir *ANA*, p. 125) à plusieurs reprises dans l'œuvre et il y a fort à croire que Cahun s'amuse à manier malicieusement cette contrainte propre à la tradition judéo-chrétienne.

> Avec les morceaux, composer un vitrail. Travail de Byzance. Transparence, opacité. Quel aveu d'artifice ! Toujours je finirai par prononcer ma propre condamnation. [...]
> Que mon serpent serre sa queue entre ses dents sans en démordre ! (*ANA*, p. 29-30)

Avec le vitrail, ce « [t]ravail de Byzance », le couple Cahun-Moore détient un mode de création lui permettant de fragmenter à volonté le discours sur soi, au cœur de tout projet d'autoreprésentation littéraire ou picturale. Recoller les morceaux, rassembler des idées éparses, s'enliser sciemment dans des mouvements circulaires comme cet Ouroboros qui mord sa propre queue, symbole de l'autofécondation et du paradoxe, telle semble être la manière cahunienne d'envisager l'écriture sur soi. Ce qui en ressortira devra conserver les traces du caractère composite de formes d'écriture différentes et des images photographiques, du détail par rapport à l'ensemble, du *pars pro toto*. De plus, la circularité du serpent qui « serre » sa queue « sans en démordre » indique une conception novatrice du récit de soi grâce auquel un sujet narrant revient sur son parcours (de vie et d'écriture) de manière cohérente, plus ou moins linéaire, retient certains moments mémorables et les commente, pour poser un constat sur ce qu'il est *devenu*. Cahun récuse les conventions génériques du récit autobiographique[56], en privilégiant une écriture qui flirte avec l'illisible et l'opaque par rapport à la transparence de la vitre. Les photomontages peuvent paraître plus déchiffrables, sans doute parce qu'on y reconnaît plusieurs (auto)portraits de Cahun et, plus encore, parce qu'on accepte d'office que la texture hétéroclite d'un photomontage échappe à une compréhension globale. C'est en ce sens que le vitrail convient mieux que la vitre ou le simple miroir au projet imaginé par Cahun, pour ce qui est d'une écriture rompue, et par le couple Cahun-Moore, quant aux héliogravures qui fonctionnent comme un kaléidoscope.

Aveux non avenus s'apparente à une (en)quête sur soi qui mobilise plusieurs formes d'écriture et genres littéraires, tout en recyclant des

---

56. Voir Alexandra Bourse, « Claude Cahun : la subversion des genres comme arme politique », dans Guillaume Bridet et Anne Tomiche (dir.), *Genres et avant-gardes*, Paris, L'Harmattan, 2012, p. 137-145 ; Andrea Oberhuber, « "J'ai la manie de l'exception" : illisibilité, hybridation et réflexions génériques dans *Aveux non avenus* de Claude Cahun », dans Ricard Ripoll (dir.), *Stratégies de l'illisible*, Perpignan, Presses universitaires de Perpignan, 2005, p. 75-87.

photographies – le plus souvent des (auto)portraits de Cahun, parfois des portraits de certains membres de sa famille. L'ensemble consigne ce qu'il y a lieu d'appeler une confession *détournée*, proche d'un cryptogramme, tant le texte est tissé de secrets et d'énigmes[57] : au bout de 242 pages, nous ne savons pas réellement quelle est la motivation première des aveux, ni pour quelle raison ils sont déclarés d'office, selon une formule juridique, « non avenus ». Serait-ce cette « aventure invisible » (*ANA*, p. 1) évoquée en guise de préambule, à la suite du premier photomontage (au milieu duquel est placé, sur un fond noir étoilé, un œil agrandi, tenu entre deux mains formant un calice), qui empêcherait le « je » narrant de voir clair dans le « manège ridicule » de « tout l'attirail des faits, de pierres, de cordes tendrement coupées » (*ANA*, p. 1) dont est faite la mémoire ? Le « je » tentera donc de percer « la nuit noire » grâce à l'écriture sur soi et, en attendant d'y parvenir, propose de « [s]e traquer, [s]e débattre » parce que ça « exerce l'œil » (*ANA*, p. 2). Face à ces forces de l'obscur qui règnent dans l'œuvre, la voix narrative changera souvent de sujet, tout comme elle variera entre « je », « tu », « il », « elle » et, parfois, « nous ». Ainsi le récit fait-il entendre une multitude de voix qui appartiennent pour certaines à des personnages convoqués (Aurige, Ève, le Poète, Mlle X, l'Acteur, etc.) et, pour d'autres, au sujet narrant, comme s'il s'agissait de *personae* aux frontières poreuses.

À ce propos, on peut comprendre la planche VI comme une figuration de la pluralité des voix (Fig. 3) : composé de plusieurs têtes (on y perçoit facilement Cahun à différents âges) qui se bouchent les oreilles, et d'une fleur au centre dont les pétales sont remplacés par des lèvres, arrachées les unes après les autres par une main invisible, le photomontage qui introduit la partie V (« M. R. M. ») pose le problème de la parole et de l'écoute, de ce qu'on veut mais ne peut entendre. Sur le cou d'une de ces têtes sont d'ailleurs *collées* deux mains tentant d'étrangler la parole ; un autre portrait de Cahun la montre derrière des barreaux… En haut, on lit le commentaire suivant, placé en forme triangulaire dans le coin gauche :

---

57. Je maintiens la comparaison d'*Aveux non avenus* à un récit cryptogramme proposée dans l'article « "J'ai la manie de l'exception" », *loc. cit.*, p. 76. J'ajouterai que les trois lettres par lesquelles s'ouvrent huit parties sur neuf contribuent au caractère énigmatique de l'œuvre ; j'y reviendrai plus loin.

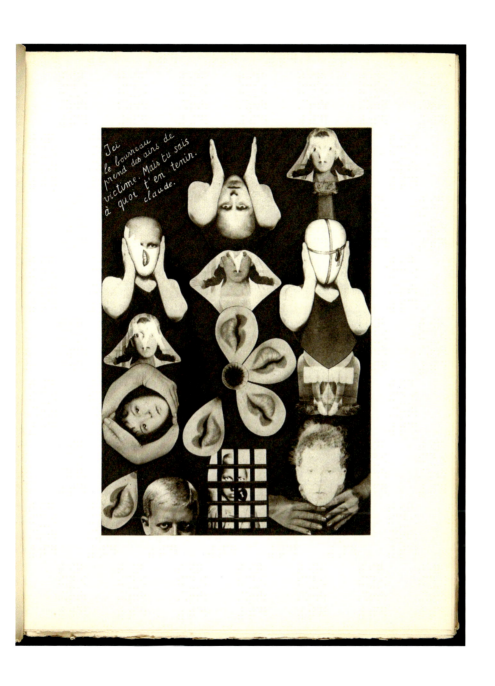

FIG. 3 Planche VI, 1929-1930 (Moore et Claude Cahun), dans Claude Cahun, *Aveux non avenus*, 1930 ; Ville de Nantes – Bibliothèque municipale [612504R].

> Ici
> le bourreau
> prend des airs de
> victime. Mais tu sais
> à quoi t'en tenir.
> claude. (*ANA*, n. p.)

Si, dans cette adresse à soi, la référence au poème baudelairien « L'héautontimorouménos » (en grec : « bourreau de soi-même »)[58] semble inscrite blanc sur (fond) noir[59], le fragment textuel rappelle certes la potentielle permutation – voire la confusion – des rôles du bourreau et de la victime, mais il met surtout des mots sur le difficile rapport à soi de Cahun qui signe « claude »[60]. Le sérieux de tous ces visages encerclés de mains fait par ailleurs écho à l'ultime vers de « L'héautontimorouménos » dans lequel le « je » lyrique s'insère dans la lignée des « grands abandonnés / Au rire éternel condamnés, / Et qui ne peuvent plus sourire![61] ». À quoi est due la perte du sourire ? Le mystère règne dans le cas cahunien. Serait-ce parce que, de manière impromptue, le « je » avoue avoir « toujours eu » et avoir pour « toujours au fond du cœur un tyran de rechange » (*ANA*, p. 104), constat qui file la métaphore du bourreau de soi-même ?

Les quelques lignes tracées à travers le brouillard du texte/image que représente le sixième photomontage d'*Aveux non venus* se disséminent à nouveau dès qu'on tourne la page. L'écriture cultive le secret, ou du moins n'en dévoile que des bribes, au moyen d'un assemblage de fragments intitulé « Portrait de Mlle X » (à propos duquel il est toutefois possible d'établir un lien avec les dix portraits picturaux montés dans la page pré-

---

58. Les textes symbolistes, notamment la poésie de Baudelaire et de Rimbaud, de même que les écrits de Marcel Schwob, de Jules Laforgue, d'Oscar Wilde et plus tard d'André Gide, d'Henri Michaux et de Robert Desnos, entre autres, constituent des références importantes dans l'imaginaire cahunien. Voir François Leperlier, *Claude Cahun : l'exotisme intérieur*, op. cit., p. 40-60 et p. 69-89, ainsi que les premiers chapitres de la biographie d'Anne Egger, *Claude Cahun, l'antimuse*, op. cit., p. 28-82.
59. C'est la sixième strophe du poème qui se termine par quatre antithèses dont la dernière reprend la dialectique du bourreau et de la victime : « Je suis la plaie et le couteau ! / Je suis le soufflet et la joue ! / Je suis les membres et la roue, / Et la victime et le bourreau ! » (Charles Baudelaire, *Les Fleurs du Mal*, édition Claude Pichois, Paris, Gallimard, 1996 [1857], p. 11).
60. Anne Duch (*L'autoportrait textuel par Claude Cahun*, op. cit., p. 47-48) relève dans le préambule d'*Aveux non avenus* une isotopie de la souffrance (« ressentie ou métaphorique »), d'un « regard dépréciatif sur soi », qu'il serait possible de rapprocher du masochisme.
61. *Ibid.*

cédente : « Deux enfants raisonnables », « Compliment de Noël », « Diviser pour Régner », « Équilibre est notre loi », « Lundi 2 Février : Purification » et plusieurs autres réflexions textuelles séparées par de petits cœurs). S'il existe un fil conducteur, il se trame à travers les questions de « [c]irque d'amour » (*ANA*, p. 110), de bonheur, de chasteté, de pudeur de prince charmant et de relation entre le « je » et un « tu » indéterminé.

Une œuvre « monstre à deux têtes[62] »

Exposé en vitrine de la librairie José Corti (avec quelques photomontages à l'appui, dont la planche X en agrandissement) après sa parution aux Éditions du Carrefour[63], *Aveux non avenus* appartient au corpus des livres surréalistes conçus et réalisés durant les années de gloire du mouvement en ce qui concerne l'investissement de l'espace livresque sous forme : 1° d'une démarche collaborative ; 2° d'une facture matérielle soignée[64] ; 3° d'un tirage limité (par un éditeur spécialisé dans les livres d'art) ; et, surtout, 4° d'un dialogue complexe entre le textuel et le visuel[65]. Rappelons à la lumière de l'exemple « planche VI-partie V » commenté plus haut que les dix héliogravures composées par Moore et Cahun (cet ordre s'impose, me semble-t-il) sont à l'opposé d'une relation illustrative avec les fragments textuels. La prééminence de rapports de collision entre les deux moyens d'expression est bien l'une des principales caractéristiques du Livre surréaliste. Tout se passe comme s'il valait mieux suivre le conseil du « je » narrant qui énonce l'injonction

---

62. La périphrase est utilisée dans un long dialogue entre les personnages P et E pour désigner le « "nous" [qui] peut être le couple – ce monstre à deux têtes » (*ANA*, p. 125). En lisant ce passage, on se souvient que la planche I, sorte de mise en abyme du regard et de l'autoreprésentation, outre l'importance du sacré, fait planer au-dessus de l'œil agrandi un oiseau (une colombe ?) à deux têtes. Inscrit à la verticale, de bas en haut, le mot « DIEU » trace une ligne de partage dans le corps du volatile. La tête double peut être vue comme un renvoi au couple créateur et à l'œuvre hybride, elle aussi double puisque s'y conjuguent le texte et l'image.

63. Anne Duch (*L'autoportrait textuel par Claude Cahun*, *op. cit.*, p. 1-2) rappelle que la maison d'édition était spécialisée dans la publication de « beaux livres », d'« ouvrages littéraires » et de « livres d'art », parmi lesquels ceux de De Chirico, de Michaux et d'Ernst.

64. Yves Peyré s'intéresse de près à l'*Histoire de la reliure de création* (*op. cit.*) à partir de la collection de « beaux livres » de la Bibliothèque Sainte-Geneviève. Ce formidable ouvrage permet d'ailleurs de se rendre compte du nombre de femmes spécialisées en reliure.

65. Voir Andrea Oberhuber, « Du livre au livre surréaliste : Cahun-Moore, Cahun-Deharme », dans *Claude Cahun et ses doubles*, *op. cit.*, p. 25-27, et *Idem*, « Livre surréaliste et livre d'artiste mis en jeu », *loc. cit.*, p. 9-20.

suivante dans le préambule : « Devinez, rétablissez. Le vertige est sous-entendu, l'ascension ou la chute » (*ANA*, p. 1). Il ne s'agit donc pas de *comprendre* la suite de textes/images, mais de *deviner* les fils dont est tissée l'« aventure invisible », de s'aventurer dans l'entre-deux menant ultimement à l'ascension ou à la chute, deux mouvements verticaux contradictoires.

Si, selon une régularité irréprochable, chacune des neuf parties du récit composite est précédée d'une image, sorte de *préfiguration* du texte, sur la belle page, suivie à nouveau sur la page de droite d'un acronyme de trois lettres qui prétend « nommer » la portion textuelle[66], ces indices se révèlent trompeurs : les images autant que les intertitres brouillent plus souvent les pistes qu'ils ne balisent la lecture des *Aveux*[67]. Autrement dit, ce qui est donné à voir et à lire incite à un exercice de lecture-spectature durant lequel on se sent souvent dérouté, notamment face à la profusion d'idées, de motifs et de thèmes abordés d'un fragment à l'autre, face à un récit qui ne se livre que partiellement. C'est comme si, pour le « je » et ses divers avatars, il s'agissait de lever le voile temporairement sur des phénomènes clairs-obscurs d'un passé empiétant sur le présent (de l'écriture) mais qui ne paraît pas facilement saisissable, afin de reporter la révélation au plus tard à la fin d'un fragment[68]. Dans ces mouvements

---

66. Voici les acronymes dans l'ordre : « R. C. S. », « E. D. M. », « C. M. C. », « M. R. M. », « X. Y. Z. », « H. U. M. », « N. O. N. » et « I. O. U. ». Seule la partie II est dépourvue d'un acronyme, remplacé par le terme « Moi-même (faute de mieux) » suivi à son tour d'une phrase qui s'apparente à une de ces maximes dont Cahun a la recette : « La sirène succombe à sa propre voix ». Dans la table des matières, le terme anglais « *self-love* » se trouve à la place de « faute de mieux ». Marie Meuleman propose de rapprocher les acronymes du Tétragramme divin – YHWH –, synonyme du nom imprononçable de Dieu dans la tradition juive : *Identités de Claude Cahun : étude de l'héritage juif dans les textes et les images*, mémoire de maîtrise, Université de Montréal, 2019, p. 116-117. François Leperlier y voit des énigmes, des jeux avec des noms propres, « certainement à clés », ou avec des sonorités anglophones qu'il s'agit de décoder à la manière du titre de tableau *L.H.O.O.Q.* duchampien : *L'exotisme intérieur*, *op. cit.*, p. 181.

67. Ajoutons, à cette indéniable tendance cahunienne à brouiller systématiquement les pistes, le célèbre parti pris, si souvent cité dans différents contextes, en faveur de l'indétermination genrée : « Brouiller les cartes. Masculin ? Féminin ? Mais ça dépend des cas. Neutre est le seul genre qui me convienne toujours. S'il existait dans notre langue on n'observerait pas ce flottement de ma pensée » (*ANA*, p. 176).

68. *Les paris sont ouverts* (Paris, José Corti, 1934), essai en faveur de la non-récupération de la parole poétique au service d'une idéologie ou d'un parti politiques, est parcouru d'un bout à l'autre par deux phrases brèves qui se contredisent : « La poésie garde son secret » et « Livre son secret ». La question est discutée de manière dialectique par Cahun avant d'aboutir à sa résolution dans l'option « Elle le garde », suivie toutefois d'un point d'interrogation.

de dévoilement-voilement, on reste pris entre l'ascension et la chute. L'image frontispice (Fig. 4) illustre bien la série d'oppositions et de contradictions qu'en tant que lecteur-spectateur nous ignorons encore ; en cela, le frontispice expose le livre, il fait office d'«image-seuil[69]», il inaugure l'acte de lecture par «un acte de regard», comme le formule Philippe Hamon, mais sans résumer l'ouvrage ni lui servir «d'enseigne ou de quasi "générique" sur le seuil même du texte[70]». Composée sur un fond noir d'où émergent différents objets et parties d'un corps humain morcelé, la première planche est en revanche emblématique de la fragmentation, de l'omniprésence du regard (de Dieu ?) et des énigmes cultivées tant dans l'écriture que dans les photomontages. Sommes-nous exposé à un jeu de séduction – c'est la principale fonction de l'image-seuil – ou alors de déplacement de «l'horizon d'attente imaginaire[71]» du texte à découvrir, puisque nous sommes en régime surréaliste ?

La tentation est alors grande de retourner lire la préface de Pierre Mac Orlan dans l'espoir d'y trouver l'une des clés de lecture mentionnées par le sujet narrant en train de réfléchir sur les obstacles liés à l'écriture et à l'image de soi après s'y être lancé[72]. Il faut des clés, mais, de toute évidence, elles n'ouvriront pas automatiquement les portes derrière lesquelles les idées sinon verrouillées, du moins encodées se bousculent et les voix (narratives) se disputent la parole. Le préfacier tente de circonscrire globalement les *Aveux* en les plaçant dans le contexte d'une littérature qui «sert à se libérer» (*ANA*, p. I) ; on n'apprend toutefois rien sur le fond de cette libération ni sur sa motivation, le poète se contentant de renvoyer à *Vies imaginaires* de Marcel Schwob et à une «inquiétude […] riche» (*ANA*, p. I) que Cahun aurait héritée de son oncle. Mac Orlan hésite plus loin entre deux dénominations génériques inusitées pour circonscrire l'œuvre hybride : seraient-ce des «poèmes-essais» ou des «essais-poèmes», comparables à un «roman d'aventures» (*ANA*, p. III) ? L'indétermination générique en dit long sur la texture informe et parfois monstrueuse d'un enchaînement d'idées et de pensées, de raisonnements, de dialogues et de récits amorcés, puis différés dans le

---

69. C'est le terme qu'utilise Philippe Hamon dans le chapitre consacré à l'importance grandissante du frontispice dans le livre et la presse illustrée du XIXe siècle : *Imageries : littérature et image au XIXe siècle*, Paris, José Corti, 2007, p. 247.
70. *Ibid.*, p. 249.
71. *Ibid.*
72. «Alors supprimer les titres. Ce sont des clefs. Fausse pudeur» (*ANA*, p. 30).

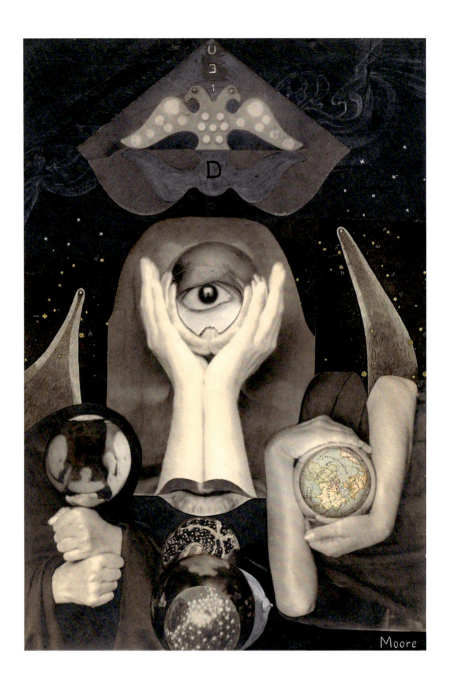

FIG. 4 Planche I – frontispice, 1929-1930 (Moore et Claude Cahun), dans Claude Cahun, *Aveux non avenus*, 1930 ; National Gallery of Australia, Kamberri/Canberra.

temps de la narration. Aussi, on ne peut qu'abonder dans le sens de Mac Orlan lorsqu'il remarque que les « idées tracent des paraboles élégantes pour éclater sans bruit dans un épanouissement tragique » (*ANA*, p. III). Il y a assurément quelque chose de sacré dans nombre des fragments qui empruntent souvent la voie de la parabole biblique nécessitant, on le sait, une exégèse détaillée de presque chaque phrase[73], au moyen d'une bibliothèque mentale qui permet de reconnaître les références littéraires ou religieuses, comme dans le cas de la partie IX, « I. O. U. / On a le dieu qu'on mérite, tant pis pour soi » (*ANA*, p. 211). Le lecteur risque de se sentir déboussolé devant une forte propension à un discours sur soi (et sur les divers Autres convoqués au fil des photomontages et du texte), qui se trouve opacifié par des paraboles, des maximes, des énigmes et autres paroles cryptogrammatiques inspirées de textes sacrés. Comment lire, se demande-t-il, cet objet *livre* qui préfère, à l'écriture de soi traditionnelle, le secret d'un texte qui ne se dit pas et qui, d'un commun accord avec les images, nourrit le trouble en cultivant l'entre-deux ou le flou artistique, et ce, jusqu'aux derniers passages du texte, jusqu'au cliché ultime, placé dans la partie supérieure de la table des matières : seule image d'*Aveux non avenus* qui ne soit pas un photomontage, elle propose une vue de route – floue et déserte – qui semble mener à l'infini ou, mieux, à l'inconnu. Le dispositif texte/image par lequel se clôt le livre n'est pas conforme à celui qui prévaut dans le reste de l'œuvre. Serait-ce une manière de pointer vers un ailleurs *et* un autrement non encore identifiables après que le « je » narrant mentionne, dans l'épilogue daté de 1928[74], avoir « passé trente-trois ans de [s]a vie à vouloir passionnément, aveuglément, que les choses soient autrement qu'elles ne sont » (*ANA*, p. 233), « [p]ourvu qu'il ne soit trop tard » (*ANA*, p. 238) ?

---

73. Outre la réécriture de certaines figures telles Ève, Salomé, Dalila ou Judith, à côté de plusieurs autres « héroïnes » de la tradition judéo-chrétienne, l'Ancien Testament a laissé des traces dans l'écriture d'*Aveux non avenus*. Peu d'études portent encore sur ce pan de l'héritage cultu(r)el de l'œuvre cahunienne. On lira avec intérêt le mémoire de Marie Meuleman sur les traces du religieux et du sacré dans les écrits littéraires et les (auto)portraits : *Identités de Claude Cahun*, *op. cit.*, et Michelle Gewurtz, *Equivocally Jewish : Claude Cahun and the Narratives of Modern Art*, Boston, Brandeis University Press, 2012. Dans une lettre à Paul Lévy (3 juillet 1950), l'auteure thématise son oscillation entre identité juive (du côté paternel) et résistance aux « conformismes religieux, même païens ou laïques », en évoquant une enfance tramée de « sentiments de culpabilité et d'infériorité » : *Écrits*, *op. cit.*, p. 717.

74. La datation nous permet ici d'identifier le « je » comme autobiographique : Cahun a en effet 33 ans lorsqu'elle s'apprête à conclure son ouvrage avant de fabriquer avec Moore les héliogravures qui, elles, datent des années 1929-1930.

Si, dès le regard insistant du frontispice (ce regard qui est amplifié dans la planche III), *Aveux non avenus* interroge notre manière de lire le texte et de voir l'image dans un premier temps, il le fait dans un second temps pour mieux aiguiser la perception de la frontière. Le désir de transgression des limites, sans jamais se situer ni de l'un ni de l'autre côté de la frontière, caractérise le sujet moderniste que figurent, chacune à sa manière, Cahun et Moore dans leurs divers projets à la croisée des arts et des médias. La figure d'Alice chère aux surréalistes, grâce à son passage justement de l'autre côté du miroir où elle explore un tout autre monde – celui du rêve, notamment –, après sa chute dans le terrier du lapin blanc, permet de penser les *Aveux* comme un jeu infini avec les prémisses du récit rétrospectif : comme dans un palais des glaces, le sujet narrant choisit des miroirs tantôt grossissants, tantôt déformants[75] ; thématisés textuellement ou représentés visuellement, ils sont omniprésents. Le regard sur soi et sur autrui est mis au service d'un régime scopique où le «Connais-toi toi-même», plus ancien précepte gravé à l'entrée du temple d'Apollon à Delphes, est (s)abordé par tous les moyens possibles[76]. Peu importe à l'auteure-artiste de revenir, sur la base d'un pacte de sincérité avec le lecteur et en assumant l'identité onomastique entre auteur-narrateur-personnage, sur certains jalons significatifs de son passé[77]. Ainsi Cahun interroge-t-elle habilement l'injonction à la sincérité, voire au dire vrai, qui plane sur l'écriture du

---

75. Les deux types de miroir sont explicitement mentionnés dans *Aveux non avenus* : « la glace grossissante » est recommandée par la voix narrative, dans un passage inquiétant sur « le globe de l'œil » (*ANA*, p. 229), pour pouvoir frapper « au plus visible : en plein noir de la pupille dilatée. Et pour ne pas rater son coup, devant la glace grossissante... » (*ANA*, p. 230). Expliquons dans une perspective biographique que Cahun souffre d'un problème de vision à l'œil droit, dû à une hérédité génétique. Pour ce qui est du « miroir déformant », utilisé généralement dans les palais des glaces pour produire des effets comiques, il apparaît plus tôt, soit à la page 29, dans le fragment « Fenêtre à guillotine ». Des miroirs à main sont intégrés aux planches I et III, en même temps que le lecteur-spectateur assiste à de nombreux jeux de regards spéculaires entre les *personae* de Cahun dans les dix photomontages, mais également dans les fragments textuels.

76. Le «je» a beau se traquer, «on n'a prise sur soi, on n'apprend à se voir que par quelque judas» (*ANA*, p. 31). La perception de soi n'est donc que partielle et passe par un dispositif optique – le judas – qu'il est facile d'associer à l'objectif de l'appareil photographique.

77. Je paraphrase la définition primordiale du récit autobiographique proposée par Philippe Lejeune (*Le pacte autobiographique, op. cit.*) et qui paraît peu appropriée aux récits de soi des avant-gardes historiques. Pensons à *En bas* de Leonora Carrington, récit d'une fuite et d'un internement traumatique en hôpital psychiatrique, ou au *Journal de Frida Kahlo* de Frida Kahlo, qui relève davantage du carnet d'artiste que d'une écriture diaristique.

moi depuis Rousseau, lorsqu'on lit que la tentative de s'écrire est qualifiée de « manège ridicule pour ceux qui n'ont pas vu » (*ANA*, p. 13). Plutôt que de se remémorer des tranches de vie et des événements marquants, des figures et des « fantômes familiers[78] » d'autrefois, l'auteure reconfigure les conventions de l'écriture autobiographique et, avec Moore, révise la pratique de l'autoportrait[79], son pendant pictural, dans les dix photomontages. Naviguant toujours à contre-courant – rappelons-le : « à la proue de [s]oi-même » (*ANA*, p. 2) et ne lâchant jamais « l'ombre pour la proie » (*ANA*, p. 115) –, la voix narrative cherche à engendrer un sujet polymorphe, en métamorphose permanente[80]. Le couple Cahun-Moore décide de traverser le miroir à l'instar de la jeune protagoniste de Lewis Carroll, certes, mais elles le font voler en éclats – tant dans le récit fragmenté que dans les héliogravures – une fois que le miroir aura été usé. Car, au fond, explique la voix narrative, il ne faut surtout pas fixer son image : « "Miroir", "fixer", voilà des mots qui n'ont rien à faire ici » (*ANA*, p. 38) ; il vaut mieux procéder par prises (de vue) répétitives, par l'accumulation ou la variation d'idées, de portraits, d'extraits textuels ou photographiques récupérés puis recontextualisés.

Le recyclage d'éléments, le détournement d'objets, de textes ou de dessins préexistants, de même que leur recontextualisation sont des techniques avant-gardistes de l'entre-deux-guerres bien connues, pratiquées par les dadaïstes et les surréalistes.

---

78. C'est dans la très longue lettre à Paul Lévy, datée du 3 juillet 1950, que Cahun emploie le terme « fantômes familiers » pour évoquer ses premières influences littéraires (Sénèque, Homère, Sophocle et les légendes spartiates) transmises par sa grand-mère Mathilde Cahun. Elle affirme ensuite que ces influences se sont « trouvée[s] vigoureusement contrecarrée[s] par d'autres… sinon annihilée[s] » (*Écrits, op. cit.*, p. 717).

79. Yi-lin Lai s'interroge justement sur « la double absence de la scène de réflexion et de l'appareil photo », deux paramètres significatifs du genre pictural « autoportrait » pour désigner le métier et le statut social de l'artiste : « Les impossibles autoportraits de Claude Cahun », *Sens public*, 23 mars 2007, http://sens-public.org/articles/418.

80. La métamorphose, la polymorphie, de même que les figures de l'enfant et de l'acteur, de Narcisse, de Salomé et d'Hermaphrodite tissent un réseau sémantique à travers les neuf parties et les photomontages de l'œuvre. Au fur et à mesure qu'on avance dans la lecture, ces thèmes, motifs et figures (mythiques) s'agencent tel un vitrail multicolore. Pour plus de détails, voir Catherine Baron, *Métamorphose et écriture autobiographique dans* Aveux non avenus *de Claude Cahun*, mémoire de maîtrise, Université de Montréal, 2004, et Anne Duch, *L'autoportrait textuel par Claude Cahun, op. cit.*, p. 61-143, qui propose une analyse détaillée de ce qu'elle appelle dans l'intitulé de la deuxième partie de sa thèse « L'autoportrait textuel fragmenté ».

Collage de textes, montage d'images

Les fragments textuels se succèdent – on l'aura compris –, et s'ils se font écho quelquefois, ils sont plus souvent coupés les uns des autres : leur disposition sur la page rend évidente la fragilité des liens sémantiques et les ruptures fréquentes dans le temps du récit. Si le principe d'enchaînement prévaut dans l'écriture, les héliogravures procèdent par combinaison appariée d'éléments et d'idées syncrétiques[81]. En l'absence d'un récit (de soi) principal et étant donné la durée du projet d'*Aveux non avenus*, les portions textuelles semblent éclatées, invitant à un parcours de lecture assez libre, plus ou moins aléatoire, malgré leur assemblage en parties et en chapitres : chacun des neuf volets d'aveux paraît en effet se suffire à lui-même[82], tout comme nombre de fragments, au sein d'une même partie de livre, s'apparentent à des pensées, des aphorismes, des dialogues, des digressions philosophiques ou métaphysiques qui se sont accumulés au fil des années 1920. On peut se demander si, plutôt qu'à un récit de soi, fût-il avant-gardiste, on n'a pas affaire à des notes éparses consignées ponctuellement dans un carnet, puis triées et réunies sous forme d'un livre commencé en 1919 et achevé en 1928 pour ce qui est de l'écriture[83]. La lettre de réponse adressée par Cahun à Adrienne Monnier le 2 juillet

---

81. Plusieurs photomontages mélangent allégrement éléments sacrés et objets profanes tels le symbole du Saint-Esprit, l'œil humain et le miroir à main (planche I), des portraits doubles de Cahun, des statues antiques et des ailes d'ange (planche IV), des gants de crin encerclés par des mains comme dans un geste de prière, un tableau de fièvre et des feuilles de cactus (planche V), une menorah revisitée, des poupées russes, la Sainte Trinité et des (auto)portraits de Cahun (planche X).

82. À la toute fin de son analyse, Anne Duch (*L'autoportrait textuel par Claude Cahun, op. cit.*, p. 223-224) tente d'identifier des entités thématiques selon chaque partie de l'œuvre, montrant qu'on assiste à l'évolution de « formes génériques *faibles* » (proches de l'autobiographie) à des « modes d'énonciation et formes génériques *forts* » tels l'aphorisme, l'apostrophe et la réécriture parodique. Ce faisant, ne ramène-t-elle pas finalement l'ouvrage à un récit de soi qui évoluerait sinon selon une certaine chronologie (« récit rétrospectif », dit Lejeune), du moins d'un point de départ A vers un point d'aboutissement Z ? Il me semble que Cahun écrit plutôt *contre* ce modèle générique, contre les attentes lectorales d'une trame composée plus ou moins logiquement permettant une lecture « linéaire ». Je convoque deux brefs passages parmi beaucoup d'autres afin de faire apparaître le caractère fragile, éphémère et contingent de l'entreprise scripturaire cahunienne : « Mais pourquoi nous hâter vers d'éternelles conclusions ? C'est à la mort, non au sommeil (encore un trompe-l'œil), qu'il appartient de conclure. Le propre de la vie est de me laisser en suspens, de n'admettre de moi que des arrêts provisoires ». Et, après un espace blanc, la réflexion se poursuit : « Reprise. Raccords, ravaudages, réitérations, incohérences, qu'importe ! Pourvu qu'autre chose incessamment devienne » (*ANA*, p. 235).

83. Serait-ce trop hasardeux de comparer *Aveux non avenus* à un livre d'heures revisité à la manière moderniste ? Cette piste mériterait d'être explorée ailleurs.

1926[84] en guise de justification face aux remarques critiques de celle-ci permet de déduire la réaction de la libraire de La Maison des amis des livres : Monnier semble n'avoir guère apprécié les pages du manuscrit, les jugeant avec « sévérité » mais « bienveillance », reprochant à l'auteure de se croire « doublement exceptionnelle » et d'« écrire gratuitement », lui recommandant de lire Michelet et Stendhal, probablement pour des questions de style, et d'écouter Beethoven[85]. Ce rejet n'empêche pas Cahun de féliciter trois semaines plus tard Adrienne Monnier pour la publication de son recueil poétique *Les Vertus* par La Maison des amis des livres, en même temps qu'elle saisit l'occasion d'évoquer son propre projet d'écriture en le désignant à deux reprises par le terme « confession[86] » employé auparavant par Monnier. Le récit de soi en voie de devenir ne semble pas convenir à la libraire-éditrice, sans qu'on apprenne plus précisément de quoi a l'air le texte. Cahun avoue simplement ne pas avoir « la concentration continue qu'il faudrait… » pour écrire une confession « sans tricherie d'aucune sorte » et que, en attendant, elle allait « liquider en [elle] le passé, [...] organiser l'avenir[87] ». En 1928, le livre n'a toujours pas pris la forme convenable puisque Monnier refuse de le publier, ce qui n'empêche pas Cahun, qui mentionne au passage Messein comme potentiel éditeur, de la solliciter au moins pour la préface[88]. Du point de vue d'aujourd'hui, on ne peut que féliciter l'auteure

---

84. Lettre de Claude Cahun à Adrienne Monnier, 2 juillet 1926, Bibliothèque littéraire Jacques-Doucet, Ms 8717. Je cite d'après la reproduction de la lettre dans le volume 2 de la thèse de Charlotte Maria, *Correspondances de Claude Cahun : la lettre et l'œuvre*, op. cit., p. 68-70. Installée à Paris, dès 1918, Cahun faisait partie des habitués de La Maison des amis des livres qui était avant tout une bibliothèque de prêt exemplaire fréquentée par l'intelligentsia de l'époque (Apollinaire, Valéry, Paul Fort, Jules Romains, Jean Cassou, Tzara, Aragon, Breton, Cendrars, Claudel et Joyce, entre autres). Voir l'éloge du lieu que fait la jeune auteure dans son article « Aux "Amis des Livres" », *La Gerbe*, n° 5, 1er février 1919, p. 147-148.

85. *Ibid.*, p. 68. Dans sa lettre de réponse, Cahun réagit très précisément à une série de critiques et de reproches en reprenant certains mots dont nous ignorons cependant la formulation exacte, puisque les lettres de Monnier n'ont pu être retrouvées.

86. Dans la lettre de Cahun à Monnier du 23 juillet 1926 (Bibliothèque littéraire Jacques-Doucet, Ms 8718), il est d'abord question, sur le mode du doute, d'une « confession publique, si jamais je la fais », puis d'une « confession [que] vous m'avez dit d'écrire » parce que c'est « la seule tâche littéraire » lui permettant « une prise directe, un contact avec la vie concrète, avec les faits », lui donnant « un désir de réussite assez vif pour [lui] imposer les sacrifices nécessaires » : Charlotte Maria, *Correspondances de Claude Cahun*, op. cit., vol. 2, p. 71-72.

87. *Ibid.*, p. 72.

88. La lettre de Cahun à Monnier du 20 juin 1928 (Bibliothèque littéraire Jacques-Doucet, Ms 8719) témoigne d'un certain esprit de soumission à l'autorité, voire d'un maso-

d'*Aveux non avenus* de ne pas avoir suivi les conseils de Monnier, en ne retenant pas le modèle générique confessionnel du XIXᵉ siècle. Face à l'informe du récit, peut-on voir, dans l'ajout des dix photomontages tous composés après l'achèvement du texte fragmentaire, le désir de l'ancrer dans une structure visuelle récurrente?

Cela ne fait aucun doute, l'insertion des photomontages confère à l'ensemble disparate une certaine unité de composition. Toutefois, le couple Cahun-Moore ne dissimule pas les ruptures d'idées mises en évidence par le biais de pictogrammes miniatures qui font office de culs-de-lampe, comme dans des livres anciens: de petites étoiles pleines et vides prédominent avant l'apparition des cœurs, des bouches et de l'œil aux cils réguliers (présent uniquement dans la partie IX), et de nombreux intertitres (tels «Lettre d'Aurige au poète», «Portraits psychologiques», «En marge» ou «Compliment de Noël») qui fracturent le texte. On se rappelle que montrer les fissures de l'acte créateur est l'un des défis esthétiques lancés par Braque et Picasso dans leurs «papiers collés» (comme moyens de redéfinir l'espace de la toile), par les futuristes, les dadaïstes et les surréalistes dans leurs collages, photocollages, photomontages, «poèmes-découpages» (chez Georges Hugnet), comme moyen de favoriser l'hétérogène[89], de briser la perspective centrale, de congédier une conception cohérente, homogène et autonome de l'œuvre d'art[90].

Le choix du collage comme processus de création combinatoire tant pour le texte que pour les photomontages répond chez Cahun et Moore à la volonté de se libérer des contraintes liées à un seul support, de rendre perméables les frontières génériques, artistiques et médiatiques:

chisme certain. La lettre fait comprendre que le manuscrit intitulé à l'époque déjà «Aveux non avenus» a fait l'objet d'un refus de publication. L'écrivaine persiste alors et sollicite la libraire-éditrice à rédiger la préface dans laquelle Monnier pourrait dire «tout le bien», «tout le mal», «toutes les réserves» que l'«emprisonnement symboliste [de Cahun,]», ses «entêtements puérils, [ses] ignorances, [son] aveuglement, [son] incompréhension de la vie, etc.» contraindraient la préfacière à souligner. Voir la reproduction de la lettre dans *ibid.*, p. 72-74.

89. Pour Breton, de la rencontre d'éléments hétérogènes doit naître une étincelle, le jaillissement du surréel: André Breton, *Œuvres complètes*, tome I, Paris, Gallimard, coll. «La Pléiade», 1988, p. 337-338. Collage (et par extension frottage), inconscient et écriture automatique vont de pair depuis les expériences picturales de Max Ernst dès 1921, l'écriture à quatre mains des *Champs magnétiques* (1919) par Breton et Soupault, et les diverses facettes du collage surréaliste, rappelle Elza Adamowicz (*Surrealist Collage in Text and Image, op. cit.*, p. 5-13).

90. Ces qualificatifs relèvent de la distinction fondamentale qu'établit en 1974 Peter Bürger entre «œuvre d'art avant-gardiste» et «œuvre d'art traditionnelle» (ou «œuvre close» – le terme est d'Adorno) dans *Théorie de l'avant-garde, op. cit.*, p. 91-97.

l'une écrit et réécrit ses thèmes de prédilection (l'amour platonique de jeunesse – Bob –, les rêves, les rencontres réelles ou imaginaires, les questions métaphysiques, les mythes antiques et bibliques comme sources d'inspiration, etc.), l'autre s'y connaît en arts visuels. Ensemble, elles puisent dans un fonds iconographique constitué en grande partie de photographies, puis elles montent les différents éléments visuels et textuels en images oniriques pour les insérer dans l'œuvre. Si, selon Elza Adamowicz, le collage a pour effet la déstabilisation du producteur d'images grâce à la rencontre de réalités disparates, ce constat s'applique encore davantage au récepteur[91], car la principale visée de la technique du collage en est une de rupture, de disjonction, de reconfiguration par rapport à nos manières de voir l'œuvre d'art comme une entité homogène[92]. Dans le cas d'*Aveux non avenus*, la juxtaposition d'éléments disparates crée un écart qui fait obstruction à une lecture d'ensemble de ces confidences[93] apparemment si difficiles à mettre en mots. Face aux dix photomontages, le lecteur-spectateur se heurte à l'idée de pouvoir remplir de significations les failles laissées béantes entre les fragments de tête, de torse, de mains, de jambes, de thorax, de portraits de membres de la famille ou d'amis, d'autoportraits, d'objets divers et variés (un globe terrestre, une planche d'échecs, un gant de crin, des miroirs), de mots ou de phrases décollés de leur contexte d'origine. Le détournement des images de leur contexte originel est à l'œuvre à plus d'un égard. Le texte et l'image renoncent à « produire [une] apparence de conciliation » caractéristique de « l'œuvre d'art organique[94] » ; les espaces du textuel et du pictural ne sont pas présentés comme un *continuum*.

---

91. Voir Elza Adamowicz, *Surrealist Collage in Text and Image*, op. cit., p. 4.
92. Une autre auteure-artiste surréaliste a investi de plain-pied le collage comme moyen de créer des images d'une inquiétante étrangeté ; c'est le cas de Valentine Penrose qui les conjugue avec des poèmes bilingues dans *Dons des féminines* (1951), dont il sera question plus loin. Pratique moins répandue chez les créatrices surréalistes que chez les hommes, le collage est toutefois utilisé dans le livre *Sur le champ* (1967) d'Annie Le Brun, qui comporte « [s]ix collages originaux » de Toyen.
93. En 1945, Cahun se lance à nouveau, malgré ses propres réticences à l'égard du genre littéraire, dans la rédaction d'un récit de soi : *Confidences au miroir* est toutefois de facture plus conventionnelle qu'*Aveux non avenus*. Resté à l'état de manuscrit inachevé, avec des feuillets dispersés en sept pochettes, on ne sait exactement quelle forme l'auteure allait lui donner ultimement, comme on ignore si l'ouvrage devait contenir des images. François Leperlier a édité le manuscrit, « parfois à la limite de la lisibilité » (p. 572), du mieux qu'il pouvait et l'a intégré aux *Écrits*, op. cit., p. 571-624, en ajoutant à la fin une page manuscrite qui montre les très nombreux repentirs et ratures.
94. Peter Bürger, *Théorie de l'avant-garde*, op. cit., p. 125.

Penchons-nous sur l'exemple de la planche III servant d'interstice entre le titre «Moi-même (faute de mieux)» de la partie II et les fragments de texte qui s'échelonnent de la page 27 à la page 41[95] (Fig. 5). Un œil immense occupe la partie inférieure du photomontage, telle la lune montant dans un ciel sombre évoqué par un fond noir uniforme. Sur cette toile de fond nocturne sont superposés trois fragments textuels et des synecdoques corporelles (des mains, des jambes, des bras, des têtes) méticuleusement découpées d'(auto)portraits de Cahun ou d'autres sources picturales. Au centre de l'image, un miroir à main révèle le reflet du visage de l'écrivaine, à moitié couvert, mais dont le regard saisit immanquablement celui du spectateur. Le sujet happé par son propre reflet, tant dans le miroir que dans l'œil agrandi, nous rappelle la notion de «*self-love*» qui parcourt cette section des *Aveux*. Face à ces jeux narcissiques de regards et de reflets, on se demande qui tient le miroir dans lequel le sujet se mire et interpelle l'Autre? Est-ce Cahun elle-même ou son *alter ego*, celle qui signe Moore? Est-ce l'œil de cette dernière sur l'iris duquel est projeté le portrait inversé de Cahun? Pourquoi voiler une partie du visage lorsqu'il s'agit de s'explorer, comme l'indique le titre de la section? Tout concourt à nous faire croire que les collaboratrices s'amusent à reprendre les jeux de voilement et de dévoilement, bref le travestissement, pratiqués déjà dans les (auto)portraits des années 1910-1920.

Le photomontage fait cohabiter les deux modes d'expression sur la même page: y sont greffées des bribes textuelles découpées en forme de mains et, pour deux d'entre elles, pliées en forme d'oiseaux à la manière de l'origami japonais. Deux de ces fragments textuels peuvent être identifiés comme provenant du corps du texte d'*Aveux non avenus*[96]. Sur la main gauche qui, du coin supérieur droit, pointe vers le miroir, on reconnaît le passage textuel suivant:

---

95. Je reprends quelques éléments de réflexion esquissés dans «*Aveux non avenus*, un monstrueux collage de textes et d'images photographiques», https://lisaf.org/project/cahun-claude-aveux-non-avenus/.

96. Il s'agit d'un extrait saisissant de la page 34 qui sera commenté dans ce qui suit. Sur l'autre oiseau, on lit sans hésiter les mots «Et Bob», «Intellectuel», tandis qu'on ne peut que deviner les termes «noblesse» et «luxure»; l'évocation de Bob, cet «amour intellectuel, en vérité» (*ANA*, p. 5), renvoie à la partie I de l'ouvrage, mais tous les mots lisibles ne se retrouvent pas dans un même passage. Le second oiseau donne à lire des signes typographiques en grande partie effacés.

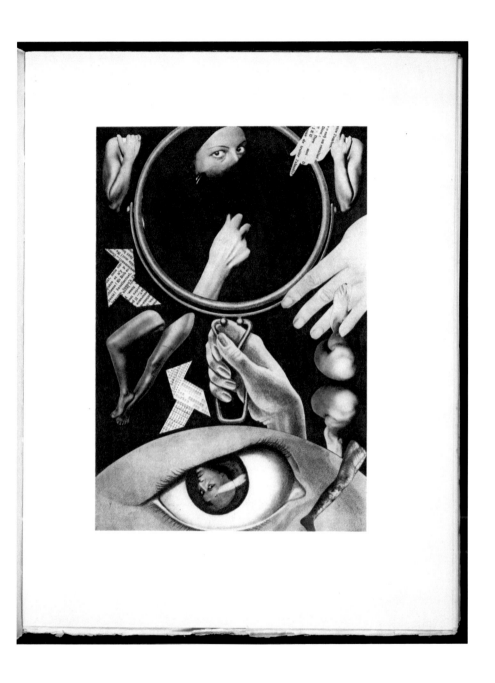

FIG. 5 Planche III, 1929-1930 (Moore et Claude Cahun), dans Claude Cahun, *Aveux non avenus*, 1930 ; Ville de Nantes – Bibliothèque municipale [612504R].

Je suis (le «je» est) un résultat de Dieu multiplié par Dieu divisé par Dieu :
$$\frac{Dieu \times Dieu}{DIEU} = moi = Dieu$$
(En voilà des façons de traiter l'absolu ! On voit que… etc…) (*ANA*, p. 34)

Dans cette «boxe contre l'ombre» – telle est la première phrase elliptique du bref fragment «mathématique» –, le «je» adopte une (im)posture mégalomane puisqu'il se présente comme le résultat d'une opération de multiplication, d'équation double et de division où le «moi» équivaut à «Dieu». Ces calculs ludiques font sans doute référence à la création de l'être humain à l'image de Dieu telle que relatée dans la Genèse : «Dieu créa l'homme à son image, à l'image de Dieu il le créa ; mâle et femelle il les créa[97]». L'acte divin est évincé, l'écart entre le «moi» et l'entité absolue «Dieu» est réduit à zéro, ce qui met le Créateur et l'être humain sur un pied d'égalité. Blasphème suprême ou réflexion métaphysique parodiée, notamment si l'on tient compte de la phrase conclusive placée entre parenthèses et qui mime le discours de la démonstration propre aux mathématiques. Non seulement la règle à retenir de l'opération mathématique arrive-t-elle trop rapidement, mais, de plus, ce passage textuel montre à quel point le sujet se sent coincé entre plusieurs Dieu(x). Comment s'en sortir sinon par une formule loufoque, qui semble parodier la traditionnelle question philosophique «Qui suis-je ?» en nous privant de la fin du raisonnement ? La démonstration est réduite à des points de suspension et un «etc.», comme si les conclusions à tirer allaient de soi. Apportons un dernier élément de réflexion : si l'expression «On voit que» implique ici plus d'incertitudes que d'apprentissages à retenir, elle est peut-être une incitation à retourner dans l'image proprement dite, afin de comprendre mieux, ou autrement, les divers éléments visuels réunis dans la planche III. Ainsi, l'œil humain agrandi se substitue de toute évidence à l'œil de Dieu qu'on connaît de la peinture sacrée ou du mysticisme ésotérique où le Créateur est représenté par le regard omniprésent. Chez Cahun et Moore, le «je» se voit, se reflète dans son propre regard ou celui qu'on perçoit dans le miroir[98] ; il pose (devant l'objectif de l'appareil photo) et s'impose, «faute de mieux».

---

97. La Genèse, 1. 27, *La Bible. L'Ancien et le Nouveau Testament*, traduction œcuménique, Paris, Le Livre de poche, 1996, p. 22.
98. Placé à l'envers, cet œil agrandi, dans la pupille duquel on reconnaît le visage de Cahun, fait penser à la peinture *Le Faux Miroir* (1928) de Magritte, où l'iris s'apparente à un ciel bleu traversé de nuages blancs.

Le récit qui suit déplie librement, entrecoupé d'étoiles pleines, des références au mythe d'Ulysse et à ses matelots, «bien trop occupés de la manœuvre du navire et du chant de leur chair» (*ANA*, p. 27) pour succomber à celui des sirènes[99]; des «[i]mpressions fausses» (*ANA*, p. 28) sur des jeunes filles et des jeunes garçons; des réflexions éparses sur la vitre et le vitrail, l'âme et la superstition, l'origine juive; des souvenirs d'enfance où le «je» jouait à un «jeu d'infirme» (*ANA*, p. 35). La philautie revient dans deux fragments sous le terme anglais «Self-love»: la première fois, c'est pour proposer une nouvelle interprétation de la mort de Narcisse (qui «ne s'aimait pas. Il s'est laissé tromper par une image. Il n'a pas su traverser les apparences. […] s'il eût su s'aimer par-delà son mirage, son sort heureux eût été, digne de l'envie des siècles, le symbole du paradis vital, le mythe de l'homme privilégié», *ANA*, p. 36); et la seconde occurrence de «Self-love» jette enfin une passerelle vers le photomontage par le biais d'une «main crispée sur un miroir», par la référence à «la fixité folle de prunelles élargies» (*ANA*, p. 37), et l'évocation explicite du «mythe de Narcisse [qui] est partout», «nous hante», ainsi que des «miroirs […] presque parfaits» (*ANA*, p. 38). Dès lors, tout se passe comme si l'écriture était prise elle-même dans un jeu de spécularité, puisque l'un des derniers fragments de la partie IV a pour intertitre «Narcisse et Narcisse» (*ANA*, p. 39), avant que ne soit abordée à nouveau la question du rapport conflictuel entre le «je» et Dieu («Pourquoi Dieu me force-t-il à changer de visage? Pourquoi Dieu bouleverse-t-il mes pénibles vertus?», *ANA*, p. 41), avant que ne tombe la tension dans un constat lucide final: «Je ne puis répondre à mes propres questions. Peut-être une autre fois poserai-je mieux mes filets…» (*ANA*, p. 40).

Cette lucidité, parfois très drôle, est caractéristique de la voix narrative d'*Aveux non avenus*, consciente du défi lié aux nombreux sujets abordés sans jamais pouvoir les épuiser, consciente également des ruptures d'idées qui ne font que doubler les fissures déjà observées dans le photomontage au lieu de les colmater. Si, dans une lecture croisée, le texte et l'image s'éclairent en partie, dans l'absolu, leur relation est loin d'être narcissique; les rapports texte/image demeurent plutôt

---

99. Ajoutons que le motif de la sirène est introduit dès le début de la deuxième partie, puisque le titre «Moi-même (faute de mieux)» est suivi d'une phrase qui fait apparaître la sirène comme sa propre victime: «La sirène succombe à sa propre voix», ce qui anticipe sur le thème du narcissisme si souvent mal interprété selon le sujet narrant.

troublants. L'hétéroclite des fragments visuels se répercute dans le disparate de ce qui est relaté, remémoré, discuté, commenté dans les portions textuelles, bien qu'on découvre quelques fils tissés entre les deux moyens d'expression. Ce constat s'applique aux autres parties de l'ouvrage dans une pareille mesure, comme pour Pénélope qui, dans l'avant-dernier fragment, fait écho à l'Ulysse initial, « le fil d'araignée craque » (*ANA*, p. 41). Ce qui a été tissé le jour peut être défait la nuit suivante. Les réflexions diurnes ne semblent pouvoir résister aux doutes et interrogations nocturnes.

Les mots et les images se montent en mosaïque, aboutissent à quelques effets d'amplification de sens des uns par les autres, mais ne se livrent à des jeux de renvois et de dialogues intermédiatiques qu'aux yeux de qui accepte de se lancer dans une lecture croisée.

Pour une lecture intermédiale de l'objet *livre* avant-gardiste

Reprenons, pour terminer, l'idée d'*Aveux non avenus* comme un collage démesuré, proche du monstrueux si récurrent dans l'imaginaire cahunien, tant le récit de soi est détourné de sa vocation confessionnelle pour donner dans l'informe de diverses formes d'écriture, de thèmes et de ruptures typographiques, tant les photomontages, plutôt que de baliser la lecture du texte grâce à leur emplacement liminaire (avant chacune des neuf parties), lui lancent des défis et se plaisent à déborder du cadre de l'image, comme c'est le cas des planches IV, VII et IX[100]. Rappelons encore une fois, avec Elza Adamowicz, que la praxis du collage comporte trois étapes : la collecte, le tri/assemblage et la configuration des fragments qui peuvent être des sources iconiques et des éléments textuels[101]. Elle souligne que, au cours de la troisième étape, le lecteur est activement engagé dans la transformation des mots et des images, ainsi que dans l'élaboration de nouvelles significations qui émergent de leur assemblage dans un même dispositif. Face à un ensemble hybride, il s'engage dans une relation dialogique avec le texte et l'image afin de trouver des

---

100. De manière générale, les photomontages donnent à penser qu'on ne voit qu'une partie d'un ensemble plus vaste qui a été coupé par la délimitation rectangulaire du cadre de l'image. Ainsi le lecteur est-il incité à prolonger sa spectature hors les frontières matérielles du photomontage, à imaginer ce dont il est privé.

101. Voir Elza Adamowicz, *Surrealist Collage in Text and Image*, *op. cit.*, p. 32. Les termes qu'utilise la critique sont les participes présents « *collecting, collating and configuring* » pour insister sur le *faire* de l'artefact.

analogies entre les deux médias; il n'est pas rare que, dans une œuvre avant-gardiste, le lecteur doive faire négocier avec plus d'écarts et de ruptures, avec plus de collisions que de collusions entre l'écrit et le pictural. En outre, Adamowicz insiste sur l'effet de dépaysement provoqué par le collage surréaliste. Au moment de la parution d'*Aveux non avenus*, les repères du lecteur étaient probablement bousculés face à ce type de livre insolite qui ouvre des chantiers en enfilade sans jamais les fermer. En témoigne éloquemment la réaction d'une lectrice professionnelle, Adrienne Monnier, qui était de toute évidence déconcertée par un récit de soi fragmentaire auquel elle ne pouvait trouver sens. Pourtant, et c'est ce que n'a pas perçu la libraire-éditrice, la part d'insolite, d'inquiétant et d'opaque est précisément ce qui permet à l'objet *livre* de souscrire à l'une des visées principales de tout projet avant-gardiste: changer de paradigme de création grâce au travail collaboratif, aux techniques de montage et de collage, puis, selon la logique de déjouer les attentes du lecteur ou du spectateur, provoquer un changement dans la posture de réception d'une œuvre d'art. Le dispositif texte/image d'un livre dit surréaliste, la plupart du temps plus complexe que dans le cas du livre illustré, privilégie les rapports de collision et de divergence au détriment des convergences mettant l'image au service du *logos*.

En raison notamment des multiples effets de divergence à des degrés variables, *Aveux non avenus* instaure une tension (parfois extrême) entre ce que disent les fragments textuels et ce que donnent à voir les images. Aussi l'action de lire et de voir doit-elle se faire dans un mouvement d'allées et venues entre le photomontage qui ouvre l'œil du texte vers chacune des neuf parties où se bousculent ensuite les fragments textuels[102]. À cette seule condition, un lecteur éveillé aux enjeux intermédiaux propres au Livre surréaliste parvient à trouver des clés, à construire du sens là où le lecteur traditionnel ne le soupçonne pas. Autrement dit, la *texture* double de l'ouvrage de 1930 appelle un acte de lecture-spectature qui ne cesse de rebrousser chemin, de se méfier d'une traversée linéaire des fragments. Ancrée elle-même dans l'entre-deux,

---

102. Pour Liliane Louvel, selon le degré de saturation du texte par l'image (effet-tableau, tableau vivant, arrangement esthétique, ekphrasis, hypotypose, etc.), l'écriture est capable d'ouvrir le texte pour en faire émerger du pictural. Voir le chapitre «Modalités du pictural», *Texte/image: images à lire, texte à voir, op. cit.*, p. 32-33; et *Idem, Le tiers pictural: pour une critique intermédiale*, Rennes, Presses universitaires de Rennes, 2010, p. 104: Louvel y suggère d'«utiliser le pictural comme clé interprétative», de s'en servir «pour ouvrir l'œil du texte».

l'approche intermédiale s'avère la plus propice, selon Liliane Louvel, à tenir compte de l'entité instable que constitue le texte/image, espace hybride qui accueille le verbal et le visuel pour les faire s'entrecroiser[103]. C'est la raison pour laquelle elle plaide en faveur d'une posture où le lecteur calque son appréhension de l'œuvre sur son objet d'étude lorsqu'elle explique sa conception de l'« inter-médial » :

> Hybridité, mélange, percolation, il y a porosité des approches et des moyens mis en œuvre qui se calquent sur leur objet d'étude, lui-même entre deux arts, entre deux médias, à proprement parler inter-médial. C'est là où tout se joue, dans le mouvement entre-deux, mouvement dialectique d'apparition/disparition[104].

Lecture croisée, allers-retours entre le textuel et le pictural, analyse « inter-médiale » proprement dite : ce sont des modes d'appréhension exigeants, souvent à reprendre, mais permettant de créer des repères face à des ensembles texte/image où préside une esthétique de l'entre-deux. Comme dans un *perpetuum mobile*, l'écriture renvoie à l'image, y touche, propose quelques clés, mais ne l'épuise pas, et *vice versa* ; l'un et l'autre média font partie d'un mouvement de balancier qui fonctionne par intermittence et non sur une base de réciprocité équilibrée. Il faut donc prendre de la hauteur, reculer par rapport à l'objet d'étude composé comme un texte/image, faire valoir la distance critique pour observer ce qui se passe dans « cet entre-deux vibrant entre le texte et l'image[105] », c'est-à-dire dans les interstices ouverts par les deux moyens d'expression. En ce sens, la lecture intermédiale permet le passage de l'un à l'autre, elle est passation du pouvoir d'expression au-delà du pli de la page, au-delà de la frontière symbolisée par la barre oblique qui est un signe tant de séparation que de lien qu'il s'agit de reconnaître.

*

Cela ne fait aucun doute, les lignes de faille sont nombreuses dans *Aveux non avenus* : elles s'ouvrent entre les courants (symbolisme, modernisme, surréalisme) et les genres littéraires, entre les arts et les médias, entre le réel et l'onirique, entre le passé, le présent et l'à-venir. L'œuvre

---

103. Voir Liliane Louvel, *Le tiers pictural, op. cit.*, p. 93.
104. *Ibid.*
105. *Ibid.*, p. 260.

déplace sans cesse les frontières du déjà-lu et du déjà-vu en valorisant, à l'encontre d'une signature par l'artiste singulier, une éthique du partage et du travail collaboratif qui se veut «duale». Livre surréaliste tant sur le plan du refus d'une écriture de soi conventionnelle et de la mise en mots de nombreuses valeurs avant-gardistes qu'en ce qui a trait à la macrostructure de l'œuvre, *Aveux non avenus* incite le «spectacteur[106]» à une lecture participative qui peut se faire aussi fragmentée que l'est la composition de l'ouvrage elle-même. La quête de sens vers lequel devait tendre traditionnellement un récit de soi se révèle ici un leurre, un mirage, brouillant les frontières entre un «je» stable, univoque, et ses nombreux avatars équivoques. Est-ce la confusion de diverses subjectivités ou bien la fin d'une photographie comme représentation du réel qui peut expliquer le choix de l'ultime image – surprenante dans sa simplicité, floue et peu «surréaliste», contrairement aux photomontages –, indiquant, en fin de parcours, la route à suivre? Peut-être, oui, mais pour aller où? On ne voit rien se dessiner à l'horizon, ni sur les bords de route. Cette route droite contraste vivement avec un texte qui erre, se perd et se relance, bref qui chemine de manière sinueuse.

Après avoir erré tel un voyageur découvrant une *terra incognita*, la voix narrative et ses avatars doivent-ils emprunter définitivement une voie tracée d'avance même si l'on ignore où elle mènera? La fin des *Aveux* serait-elle synonyme d'une fin de partie? On aurait pu imaginer comme mot de conclusion le post-scriptum par lequel se clôt la lettre du 20 septembre 1920 – sans destinataire –, mais qui surgit déjà dans la partie I: «À présent j'existe autrement» (*ANA*, p. 13). L'œuvre accomplie, Claude Cahun souhaite délaisser l'écriture au profit d'autres activités et médias, ou du moins de modes de collaboration lui permettant de changer de côté – *Le Cœur de Pic* (1937), de Lise Deharme, affiche sur la couverture que les photographies sont de Cahun –, ainsi que de formes d'écriture autres qu'introspectives, tels l'essai (*Les paris sont ouverts*,

---

106. Faute de frappe à l'origine, le terme a rapidement fait sens dans mes recherches sur la démarche intermédiale du couple Cahun-Moore et, plus largement, dans le contexte du Livre surréaliste. Si l'on part du principe que le lecteur et/ou le spectateur ont un rôle particulièrement actif à jouer dans le dénouement du sens d'une œuvre d'art avant-gardiste, il est nécessaire de s'affranchir de la frontière entre le texte et l'image pour procéder à une lecture double, croisée. Voir Andrea Oberhuber, «Entre», dans Andrea Oberhuber (dir.), *Claude Cahun: contexte, posture, filiation. Pour une esthétique de l'entre-deux*, Montréal, Département des littératures de langue française, coll. «Paragraphes», 2007, p. 15.

1934), le tract et la déclaration collective[107]. Les années 1930 seront pour le couple synonymes de politisation, d'engagement concret au sein de divers mouvements de gauche menés par des intellectuels, des écrivains et des artistes antifascistes. À partir de l'occupation de Jersey par des troupes allemandes, la collaboration érigée par Cahun-Moore en mode de vie et en idéal de création prend la forme de tracts, de collages, de photomontages, de pancartes et d'objets détournés (pièces de monnaie, paquets de cigarettes)[108], dans la tradition Dada, qu'elles distribuent dans l'île, montrant ainsi que leur démarche, fût-elle politique ou artistique, s'inscrit dans la continuité d'une œuvre-vie conçue *en partage*.

---

107. François Leperlier intègre des exemples de ces déclarations aux *Écrits*, *op. cit.*, p. 543-555.
108. Anne Egger en propose quelques exemples dans *Claude Cahun, l'antimuse*, *op. cit.*, p. 135, 138, 144 et 155. Voir aussi Claire Follain, « Lucy Schwob and Suzanne Malherbe – résistantes », *op. cit.*, p. 84-85.

Lise Deharme et ses collaboratrices artistes : *Le Cœur de Pic* et *Le Poids d'un oiseau*

Au sein du corpus de livres surréalistes réalisés à l'instigation d'une auteure, qu'il s'agisse d'une collaboration au féminin ou d'une collaboration mixte, Lise Deharme (1898-1980)[1] – la dame au gant pour André Breton – est sans aucun doute la plus prolifique. Lors de sa rencontre avec André Breton en 1924, le futur chef de file lui aurait demandé de laisser à la Centrale surréaliste ses gants en daim bleu pâle fixés aussitôt au mur, en guise d'emblème du Surréalisme. On retrouve des traces de la jeune femme légèrement désinvolte sous les traits de Lise Meyer dans *Nadja* (1928) où Breton – troublé – relate l'épisode de leur rencontre : « Je me souviens aussi de la suggestion en manière de jeu faite un jour à une dame, devant moi, d'offrir à la "Centrale Surréaliste", un des étonnants gants bleu ciel qu'elle portait [...]. Je ne sais ce qu'alors il put y avoir pour moi de redoutablement, de merveilleusement décisif dans la pensée de ce gant quittant pour toujours cette main[2] ». Dans

---

1. Née Lise Anne-Marie Hirtz à Paris, elle adopta comme nom de plume, après un premier mariage avec Pierre Meyer, le nom de son second mari, Paul Deharme, producteur et réalisateur d'émissions radiophoniques à Radio Paris. C'est ainsi qu'à la Libération, elle commença elle-même à animer l'émission hebdomadaire *L'Événement littéraire de la semaine*. Pour les données biographiques, voir Jean-Claude Clébert, « Lise Deharme », *Dictionnaire du Surréalisme*, Paris, Seuil, 1996, p. 199-200 ; Georgiana M. M. Colvile, « Lise Deharme », *Scandaleusement d'elles : trente-quatre femmes surréalistes*, Paris, Jean-Michel Place, 1999, p. 82-85 ; et Marie-Claire Barnet, « To Lise Deharme's Lighthouse : *Le Phare de Neuilly*, a Forgotten Surrealist Review », *French Studies*, vol. 57, n° 3, p. 323-325.
2. André Breton, *Nadja, op. cit.*, p. 57. Breton dédie également un poème à sa « muse » de l'année 1924 : « La porte de la maison de Lise ». Jean-Claude Clébert cite en détail le récit (un peu cocasse et plutôt drôle) que Deharme lui a confié en 1976 de sa toute première rencontre avec Breton au théâtre où elle était allée en compagnie de Soupault, récit suivi de l'épisode (de toute évidence moins troublant pour la porteuse) des gants bleus à la Centrale surréaliste : *Dictionnaire du Surréalisme, op. cit.*, p. 199-200.

la même scène joliment mythifiée par le narrateur, on apprend que la « dame » aurait projeté d'apporter « un gant de bronze qu'elle possédait, [...] au poignet plié, aux doigts sans épaisseur[3] », gant que l'on voit reproduit en noir et blanc à la page suivante du livre et dont la légende indique : « Gant de femme aussi… ».

Aux yeux de Man Ray, la dame au gant bleu se transforme en *Dame de Pique* : celui qui agit en photographe officiel du groupe surréaliste produit vers 1935 un portrait de Lise Deharme à la manière d'une carte de jeu sur laquelle elle est représentée en dame de pique, agrémentée de deux mains frêles qu'on dirait de bronze, sorties d'une tunique au motif fleuri, pointant l'une vers le haut et l'autre vers le bas. Ajoutons à ces deux figurations de l'écrivaine, pour compléter le portrait, la gravure de Valentine Hugo datant de 1929[4] et la photographie réalisée par Dora Maar en 1936, où l'on voit l'écrivaine campée devant une gigantesque cage à oiseaux. Toutes deux moins souvent reproduites que l'image de Ray, elles sont intéressantes pour la part d'ombre et le regard mélancolico-sceptique qui, respectivement, se dégagent de ces représentations[5].

Bien plus qu'une muse bretonienne[6] et une égérie des surréalistes durant les premières années du mouvement, Deharme est l'auteure d'une quinzaine de proses – romans, nouvelles et contes pour la plupart épuisés depuis longtemps et, surtout, largement méconnus (parmi lesquels, entre autres, *Cahier de curieuse personne*, 1933 ; *La Porte à côté*, 1946 ; *Ève la Blonde*, 1952 ; *L'Amant blessé*, 1966 ; *La Marquise d'enfer*, 1977, sans oublier son journal *Les Années perdues, 1939-1949*, 1961) –, de même que la directrice de la revue *Le Phare de Neuilly*. Elle a vu, dans le livre, un espace d'échange et de dialogue intermédial qui s'est échelonné dans le temps et s'est révélé modulable à souhait selon l'artiste collaborateur. Deharme a été une récidiviste ; de fait, elle a collaboré avec des artistes aussi différents

---

3. *Ibid.*
4. Notons que *Cahier de curieuse personne* comporte un autre portrait de Deharme réalisé par Hugo : auréolé de sept petites étoiles et agrémenté d'une libellule s'étant posée sur le cou de la poète, ce portrait est mis en regard de la page de titre.
5. L'édition limitée de *La Caverne* (Troyes, Librairie bleue, 1984), recueil de textes brefs (dialogues et proses) publié quatre ans après la mort de l'écrivaine par les Amis des Cahiers bleus, est ornée, sur la couverture, du portrait photographique de Deharme par Maar, suivi de la gravure de Hugo en frontispice.
6. À propos des muses en série, autant de sources d'inspiration propices au fantasme amoureux et à la création de celui qui passe par « l'amour-folie » avant de rencontrer « l'amour fou » en la personne de Jacqueline Lamba, voir Georges Sebbag, *André Breton, l'amour-folie : Suzanne, Nadja, Lise, Simone*, Paris, Jean-Michel Place, 2004.

que Joan Miró pour *Il était une petite pie* (1928) et *Le Tablier blanc* (1958), Claude Cahun pour *Le Cœur de Pic* (1937), Leonor Fini pour *Le Poids d'un oiseau* (1955) et *Oh! Violette, ou la Politesse de végétaux* (1969), ainsi que Hanns Reich pour *Les Chats* (1965). Si sa proximité du mouvement surréaliste ne fait pas de doute, ce dont font foi ses relations d'amitié avec plusieurs membres du groupe ainsi que les premiers travaux collaboratifs, le positionnement de Cahun et de Fini n'est pas aussi évident. Elles se revendiquent toutes deux de diverses influences esthétiques et affichent une indépendance artistique tout au long de leur carrière, nonobstant certaines affinités esthétiques avec le Surréalisme.

Les démarches collaboratives avec Cahun et Fini, par ailleurs toutes deux des auteures-artistes, comptent parmi les plus abouties en ce qui concerne la conception de l'objet *livre* en termes de texte/image et la reprise-réécriture de plusieurs valeurs surréalistes de manière générale, ainsi qu'en ce qui a trait à la thématisation d'un féminin étrange, voire inquiétant, de façon plus spécifique.

Muse un jour, poète et romancière toujours

Depuis le dossier double de la revue *Obliques*, publié en 1977 et intitulé génériquement «La Femme surréaliste[7]», la redécouverte suivie d'une réévaluation du nombre de femmes auteurs et artistes quant à leur apport au mouvement a ouvert la voie dix ans plus tard à l'exposition *La femme et le surréalisme* au Musée cantonal des beaux-arts de Lausanne (1987), puis à des études genrées approfondies telles *Women Artists and the Surrealist Movement* (1985) de Whitney Chadwick, *Magnifying Mirrors* (1994) de Renée Riese Hubert, *Automatic Woman* (1996) de Katharine Conley, l'anthologie *Surrealist Women* (1998) de Penelope Rosemont, de même que les collectifs *Surrealism and Women* (1991)[8] de Mary Ann Caws, Rudolf E. Kuenzli et Gwen Raaberg et *La femme s'entête* (1998) de Georgiana M. M. Colvile et Katharine Conley, pour ne citer que ces quelques titres qui font désormais référence dans le domaine des études sur le Surréalisme au féminin. Lise Deharme y

---

7. Il s'agit des numéros 14 et 15.
8. Jugée pas assez féministe, Lise Deharme est l'une des grandes absentes de cet ouvrage originellement publié sous forme d'un dossier de la revue *Dada/Surrealism* en 1990 (n° 18), tandis que des études sont consacrées à Prassinos, à Mansour, à Oppenheim, à Carrington, à Kay Sage, à Valentine Hugo et à Aube Elléouët.

figure quelquefois, en tant que poète et romancière, jamais comme auteure de livres surréalistes. Colvile la qualifie d'«écrivain mineur mais prolifique» en mentionnant qu'elle était aussi «figure de mécène[9]»; Clébert se contente d'évoquer plus que sommairement l'œuvre littéraire dans les trois dernières lignes de sa notice: «À sa mort, Lise Deharme laisse quantité de textes courts, dont se dégage une poésie populaire, attentive à l'insolite de Paris dont elle connaissait admirablement les secrets[10]». Certains travaux ont cependant cherché à mettre en valeur la contribution de Deharme: on lui a consacré un dossier des *Cahiers bleus*[11] et, dans *La femme cent sexes ou les genres communicants*[12], Marie-Claire Barnet lui fait occuper une place importante à côté de Joyce Mansour et de Gisèle Prassinos. Récemment, dans le mémoire *La collaboration au féminin*[13], les travaux collaboratifs avec Cahun et Fini se méritent des analyses intermédiales de fond, tout comme *Le Cœur de Pic* fait partie du corpus d'une thèse sur la photolittérature de jeunesse[14].

Peu connue donc encore aujourd'hui, malgré ces pas vers une reconnaissance partielle de l'œuvre deharmien, la directrice du *Phare de Neuilly* constitua en 1933, autour de cette revue éphémère, «avec l'aide de Ribemont-Dessaignes et de Desnos[15]», sans oublier son mari Paul Deharme, un cénacle d'artistes composé de Dalí, Ernst, Wolfgang Paalen, Picasso, Queneau, Roger Vitrac, Natalie Barney et Lacan, après

---

9. Georgiana M. M. Colvile, «Lise Deharme», *Scandaleusement d'elles, op. cit.*, p. 82.
10. Jean-Claude Clébert, *Dictionnaire du Surréalisme, op. cit.*, p. 100.
11. «Lise Deharme», *Cahiers bleus*, n° 19, automne-hiver 1980. Hommage à la disparue, le dossier contient des textes de nombreux écrivains amis (Julien Gracq, André Pieyre de Mandiargues, Yves Bonnefoy, Robert Desnos, entre autres), des fac-similés de dédicaces de livres et de lettres, ainsi que des dessins, dont deux de Leonor Fini.
12. Dans *La femme cent sexes ou les genres communicants: Deharme, Mansour, Prassinos*, Berne, Peter Lang, 1998, p. 11, Marie-Claire Barnet explique vouloir consacrer son étude à «trois illustres méconnues», à leurs «voix de femme» qu'elle souhaite léguer à la postérité. À propos de Lise Deharme, elle note que les œuvres de l'auteure sont «plongées dans un silence complet» (p. 22 et p. 24).
13. Sarah-Jeanne Beauchamp Houde, *La collaboration au féminin: les livres surréalistes de Lise Deharme*, mémoire de maîtrise, Université de Montréal, 2019.
14. Laurence Le Guen, *Littérature pour la jeunesse et photographie: mise à jour et étude analytique d'un corpus éditorial européen et américain*, thèse de doctorat, Université Rennes 2, 2019, p. 163-166.
15. Marie-Claire Barnet, *La femme cent sexes ou les genres communicants, op. cit.*, p. 87. Bien qu'accueillant des voix dissidentes par rapport au surréalisme dominant et axée sur la psychanalyse, la revue ne menace pas l'amitié entre Deharme et Breton, note Barnet. Voir aussi l'article que la critique littéraire consacre à la revue *Le Phare de Nantes*: «To Lise Deharme's Lighthouse», *loc. cit.*, p. 323-334, et où elle mentionne par ailleurs l'importance accordée aux femmes auteurs (Claire Goll) et artistes (Lee Miller, Dora Maar).

avoir fait son entrée en littérature au début des années 1920 grâce à des recueils de poésie : *Images dans le dos du cocher*, publié en 1922 sous le nom de Lise Hirtz ; *Il était une petite pie*, 1928 ; *Cahier de curieuse personne*, 1933. À partir des années 1940, elle investit également la prose poétique – mentionnons *Le Pot de mousse* (1946) et *Le Poids d'un oiseau* (1955) dont il sera question plus loin. Durant l'Occupation, elle rejoignit les membres du Comité national des écrivains (CNE) fondé par Paul Éluard en 1941 et parmi lesquels se trouvaient Louis Aragon, Jean Cassou, Michel Leiris, Jean Paulhan et Elsa Triolet, entre autres, avant de se tourner davantage, dans l'après-guerre, du côté du roman et de la nouvelle, y faisant preuve le plus souvent d'un esprit caustique et d'un humour véritablement subversif en matière de sexualité, notamment des personnages féminins si l'on pense à *Oh ! Violette* ou à *La Marquise d'Enfer*. Comme le couple Cahun-Moore, Deharme tenait salon, pratique culturelle moins répandue chez les femmes en France que dans les cercles anglophones (ou mixtes) de l'entre-deux-guerres[16]. C'est dans sa maison landaise, à Montfort-en-Chalosse, que la salonnière-écrivaine recevait ses amis et compagnons de route surréalistes[17] : Breton, Ernst, Nush et Paul Éluard, Dora Maar, Picasso et Man Ray, entre autres. Et c'est probablement grâce à Desnos que Deharme fit la connaissance de Cahun et Moore, dans leur salon au 70 bis, rue Notre-Dame-des-Champs, fréquenté d'ailleurs aussi par Jacques Viot et Henri Michaux[18].

On ne peut que s'étonner du fait qu'une figure si présente dans le champ culturel de son temps, et avec une œuvre particulièrement diversifiée – du recueil de poèmes au livre surréaliste, en passant par le roman, la nouvelle, le journal intime et le travail éditorial –, ait été omise de la mémoire culturelle. C'est l'importance de Deharme dans le domaine des livres issus d'une collaboration avec deux autres femmes qu'il s'agit ici de mettre en lumière.

---

16. Dans la partie « Enclaves » de *Femmes de la rive gauche : Paris, 1900-1940* (Paris, Des femmes, 1987 [1986], p. 151-301), Shari Benstock aborde l'importance des salons tenus fréquemment par des expatriées vivant en couple lesbien (Gertrude Stein et Alice B. Toklas, Sylvia Beach et Adrienne Monnier, Djuna Barnes et Thelma Wood, Natalie Barney et Liane de Pougy, remplacée après la rupture par Renée Vivien, puis par Romaine Brooks).
17. Voir Marie-Claire Barnet, *La femme cent sexes ou les genres communicants*, op. cit., p. 12.
18. Voir François Leperlier, *Claude Cahun : l'exotisme intérieur*, op. cit., p. 366. Il note : « On imagine que le projet d'une collaboration s'est imposé naturellement, et qu'il présentait bien des atouts aux yeux de Cahun ».

Un « livre d'images [qui] a l'âge que vous voulez avoir[19] » : *Le Cœur de Pic*

Si *Le Cœur de Pic* n'inaugure pas la série des œuvres collaboratives de Deharme, puisque le recueil est précédé d'*Il était une petite pie* (avec Miró), l'album de 1937 permet de faire valoir, outre l'écriture à la fois poétique, finement ciselée et ludique[20], parfois ouvertement ironique de l'écrivaine, l'importance de la photographie dans l'esthétique surréaliste. Appréhendée comme « le miroir du processus de l'écriture automatique », comme une écriture de la lumière (telle est d'ailleurs l'origine étymologique du terme grec) propice à former avec les mots un « nouvel agencement du langage surréaliste[21] », la photographie était justement le média dominant dans *La Revue surréaliste*. On se rappelle que dans *Le surréalisme et la peinture*, écrit publié au départ en juillet 1925 dans *La Révolution surréaliste*, Breton prône, dès l'ouverture de ses considérations esthétiques, la primauté de la vue sur les autres sens, en affirmant que « [l']œil existe à l'état sauvage », qu'il est seul capable de voir les « Merveilles de la terre à trente mètres de hauteur, les Merveilles de la mer à trente mètres de profondeur », pour poser un peu plus loin qu'il accorde à « l'expression plastique une valeur » qu'il ne cessera de « refuser à l'expression musicale[22] ». Allant ainsi à l'encontre de l'opinion largement répandue encore dans l'entre-deux-guerres que la musique serait le modèle à suivre par les autres formes d'art, il apprécie tout par-

---

19. Expression employée par Paul Éluard dans sa préface au *Cœur de Pic* de Lise Deharme (illustré de vingt photographies par Claude Cahun, Paris, José Corti, 1937 ; réédition en 2004 par les Éditions MeMo). Tous les renvois se feront à cette réédition et, puisque l'album n'est pas paginé, les citations ne seront pas suivies d'un appel de note.

20. La voix deharmienne se fait ouvertement ironique dans de nombreux textes en prose (*Le téléphone est mort*, *Carole ou ce qui plaît aux filles*, *La Comtesse Soir* ou *Cette année-là…*), notamment lorsque les (jeunes) personnages féminins déjouent malicieusement les lieux communs de la femme-enfant, de la fée(-Mélusine), de la folle, du merveilleux, du jeu de séduction ou de l'amour fou. Voir le chapitre « Lise Deharme : subversion et mascarade des genres » dans Marie-Claire Barnet, *La femme cent sexes ou les genres communicants*, *op. cit.*, p. 77-97.

21. Alexandre Castant, « Le Surréalisme et l'image », *Critique d'art*, n° 20, automne 2002, p. 3. C'est à Rosalind Krauss que revient le mérite, dans la foulée des écrits de Walter Benjamin, de László Moholy-Nagy et de Roland Barthes, d'avoir associé le médium photographique aux préoccupations du rêve et de l'onirisme, de l'affranchissement du réel grâce à des images autres tant recherchées par les surréalistes dans l'écriture, les arts picturaux et au cinéma. Voir notamment le chapitre « Photographie et surréalisme », *Le Photographique*, *op. cit.*, p. 123-151.

22. André Breton, « Le surréalisme et la peinture » (1928), *Le surréalisme et la peinture*, nouvelle édition revue et corrigée, 1928-1965, Paris, Gallimard, 1979 [1965], p. 11.

ticulièrement ce qu'il croit être l'automatisme de la perception sur lequel la raison n'aurait que peu de prise. On se souvient également de son parti pris en faveur de la photographie (contre le dessin) pour illustrer trois de ses récits significatifs des années 1920-1930 : *Nadja* (1928), *Les Vases communicants* (1932) – même si ces deux œuvres contiennent également d'autres sources iconiques –, et *L'Amour fou* (1937)[23]. Paradoxalement, il n'existe pas tant de livres surréalistes dans lesquels la photographie se révèle le moyen d'expression privilégié, mis à part les exemples généralement cités à ce propos : *Facile* (1935) d'Éluard et Ray, *Aveux non avenus* (1930) de Cahun et Moore, *Les Jeux de la poupée* (1949) de Bellmer et Éluard, ou *Sur le champ* (1967) de Le Brun et Toyen, qui accueille des photocollages. Moins célèbre que ces derniers et ayant fait l'objet de peu d'études élaborées, *Le Cœur de Pic* est de ces livres-là : l'écriture poétique et l'image photographique s'y côtoient de près.

Considéré par Éluard, dans la préface[24], comme un « livre d'images » qui semble s'adapter à l'âge de ses lecteurs et lectrices, l'album est publié en 1937 (la même année que *L'Amour fou*) chez José Corti, l'un des éditeurs surréalistes de renom[25]. Faisant suite, dans le ton badin et l'écriture toute simple en apparence, à *Il était une petite pie* et à *Cahier de curieuse personne*, parus respectivement neuf et quatre ans plus tôt, ce recueil rassemble une série de poèmes-comptines[26] consacrés à l'univers floral et au règne animal.

Facture photolittéraire

Le Cœur de Pic[27] fait partie de ces œuvres photolittéraires que l'on a envie de feuilleter régulièrement pour le plaisir de plonger dans l'imaginaire « enfantin » (végétal et animal) qui s'y déploie sur 26 doubles

---

23. Voir Sophie Bastien, « La photographie chez Breton : une illustration du hasard objectif », *Voix plurielles*, vol. 6, n° 1, 2009, https://journals.library.brocku.ca/index.php/voixplurielles/article/view/169.
24. Le poète signa également la préface de *Cette année-là...*, recueil de contes rédigé de 1942 à 1944 et publié en 1945. Éluard y rend hommage au talent poétique de son amie Deharme, se montrant particulièrement séduit par le pouvoir des femmes-fées.
25. José Corti créa en 1925 les Éditions surréalistes, avant de fonder en 1938 la maison d'édition indépendante qui porte son nom jusqu'à aujourd'hui.
26. Dans une lettre à sa nièce Marianne Schwob, datée du 18 août 1948 (Bibliothèque municipale de Nantes, Ms 3412-3) et citée d'après Charlotte Maria (*Correspondances de Claude Cahun, op. cit.*, vol. 2, p. 330), Cahun emploie le terme anglais « *nursery rhymes* » pour désigner le type de poésie de Deharme.
27. Lise Deharme, *Le Cœur de Pic : trente-deux poèmes pour les enfants, op. cit.*

pages, dont 20 sont conçues dans un rapport spéculaire entre le poème sur la page de gauche et l'image photographique sur la belle page[28]. Autrement dit, certains poèmes sont dépourvus de leur correspondance illustrative. Mais ce dispositif texte/image, assez conventionnel somme toute, ne signifie pas d'office que les deux formes d'expression entretiennent exclusivement des rapports de convergence ou de collusion selon le principe illustratif caractéristique de la majorité des livres pour enfants. On verra que dans plusieurs doubles pages règnent les principes d'analogie, de variation et d'écart entre les deux moyens d'expression qui tissent ainsi une relation dynamique. Plutôt que de parler de « livre », il conviendrait mieux d'employer, comme déjà plus haut, le terme « album » : soigneusement fabriqué par l'éditeur Corti qui a choisi une reliure rouge cartonnée, avec un dos vert toilé, cet album de 56 pages, au format 20,9 × 25,7 cm, accueille « [t]rente-deux poèmes pour les enfants » de Lise Deharme, « illustrés de vingt photographies par Claude Cahun », comme l'indique la page de titre. Composée à la manière d'un dialogue poétique, la brève préface d'Éluard fait entendre la voix de « LA-BELLE-DAME-SANS-RAISON » qui place le « livre d'images » dans l'univers du « jardin des fées », et c'est elle qui proclame qu'il « a l'âge » que l'on veut avoir ; ce à quoi « LE-MONSIEUR-QUI-A-RAISON » objecte qu'« on se laisserait bien prendre aux pièges des belles histoires, mais... ». La préface se termine par l'injonction formulée par « LA-BELLE-DAME-SANS-RAISON » – « Il n'y a pas de mais, lisez » –, coupant court aux réserves de son interlocuteur raisonnable. Par cette jolie petite joute, le préfacier donne le ton enjoué des pages à lire/voir, tout en décloisonnant les frontières entre divers genres livresques et les publics cibles auxquels ces pages s'adressent. En tant que lecteur-spectateur, on sent sa curiosité stimulée à découvrir les poèmes deharmiens et les photographies cahuniennes.

L'écriture à quatre mains ou, plus généralement, la démarche collaborative repose dans la première moitié du XXe siècle, on le sait depuis

---

28. Outre le site web (www.lisaf.org) résultant de mon projet de recherche CRSH sur le Livre surréaliste au féminin, je renvoie aux études « papier » suivantes : « Du livre au livre surréaliste : Cahun-Moore, Cahun-Deharme », dans *Claude Cahun et ses doubles*, *op. cit.*, p. 21-33 (notamment p. 27-31), et « The Surrealist Book as a Cross-Boarder Space : The Experimentations of Lise Deharme and Gisèle Prassinos », *Image & Narrative*, vol. 12, n° 3, 2011, p. 81-97, http://www.imageandnarrative.be/index.php/imagenarrative/article/view/163.

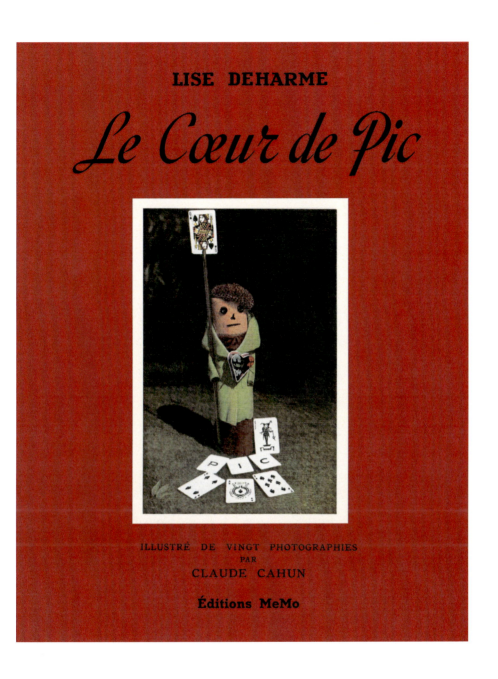

FIG. 6 Couverture, dans Lise Deharme, *Le Cœur de Pic*, 1937, © Éditions MeMo, 2004 ; avec l'aimable autorisation d'Aude Deharme.

Les Champs magnétiques (1919), sur les affinités électives entre deux créateurs qui se lancent le défi de trouver un terrain d'entente sur lequel ériger l'œuvre portant deux signatures. Affichée dès la couverture, l'auctorialité partagée indique sans équivoque Lise Deharme comme auteure (son nom précède le titre du livre) et Claude Cahun comme illustratrice (cette indication apparaît telle la légende de l'image de Pic placée au milieu de la couverture rouge[29] (Fig. 6) : on y voit une figurine, entourée de cartes à jouer, habillée d'un manteau vert et d'un béret constitué d'une éponge à vaisselle). Le titre et la photographie renvoient l'un à l'autre. Le croisement des arts et des médias au sein de l'espace livresque favorise l'échange et le dialogue, souligne le seuil sur lequel se situent les collaboratrices au moment d'envisager l'affranchissement des limites entre l'écrit et le pictural, ainsi que, par effet corollaire, la manière de lire et de donner sens au dispositif texte/image. Dès lors se pose la question déjà soulevée à propos de l'étude précédente consacrée à *Aveux non avenus*, à savoir comment s'effectue concrètement le partage des pages et, du côté du lecteur-spectateur, comment faire dialoguer la voix poétique et la vision photographique.

Jeux et aventures magiques *de Pic*

Dans *Le Cœur de Pic*, Deharme rassemble une série de poèmes, pour la plupart très brefs (des tercets, des quatrains, des quintils), qui s'apparentent à des comptines. Campés dans l'univers floral et le règne animal, ces poèmes-comptines se succèdent d'une page à l'autre, comme si l'on feuilletait un petit manuel de botanique pour enfants, sans qu'on perçoive aisément un fil conducteur avant l'apparition du personnage de Pic. Les fleurs, les herbes aromatiques et les arbres sont en effet omniprésents dans l'album, mais ils sont extirpés de leur contexte familier et recontextualisés, selon le procédé avant-gardiste du détournement, dans un cadre rêvé, factice : on y trouve une belle-de-nuit, des azalées, une capucine, une glycine, une rose, une scabieuse, une éphémère de virginie, des monnaies du pape, un pin, un sapin, une aspérule, du romarin, du basilic, de la lavande, de la sauge, de la sarriette, de la mélisse, de la

---

29. L'annonce des collaborateurs dès la page couverture n'est pas une règle générale ni dans le cas des livres illustrés du XIXe siècle, ni dans celui des livres surréalistes. Voir Elza Adamowicz, « État présent. The *Livre d'artiste* in Twentieth-Century France », *French Studies*, vol. 63, n° 2, 2009, p. 189-198, et Yves Peyré, *Peinture et poésie*, op. cit., p. 12-36.

citronnelle, de l'absinthe, une saponaire et une centaurée, entre autres[30]. Le floral l'emporte sur l'animal représenté par un chat, un papillon, un cerf, une colombe, une grenouille et un singe, entre autres. Plus ou moins à l'abri des humains, ce petit monde semble animé d'une magie propre au conte de fées pour enfants, ou alors au conte mi-merveilleux mi-fantastique pour adultes tel que le proposent le romantisme allemand d'un E. T. A. Hoffmann et la tradition britannique de Lewis Carroll, par exemple.

L'album s'ouvre sur le récit en trois vers d'un «je» lyrique, habitué à aller herboriser au bois dans lequel il dit avoir «entendu le coucou chanter», ce qui l'amène à croire à la bonne fortune : il espère avoir «des fleurs toute l'année». La planche photographique accompagnant ce premier tercet montre la figurine d'un jardinier chiquement vêtu qui ressemble à s'y méprendre à Jean-Jacques Rousseau planté dans un décor naturel[31]. Dès la deuxième double page (Fig. 7), le lecteur-spectateur rencontre une «Belle de nuit» pour qui Jehan du Seigneur, autre figurine mais cette fois entièrement composée de feuilles, d'écorces, d'une fleur et d'une main droite trop grande par rapport au reste du corps, «donnerai[t] [s]a vie». D'autres pages texte/image défilent sous nos yeux où l'on entend un bleuet s'adresser à une immortelle qui «ne meur[t] que de regret», une capucine pleurer «des larmes de glycine / pour la mort du papillon blanc / son amant»; où l'on assiste, métaphore de la vanité du temps, à la fanaison de «l'Éphémère de Virginie» qui meurt avant même d'avoir eu le temps de dire «Bonjour le jour / bonjour le jour[32]»; où, plus loin, réapparaît à nouveau le «je» : il voudrait «ourler les serviettes / avec des aiguilles de pin / sapin satin satinette». C'est au milieu de fleurs flétries précipitamment, de paysages champêtres ou de

---

30. Mise à part la planche XIX («Prends un petit bâton rompu»), la présence systématique d'une fleur – pas forcément des plus connues, surtout pas par des enfants (pensons à la monnaie du pape ou à la scabieuse) – dans toutes les photographies mérite d'être notée.
31. Figure légendaire du rêveur solitaire, le philosophe et herboriste Rousseau, bien que sollicité tardivement dans la pensée de Breton, occupe une place importante non seulement dans les jeux du groupe surréaliste, mais également dans l'imaginaire de Lise Deharme. Voir Tanguy L'Aminot, «Jean-Jacques Rousseau chez les Surréalistes», *Revue d'Histoire littéraire de France*, vol. 83, n° 1, janvier-février 1983, p. 65-80. Claude Cahun cultive elle aussi un intérêt tout particulier pour Rousseau qu'elle évoque longuement dans *Confidences au miroir*, comme le note François Leperlier dans le dossier de presse préparé par l'éditeur MeMo à l'occasion de la réédition du *Cœur de Pic* en 2004, p. 4.
32. Voir la lecture croisée entre le poème et l'image, entre durée de l'écriture et instantanéité du «Ça a été» barthésien que propose Sarah-Jeanne Beauchamp Houde, *La collaboration au féminin, op. cit.*, p. 22-24.

Belle de nuit
dit Jehan du Seigneur
je donnerais ma vie
pour que tu vives une heure.

FIG. 7 « Belle de nuit » et planche II, dans Lise Deharme, *Le Cœur de Pic*, 1937, © Éditions MeMo, 2004 ; avec l'aimable autorisation d'Aude Deharme.

« linaigrettes [...] qui sortent de l'eau / pour prendre le chaud » qu'apparaît Pic, de façon impromptue, au bout de 19 ensembles texte/image, pour partager ses ennuis avec le lecteur (Fig. 8). Plutôt que de « jouer / avec les petites filles dans les hôtels », il préfère s'ennuyer[33] ; il demande toutefois qu'on lui

> [...] amène
> le Diable
> ou même
> le bonhomme de sable
> quelques sauvages
> un ivrogne
> un accident
> les bagarres,

ou qu'on lui « prête / un moment / une boîte d'allumettes ». Cette idée a tout pour ravir le petit héros qui, face à ce drôle de scénario qu'il vient d'imaginer, s'exclame : « Ah quelle belle flambée / mes enfants ».

Celui qui, sur la couverture, a l'air sage comme une image rejette les fées des contes pour se rallier plutôt au « Diable ». Avec l'entrée en scène de Pic, petit diable lui-même malgré le visage de clown qu'il arbore sur la planche XV, le mode descriptif des pages précédentes passe en mode théâtral. La photographie sur la page de droite ressemble à un simulacre de scène où l'on imagine se dérouler les jeux du héros miniature placé à gauche, posant sa main droite sur une boîte d'allumettes et sa main droite sur une sorte de charrue-échelle. D'autres objets (une fourchette et un cadran d'horloge aux aiguilles cassées, tous deux en taille réelle), des bibelots et des figurines plutôt abstraites (celle du milieu de l'image s'apparente au diable, avec le symbole du trident à sa droite) peuplent la scène, mais on ignore leur rôle. Anne Reynes Delobel a raison d'inscrire les photographies réalisées pour *Le Cœur de Pic* dans le contexte de l'objet domestique, en leur conférant un sens à la fois énigmatique et plein d'humour[34] ; rappelons à ce titre la participation de Cahun à l'Exposition surréaliste d'objets à la galerie Charles Ratton en mai 1936, avec trois

---

33. Il s'agit du seul texte coiffé d'un titre, écrit en majuscules : « LES ENNUIS DE PIC », et qui dépasse largement la longueur moyenne des poèmes.
34. Anne Reynes Delobel, « Point d'arrêt – point d'ouverture : Claude Cahun et la photographie surréaliste dans *Le Cœur de Pic* », *Image and Narrative*, vol. 15, n° 2, 2014, p. 27.

objets (*La Marseillaise, Souris valseuses* et *Un air de famille*)[35]. Aux deux tiers de l'album, l'univers bucolique bascule définitivement du côté du merveilleux, «grand concept talismanique du surréalisme même[36]», du malicieux et de l'irrationnel propres à une enfance loin de clichés mièvres et autres lieux communs. Désormais, c'est à ce Pic frondeur que le lecteur identifiera le sujet lyrique dont on n'avait que quelques traces d'énonciation éparses dans les poèmes précédents. Dans cet univers où les frontières entre le réel et l'onirique sont estompées, où certains objets, fleurs et figurines sont à échelle réduite et d'autres en taille réelle, on ne s'étonnera plus que, d'une plume tombée par terre, «va pousser un plumier[37]» et que, sur la belle page, on nous livre la preuve à conviction grâce à la représentation d'une nouvelle espèce d'arbre, le «plumier» (planche XVI); tout comme on lira avec amusement que «trois petits souliers» peuvent monter, tout seuls, l'escalier, et que, si «le nerf de [s]a petite dent [le] mord», Pic prend un «petit bâton pointu / pan», puis d'un seul coup (magique), le nerf se transforme en «petit serpent / mort[38]».

Mots poétiques, objets trouvés dans des scènes arrangées

Le monde surréel de Pic, riche en aventures invisibles, pour emprunter l'expression sur laquelle s'ouvre *Aveux non avenus*[39], correspond parfaitement à l'imaginaire rêveur (de plus en plus politisé, toutefois[40])

---

35. *Ibid.*, p. 29-30.
36. Rosalind Krauss, *Le Photographique, op. cit.*, p. 132.
37. Montrant un arbre stylisé et littéralement déplumé, cette photographie d'un «plumier» peut être lue comme la métonymie de l'écriture. Voir Andrea Oberhuber, «L'(im)possible portrait d'écrivain chez Claude Cahun et Marcel Moore», dans Jean-Pierre Montier, David Martens et Anne Reverseau (dir.), *L'écrivain vu par la photographie*, Rennes, Presses universitaires de Rennes, 2017, p. 151-159.
38. Cette photographie – de conception nettement plus simple que les autres planches – n'était initialement pas prévue par Cahun. Elle avait envoyé à Deharme et à Éluard une de ses figurines intitulées *Poupée*, fabriquées en 1936 à partir du journal *L'Humanité*. D'autres images (intégrant une tête de mort, une main noire coupée, un masque guerrier) semblent moins «accessibles à notre public», comme le note Éluard dans sa lettre à Cahun (15 août 1936, *loc. cit.*, p. 233), en raison des aspects trop peu conformes à l'esprit ludique des poèmes 7 et 16. Pour plus de détails, voir les explications d'Anne Reynes Delobel, «Point d'arrêt – point d'ouverture», *loc. cit.*, p. 30-33, et celles de François Leperlier, *Claude Cahun: l'exotisme intérieur, op. cit.*, p. 367-369.
39. Claude Cahun, *Aveux non avenus, op. cit.*, p. 1.
40. Anne Reynes Delobel place avec raison plusieurs assemblages d'objets dans le contexte politique de la «dénaturalisation» des objets et de leur fonction utilitaire, inaugurée par le *ready-made* duchampien: «Point d'arrêt – point d'ouverture», *loc. cit.*, p. 29-34.

LES ENNUIS DE PIC

Il faut toujours jouer
avec les petites filles dans les hôtels
même belles
comme des fées
j'aime mieux m'ennuyer
ou alors qu'on m'amène
le Diable
ou même
le bonhomme de sable
quelques sauvages
un ivrogne
un accident
les bagarres
ou tout simplement
qu'on me prête
un moment
une boîte d'allumettes.
Ah quelle belle flambée
mes enfants.

FIG. 8 « Les ennuis de Pic » et planche XV, dans Lise Deharme, *Le Cœur de Pic*, 1937, © Éditions MeMo, 2004 ; avec l'aimable autorisation d'Aude Deharme.

de Cahun dans ces années 1930 ; l'auteure-photographe l'avait exploré auparavant dans des récits de rêve publiés dans *Le Disque vert* (1925), de même que dans divers textes emblématiques tels « Carnaval en chambre » (1926), « Prenez garde aux objets domestiques » (1936)[41] et, surtout, dans les dix photomontages insérés dans *Aveux non avenus*. D'après la correspondance de Cahun, c'est Éluard qui aurait servi d'intermédiaire entre les deux créatrices : « Vos photos, écrit le poète, sont idéales pour les poèmes de *L'Heure des Fleurs*. Je crois que ce petit livre aura un immense succès ». Et le poète d'ajouter : « je crois que le livre sera prêt à temps, [...], et qu'il sera le plus beau livre de l'année[42] ». Ce titre original (*L'Heure des Fleurs*), sans doute un peu trop bucolique, est rejeté en faveur du *Cœur de Pic*. Cahun élabore ici, avec le concours de Moore une fois de plus[43], un nouveau type de représentation photographique que François Leperlier appelle « saynète » ou « *tableau*[44] ». Le terme rend justice au caractère théâtral de nombre d'images pour lesquelles le couple créateur rassemble, au sein d'une même « scène », divers objets trouvés (une mâchoire d'animal, un petit mannequin articulé en bois, une boîte métallique en forme de cœur, etc.) et d'autres fabriqués de toutes pièces. Au premier regard, les 20 planches ressemblent étrangement à des photomontages[45], tant l'écart est grand entre les éléments hétéroclites et leur assemblage par chaîne d'associations, comme dans le cas des trois *Humpty Dumpty* souriants, assis sur un banc en dessous

41. Ces deux textes publiés en revue sont particulièrement significatifs pour l'esthétique cahunienne : l'attrait du masque et du travestissement, pour ce qui est du premier, et l'imbrication du poétique et du politique dans un même objet (domestique, et donc familier), quant au second.
42. Lettre de Paul Éluard à Claude Cahun, 15 août 1936 [collection particulière]. Je cite la lettre reproduite dans Charlotte Maria, *Correspondances de Claude Cahun, op. cit.*, vol. 2, p. 232-233.
43. À se fier à la lettre de Cahun à sa nièce Marianne Schwob, datée du 18 août 1948 (*loc. cit.*), la collaboration du couple créateur ne fait pas de doute. En regrettant le vol d'un « exemplaire tout à fait innocent de nursery rhymes français, de Lise Deharme – illustré de photographies, par Suzanne et moi », Cahun nomme Moore par son prénom civil et déclare leur collaboration pour les photographies.
44. François Leperlier, *Claude Cahun : l'exotisme intérieur, op. cit.*, p. 365. Il serait sans doute aussi approprié d'évoquer le genre de « *staged photography* » qu'on reconnaît dans les mises en scène de soi de Pierre Molinier ou de Cindy Sherman. Voir Andrea Oberhuber, « The Surrealist Book as a Cross-Border Space, *op. cit.*, p. 85-86.
45. Selon Anne Reynes Delobel (« Point d'arrêt – point d'ouverture », *loc. cit.*, p. 37), les planches XII, XVII et XVIII seraient des photomontages.

d'une cage d'oiseau ornée d'immortelles et d'une bouche en carton-pâte qu'on imagine rouge écarlate (Fig. 9)[46].

L'image photographique choisie pour la couverture, rehaussée à l'aquarelle (probablement par Moore), en est l'exemple parfait : personnage au grand cœur en boîte de métal, Pic se tient debout devant sept cartes de jeu, une huitième (la Dame de pique) ayant été montée comme drapeau-étendard sur un bâton en bois. Dans les autres photographies, toutes en noir et blanc, se trouvent réunis, dans un cadre naturel ou alors arrangés dans un décor domestique, divers bibelots, poupées et autres figurines évoquant, grâce à la magie de leur juxtaposition inattendue, le monde merveilleux de l'enfance. Idéal surréaliste par excellence, l'âge tendre est valorisé textuellement et visuellement, ce qui suscite l'enthousiasme d'Éluard dans sa lettre à Cahun où le poète évoque les images en termes de « pures merveilles qui flattent ce qu'il y a encore de *très* enfantin en nous[47] ». La quatrième de couverture est quant à elle aussi ornée d'une photographie en couleur : surmonté de trois petites mains (d'une poupée, d'un mannequin ?) en forme de croix, un immense tournesol gît à même le sol et semble avoir commencé à faner[48]. Si l'on considère le titre d'origine, on peut donc dire que l'heure de la lecture-spectature vient de se terminer.

Qu'il s'agisse des deux photographies en couleur ou celles placées en regard des poèmes à l'intérieur de l'album, ce qui frappe est le caractère composite des éléments et la théâtralité ludique que produisent certaines images sur nous, tandis que d'autres s'apparentent à des natures mortes, relevant d'un genre pictural consacré. On peut se poser la question à savoir ce qu'ont en commun une figurine de curé, une figurine de l'Enfant Jésus (noir) sorti de sa crèche, une boule de cristal où poussent des monnaies du pape, un masque noir sur lequel est posé un marteau (Fig. 10)[49] ?

---

46. Voir l'interprétation du dialogue texte/image qu'en propose Anne Reynes Delobel, « Point d'arrêt – point d'ouverture », *loc. cit.*, p. 28-29.

47. Paul Éluard, Lettre du 15 août 1936, *loc. cit.*, p. 233.

48. On retrouvera un tournesol achevé sur le sol par deux jeunes filles dans l'un des plus célèbres tableaux de Dorothea Tanning, *Eine kleine Nachtmusik* (1943). Voir le chapitre sur Tanning et Ernst.

49. Rappelons avec Anne Reynes Delobel (« Point d'arrêt – point d'ouverture », *loc. cit.*, p. 39) l'importance de l'Exposition anti-impérialiste de 1931 à travers laquelle les surréalistes protestèrent contre l'Exposition coloniale de Vincennes, « visant, entre autres choses, à dénoncer l'âpreté au gain de l'Église catholique et ses pratiques missionnaires auprès des populations indigènes », grâce à la juxtaposition de fétiches de différentes cultures et religions dans une même vitrine.

Immortelle
tu es belle
dit le bleuet
mais tu ne meurs que de regret.

FIG. 9 « Immortelle » et planche III, dans Lise Deharme, *Le Cœur de Pic*, 1937, © Éditions MeMo, 2004 ; avec l'aimable autorisation d'Aude Deharme.

Monsieur le Curé
a tout dépensé
ses sous
pour mettre des dentelles
au petit autel
de l'Enfant Jésus
ce qui fait vois-tu
qui en a plus
pour nous
et mon petit frère
est mort de la toux.

FIG. 10 « Monsieur le curé » et planche XX, dans Lise Deharme, *Le Cœur de Pic*, 1937, © Éditions MeMo, 2004 ; avec l'aimable autorisation d'Aude Deharme.

C'est leur disposition sur un « petit autel » couvert d'une nappe en dentelle, auquel fait référence le poème sur la page de gauche, qui crée l'effet d'une scène où se déroule – s'est *déjà* déroulé – un drame :

> Monsieur le Curé
> a tout dépensé
> ses sous
> pour mettre des dentelles
> au petit autel
> de l'Enfant Jésus
> ce qui fait vois-tu
> qui en a plus
> pour nous
> et mon petit frère
> est mort de la toux.

En quelques vers qui miment le langage de l'enfant, la critique cynique de l'avidité de l'Église incarnée par « Monsieur le Curé » côtoie l'intérêt des surréalistes pour les arts africains, notamment les masques et les statues, et le décès d'un enfant « mort de la toux », faute d'argent, et donc de soins. *Le Cœur de Pic* se clôt sur cette scène insolite qui suspend les charmantes drôleries d'Olivier le Daim « [qui] / se réveille le matin / chatouillé par le Malin / et par l'odeur du romarin » ou des « Trois petits souliers / [qui] montent l'escalier ». L'enfance chez Lise Deharme et Claude Cahun n'est pas qu'une série de bonheurs, de jeux de poupée ou d'allumettes, ni de fleurs qui poussent dans les prés, même si elles pleurent parfois comme les capucines. Les doubles pages révèlent « une communauté de pensée visant [...] à précipiter un régime de contiguïtés et de coïncidences jusque-là inaperçu, qui oblige le lecteur à se défaire de ses habitudes et le conduit à expérimenter un nouveau mode de connaissance qui se veut aussi libération totale de l'esprit[50] », comme le formule Reynes Delobel.

L'espace-temps fonctionne par renvois dans l'album cosigné par la poète et la photographe. Les mots poétiques et les images photographiques semblent se concerter le plus souvent pour capter des moments décisifs, de brefs épisodes en cours de représentation. Ainsi la plupart des poèmes évoquent-ils une situation au présent :

---

50. Anne Reynes Delobel, « Point d'arrêt – point d'ouverture », *loc. cit.*, p. 27.

Fort de France
donne en redevance
à Monseigneur le chat Botté
une couronne de pervenches
et un sceptre de mufliers,

que vient confirmer l'illustration photographique (planche XII), tout en ajoutant des épaisseurs sémantiques au quintil (ancien combattant, le chat décoré de pervenches l'est aussi par une médaille de la légion d'honneur et, comme preuve des combats menés, il porte une attelle sur la patte gauche). Dans quelques poèmes, l'action est située dans le passé comme dans «Le singe m'a donné / 3 monnaies du Pape» ou «J'ai mangé / à mon déjeuner: / une gomme à effacer / […]»; l'image photographique se propose alors comme un *post mortem* de ce qui a eu lieu, elle immortalise grâce à ses propres moyens le résultat de l'action. Les photographies manifestent selon Leperlier une belle maîtrise dans «l'effacement de l'échelle des proportions, dans le jeu des perspectives en plan coupé, des masses lumineuses et des ombres projetées[51]»; toutes les nuances du gris y sont explorées. De manière générale, les pages de droite recréent visuellement, en s'appuyant sur une idée ou un objet mentionnés dans le texte, le théâtre de l'éphémère que Deharme met en place dans ses poèmes. Les planches photographiques répondent de près ou de loin aux vers mélancoliques et quelque peu espiègles de la poète selon une «dynamique de l'arrêt et de l'ouverture[52]» vers une vision différente de l'enfance, ponctuée de découvertes d'un monde parallèle (des fleurs éphémères, des objets anthropomorphisés) et de petits deuils (face au temps qui passe), enfance qui ne manque pas d'inquiéter[53] mais où tout est encore imaginable le temps d'un poème et d'une mise en scène photographique.

Dans *Le Cœur de Pic*, le temps poétique est propice à la *récréation*, tandis que le temps photographique propose des arrêts sur image, des *re-créations* de jeux et de fantasmes d'enfants imaginées dans des espaces prétendument naturels, dans des cadres extérieurs végétaux d'un côté, ou dans des lieux intérieurs, simulant des décors connus (une cage

---

51. François Leperlier, *Claude Cahun: l'exotisme* intérieur, op. cit., p. 365.
52. Anne Reynes-Delobel, «Point d'arrêt – point d'ouverture», loc. cit., p. 27.
53. Pour l'*Unheimliche* dans certaines photographies du *Cœur de Pic*, voir Alexandra Arvisais, *L'esthétique du partage dans l'œuvre littéraire et picturale de Claude Cahun et Moore*, op. cit., p. 136-141.

d'escalier, une table de salle à manger) mais rendus étranges, de l'autre. Grâce à des jeux de renvois entre les poèmes à la fois enfantins et savants (il suffit de penser aux nombreux termes botaniques dont ils regorgent) et les « scénettes » photographiques, mais qui montrent également des écarts, l'album de Deharme-Cahun ouvre vers différents niveaux de lecture-spectature, variables selon l'âge que l'on souhaite avoir, pour reprendre la jolie formule d'Éluard dans la préface. Le caractère ludique des poèmes-comptines et l'imaginaire suggestif des images permettent sans doute aux enfants d'y trouver leur compte. L'onirisme ambiant, l'allégorisation des figures, la cruauté de certains vers – rappelons qu'à travers l'idée centrale de la *vanitas*, la finitude et la mort sont omniprésentes d'un bout à l'autre[54] –, ainsi que la scénographie d'objets et de figurines, simulent un réel (souvent cruel) tel qu'on le connaît du théâtre de marionnettes. La collaboration de Deharme et de Cahun s'inscrit dans la lignée des livres surréalistes réalisés dans l'entre-deux-guerres, à un moment où les tensions politiques se font sentir dans nombre de pays européens, où les régimes fascistes politisent l'espace public, font sentir la menace à venir.

Sous des dehors anodins, les aventures de Pic ne montrent-elles pas les potentialités de l'imagination enfantine face à un quotidien qui paraît banal seulement à qui ne sait identifier un trompe-l'œil ? Car, si l'on se méfie de la surface et s'affranchit des apparences, si l'on écarte les rideaux de la scène principale, on accède à l'autre scène, c'est-à-dire au double fond de certaines planches photographiques : les expérimentations avec l'objet surréaliste – trouvé, détourné et recyclé dans un nouveau contexte – font apparaître le croisement d'un souci esthétique et d'un engagement éthique, tous deux au cœur des débats surréalistes des années 1930. On se souvient alors du travail de dissidence intellectuelle effectué par Deharme en tant que responsable du *Phare de Neuilly* et des écrits poético-politiques de Cahun de cette période mouvementée : *Les paris sont ouverts* (1934), prônant l'« action indirecte[55] », et « Prenez garde aux objets domestiques » (1936). Si, finalement, à la lumière de ce

---

54. Citons pour preuve le septième poème du recueil, un quatrain qui poursuit la fanaison de « Belle de nuit » et la « mort du papillon blanc » : « La rose couleur de sang / m'a brûlé les mains en mourant / puis son parfum s'en est allé / dans les eaux du fleuve Léthé ».

55. À la fin de la première partie de l'essai, intitulée « La poésie garde son secret », Cahun propose une définition tout à fait probante de ce qu'elle entend par « action indirecte » en matière de poésie et d'engagement politique : « L'action indirecte me semble la

contexte historique trouble, on replonge dans la poésie deharmienne, on constate que la mauvaise humeur de « La débonnaire Saponaire / et la Centaurée déprimée », qui se sont toutes deux « levées du mauvais pied », peut prendre une tout autre tournure ; et on risque de trouver plus profonde l'idée que le « Baume sauvage / sur le cœur / n'enlève ni rage / ni malheur ». Entre le texte et l'image, *Le Cœur de Pic* maintient en équilibre divertissements amusants, humour noir et sagesse inattendue dans un livre pour enfants.

Le Livre surréaliste que Deharme réalisera avec Leonor Fini en 1955 est d'une tout autre facture, permettant de retrouver toutefois certains traits de la poétique d'auteure de Deharme (le goût du merveilleux, de l'humour et de l'ironie ; l'intérêt pour un féminin affranchi, séduisant mais inquiétant ; l'attrait du végétal) et son plaisir de collaborer avec des artistes.

Des histoires de passantes et de fantômes : *Le Poids d'un oiseau*

Après deux collaborations mixtes avec Joan Miró (*Il était une petite pie*, *Le Tablier blanc*) et une collaboration au féminin avec Claude Cahun (*Le Cœur de Pic*), Lise Deharme récidive près de 20 ans plus tard avec une autre artiste visuelle, à savoir Leonor Fini, d'origine argentine, ayant grandi en Italie et émigré à Paris en 1937[56], pour réaliser *Le Poids d'un oiseau*[57]. Proche des cercles surréalistes, sans être membre du mouvement, l'artiste peintre signe cinq illustrations insérées dans la prose poétique deharmienne, alors que la couverture est ornée d'un dessin de l'artiste suédois Max Walter Svanberg, abondamment commenté dans l'introduction de cette étude et à propos duquel on se souvient qu'il ne s'agit pas d'une commande pour le livre de Deharme, puisque la même image a été utilisée pour d'autres ouvrages de l'éditeur Le Terrain vague au milieu des années 1950. *In-octavo* broché de 78 pages, *Le Poids d'un oiseau* appartient aux formats moyens (23,5 cm × 18 cm). Il se présente comme un livre assez sobre mais bien soigné pour ce qui est notamment de la couverture intrigante et du choix du papier : aussi le tirage limité

---

seule efficace, et du point de vue de la propagande, et du point de vue de la poésie » (*Les paris sont ouverts, op. cit.*, p. 15).

56. Pour son parcours biographico-artistique, voir Jocelyne Godard, *Leonor Fini ou les métamorphoses d'une œuvre*, Paris, Le Sémaphore, 1996.

57. Lise Deharme, *Le Poids d'un oiseau*, illustrations de Leonor Fini, Paris, Le Terrain vague, 1955, n. p. Comme l'ouvrage n'est pas paginé, les citations seront simplement suivies entre parenthèses, dans le corps du texte, de l'indication du récit bref dont elles sont tirées.

à 990 exemplaires, composés à la main, en comprend-il 20 imprimés sur papier Marais Crèvecœur accompagnés d'une eau-forte de Leonor Fini, de même que 970 imprimés sur papier Alfama de couleur blanc cassé. Ajoutons que le titre, entièrement en lettres majuscules, est inscrit en mauve clair[58] sur la couverture, en dessous de l'image de Svanberg, tandis que le nom de l'auteur, placé en haut, est écrit en minuscules. Même à l'intérieur du livre, la page de titre, répartie sur deux pages en regard, ne mentionne pas non plus les cinq illustrations hors texte de Fini, dont quatre portent la signature de l'artiste peintre.

À défaut de trouver des traces d'une correspondance entre les deux collaboratrices, à défaut aussi d'une tierce personne ayant fait office d'intermédiaire, comme dans le cas de Deharme et Cahun, il y a fort à parier que Leonor Fini a dû prendre connaissance du *Poids d'un oiseau* tant les voiles, les fleurs, les escarpins, les vêtements vaporeux et, surtout, le fantomatique sont présents dans les dessins. C'est d'autant plus probable que les deux créatrices se connaissent depuis un moment, puisque Deharme fait partie des six écrivains amis invités à contribuer à l'album *Portraits de famille*[59], composé de six gravures sur cuivre de Fini auxquelles répondent les textes littéraires. Et comme le fait remarquer Jean Paul Guibbert, que Fini « travaille pour le théâtre ou qu'elle illustre un livre, le choix du support n'est jamais laissé au hasard. Dans la proximité du texte s'élabore une expérience nouvelle, certes résolument personnelle mais dont le rapport à l'œuvre écrite est précis, respectueux, affectueux même[60] ». Dans *Le Poids d'un oiseau*, mis à part le buste inaugural, placé en regard du « Plomb dans l'aile » (récit 3), les figures féminines semblent traverser le livre, se poser momentanément sur une page, pour s'en enfuir en courant, si l'on regarde la dernière image. L'univers de ces passantes-fugitives[61] n'a que peu en commun

---

58. On retrouvera en 1969 la couleur mauve bien saturée cette fois, virant même au fuchsia, sur la couverture, dans les titres courants et les illustrations d'*Oh! Violette ou la Politesse des végétaux*.

59. Leonor Fini, *Portraits de famille*, Paris, Georges Visat, 1950. Les textes sont de Jacques Audiberti, Marcel Béalu, Jean Cocteau, Lise Deharme, André Pieyre de Mandiargues et Francis Ponge. Jocelyne Godard (*Leonor Fini ou les métamorphoses d'une œuvre*, op. cit., p. 183) classe l'album parmi les « livres illustrés », ce qui ne rend pas justice à sa facture.

60. Jean Paul Guibbert, *Leonor Fini graphique*, Lausanne, La Guilde du Livre et Clairefontaine, 1976 [1971], p. 36.

61. À les regarder surgir dans les pages du livre, on ne peut s'empêcher de penser au poème « À une passante » de Baudelaire, publié une première fois en 1855 dans *L'Artiste*,

avec l'image de la couverture élaborée dans les moindres détails[62] : on se rappelle que deux figures féminines à tête d'oiseau-poisson y font du corps à corps – tant au niveau de leur bec qu'à hauteur de leur poitrine, de manière à suggérer l'union de leurs corps représentés jusqu'à la naissance des hanches. Non dépourvue d'une violence et d'un érotisme certains, notamment parce qu'un admirable petit dard s'enfonce dans la fente ouverte entre les seins de la figure de gauche, cette image préfigure toutefois à la perfection l'univers deharmien, peuplé lui aussi de drôles d'oiseaux… Ainsi, dans les récits, on rencontre une bohémienne qui « tenait entre ses bras un morceau de bois emmailloté de linge et que son mari, [...], couvait d'un œil paternel », dont sort miraculeusement, après la pluie, « un arbre de belle taille » (« Passer au second degré ») ; un revenant qui sent bon « sous ses habits de soie mordorée » (« Ça s'est passé à Versailles ») ; une bonne tuée dans la chute d'un ascenseur (« La négresse ») ; une jeune fille enterrée vivante par les sœurs d'un couvent (« À la transparence ») ; une reine qui part chasser des loups et des paysans afin de les préparer « avec des petits lardons d'enfants » (« Ah ! Mon beau château !... »). Le scénario surréel qu'évoque l'image liminaire à travers les deux êtres hybrides en train de s'interpénétrer trouve un écho dans l'ambiance tantôt merveilleuse, tantôt inquiétante et cruelle qui règne dans nombre de récits.

Les dessins au trait nerveux, délicat, tout en légèreté, caractéristiques de l'esthétique finienne[63], fonctionnent différemment par rapport aux textes. Ils font accessoirement référence au thème principal ou à un motif du texte respectif qu'ils inaugurent ; dans un seul cas, l'image

---

repris dans la deuxième édition des *Fleurs du mal* (1861), dans la section « Tableaux parisiens », et où il est question de « douleur majestueuse », de « feston » et d'« ourlet » balancés, de « [f]ugitive beauté » et de fuite tout court : « Car j'ignore où tu fuis, tu ne sais où je vais » (Charles Baudelaire, *Les Fleurs du Mal*, édition Claude Pichois, Paris, Gallimard, 1996 [1857], p. 127). Mentionnons qu'on y trouve également « Un fantôme » et « Le revenant ». Fini est une passionnée de la poésie baudelairienne, ce dont font d'ailleurs foi ses illustrations de 1964. Voir Jocelyne Godard, *Leonor Fini ou les métamorphoses d'une œuvre*, op. cit., p. 71-72.

62. Chez Fini, les lignes des dessins sont fines ; l'artiste recherche le détail essentiellement dans le rendu des drapés, des voiles et des souliers à talons. La finesse du trait sera encore plus prononcée dans les dessins proches du croquis de mode, insérés entre les pages d'*Oh ! Violette ou la Politesse des végétaux*.

63. Pour Pierre Borgue, l'« œuvre finienne est toujours dans une situation d'inachèvement où elle s'accomplit à travers son pouvoir de rebondir et sa capacité de se métamorphoser » : *Leonor Fini ou le théâtre de l'imaginaire : mythes et symboles de l'univers finien*, Paris, Lettres Modernes, 1983, p. 55.

termine le texte. La netteté et la constante densité du tracé plaident pour une technique à la plume, probablement à l'encre de Chine. Les cinq représentations de femmes bien en chair, toutes en voiles, parées de bijoux et juchées sur des escarpins, semblent surgir du néant puisqu'elles sont dépourvues de tout arrière-plan : sans décor ou autre personnage mentionné dans l'œuvre, elles occupent la majeure partie de la page, voire la pleine page (Fig. 11). Malgré leur présence ponctuelle, elles garantissent une certaine cohésion esthétique au recueil, conférant à l'hétérogénéité des 15 récits une certaine unité de ton et de style. De plus, comme les récits, les dessins comportent eux aussi beaucoup de blancs, faisant la part belle aux contours et moins aux détails. Un passage précis du 13ᵉ récit, « C'est la fin d'un beau jour », permet d'identifier un fil conducteur à travers les illustrations et de comprendre l'attrait des fantômes :

> Les morts sentent la terre et la pourriture, les fantômes sentent la poussière et parfois même un peu le parfum. Ils portent des voiles, des fleurs, des bijoux et des souliers de bal d'une couleur exquise absolument impossible à trouver dans le commerce courant.

Il se dégage, en effet, de ces figures de femmes finiennes l'étrange transparence du fantôme[64], un sentiment de présence-absence (qu'on perçoit notamment dans le regard), de mouvement et de suspension du temps, un désir d'avancer et de regarder derrière elles. Si l'on isole les images du texte, on s'aperçoit qu'elles forment une suite, qu'un récit quasi cinématographique en émerge. Les deux premières femmes, grâce à leur regard ou leur posture, se dirigent vers la droite, tandis que les deux dernières sont en mouvement vers la gauche, pour se rencontrer autour de l'image III, véritable pivot, qui précède le récit « À la transparence » (Fig. 12) : l'illustration montre deux figures féminines qui, dos à dos, se reposent momentanément de leur marche, prêtes à la reprendre dans des directions opposées.

---

64. Georgiana M. M. Colvile note l'importance du fantomatique chez nombre de créatrices surréalistes qui l'auraient relégué du côté du passé de leur l'enfance (p. 156), tout en insistant sur leur propre présence-absence au sein du mouvement : « Les femmes-fantômes du surréalisme », dans Emmanuel Rubio (dir.), *L'entrée en surréalisme*, Paris, Phénix Éditions, 2004, p. 155-171.

FIG. 11 Dessin (Leonor Fini), dans Lise Deharme, *Le Poids d'un oiseau*, 1955 ; Droits réservés (L. Fini), avec l'aimable autorisation d'Aude Deharme.

FIG. 12 Dessin (Leonor Fini), dans Lise Deharme, *Le Poids d'un oiseau*, 1955 ; Droits réservés (L. Fini), avec l'aimable autorisation d'Aude Deharme.

Détournements

Fidèle à ses sources d'inspiration que sont le conte de fées, le roman gothique et son « successeur », le récit fantastique, qu'elle se fait toujours un malin plaisir de détourner[65], Lise Deharme propose dans *Le Poids d'un oiseau* une suite de 15 récits brefs à la généricité composite. Leur longueur varie entre deux pages pour les plus courts et sept pages pour le plus long (« La partie de cartes »). Bien que rassemblés sous la symbolique aviaire, les textes du recueil n'y font que peu référence, si ce n'est à travers le titre du troisième récit, « Le plomb dans l'aile », où semblent s'opposer pesanteur et légèreté. Dans cette réécriture du conte de Perrault, *Le Petit Chaperon rouge*, il est question de forêt, de feuilles mortes et d'un loup, bien entendu, mais peu d'oiseaux, curieusement. Il y a certes un « grand oiseau de nuit » qui se pose sur le chemin en « attendant la promeneuse » dans ce même texte, et le serpent dans le récit éponyme, l'avant-dernier du recueil, pense que, pour faire « le tour de la terre[, il] faudrait un oiseau ». À aucun moment, toutefois, n'apprend-on ce qu'il en est du poids d'un oiseau… Cette idée constitue une ellipse parmi beaucoup d'autres – d'ordre syntaxique, temporel, spatial, intertextuel[66], de même qu'entre le texte et l'image – qui incitent constamment le lecteur-spectateur à combler les vides et les non-dits, à créer de la suite dans les idées que la narration se contente de suggérer. L'effet d'une narration elliptique à divers niveaux (dans la macrostructure, entre le titre et les récits, d'un texte à l'autre, et dans la microstructure, au sein d'un récit donné) a quelque chose de perturbant tout en amplifiant la nature opaque des intrigues, dont la fin – souvent surprenante – n'éclaire qu'à peine le reste.

---

65. Selon Marie-Claire Barnet (*La femme cent sexes ou les genres communicants*, op. cit., p. 146), Deharme s'approprie surtout le genre du conte de fées pour le transformer, à travers son style parodique, en « contes de fées pour adultes ». Il me semble que d'autres genres littéraires sont également en jeu.

66. Les intertextes sont en effet nombreux dans *Le Poids d'un oiseau*, tout particulièrement en ce qui concerne certains contes de fées, dont *Le Petit Chaperon rouge* et *Blanche-Neige*, et des contes populaires tel *Jack et le Haricot magique*, genres mineurs que Deharme s'amuse à réécrire à grands traits. Mais il y a plus : dans « Le serpent », elle reprend l'épisode du serpent séducteur du Livre de la Genèse en le plaçant seul dans un univers de feuilles mortes, en adoptant son point de vue et en mélangeant finement merveilleux et ironie par rapport à l'hypotexte. Et, dans « À la transparence », on lit une référence irrévérencieuse au même livre de l'Ancien Testament : « Si tu refais des hommes, Seigneur, avec cette naïveté infatigable, c'est pour essayer de comprendre le sens de cette petite tache d'ombre que tu ne comprends pas ».

Imagé, le titre du recueil se fait indice d'une structure en oppositions – entre poids et légèreté, terre et ciel, immobilité et mouvement –, que les récits viennent explorer en cultivant le paradoxe et l'énigme. L'équivoque est le maître du jeu; l'ambivalence de sens empreint la narration (on ne sait pas toujours qui parle), les personnages et les images hors texte. Dans l'ensemble, le lien entre les textes repose moins sur une continuité d'intrigue[67] ou de personnages que sur une *relation* tissée grâce à quelques fils servant de repères à la lecture-spectature: 1° sous des dehors merveilleux ou fantastiques, les récits sont nombreux à aborder la question de la fugacité du temps, notion déjà très présente dans les poèmes et les images du *Cœur de Pic*, aboutissant à une sorte de sentence sur l'absurdité et la finitude de la condition humaine; 2° les thèmes de la traversée d'un lieu et de la disparition des personnages ainsi que le motif de la spectralité dominent le recueil d'où émergent plusieurs voix d'outre-tombe; et 3° comme souvent dans les œuvres deharmiennes, la narration met en scène des figures de femmes en soulignant leur identité hybride, notamment en ce qui a trait à leur proximité des règnes végétal[68] et animal.

Temporalité et merveilleux

Lise Deharme revisite le conte de fées ainsi que le roman gothique et le récit fantastique qui partagent plusieurs traits génériques et se relayent dans le temps, du moins en partie. Elle emprunte au premier genre littéraire sa notion centrale de *merveilleux*, le rapport au temps, le plus souvent indéterminé, et la vocation de distraire[69]. Au roman gothique,

---

67. On observe toutefois un jeu de renvoi lexical: ainsi, à titre d'exemples, le «vent» est-il présent dans un récit éponyme, mais aussi dans «Le revenant», «Le serpent» et «La dame à la harpe»; le «château» revient dans «Ça s'est passé à Versailles», «La partie de cartes» et «Ah! Mon beau château!...».

68. Si les «femmes-fleurs» ou «femmes-plantes» font partie de l'imaginaire de l'écrivaine, elles ne correspondent nullement à des figures féminines réifiées en «femme-nature», «femme-fruit», «femme-astre», etc., comme Xavière Gauthier le reproche aux poètes et artistes masculins surréalistes (*Surréalisme et sexualité*, op. cit., p. 98-194). Les protagonistes ne se soumettent pas aux personnages masculins, leur jouent au contraire des tours et paraissent souvent libérées des contraintes liées à leur sexe, à l'instar de Violette dans *Oh! Violette ou la Politesse des végétaux*, de Lis, incarnation de la femme-enfant délicieusement malicieuse, et de la séduisante Marie-Ange dans *La Marquise d'Enfer*.

69. Pour les principales caractéristiques génériques (historiques et modernes), voir Jean-Jacques Vincensini, «Conte», dans Paul Aron, Denis Saint-Jacques et Alain Viala (dir.), *Le dictionnaire du Littéraire*, Paris, Presses universitaires de France, 2002, p. 112-113.

inauguré en 1764 par *Le Château d'Otrante* (*The Castle of Otranto: A Gothic Story*), d'Horace Walpole, et connaissant un grand succès dans la littérature anglaise de la fin du XVIIIe siècle et du début du XIXe siècle (chez Ann Radcliffe, Charlotte Turner Smith et Mary Shelley, entre autres), avant de se répandre en France et un peu partout en Europe[70], *Le Poids d'un oiseau* emprunte le goût d'un passé lointain, des lieux et des décors inquiétants que viennent hanter des fantômes, créatures de l'ambivalence absence/présence. Le récit fantastique, genre prisé tout particulièrement par des écrivains français (Nodier, Maupassant) et allemands (E. T. A. Hoffmann, Brentano), fournit à l'écrivaine sa part de surnaturel qui fait irruption dans la vie quotidienne, brouillant les frontières entre le réel et l'irréel[71]. Deharme joue avec les canevas de ces trois genres littéraires, en y introduisant volontiers de l'humour, parfois teinté de noir[72], et de l'ironie. Par là, elle resignifie le rôle des fées, des sorcières, des châteaux (de préférence hantés) et, surtout, du temps cyclique donnant lieu à un éternel retour du même scénario, signe de la vanité de l'existence humaine. L'habituel personnel du conte – le roi, la reine, la fée, la dame (déclinée en «dame à la peau d'ours» et en «dame à la harpe»), le hallebardier, ainsi que des personnages précis tels le Petit Poucet, Blanche-Neige et Cendrillon – dresse une toile de fond merveilleuse à partir de laquelle l'auteure contrefait non seulement le genre pour enfants[73], mais aussi les attentes du lecteur à l'égard des conventions génériques.

Si l'écrivaine campe l'histoire du «Revenant» et de la princesse de Malfaçon (récit 7) dans un cadre temporel flou, associé ironiquement

---

70. Voir Paul Aron, «Roman gothique», dans *ibid.*, p. 529-530.
71. Selon Jean-Pierre Bertrand, le fantastique, plutôt qu'un genre proprement dit, est un «registre qui correspond aux émotions de peur et d'angoisse […], caractérisé par le renversement des perceptions rationnelles du réel, l'immixtion du doute dans les représentations établies et la proximité d'un supra- ou anti-naturel»: «Fantastique», dans *ibid.*, p. 218.
72. On se souvient du parti pris en faveur de l'humour noir, forme de révolte de l'esprit, que prône André Breton dans l'*Anthologie de l'humour noir* (Paris, Jean-Jacques Pauvert, 1972 [1940; 1966]) à laquelle il intégra Leonora Carrington et Gisèle Prassinos, avec un court texte de chacune. L'humour noir sera abondamment abordé dans l'analyse de deux livres surréalistes réalisés par Carrington.
73. Rappelons avec Guillaume Bridet et Anne Tomiche que la «réhabilitation» de genres dits mineurs, souvent accompagnée d'une «valorisation du *genre* féminin», est une pratique scripturaire et artistique répandue chez les créatrices avant-gardistes: «Introduction», dans Guillaume Bridet et Anne Tomiche (dir.), *Genres et avant-gardes*, *op. cit.*, p. 15-16.

d'abord « au temps des poètes et des jupons » puis, dans une adresse au lecteur, à « l'époque que vous voudrez, pourvu qu'elle soit lointaine et qu'elle corresponde à vos goûts », elle module deux fois plutôt qu'une la formule consacrée du conte, « Il était une fois ». Dans le même récit, des éléments caractéristiques du conte de fées côtoient ceux du fantastique puisqu'il fait entendre la voix d'outre-tombe de Gaëtan de Bongoujars, « toujours prêt à plaire et à déplaire », qui revient visiter les lieux où il aimait à s'allonger « sur les soies et les velours, ventre de biche, de Mme de Malfaçon, [s]a maîtresse ». C'est une temporalité continue, celle de la répétition/variation *ad infinitum* des événements, contrairement à des lieux souvent plus précis auxquels font allusion les récits : Paris, Versailles, Troyes ou Rouen[74]. Prenons un autre exemple, celui du récit 9, « Ah ! Mon beau château !... », qui comporte à peu près tous les invariants génériques du conte : il est l'occasion pour Deharme de se moquer, moyennant l'antiphrase, du quotidien « domestique » au sein d'un château, de la répartition des rôles et des tâches à accomplir par le Roi et la Reine, des petits jeux de pouvoir entre ceux qui règnent et ceux qui sont à leur service. Ainsi, même si « [t]out, au château, se passait en famille », cette expression inclut uniquement les membres féminins de la royauté :

> la mère faisait la cuisine, la grand-mère le ménage, l'arrière-grand-mère faisait une petite vaisselle pas trop fatigante, aidée par les trois molosses du roi. La reine ne faisait qu'un peu de raccommodage par-ci par-là, les lits le matin. L'après-midi, elle ramassait le bois mort pour les feux et travaillait un peu au potager pour s'amuser. Sa grande distraction était le service de table, qu'elle faisait en belle robe d'apparat faite de reprises d'une finesse admirable. Le roi couchait tout habillé avec ses bottes. La reine le brossait et le raccommodait sans le réveiller. Elle avait des mains de fée malgré les gerçures.

Soulignée à grands traits, l'ironie de ce portrait de vie culmine dans la vision du Roi pour qui tout « était d'une simplicité patriarcale ». Dans cet univers mis sous le signe de la répétition, où le souverain tue le « temps en chassant la marguerite double et le saumon fumé », et où la famille royale part en vacances toujours au même endroit, à savoir « au bout du

---

74. Il faut ajouter à ces références au réel la mention de personnages historiques comme le duc de Nevers, Napoléon, Horace Walpole, Manon Roland, Victor Hugo et lord Disraeli, entre autres.

jardin », surgit soudainement le merveilleux[75] : de son pouce gauche, la Reine accouche d'un « bel enfant rose et frais vêtu de homespun comme Lord Disraeli ». Après cette naissance miraculeuse, le temps du récit est bousculé en quelques phrases : tout concourt à nous faire croire que le temps royal n'est pas sujet aux mêmes lois, puisque la Reine survit à son fils même si celui-ci ne meurt qu'en sa 87e année.

Comble du bouleversement temporel (et des rituels chrétiens), la mère baptise son fils au moment de sa mort, du joli prénom médiéval Gontran. Ce dénouement se substitue à la morale, autre caractéristique du conte de fées, mais que l'on cherche en vain dans *Le Poids d'un oiseau*, sauf à un endroit. L'énigmatique premier récit, « Passer au second étage », qui met en scène de manière disparate une bohémienne, un « mien ami » qui a pris un train et n'est jamais revenu de son voyage, le Petit Poucet et « l'homme qui semait des haricots mexicains dans son jardin », donne lieu à une première leçon de vie sur ce qu'il ne faut pas faire lorsqu'on prend la route : « Il ne faut pas être distrait, ni parler, ni lire, ni rêver […] ». Dans une allusion au conte populaire anglais *Jack et le Haricot magique*, on nous rappelle un peu plus loin – deuxième leçon –, après l'évocation de suicides en série par pendaison du père et de plusieurs générations de fils, qu'on « ne saurait trop se méfier de tout », qu'il « faut être circonspect, regarder les choses de tous les côtés, et encore se méfier, et regarder ce qu'on n'avait pas assez regardé ». Sur ce constat hyperbolique, la narration se précipite vers la fin, un mélange de moralité parodique et d'adage métaphysique sur le temps qui nous est compté, injustement, par quelqu'un qui le fait « avec une avarice ignoble » mais qui ne saura durer éternellement : « La patience des hommes aura une fin, et la fin de l'homme approche de sa fin ». N'est-ce pas synonyme à la fois d'un dépassement du temps humain et du règne divin ?

Puisque toute cette réflexion chiasmatique sur le temps, la patience et l'« infinitude » de l'homme est menée dans le récit liminaire, on peut la comprendre comme la métaphorisation du temps de la narration, à la fois limitée et toujours à recommencer, notamment dans le cas d'un recueil de textes. « Passer au second étage » se veut sans doute aussi une clé de lecture : les textes sont à lire au second degré et s'adressent donc

---

75. Ailleurs, comme dans « La dame à la harpe », le merveilleux est lié à des plantes anthropomorphes et, surtout, à la transformation de l'inanimé en animé. Ainsi, les notes que pince la dame sur sa harpe « hurl[ent] de douleur », la route « accouch[e] d'une rose » qui – un miracle peut en cacher un autre – « enfourch[e] un cheval ».

davantage aux adultes qu'aux enfants. En ce sens, Marie-Claire Barnet a raison d'observer «qu'il serait approprié de souligner comment le style parodique deharmien, à travers ses contes de fée pour adultes, est en effet un art de la prestidigitation et de la désillusion, en quoi il semble expert en l'art de la manipulation des apparences, des clichés et donc de l'illusion d'optique et psychique[76]». Il est vrai que la majorité des récits n'ont rien d'exemplaire ou de moralisateur, que certains sont empreints de violence (il y a des meurtres, on pratique le cannibalisme dans «La dame à la harpe», et la liberté sexuelle va jusqu'aux amours incestueuses, du moins fantasmées, comme dans «C'est la fin d'un beau jour»), qu'on a l'impression de se faire avoir par des histoires fantasques et fantastiques où les territoires du bien et du mal se confondent. À maintes reprises, les récits se terminent d'ailleurs par la mort abrupte d'un personnage, sans explication logique. Le merveilleux et le tragique vont de pair dans *Le Poids d'un oiseau*.

Traversée et spectralité

C'est comme pour échapper à l'impuissance humaine devant un événement tragique, voire la mort, que les personnages se mettent à traverser des espaces-temps, à ne s'arrêter que par moments pour continuer sur un chemin dont on ne sait trop vers où il les mène. L'exemple de l'image IV, qui fait face à «Chassez le naturel» (récit 11), est intéressant à cet égard (Fig. 13): légèrement habillée, avec une coiffe indécidable, semblable à une cornette de nonne ou alors à un voile de mariée, la jeune femme paraît à la fois assise et en mouvement. La jambe droite croisée par-dessus la gauche et ses mains gantées[77], posées sur les jambes, la font voir assise. Mais puisqu'on ne distingue pas le support sur lequel elle se repose et parce que son pied gauche, joliment chaussé, pointe dans la direction où elle continuera son chemin, on peut également l'imaginer debout, dans une posture qui manque de naturel[78]. Vient-elle d'arriver?

---

76. Marie-Claire Barnet, *La femme cent sexes ou les genres communicants*, op. cit., p. 146.
77. On dirait que les gants couvrent les griffes d'un rapace qui rapprocherait cet étrange personnage du règne animal. Autre détail étonnant: entre le pouce et l'index de la main gauche, la femme tient un anneau, une bille ou alors un dé à coudre si l'on se souvient que, dans le récit qui suit, Mlle Berthe est couturière.
78. Cette facticité est renforcée par la jambe gauche pliée à 90 degrés: si cela peut être interprété comme l'élan que prend la figure pour continuer sa marche, on y reconnaît également la posture de demi-lotus qu'adoptent plusieurs femmes dans les toiles de Fini, comme dans *La Couseuse* (1955) et *Ada et l'oracle* (1975).

FIG. 13 Dessin (Leonor Fini), dans Lise Deharme, *Le Poids d'un oiseau*, 1955 ; Droits réservés (L. Fini), avec l'aimable autorisation d'Aude Deharme.

S'apprête-t-elle à repartir ? C'est un mouvement suspendu dans le temps et l'espace qui dessine un entre-deux repris par les vêtements qui couvrent le corps à moitié, laissant dénudés le buste et une partie des jambes. L'état du voile et de la tenue, déchirés en partie, suggère un différend, une fuite hâtive, qui aurait eu lieu hors champ. Une jeune mariée se serait-elle sauvée *in extremis* de son propre mariage ?

Si les récits mentionnent des déplacements, il est tout aussi souvent question de retours vers des maisons ou des châteaux que certains ont habités dans une autre vie. Deharme imagine un monde de faux-semblants, d'objets qui s'animent, d'animaux anthropomorphes et, surtout, de spectres. Figures doubles, ces êtres sont « présent[s] dans une matérialité qu'[ils] désavoue[nt] dans le même temps[79] » ; leur demeure est un lieu où la mort est en instance et où le sujet « de-meurt[80] », pour reprendre l'expression de Martine Delvaux. Construit autour de la fugacité et de la disparition, *Le Poids d'un oiseau* fait défiler une légion de spectres : c'est le cas d'un « revenant » ayant passé la nuit à courir des « fantômes savants » sur les toits de la cathédrale Notre-Dame (« Ça s'est passé à Versailles »). C'est aussi celui de Martine Auxagets, jeune nonne enterrée dans un « cercueil transparent » qui, en attendant sa « résurrection », ne fait que dormir et se promener (« À la transparence »), et de lord Ruthermore présenté par la narration de « C'est la fin d'un beau jour » comme « pas mort » : « il était un fantôme, ce qui est essentiellement différent ». Le corps est vecteur d'une spectralité à l'origine du sentiment d'étrangeté. Outre ces spectres identifiés explicitement comme tels, d'autres personnages sont en voie de le devenir. Dans « Chassez le naturel », la « superstitieuse » Mlle Berthe[81] s'éclipse à la fin du récit, attirée à l'intérieur du tome VII de *Fantômas*[82]. Au moment où elle supplie Fantômas de la tuer à la place de Lady Beltham : « tu maquilleras mon cadavre, je serai belle et blonde jusqu'après mourir », elle se fait

---

79. Martine Delvaux, *Histoires de fantômes : spectralité et témoignage dans les récits de femmes contemporains*, Montréal, Presses de l'Université de Montréal, 2005, p. 16.
80. *Ibid.*, p. 22.
81. Peut-on voir une référence à la nouvelle de Georges Simenon, *Mademoiselle Berthe et son amant* ? Dans les deux textes, les protagonistes sont des couturières amoureuses d'un criminel.
82. Roman-feuilleton de Pierre Souvestre et Marcel Allain (1911), adapté en 1913 à l'écran par Louis Feuillade et devenu film culte des surréalistes, *Fantômas* constitue un clin d'œil de Deharme aux thèmes du masque, du jeu identitaire et du fantomatique chers au groupe de Breton. La convocation de *Fantômas* traduit l'adhésion du *Poids d'un oiseau* à l'univers surréaliste.

entraîner par la « main puissante » du maître du crime et disparaît à tout jamais. D'autres récits encore, comme « Le vent », font l'éloge d'une spectralité métaphorique en ce qu'elle a de mystérieux, d'évanescent et de puissant[83]. Présenté tour à tour comme un « ogre », un « armateur », un « collectionneur enragé » et un « Juif Errant », le vent est obligé de « poursuivre sa route nuit et jour et quel que ce soit le temps ».

On le sait, les fantômes ont la faculté de défier le temps humain, comme le fait observer Katharine Conley dans *Surrealist Ghostliness* : « le temps surréaliste vole comme un oiseau, avec des plongées et des arrêts, prenant des envols rapides et planant par à-coups ; il ne s'astreint pas aux intervalles propres à une horloge occidentale[84] ». Le temps se raccourcit, s'étire ou avance en boucles itératives dans les récits du recueil. Mais l'être spectral constitue également un défi pour la conception matérialiste du corps humain trépassé : le spectre revient visiter les lieux, effraie parfois les vivants, puis disparaît à nouveau dans l'autre monde. L'abolition de la frontière entre le matériel et l'immatériel, l'animé et l'inanimé, s'inscrit dans la pensée surréaliste en quête permanente de nouvelles façons – déstabilisantes – de regarder pour percer le voile du réel[85]. Les récits flottent eux-mêmes dans une sorte d'apesanteur fantomatique. Plutôt que de susciter l'effroi, ils divertissent en dédramatisant[86] la spectralité présentée comme un autre mode d'existence ; ce changement de regard, cette traversée des frontières est largement soutenue par le langage poétique, si l'on pense à l'oxymore des « beaux yeux morts [de Io] fixés sur une croûte de pain » (« La bande ») ou à la petite fille ayant réussi à rendre captif le vent dans son sac (« Le vent ») :

> Le vent monta, et le sac avec lui, léger, léger. La petite fille se promena avec son prisonnier le vent pendant des années, malheureusement, lorsqu'elle mourut, la Parque ayant coupé le fil qui l'attachait, elle, à la vie, le vent en profita pour s'enfuir. Mais depuis, dans tous les squares et les jardins, et

---

83. Voir Martine Delvaux, *Histoires de fantômes, op. cit.*, p. 37.
84. « *surrealist time flies the way a bird does : with swoops and halts, soaring and gliding speedily with fits and starts ; it does not follow the intervals typical of a Western clock* » : Katharine Conley, *Surrealist Ghostliness*, Nebraska, University of Nebraska Press, 2013, p. 13.
85. C'est ce que Mary Ann Caws (*The Surrealist Look, op. cit.*, p. 13) désigne par l'expression « *seeing one thing through another* », mode d'interpénétration caractéristique du regard surréaliste.
86. Deharme fait preuve d'humour dans son traitement des fantômes. Plusieurs personnages historiques masculins sont évoqués comme des spectres pleurnichards : Napoléon est une « ombre sanglotante » qui « pleur[e] d'avoir renoncé au bonheur », tandis que le fantôme de Victor Hugo « réclam[e] en pleurant du papier et un stylo ».

même dans les grands magasins, il y a des enfants qui se promènent avec des petits ballons qui dansent au bout d'une ficelle et peut-être lorsqu'il fait vraiment beau temps, c'est parce qu'un enfant a attrapé le vent.

L'analogie entre le fil de la vie coupée par l'une des trois Parques et le fil du ballon, ainsi que l'association du vent à un revenant dans chaque petit ballon qui danse « au bout d'une ficelle », saturent de merveilleux les dernières phrases du cinquième récit.

Des dessins de femmes se dégage aussi une présence spectrale. Elles apparaissent et disparaissent dans le recueil à des moments inattendus. Ce « double mouvement d'apparition et de disparition[87] » rapproche les figures finiennes du fantomatique, comme le note Sarah-Jeanne Beauchamp Houde. Évanescentes, les femmes dessinent un mouvement paradoxal en cinq temps, entre le buste qui paraît immobilisé, parce que coupé de son tronc, et la figure finale en train de se sauver à grands pas d'on ne sait où, ni de qui. Elles illustrent respectivement « Le plomb dans l'aile » encadré de deux images, « À la transparence », « Chassez le naturel » et « La dame à la harpe ». Prenons le cinquième dessin à titre d'exemple : le mouvement y est incarné le plus explicitement par une fugitive – elle est bien plus qu'une simple passante – qui occupe la pleine page, courant à grandes enjambées vers la gauche, à savoir vers l'intérieur du livre, tout en surveillant ses arrières et en gardant les yeux rivés sur « La dame à la harpe », ultime récit du recueil (Fig. 14). Poitrine dénudée, voile et vêtements pris au vent (du mouvement), elle semble vouloir se sauver d'un lieu au plus vite. Dans le récit, on nous fait croire que c'est à la suite de divers événements dramatiques, dont un tremblement de terre, que la Dame à la Harpe, « de son nom Cinderella », qui passe également pour Modeste, sillonnera les grandes routes : en compagnie d'une rose, elle se rend à « la Barrière d'Enfer » et finalement à Paris. La protagoniste et la rose sont prises dans un continuel mouvement vers l'avant, « sur un chemin couvert d'épines ». Ce mouvement se solde par la disparition du personnage féminin, faisant écho à plusieurs scènes d'éclipse d'autres figures dans *Le Poids d'un oiseau*. À Paris, où règne une « cruelle misère », la Dame à la Harpe finit par dévorer son propre corps :

> les gens étaient atteints par la plus cruelle misère, vivaient dans les rues et se grignotaient lentement les uns les autres. Chacun avait le droit à un petit morceau du partenaire qu'il s'était choisi. On ne devait pas manger

---

87. Sarah-Jeanne Beauchamp Houde, *La collaboration au féminin*, op. cit., p. 73.

gloutonnement ensemble, mais chacun son tour, naturellement. […] Ayant faim, elle renvoya le fiacre qui avait un client en ville et se mit en devoir de se manger les doigts, n'aimant pas servir de pâture à autrui. Vers le matin, elle avait complètement disparu.

Si, après la lecture de ce récit macabre, on retourne voir le dessin, on peut se demander si la fugitive ne tente pas d'échapper justement à cette vague d'(auto)cannibalisme dans les rues parisiennes, pour revenir en arrière. Mais où s'enfuirait-elle ? Au pays du « cygne de Lohengrin », là où « le vent d'inspiration gonfla comme des voiles les mousselines vertes qui couvraient son corps » ?

La disparition de la Dame à la Harpe trouve son équivalent dans le sort de la rose : « pas folle, [elle] sèche tranquillement dans un livre que doit écrire prochainement un de nos futurs plus grands écrivains, en attendant des jours meilleurs ». L'*excipit* du recueil évoque lyriquement la présence-absence qui fonde l'identité du spectre : le corps disparaît dans le texte, mais celui du dessin demeure ; la rose quant à elle survit dans un livre à venir. L'ambiguïté fantomatique du retour éternel arrimé à une temporalité paradoxale traverse le livre comme un leitmotiv. Ainsi, dans « Le plomb dans l'aile », lorsque le personnage féminin se demande : « Si je trouve une route, que ferai-je sinon revenir ? », on comprend que la fin d'un voyage semble impliquer son propre recommencement, que les personnages évoluent dans une boucle spatio-temporelle sans fin.

Mise en valeur du féminin et confusion des règnes

C'est autour de la question du « féminin » comme construction genrée, liée à celle du décloisonnement des règnes, que se nouent – troisième lieu de leur rencontre – les fils entre l'imaginaire textuel de Deharme et l'univers pictural de Fini. La prédilection de cette dernière pour la représentation de jeunes filles et femmes insolites – entre *Les Fileuses* (1954) et *Les Mutantes* (1971), en passant par *L'Ange de l'anatomie* (1949), *Les Étrangères* (1968), les voyageuses, les gardiennes et les sphinges – est bien connue[88]. Les cinq dessins du *Poids d'un oiseau* s'inscrivent dans la recherche esthétique d'un féminin en puissance, qu'importe l'âge

---

88. Voir les nombreux tableaux et croquis reproduits dans Constantin Jelenski, *Leonor Fini*, Lausanne, La Guilde du Livre et Clairefontaine, 1968 et 1972. L'androgyne exerce sur Fini un grand pouvoir de fascination comme sur beaucoup d'autres femmes auteurs et artistes surréalistes (Cahun, Bona de Mandiargues, par exemple).

FIG. 14 Dessin (Leonor Fini), dans Lise Deharme, *Le Poids d'un oiseau*, 1955 ; Droits réservés (L. Fini), avec l'aimable autorisation d'Aude Deharme.

LA DAME A LA HARPE

La Dame à la Harpe pinça quelques notes qui hurlèrent de douleur, le vent de l'inspiration gonfla comme des voiles les mousselines vertes qui couvraient son corps. Le cygne de Lohengrin, toujours assis à ses côtés, lui flanqua un formidable coup de bec, un brouillard épais s'éleva de la bibliothèque, les livres s'écroulèrent. Le buste de feu la mère de

des figures, lequel interpelle le spectateur à travers un jeu de séduction physique et une atemporalité onirique.

Dans les illustrations pour l'ouvrage de 1955, Fini opte pour une apparence féminine exacerbée des figures, à un point tel qu'on serait tenté de parler d'une féminité hyperbolique[89]. De leur poitrine généreuse, de la finesse des traits du visage, des jambes bien charnues, de la gestuelle singulière des mains (où et comment elles sont posées, ce qu'elles tiennent entre les doigts), bref de leur allure étrangement séduisante émane une certaine «surféminité» à laquelle contribuent aussi la grâce des escarpins, la chevelure abondante lorsqu'elle dépasse le voile, et les tissus légers couvrant les corps à moitié. Ces figures de femmes traduisent un autre idéal que celui des silhouettes filiformes de nombreux croquis de l'artiste, telles qu'elles seront de retour quinze ans plus tard dans Oh! Violette ou la Politesse des végétaux; ponctué des corps élancés de la protagoniste Violette et de son prince charmant Odet, le roman fait se confondre les deux dans leur androgynie et les jeux amoureux en tout genre. L'apparence féminine, avec tous les attributs conventionnels, notamment en matière de pose et de posture, l'emporte dans Le Poids d'un oiseau. Quatre figures sur cinq sont seules; la troisième image montre deux femmes dans une posture spéculaire[90]. Elles piquent la curiosité plutôt que d'indiquer des pistes de lecture.

Si les images du recueil montrent uniquement des figures de femmes, cette exclusivité ne trouve pas son équivalent dans les textes où les personnages féminins côtoient des personnages masculins, des plantes et des animaux. On retient pourtant davantage les femmes protagonistes que les hommes, probablement en raison de l'impact plus ou moins inconscient des illustrations sur la manière de lire. Mais c'est aussi parce que Deharme propose des personnages féminins particulièrement désinvoltes, si l'on pense à Mlle Berthe prête à rejoindre Fantômas, à la libertine princesse de Malfaçon, à la Reine ménagère-chasseresse-mère de famille, à la petite fille dégourdie qui parvient à emprisonner le vent, à la Dame à la Harpe, ou encore à la réincarnation du Chaperon rouge

---

89. Pierre Borgue aborde longuement l'univers pictural du «féminin» et de la «femme» à travers des figures mythologiques (Diane, Psyché, la sorcière), le conflit entre les deux notions, entre le masculin et le féminin, le désir, le rapport au corps, le regard et le cosmique: *Leonor Fini ou le théâtre de l'imaginaire, op. cit.*, p. 111-206.

90. Les deux femmes paraissent chacune presque comme le double de l'autre. À l'instar de Cahun, Fini explore elle aussi le double comme une figure de la hantise et de l'altérité relative.

et de la déesse grecque Io. Inscrites dans des cadres hors du commun, les protagonistes deharmiennes demeurent énigmatiques, et les images qui se dessinent d'elles à travers une narration volontiers elliptique, pour le moins ambiguës. Car la position de l'écrivaine pour qui MLF signifie « Mouvement de libération des fées[91] » (et non Mouvement de libération des femmes) est elle-même profondément ambivalente[92]. Plutôt que de se révolter contre ce qui semble être leur *destin de femme*, comme le montrent tout particulièrement les contes de fées et les romans gothiques, pour renvoyer aux sources d'inspiration dominantes, plusieurs protagonistes choisissent des voies merveilleuses ou la disparition mystérieuse. Si la Dame à la Harpe, vive d'esprit, décide de se dévorer elle-même pour échapper à l'anthropophagie ambiante, n'est-ce pas une forme d'agentivité, sous forme d'une fuite en avant, certes, mais qui permet de s'éviter le tragique infligé par autrui ? Et si la princesse de Malfaçon aime à batifoler avec les bergers, ne s'arroge-t-elle pas simplement la même liberté sexuelle pratiquée naturellement par Gaëtan de Bongoujars, son amant fantomatique ?

Deharme n'est pas du genre à accuser ni à dénoncer ; elle exerce la critique grâce à l'ironisation d'un comportement jugé problématique, comme dans le cas du « Revenant » : amant cocu, il termine son récit des tromperies de Mme de Malfaçon avec « tous les bergers » des alentours, desquels elle « revenait couverte de laine comme une agnelle, brûlante, et molle et douce », en affirmant qu'il la « battai[t] avec de l'osier fin ». Bien que caustique, le ton reste étonnamment détaché dans ce portrait des rapports de pouvoir entre deux aristocrates. Il en est de même dans le drôle de partage des tâches entre le Roi et la Reine dans « Ah ! Mon beau château !... ». S'il y a critique sociale, elle se fait par le biais de la répétition d'un patron séculaire, pour montrer le ridicule d'une situation. Souvent, c'est par le second degré que les pointes critiques se font entendre dans les épisodes les plus dramatiques : « "Comme on peut se tromper [...]. Je croyais qu'il allait se passer quelque chose dont je serais l'auteur. Ah ! soyons modeste" », s'exclame la Dame à la Harpe après avoir reçu un « formidable coup de bec » du cygne de Lohengrin, après l'effondrement d'une bibliothèque et un « tremblement de terre

---

91. Lise Deharme, *La Marquise d'Enfer*, Paris, Grasset et Fasquelle, 1977, quatrième de couverture.
92. Voir Marie-Claire Barnet, *La femme cent sexe ou les genres communicants*, op. cit., p. 81-83.

qui s'abattait sur la Suisse ». Au lieu de s'apitoyer sur son sort, le personnage féminin se transforme en Modeste, prend la route et – ô miracle ! – rencontre une rose anthropomorphe. L'écrivaine revisite le féminin dans ses diverses facettes afin de remettre en question les mythologies stéréotypées (modestie, beauté, soumission, sentimentalisme, superstition, séduction, etc.) dans lesquelles les femmes sont historiquement confinées, images fétichisantes que, malgré leurs propres postulats (des dadaïstes et des surréalistes, surtout), les avant-gardes n'ont généralement que peu déplacées[93]. Deharme le fait, tout comme Carrington avant elle, Belen, Prassinos, en partie Zürn, Oppenheim et Le Brun un peu plus tard, grâce à l'ironie caractéristique, selon Jacqueline Chénieux-Gendron, de « l'écriture-femme dans le surréalisme[94] » ; la mise à distance ironique à l'égard de certains comportements, attitudes et lieux communs associés au féminin (ou au masculin), épingle les limites imposées aux personnages féminins et la manière dont ceux-ci parviennent (ou pas) à s'en affranchir.

Bien que parfois malmenées – pensons à la foudre qui frappe le personnage du « Plomb dans l'aile » réfugié sous un arbre, à la mort précipitée de la bonne dans un ascenseur (« La négresse »), au voile en lambeaux (figure IV) et à la robe tout en déchirures (figure V) –, les femmes semblent puiser une puissance dans des forces issues des règnes végétal et animal. De fait, l'hybridité des figures devient visible dans les illustrations II et IV : tout se passe, dans la deuxième image montrant un personnage féminin à la démarche élégante, comme si, durant la traversée de la forêt où, dans le récit, le « elle » rencontre tour à tour un chevreuil, un sanglier, un loup, « deux hommes de mauvaise mine » (« Le plomb dans l'aile »), puis ramasse « une violette », la perd aussitôt sans

---

93. Guillaume Bridet et Anne Tomiche posent que les discours des « avant-gardes de la première moitié du XXe siècle sur les femmes et le féminin », notamment depuis les futuristes marinettiens, sont l'expression d'un « mépris et de dévalorisation globale » (« Introduction », *Genres et avant-gardes, op. cit.*, p. 8). Les deux chercheurs insistent toutefois sur le fait que le discours misogyne est également répandu chez certaines femmes telles Rosa Rosà et Valentine de Saint-Point. La dévalorisation et la marginalisation des femmes par les avant-gardes trouvent leur équivalent dans l'historiographie, affirment-ils aux pages 11-12.

94. La spécialiste du Surréalisme note que le dénominateur commun de trois générations successives de créatrices est « la violence de la langue et l'ironie à l'adresse du monde » : « De l'écriture au féminin dans le surréalisme », *loc. cit.*, p. 62. Ainsi observe-t-elle une « exaltation ironique, trop lucide pour être cynique » (p. 62) chez Laure (Colette Peignot), une « [i]ronie manifeste » (p. 65) chez Carrington et de « l'auto-ironie » (p. 65) chez Greta Knutson, entre autres.

jamais la retrouver[95] et jette «le bouquet de feuilles mortes», la nature avait laissé des traces sur le corps de la femme. La chevelure envahit le front et couvre, telle une fourrure, le dos et le devant du corps, autrement très féminin. Placée en regard de «Chassez le naturel», la figure IV accueille sur son corps humain des éléments végétaux imbriqués dans le voile à propos duquel on se demande s'il est nuptial, de même que des griffes animales à la place des doigts et une plume de paon comme ornement du gracieux soulier gauche. On dirait par ailleurs que les yeux, le nez et la bouche ont quelque chose d'un félin[96]. La présence du végétal et de l'animal au sein d'une figure humaine fait écho au titre «Chassez le naturel» tronqué de la seconde partie de l'expression disant qu'«il revient au galop». Les personnages deharmiens évoluent dans un univers chargé de «mousse», de «foin», de «sangliers», de «neige», de «vent», de «moutons», de «pommes», de «rhubarbe», d'«épervières orangées», d'«anémones» et de «serpents». Animaux et plantes apparaissent comme les compagnons «naturels» des personnages. En ce sens, tant Deharme que Fini se réapproprient l'association entre «féminin» et «nature» pour penser à frais nouveaux l'hybridité comme moyen de décloisonnement des frontières et, plus largement, la confusion des règnes, toutes deux des valeurs importantes de l'esthétique surréaliste[97].

Les deux créatrices imaginent un féminin nouveau genre qui interroge les constructions occidentales binaires posant en antithèses nature et culture, féminin et masculin, vivant et mort, bien et mal. Fugitives, sensuelles, candides, emprisonnées (dans un château ou un cercueil en verre), libertines ou simplement dégourdies, ces passantes frôlant sur leur chemin hommes, animaux et plantes font signe à l'insaisissable.

Complexité illustrative: *sur les apports de l'image au texte*

Dispersées, mais plus concentrées dans la première moitié du livre, les cinq images présentes dans le recueil, si elles semblent de prime

---

95. La fleur sera pourtant bien mise en évidence dans l'image qui termine le récit.
96. Est-il besoin de rappeler la passion de Fini pour les chats (qu'elle partage avec Deharme et Cahun), dont regorge non seulement son univers pictural mais que l'on retrouve également dans ses œuvres littéraires *Mourmour, conte pour enfants velus* (1976), *Le Miroir des chats* (1977) et *Les Chats de Madame Helvetius* (1985); *Le Livre de Leonor Fini* (1975) comporte une section sur les chats.
97. Voir Guillaume Bridet et Anne Tomiche, «Introduction», *Genres et avant-gardes*, *op. cit.*, p. 15-17.

abord entretenir un rapport assez conventionnel avec le récit, dépassent largement, on l'a vu, la fonction illustrative au sens premier. Comme dans tout Livre surréaliste, il faut se méfier de la simplicité illusoire qui régirait le dispositif texte/image[98]. Si les images intriguent, elles ne dérangent pas *a priori* l'activité de lecture-spectature au moment de leur apparition dans le recueil. En raison de leur emplacement en amont (c'est-à-dire sur la page de gauche) dans quatre récits sur cinq[99], ces images apparaissent au lecteur-spectateur comme une porte d'entrée dans le texte. Ce réflexe a sa raison d'être, même s'il ne faut pas oublier que les apparences sont trompeuses chez les deux collaboratrices. Le dispositif texte/image dans *Le Poids d'un oiseau* tient du simulacre[100], faisant croire à des liens (plus ou moins évidents) entre les récits et les figures de femmes dont on imagine qu'elles *préfigurent* des personnages évoqués dans les intrigues. Mais puisque la lecture d'un récit donné ne permet pas de lancer aisément des passerelles vers le dessin, il y a nécessité de revenir à l'image pour voir de quelle nature est en réalité sa relation avec le texte, et *vice versa*.

Fidèle à l'une des idées maîtresses du *Poids d'un oiseau*, le dialogue entre le textuel et le pictural s'effectue en mode fantomatique, c'est-à-dire en présence-absence de ce qui est visible dans les images et compréhensible dans les textes. Car ce qui se passe entre les dessins et les récits fonctionne selon un jeu de renvois décalés dans la mesure où une image peut faire sens plus loin dans le recueil, bien que ce sens demeure presque toujours fragmentaire. Le lien peut s'établir grâce à un détail (le voile, le talon, une violette, la chevelure, la posture, etc.) dont on trouve des traces dans un bout de phrase. Les dessins finiens suggèrent, ils n'exposent pas ; ils sont matière à rêverie plus qu'ils ne *donnent à voir*. En d'autres termes, ces passantes se font passer pour des illustrations, alors qu'au fond, telle une synecdoque, elles attirent notre attention sur un détail, une idée ou un passage précis d'un récit donné ; elles invitent

---

98. Voir Elza Adamowicz, « Les yeux, la bouche : approches méthodologiques du livre surréaliste », *Mélusine*, n° 32, 2012, p. 33.
99. Seul le deuxième dessin est placé sur la belle page, à la fin du récit « Le plomb dans l'aile » qui se voit ainsi encadré par deux illustrations. Cette anomalie peut être interprétée comme un moyen d'accorder une importance certaine au récit en question.
100. Je reprends ici une idée importante auparavant développée dans une analyse coécrite avec Caroline Hogue, « *Le Poids d'un oiseau* de Lise Deharme et Leonor Fini. Parcours d'une revenante », *Le Livre surréaliste au féminin*, https://lisaf.org/project/deharme-lise-poids-dun-oiseau/.

au regard surréaliste (évoqué plus haut avec Mary Ann Caws), pour voir ce qui se dissimule derrière les apparences. L'ambiguïté règne. Placée exceptionnellement sur la belle page, la figure de femme en train de marcher vers la droite (image II), mais dont le regard est légèrement tourné vers la gauche, c'est-à-dire vers les dernières lignes du récit qui vient de s'achever, marque-t-elle le point final du récit 3, « Le plomb dans l'aile » ? Ou alors, par sa façon d'avancer, n'inaugure-t-elle pas plutôt le récit suivant, « La négresse » ? Devrions-nous associer librement la fleur dans sa main droite à la violette cueillie « sur le chemin forestier » par la protagoniste du récit 3, ou comprendre, après la lecture du récit 4, que cette femme a des traits communs avec « Mlle Gala, la bonne des gens du dernier » ? Ce type d'association d'idées nous inciterait aussi à interpréter le buste de la première image, orné d'une coiffe de paysanne, comme une représentation du *Petit chaperon rouge*, faisant l'objet d'une réécriture libre du conte dans « Le plomb dans l'aile » ; tout comme l'image I nous revient à l'esprit dès lors qu'on lit dans le récit final, « La dame à la harpe », que « le buste de feu la mère de Madame se fendit en deux révélant un trésor qu'on recherchait depuis des siècles ». Dernier exemple de liens que l'on peut établir entre une image et plusieurs récits : la drôle de chevelure qui couvre presque tout le dos et une partie du ventre de la figure II rappelle rétrospectivement non seulement la « dame à peau d'ours » de « Ça s'est passé à Versailles », mais également « une dame du comté de Surrey [...] couverte sur la moitié du corps d'une sorte d'herbe fort venimeuse » (« C'est la fin d'un beau jour »). Ces renvois multiples entre les motifs évoqués dans les textes et certains éléments des dessins rendent indispensable une lecture-spectature en spirale[101] : on avance dans les récits, on se souvient d'un détail visuel, on revient sur nos pas – n'est-ce pas, une fois de plus, le propre du fantôme ? – pour vérifier notre souvenance, puis on replonge dans la lecture, et ainsi de suite. La lecture-spectature en spirale ouvre vers de nouvelles strates interprétatives, permettant de dépasser le premier degré des histoires étranges du *Poids d'un oiseau* afin d'accéder au « second étage », pour reprendre le titre du récit liminaire. En ce sens, si « La dame à la harpe » se termine par l'annonce d'un livre qu'« un de nos futurs plus grands écrivains »

---

101. C'est ce que Virginie Pouzet-Duzer propose comme modalité de lecture appropriée à certains livres surréalistes : « Le triangle du désir dans les livres d'Ivšić-Toyen-Lebrun », *Mélusine*, n° 32, 2012, p. 168 et 174.

doit écrire « prochainement » et si l'image montre une femme courant vers l'intérieur du livre, ne faut-il pas y voir une manière métaphorique de renvoyer au recueil entre nos mains ?

Le Poids d'un oiseau est un livre aussi oisif que profond, plein de doubles fonds, d'accélérations narratives et de temps d'arrêt sur image. C'est une invitation à se laisser (em)porter par la prose deharmienne un peu farfelue et les images séduisantes de Fini, à franchir le seuil du réel, « en attendant des jours meilleurs », derniers mots de « La dame à la harpe ».

*

Les deux exemples de livres surréalistes montrent les avenues et les possibles de l'expérimentation livresque fécondée par le principe de la démarche collaborative au féminin, même si, dans *Le Cœur de Pic* et *Le Poids d'un oiseau*, le texte semble avoir précédé l'image : les photographies de Claude Cahun (et Moore) et les dessins de Leonor Fini proposent des lectures de l'univers profondément poétique de Deharme. Autrement dit, si les livres n'ont pas été élaborés à quatre mains au sens littéral du terme (comme dans le cas des couples d'artistes : Cahun et Moore pour *Aveux non avenus*, Carrington et Ernst pour *La Maison de la Peur* et *La Dame ovale*, ainsi que Tanning et Ernst pour *Oiseaux en péril*), ils témoignent néanmoins du lien amical et de la complicité créatrice des collaboratrices. Qu'importe le type de démarche collaborative, il revient toujours au lecteur-spectateur de se rendre sensible à l'effet alchimique produit par la poésie des images et le pouvoir de symbolisation du verbe. La fragmentation de l'espace du livre fait naître différentes configurations entre les pages réservées aux mots et celles qu'occupent les photographies ou les dessins : ce qui, en 1937, ressemble à un parti pris en faveur d'une alternance plus ou moins régulière des séquences texte/image dans *Le Cœur de Pic* devient, en 1955, dans *Le Poids d'un oiseau*, un dispositif mimant un rapport illustratif qui se voit largement transgressé. Ces œuvres hybrides qui jouent avec les traditions littéraires et picturales nécessitent un lecteur-spectateur particulièrement alerte, quitte à se laisser entraîner dans le jeu des ensembles texte/image et à y trouver son compte, à renouer avec les plaisirs de l'enfance, des fantômes et de l'inquiétant, quitte à se perdre parfois dans ces histoires tour à tour merveilleuses, fantastiques et cruelles.

PARTIE II

Collaboration mixte

À la ville comme à l'œuvre :
La Maison de la Peur et *La Dame ovale*
de Leonora Carrington et Max Ernst

LES DEUX ŒUVRES ISSUES d'un travail collaboratif entre Leonora Carrington (1917-2011), peintre britannique débutante au moment de leur démarche de cocréation[1], et Max Ernst (1891-1976), artiste allemand émigré à Paris, largement connu non seulement pour ses expérimentations picturales mais surtout pour l'invention d'un genre nouveau – le roman-collage[2] –, appartiennent aux années de gloire du Livre surréaliste[3]. Publiés à un moment historique charnière, peu avant l'éclatement

---

1. Jusqu'à aujourd'hui, son volet littéraire constitue encore en grande partie la face cachée de l'œuvre de Carrington. Seules quelques études critiques sont consacrées aux romans, aux récits et aux contes de l'auteure-artiste. Mentionnons avant tout le chapitre « Les contes de Leonora Carrington : le tissage d'une intersubjectivité » de Jacqueline Chénieux-Gendron, *Le surréalisme et le roman : 1922-1950*, Lausanne, L'Âge d'homme, 1983, p. 254-263 ; Martine Antle, « Mise au point sur les femmes surréalistes : intertexte et clin d'œil chez Leonora Carrington », *Mélusine*, n° XVI, 1997, p. 208-220 ; Georgiana M. M. Colvile, « Beauty and/Is the Beast : Animal Symbology in the Work of Leonora Carrington, Remedios Varo, and Leonor Fini », dans Mary Ann Caws, Rudolf E. Kuenzli et Gwen Raaberg (dir.), *Surrealism and Women, op. cit.*, p. 148-158 ; de même que Marie Blancard, *Les spectacles intérieurs de Leonora Carrington, Frida Kahlo, Gisèle Prassinos, Dorothea Tanning et Unica Zürn*, thèse de doctorat, Université de Cergy-Pontoise, 2006.
2. En cinq ans, Max Ernst publia trois romans-collages : *La Femme 100 têtes*, avis au lecteur par André Breton, Paris, Éditions du Carrefour, 1929 [réédition aux Éditions Prairial en 2016] ; *Rêve d'une petite fille qui voulut entrer au Carmel*, Paris, Éditions du Carrefour, 1930 ; *Une semaine de bonté ou Les sept éléments capitaux*, Paris, Jeanne Bucher, 1934 [réédition chez Jean-Jacques Pauvert en 1963].
3. On considère généralement l'entre-deux-guerres comme apogée de la démarche collaborative au sein de l'espace du livre (bien que la pratique se perpétue bien au-delà de la Seconde Guerre mondiale), que l'on peut faire débuter par les recueils *Répétitions* et *Les Malheurs des immortels*, tous deux réalisés et publiés par Éluard et Ernst en 1922, soit deux ans avant la fondation officielle du mouvement. Voir Andrea Oberhuber, « Projets photolittéraires et modes de lecture de l'objet *livre* dans les années trente », dans Jean-Pierre Montier (dir.), *Transactions photolittéraires*, Rennes, Presses universitaires de

de la Seconde Guerre mondiale, les deux ouvrages diffusent de différentes façons un climat anxiogène que l'on ne saurait imputer à la seule esthétique surréaliste fortement imprégnée d'humour noir et de l'inquiétante étrangeté freudienne. Ces deux éléments semblent à la fois source de création et effet de lecture-spectature au sein de *La Maison de la Peur* (1938)[4] et de *La Dame ovale* (1939)[5]; c'est ce qu'il s'agira de démontrer dans l'analyse des deux livres, matériellement très différents, mais qui se recoupent par plusieurs thèmes et motifs, notamment grâce à la forte présence de l'*Unheimliche* comme moyen de mettre à distance un univers de prime abord familier[6].

Dans la réédition en 1966 de l'*Anthologie de l'humour noir*[7], André Breton ne retient que deux créatrices surréalistes – Leonora Carrington[8]

Rennes, 2015, p. 159-160. Pour plus de détails, voir les chapitres « Beginnings » (p. 27-53) et « Surrealist collaboration » (p. 54-83) de Renée Riese Hubert, *Surrealism and the Book*, op. cit.

4. Leonora Carrington, *La Maison de la Peur*, préface et illustrations de Max Ernst, Paris, Henri Parisot, 1938, n. p. Toutes les citations renverront à cette édition non paginée.

5. Leonora Carrington, *La Dame ovale*, avec sept collages par Max Ernst, Paris, G.L.M., 1939, n. p. Toutes les citations renverront à cette édition. Les deux livres surréalistes de Carrington ont déjà fait l'objet d'une étude comparée placée sous le signe de la folie : Andrea Oberhuber, « Humour noir et onirisme dans *La Maison de la Peur* et *La Dame ovale* de Leonora Carrington et Max Ernst », dans Mireille Calle-Gruber, Sarah-Anaïs Crevier Goulet, Andrea Oberhuber et Maribel Peñalver Vicea (dir.) : *Folles littéraires : folies lucides. Les états* borderline *du genre et ses créations*, Montréal, Nota bene, 2019, p. 25-47.

6. Rappelons brièvement que, selon Freud, le sentiment d'étrangeté prend sa source dans le caractère de nouveauté d'une situation, d'un événement, d'une rencontre, d'un personnage, etc., qui nous paraissaient auparavant familiers. Cette non-familiarité, due à une part de secret (le psychanalyste joue sur le double sens de l'adjectif allemand « *heimlich* »), a pour conséquence de déclencher en nous un trouble par rapport au connu, de mener à une perte des repères rationnels, comme dans le cas de Nathanaël tombé amoureux d'une poupée automate, Olympia, qu'il avait prise pour une jeune femme. Voir le célébrissime texte de Sigmund Freud dans lequel il analyse le phénomène de l'*Unheimliche* à partir du conte « Der Sandmann » (« L'Homme au sable ») d'E. T. A. Hoffmann : *L'inquiétante étrangeté et autres textes*, Paris, Gallimard, coll. « Folio », 2001 [1919], p. 33.

7. André Breton, *Anthologie de l'humour noir*, Paris, Jean-Jacques Pauvert, 1972 [1966]. L'ouvrage était prévu pour publication en 1940, mais il fut frappé par la censure du régime de Vichy avant sa diffusion. L'ordre retenu pour ce rassemblement d'auteurs et de textes exemplifiant la longue tradition de l'humour noir – de Jonathan Swift à Jean-Pierre Duperey en passant par Sade, Poe, Carroll, Rimbaud, Picabia, Kafka et Dalí – n'en est pas un de priorité mais de simple chronologie. Chaque texte est précédé d'une notice grâce à laquelle le lecteur peut comprendre le lien que souhaite établir le chef de file surréaliste avec cette forme d'humour élevée au rang d'un principe d'écriture et de création artistique.

8. La peintre et auteure figurait déjà dans l'édition de l'*Anthologie* en 1950, rappelle Susan Rubin Suleiman, « Surrealist Black Humor: Masculine/Feminine », *Papers of Surrealism*, n° 1, hiver 2003, http://www.surrealismcentre.ac.uk/papersofsurrealism/journal1/acrobat_files/Suleiman.pdf. La critique américaine attribue à Leonora Carrington,

et Gisèle Prassinos – ayant fait preuve de ce que Breton conçoit comme une «*révolte supérieure de l'esprit*[9]» contre l'absurdité du monde, comme l'expression d'une sensibilité moderne. Le chef de file des surréalistes convoque Michelet, dans la notice « Leonora Carrington », pour rapprocher cette dernière de la figure de *La Sorcière* (1862) mise en valeur par l'historien dans son étude de 1862, à l'encontre de sa diabolisation dans la tradition chrétienne :

> Michelet, qui a rendu si belle justice à la *Sorcière*, met chez elle en lumière ces deux dons, inestimables du fait qu'ils ne sont départis qu'à la femme, «*l'illuminisme de la folie lucide*» et «la sublime puissance de la *conception solitaire*». Il la défend aussi contre la réputation chrétiennement intéressée qu'on lui a faite d'être laide et vieille […][10].

Quelques lignes plus loin, Breton poursuit en expliquant le lien qu'il voit entre la sorcière et Carrington :

> Qui aujourd'hui pourrait, aussi bien que Leonora Carrington, répondre à l'ensemble de cette description ? Les respectables personnes qui, il y a une douzaine d'années, l'avaient invitée à dîner dans un restaurant de marque ne sont pas encore remises de la gêne qu'elles éprouvèrent à constater que, tout en prenant grand part à la conversation, elle s'était déchaussée pour s'enduire patiemment les pieds de moutarde[11].

De toute évidence, la jeunesse et la beauté de l'artiste eurent un impact envoûtant sur le chef de file surréaliste, et ce, encore des années après leur rencontre en 1937 et les expériences culinaires étranges dans l'appartement new-yorkais de Carrington (« un lièvre aux huîtres »), basées sur « un livre de cuisine anglaise du XVIe siècle[12] », dont l'auteur de l'*Anthologie* fait également état dans sa notice. Ce n'est que dans un second temps qu'il évoque les caractéristiques de l'anticonformisme, le regard moqueur et les « admirables toiles […] chargées de "merveilleux"

à Gisèle Prassinos et à Nelly Kaplan un humour noir (« *black humour in the feminist mode* ») qu'elle considère comme un mode de résistance contre une réalité jugée plate et contraignante.
    9. André Breton, *Anthologie de l'humour noir*, op. cit., p. 14 (italiques de l'auteur). Voir, à ce sujet, Christophe Graulle, *André Breton et l'humour noir : une révolte supérieure de l'esprit*, Paris, L'Harmattan, 2000, et Mireille Rosello, *L'humour noir selon André Breton : après avoir assassiné mon pauvre père…*, thèse de doctorat, Université du Michigan, 1986.
    10. André Breton, *Anthologie de l'humour noir*, op. cit., p. 393-394.
    11. *Op. cit.*
    12. *Op. cit.*, p. 426. Notons que Breton consacre autant sinon plus d'espace aux traits curieux qu'il retient de Carrington qu'à ce qu'elle peignit et écrivit jusqu'au moment de la publication de l'*Anthologie de l'humour noir*.

À la ville comme à l'œuvre

moderne, toutes pénétrées de lumière occulte » justifiant qu'il retient le récit bref « La Débutante[13] » comme un exemple d'humour noir[14].

Rédigées vers la fin des années 1930, les deux œuvres dont il sera question dans le présent chapitre relatent des expériences oniriques, voire abyssales, toujours du point de vue d'une narratrice à la première personne, gentiment candide mais dont on ignore l'âge. Le recours à l'humour noir permet au couple de collaborateurs de sonder l'espace liminal entre la raison et l'irraison, entre le rêve et le cauchemar. Zone de l'entre-deux et, donc, de l'équivoque, la liminalité est explorée dans *La Maison de la Peur* et *La Dame ovale* à travers « un regard velouté et moqueur » qui traduit chez la jeune auteure, comme le formule Breton à la fin de sa notice, une « optique physique » (dans le sens de visions télescopique et microscopique) et une « optique intellectuelle[15] », meilleur bouclier contre l'immobilisme et les convenances de la pensée bourgeoise. Cette optique double est également à l'œuvre dans les collages de Max Ernst[16] qui, tout droit issus de l'imaginaire des romans-collages, entrent en résonance – le plus souvent à un second degré – avec les écrits de sa compagne de vie.

L'humour noir au service de la *révolution* des valeurs bourgeoises

Au-delà d'une esthétique, l'humour noir permet au sujet humain de donner forme à un être-au-monde lucide, de traduire une position critique par le biais de la mise à distance d'idées, de valeurs ou de modes de pensée jugés désuets, inappropriés, contraignants. La « pratique de l'humour noir » est, selon Jacqueline Chénieux-Gendron, au cœur de l'écriture surréaliste, plus précisément des années 1930, au même titre que la « croyance dans le hasard objectif[17] » ; c'est un « rire de la connais-

---

13. Il s'agit du deuxième récit du recueil *La Dame ovale, op. cit.*
14. À ce récit tout particulier s'applique la conception de l'humour noir d'Annie Le Brun pour qui c'est une forme d'insoumission qui « oppose un climat de subversion affective et intellectuelle » aux notions répressives d'une société : « L'humour noir », dans Ferdinand Alquié (dir.), *Entretiens sur le surréalisme*, La Haye, Mouton, 1968, p. 104.
15. André Breton, *Anthologie de l'humour noir, op. cit.*, p. 394.
16. Márcia Maria Valle Arbex rappelle avec raison que, pour l'artiste allemand, le collage surréaliste, loin de se réduire à une technique, est une forme d'art novatrice qui, dans la tradition dadaïste, doit surprendre et choquer ; le collage implique tant la forme que le fond parce que ce n'est pas la colle qui fait le collage, pour paraphraser la pensée de Max Ernst : « Le procédé du collage dans l'œuvre de Max Ernst », *Caligrama : Revista de Estudos Românicos*, n° 3, 1998, p. 81.
17. Jacqueline Chénieux-Gendron, « Jeu, rire, humour : un colloque à Cerisy », dans Jacqueline Chénieux-Gendron et Marie-Claire Dumas (dir.), *Jeu surréaliste et humour noir*, Paris, Lachenal et Ritter, 1993, p. 3.

sance, du "gai savoir"[18] », propice au renversement du convenu et du convenable qui fondent le vivre-ensemble en société, lui-même basé sur une certaine conception du réel. Faire preuve d'humour revient à lancer un défi à ce réel en suggérant l'idée qu'il en existerait un double fond – appelons-le merveilleux, fantastique, chimérique ou surréel – et qu'il est possible de le faire apparaître comme dans un tour de magie. Bon nombre d'écrivains britanniques excellent dans l'art de l'humour noir, si l'on pense aux exemples de Swift, de Poe et de Carroll auxquels Breton rend par ailleurs hommage dans son *Anthologie*. Leonora Carrington, grâce à son milieu bourgeois et à son éducation traditionnelle prévoyant l'initiation de la jeune femme en « débutante » à la cour du roi d'Angleterre, George V[19], est rompue à la lecture de ces auteurs ainsi que, de manière générale, à l'emploi de l'humour noir comme « un état d'esprit[20] », certes, mais aussi et surtout comme une arme libératrice des aléas de la vie pour l'élever vers le sublime[21]. La maîtrise de l'humour noir procure du pouvoir (grisant) et du plaisir, tout en relevant les contradictions logiques de ce qui est convenu.

L'entrée en littérature de la jeune Anglaise est marquée, selon Renée Riese Hubert, par la révolte contre « l'autorité paternelle, le catholicisme, la bourgeoisie anglaise et la formation donnée dans les écoles des Beaux-Arts[22] ». Au moment de publier *La Maison de la Peur* et *La Dame ovale*, à une année d'intervalle, elle vit avec Max Ernst et travaille à ses côtés depuis 1937. C'est l'amour fou entre les collaborateurs qui semble avoir fait naître les deux livres dans lesquels sont insérés des collages de l'artiste allemand, réalisés dans le style de *La Femme 100 têtes* et d'*Une semaine de bonté*[23]. Carrington, alors étudiante à l'Académie

---

18. *Ibid.*, p. 5.
19. Le récit « La Débutante » y fait implicitement référence en montrant un moyen ludique, bien que macabre, de contourner cette obligation sociale dans le cas de la fille d'un riche industriel du textile. Whitney Chadwick rappelle que les parents de la jeune femme qui, après un bref séjour en Italie, voulait devenir peintre, la destinaient à la « bonne société », aux cercles proches de la famille royale : *Les femmes dans le mouvement surréaliste*, Paris, Éditions Thames et Hudson, 1985, p. 67.
20. Jacqueline Chénieux-Gendron, *Surréalismes : l'esprit et l'histoire, op. cit.*, p. 131.
21. Cet aspect de l'humour noir est redevable à l'idée freudienne de l'humour en tant que force libératrice et élévatrice, voire « sublimante ». Voir *ibid.*, p. 132.
22. « [the] *paternal authority, Catholicism, the English upper middle class, and institutional art training* » : Renée Riese Hubert, « Leonora Carrington and Max Ernst : Artistic Partnership and Feminist Liberation », *New Literary History*, vol. 22, n° 3, 1991, p. 720.
23. Max Ernst, *La Femme 100 têtes*, avis au lecteur par André Breton, Paris, Éditions Prairial, 2016 [1929] ; *Idem*, *Une semaine de bonté ou Les sept éléments capitaux*, Paris,

londonienne d'Amédée Ozenfant, avait découvert la peinture d'Ernst grâce à un tableau de 1924, *Deux enfants sont menacés par un rossignol*[24] : la vue du tableau semble avoir constitué un moment épiphanique pour celle qui allait rencontrer l'artiste en personne à Paris où elle s'installa en 1937. En d'autres termes, la peintre en devenir fut d'abord attirée par une esthétique surprenante, plus précisément par cette ouverture vers le surréel symbolisé littéralement par un petit portail rouge accroché dans la partie inférieure gauche du cadre de l'huile de Max Ernst. Admise dans le cercle de Breton, la jeune peintre fut invitée à participer dès 1937 aux expositions surréalistes de Paris et d'Amsterdam. La peinture et l'écriture allèrent de pair durant les trois années de vie commune avec Ernst, à Paris puis, dans le sud de la France, à Saint-Martin d'Ardèche, lors desquelles les deux artistes s'exposèrent mutuellement à l'imaginaire de l'autre[25].

Il en découle une démarche collaborative dont les deux œuvres à l'étude sont le fruit. *La Maison de la Peur* est un petit format in-8 (17,5 × 12,5 cm, avec trois feuillets non chiffrés et trois illustrations), tandis que *La Dame ovale* constitue un recueil de récits plus grand et plus volumineux (format in-8 également, 19,5 × 14 cm, avec 20 feuillets non paginés et huit collages y compris le frontispice). Les deux œuvres, dont l'appartenance générique[26] demeure ambiguë, proposent des intrigues plus proches du cauchemar que du récit de rêve, tout en atténuant leur charge effrayante grâce à l'humour noir amplifié de pointes ironiques.

Jean-Jacques Pauvert, 1963 [1934]. Pour la conception novatrice des romans-collages qui posent la question de l'appartenance générique pour ce qui est du « roman », compte tenu de la réduction de la portion textuelle à un strict minimum (des titres de chapitres, des légendes, des citations et parfois de très brefs textes essentiellement), voir Renée Riese Hubert, *Surrealism and the Book, op. cit.*, p. 269-286.

24. Le tableau orne la couverture de *Surrealism* de Herbert Read que la mère de Leonora Carrington avait offert à sa fille intéressée par les arts visuels. Voir Katharine Conley, *Automatic Woman, op. cit.*, p. 50.

25. Voir Renée Riese Hubert, *Magnifying Mirrors, op. cit.*, p. 113. Pour la trajectoire biographique et artistique de l'auteure-artiste, voir Susan Aberth, *Leonora Carrington : Surrealism, Alchemy and Art*, Aldershot et Burlington, Lund Humphries, 2004, et Dominique et Julien Ferrandou, *Leonora Carrington : ouvre-toi, porte de pierre*, DVD 3671, 2011, prod. Seven Doc.

26. Plusieurs critiques ont tendance à lire les textes brefs comme des contes, ce qui, à mon sens, ne rend justice qu'à l'un de leurs traits caractéristiques, soit l'importance du merveilleux et son impact sur les personnages. Voir, à titre d'exemple, Marie Blancard, « Les figures féminines dans les contes de Leonora Carrington », dans Christiane Chaulet (dir.), *Conte et narration au féminin*, Achour, Université de Cergy-Pontoise, 2003-2004, p. 47-70.

L'inquiétante *Maison de la Peur*

Récit particulièrement bref dont le texte tient en moins de quatre pages (format *in-octavo*), *La Maison de la Peur* s'apparente à un conte fantastique, dans la double tradition anglo-saxonne du gothique romantique et du merveilleux ludique à la Lewis Carroll[27], auteur des *Aventures d'Alice au pays des merveilles* (1865), comme le constate Renée Riese Hubert[28]. Le sortilège relève d'un savant mélange d'éléments *a priori* réalistes quant au personnage principal, au décor et à l'intrigue (du moins dans les premiers passages), et d'autres, tout près du délire. Le fantastique chevauche le réel dans cette histoire peuplée de chevaux, comme c'est le cas de nombre de textes et de tableaux de Carrington[29]. Ce chevauchement permet à l'auteure de s'affranchir des frontières entre deux règnes (l'humain et l'animal), entre les territoires du réel, du fantasme et du surréel. Ainsi, dans *La Maison de la Peur*, l'insolite épouse l'énigmatique, créant rapidement une ambiance d'inquiétude progressive, amplifiée par un français fautif qui a pour effet de dérouter le lecteur : on doit faire des arrêts sur phrase, la relire à l'occasion pour s'assurer d'avoir bien compris le sens. D'autres arrêts dans le flux de lecture sont imposés par les trois collages sur lesquels il s'agira de revenir ultérieurement.

Ce récit met en scène la rencontre fortuite, aux alentours de midi, entre la narratrice à la première personne, être « solitaire » qui a « peu d'amis » et se dit « heureuse d'avoir un cheval pour [s]on ami » – signalons que, pendant de longs passages, le genre de la voix narrative demeure indéfini –, et un cheval qui se promène dans la rue : « Un jour en marchant dans une certaine quartier vers midi et demi je rencontre

---

27. Bettina L. Knapp (« Leonora Carrington's Whimsical Dreamworld : Animal Talk, Children are Gods, a Black Swan Lays and Orphic Egg », *World Literature Today*, vol. 51, n° 4, 1977, p. 525-530), insiste sur l'omniprésence du merveilleux dans la fiction de l'auteure-artiste.
28. Voir Renée Riese Hubert, *Magnifying Mirrors*, op. cit., p. 118.
29. Rappelons que le cheval, de préférence blanc, est l'animal totémique de Carrington. En témoignent éloquemment le célèbre *Self-Portrait* (*The Inn of the Dawn Horse* [À l'auberge du cheval d'aube], vers 1937-1938), et des récits tels « La dame ovale » (dans le recueil éponyme), « L'oncle Sam Carrington », *The Seventh Horse*, ou la pièce *Pénélope*. Pour la valeur symbolique du cheval dans l'œuvre de Carrington, voir Whitney Chadwick, *Les femmes dans le mouvement surréaliste*, op. cit., p. 79-80, et Gloria Orenstein qui souligne que « [t]oute l'œuvre de Leonora Carrington est un exemple d'un art magique ou occulte », fortement marqué par la tradition celte : « La nature animale et divine de la femme dans les œuvres de Leonora Carrington », *Mélusine*, n° 2, 1981, p. 131.

un cheval qui m'arrête». Comme c'est le propre d'un conte ou d'une fable, le cheval est doté de la parole humaine. Aussi n'y a-t-il rien de surprenant à ce qu'il invite le «je» narrant à une fête donnée le soir même, à neuf heures. L'invitation à laquelle ne s'attendait nullement la narratrice est lancée dans une demeure somptueuse, située dans une «route étroite et sombre» et où le parquet est «tout faites en turquoise les carrés sont collé ensemble avec l'or[30]». Ce lieu remarquable n'est toutefois pas celui où sera célébrée la fête mystérieuse lors de laquelle les hôtes seront amenés à réaliser d'improbables prouesses musicales et mathématiques, comme l'apprendra vite la narratrice.

Le fabuleux et l'onirique, plus étrange et troublant que stimulant, dont sont empreintes les deux premières pages du récit[31] virent à la berlue dès l'approche du «Château de la Peur», précédée de la traversée d'un paysage plongé dans l'obscurité et où se fait sentir un froid intense. Tous les facteurs sont réunis – nuit noire, éloignement de chez soi, froid de plus en plus saisissant, nombre grandissant de chevaux qui «regardent devant eux d'un façon fixe, chacqu'un tenu dans sa bouche un morceau de verdure» – pour faire basculer le scénario vers une scène cauchemardesque. Figure allégorique, la Peur, propriétaire des lieux, impose à tous les convives des règles aussi arbitraires que rigides, faisant en sorte que la fête devient vite sinistre, comme l'observe Jacqueline Chénieux-Gendron[32]. Ce qui, à l'origine, est pensé comme un jeu se révèle une contrainte trouble-fête à laquelle ni la narratrice ni les chevaux n'osent se soustraire. Il faut, par exemple, «conter au numéro cent dix jusqu'au numéro cinq à tout vitesse en pensant à son propre destiné et en versant des larmes pour ceux qui ont passé devant nous», lance la Peur sur un ton autoritaire. En même temps, tout le monde doit «marquer l'air des *Bateliers de la Volga* avec l'antérieur gauche, la *Marseillaise* avec l'antérieur droit, et avec les deux postérieurs, l'air de *Où es-tu ma dernière rose d'été?*». L'exercice rythmique paraît impossible à réaliser et, s'il suscite le (sou)rire chez le lecteur, il contribue, chez les invités de la

---

30. La syntaxe fautive augmente, comme ici, la difficulté de comprendre aisément le sens des phrases ponctuées de nombreuses erreurs de français (orthographe et grammaire). Nous reproduisons le texte tel quel, sans signaler ses éléments fautifs au moyen de l'indication [sic].
31. Ce type d'univers onirique sera exploré en 1965 dans *Les Fleurs bleues* de Raymond Queneau, qui brouillent toutes les frontières entre rêve et réalité, entre passé médiéval et présent des années 1960.
32. Voir Jacqueline Chénieux-Gendron, *Le surréalisme et le roman*, op. cit., p. 256.

Peur, à augmenter le sentiment de frayeur mêlé à l'inquiétude quant à de potentielles prouesses absurdes à accomplir.

La fête, qui, de fait, n'en est pas une, atteint son paroxysme lorsque la narratrice se rend compte que la châtelaine, s'étant présentée aux convives dans une posture d'autorité, se montre elle-même effrayée: couchée dans son très grand lit, habillée d'une robe de chambre composée de chauves-souris vivantes cousues ensemble par les ailes, la patronne qui ressemble «légèrement à un cheval en beaucoup plus laide» pleure et tremble au moment d'annoncer le divertissement imaginé pendant 365 jours. La situation devient de plus en plus intolérable aux yeux de la narratrice qui constate que «[t]ous les chevaux tremblait de froide et grelotte leur dents comme des castanettes», pour avouer à quelques reprises être «inquiète» et avoir «très peur» elle-même dans cette fête «retournée en rituel coercitif[33]». Le renversement en son contraire est le propre du rêve ou de toute expérience onirique où règnent souvent des contraintes inconnues; aussi, les repères spatio-temporels habituels sont généralement abolis. Contrainte d'exécuter de drôles de pas de danse au même rythme que les chevaux, le «je» semble toutefois se souvenir précisément de la durée de la scène: «Ça dure pendant vingt-cinq minutes, mais...». Vingt-cinq minutes de danse selon trois rythmes différents ont dû marquer la mémoire de la narratrice. Puis, en une seule phrase, la scène se voit suspendue: la phrase finale tronquée et les points de suspension laissent croire qu'il y a une suite à ce qui vient d'être raconté, mais que le lecteur en sera privé. L'ellipse syntaxique introduite par la conjonction d'opposition «mais» ouvre vers l'absence, vers l'abîme de ce qui restera inconnu et qui peut relever du secret inhérent à l'*Unheimliche*. Doit-on supposer que ce rituel de danse dans la demeure de la Peur se répétait année après année? Qu'il était relayé éventuellement par d'autres visions nocturnes, propices au sentiment d'inquiétude nourri d'une sensation d'effroi synesthésique mêlant la vue, l'ouïe et le toucher?

Dans le contexte du récit de Carrington illustré par Ernst, doit-on imaginer que la Peur avait toujours à l'œil la narratrice, incarnation de la femme-enfant dans sa curiosité candide et figure antithétique par rapport à la châtelaine? Est-il permis se représenter la propriétaire de *La Maison de la Peur* en train d'observer la narratrice de son œil unique,

---

33. *Ibid.*, p. 262.

« dix fois [plus] grande qu'une œil ordinaire » et qui fait inévitablement penser à celui qui ouvrira un an plus tard, en 1939, *La Dame ovale*, en guise de frontispice ? La question du regard et de l'œil nous incite à aller voir de près les collages insérés dans le premier travail collaboratif.

L'univers du rêve dans les collages

Dans la préface, Loplop, *alter ego* du peintre allemand en « oiseau supérieur », présente la « Mariée du Vent[34] » en se demandant si elle sait lire, si elle sait « écrire le français sans fautes », et de quel bois elle se chauffe, tout en vantant son mystère et sa poésie. Cette préface qui procède par association d'images verbales semble avoir pour but d'introduire la jeune inconnue auprès du lectorat français plutôt que de proposer des balises de lecture-spectature quant au dispositif texte/image adopté pour *La Maison de la Peur*. Ajoutés *a posteriori* au récit bref de Carrington, comme le signale Renée Riese Hubert[35], les collages *interprètent* le récit davantage qu'ils ne l'*illustrent* véritablement[36], comme le lecteur-spectateur s'en rend vite compte. Les trois images contiennent tout au plus quelques indices pointant vers le texte, mais elles n'assument qu'accessoirement une fonction illustrative ; elles ne sont donc pas des « paraphrase[s] visuelle[s] du texte[37] ». Artiste consacré depuis longtemps au moment de s'engager dans la démarche collaborative[38], Ernst fait valoir autant sinon plus son propre imaginaire iconographique que le décor et les figures de l'intrigue imaginés par sa compagne. Les collages, dont les sources iconiques ne sont pas identifiées[39], ne suivent par ailleurs pas la chronologie des événements relatés ; ils y ajoutent une épaisseur signifiante supplémentaire. Aussi comprend-on aisément que

---

34. En appelant Leonora Carrington ainsi, Max Ernst fait allusion au tableau d'Oskar Kokoschka intitulé *Die Windsbraut* (1913) qui consigne l'union symbiotique du peintre expressionniste autrichien et d'Alma Mahler, la Fiancée du vent, musicienne et peintre elle-même. À la mort de Gustav Mahler, les deux artistes entretinrent une relation passionnelle pendant deux ans. Ernst établit de toute évidence une analogie entre cet amour (fou) et celui qu'il vouait à sa jeune compagne.
35. Renée Riese Hubert, *Surrealism and the Book*, op. cit., p. 69-70.
36. La couverture indique qu'il s'agit d'« illustrations ».
37. *Ibid.*, p. 4.
38. La première exposition parisienne de Max Ernst précède de 17 ans son travail pour *La Maison de la Peur*, sans compter les expositions collectives Dada en Allemagne, avant son émigration à Paris.
39. Rappelons qu'elles ne l'étaient pas non plus dans les trois romans-collages ernstiens.

Riese Hubert considère les trois collages comme une « refonte consciente de ses propres imitations amphibies inspirées du conte où le langage et l'identité fonctionnent selon les caractéristiques d'un collage[40] ».
Concrètement, comment Ernst conçoit-il les figures hybrides qui font des clins d'œil au texte tout en mettant en relief l'esthétique de recyclage d'un matériau de base issu de catalogues et de magazines populaires ? Faisant face, sur la page de gauche, à la « Préface ou Loplop présente la Mariée du Vent » (Fig. 15), le premier collage donne à voir une représentation de la Peur mi-humaine mi-cheval arborant l'apparence d'une acrobate circassienne de fière allure, mais qui inspire plus le sourire que la terreur. La légende, extraite du texte – « Elle resemblait légèrement à un cheval… » –, redouble ce que le spectateur voit : la tête du personnage hybride est celle d'un cheval, encadrée de ce qui ressemble à un cor français, et coiffée d'un joli panache qui prend la forme d'une queue de cheval. Lorsqu'on lit le récit, on est frappé par l'écart considérable entre cette figuration ludique de la Peur et la description qu'en fait la narration. Aussi, d'emblée, l'image inaugurale déroute le lecteur-spectateur qui pourrait s'attendre à un récit de cirque mettant en scène une voltigeuse, une écuyère à panneau (évoquée par le bas de la petite jupe à la manière d'un tutu), une écuyère dans un numéro de char romain (vu les sandales gréco-romaines qui détonnent autant que la tête de cheval) ou encore une dompteuse d'éléphants (si l'on tient compte du bâton massif, très loin d'une cravache, sur lequel s'appuie la femme-cheval de sa main gauche)[41]. La cataphore de la légende (« Elle ») confirme ce qu'on voit sur l'image et indique qu'il sera question d'un personnage féminin. Les recoupements entre le textuel et le visuel s'arrêtent là : Max Ernst imagine la Peur à sa manière.

Au bout de deux pages de récit, cette fois sur la belle page, le deuxième collage file la métaphore du centaure/de la centauresse : dans le

---

40. « *conscious revamping of his own amphibious impersonations, inspired by the tale where language and identity assume the characteristics of a collage* : Ibid., p. 73.
41. Max Ernst joue sans doute ici avec la représentation XIXe siècle du monstre de foire qui accompagnait parfois les cirques. À bien y penser, « Elle », cette figure étrange et troublante, ne fait-elle pas référence aux centauresses, ces écuyères circassiennes qui faisaient la gloire de certains cirques, comme ce fut le cas de Blanche Allarty au Cirque Molinier ? La Peur serait alors une centauresse inversée puisqu'elle a une tête de cheval sur un corps humain. Voir, à propos des écuyères et autres centauresses, Pascale Joubi, *Figures de la résistance : les Amazones modernes, de la Belle Époque à aujourd'hui*, thèse de doctorat, Université de Montréal, 2020, p. 147-151.

À la ville comme à l'œuvre 147

FIG. 15 Collage et « Préface ou Loplop présente la Mariée du Vent » (Max Ernst), dans Leonora Carrington, *La Maison de la Peur*, 1938 ; General Collection, Beinecke Rare Book and Manuscript Library, Yale University [1995 246], © Adagp, Paris, 2023.

PREFACE
OU
PLOP PRESENTE LA MARIEE DU VENT

...chés sur le seuil de la maison unique, mais de dimensions impo-
...tes, d'une ville construite en pierre de tonnerre, deux rossignols
...iennent étroitement enlacés. Le silence du soleil préside à leurs
...ts. Le soleil se défait de sa jupe noire et de son corsage blanc.
...ne le voit plus. La nuit tombe d'un coup avec fracas.
...ez cet homme : dans l'eau jusqu'aux genoux, il se tient fière-
...t debout. De violentes caresses ont laissé leurs traces lumineuses
...son superbe corps nacré. Que diable fait cet homme, au regard
...quoise, aux lèvres empourprées de désirs généreux? Cet homme
...ie le paysage.
...e diable fait ce nuage blanc ? Ce nuage blanc s'échappe en
...ant d'un panier renversé. Il anime la nature.
...ù sortent ces deux étranges personnes qui s'avancent lentement
...is la rue, suivies d'un millier de nains ? Est-ce l'homme qu'on
...elle Loplop, le supérieur des oiseaux, à cause de son caractère
...ix et féroce ? Sur son énorme chapeau blanc il a arrêté dans son
...un extraordinaire oiseau au plumage émeraude, au bec crochu,
...œil dur. Il n'a pas peur. Il sort de la maison de la peur. Et la
...me, dont le haut du bras est cerclé d'un mince filet de sang, ne
...ait donc autre que la Mariée du Vent?

décor d'un dessin d'architecte, deux personnages hybrides sont posés sur l'escalier qu'il s'agit probablement de construire selon l'esquisse remplie de chiffres et de lettres. Quelques lignes du texte qui jouxte ce dessin-collage – ce face-à-face se révèle plutôt inhabituel dans les livres surréalistes – sont plus ou moins en convergence avec l'image: « En desandant l'escalier au fond de la pièce je remarque avec ettonnement que le cheval descende beaucoup mieux que moi ». Si les personnages du récit de Carrington sont clairement identifiés comme une jeune femme et un cheval, le collage d'Ernst privilégie les êtres doubles, les rendant presque identiques dans leur allure androgyne. On ne sait trop si le centaure en avant-plan est en train de monter l'escalier ou s'il attend l'autre qui, lui, descend avec grâce, main droite à la hanche, regard tourné vers un lit. De plus, ce qui aurait pu s'apparenter à une illustration *libre* de l'intrigue est perturbé par la présence d'une tierce figure (un homme) placée en haut de l'escalier, sur le point de suivre les deux centaures, d'une part, et de deux personnes couchées, d'autre part, dont on ne perçoit que les plantes des pieds. Somme toute, le collage s'éloigne considérablement de la scène relatée dans le récit où il n'est nullement fait mention d'un homme ni de dormeurs[42], ni de centaures inversés. Le seul véritable lien est l'escalier, celui que l'on descend pour arriver dans l'inconscient. Cette image hautement onirique ouvre la voie vers l'arrivée au château de la Peur: « Dans l'obscurité je ne voyais pas la direction que nous souivons » et, surtout, vers la mise au pas des invités par la patronne.

La troisième image qui clôt le petit livre se veut, quant à elle, une interprétation fortement dissociée de la fin du récit (Fig. 16): Max Ernst fait s'échouer sur un rocher une jeune femme, tête à l'envers, sorte de Mélusine qui semble dissimuler sa queue de poisson sous une jupe anémone. Cette scène de naufrage est placée sous le regard observateur d'un cheval dont seule la tête trône sur une falaise. Même si la fissure entre la tête de cheval et la falaise est apparente – chez le maître collagiste, on a rarement accès à cette particularité de l'esthétique du montage d'éléments hétéroclites –, l'appendice et son socle forment une unité; l'association avec le cavalier d'un jeu d'échecs s'établit automatiquement. Dans cette logique, le cavalier pourrait se déplacer en L pour secourir la

---

42. Dans la première maison – mystérieuse – dans laquelle le cheval emmène la narratrice peu après leur rencontre aux heures de midi, cette dernière semble avoir aperçu des religieuses, mais elles avaient disparu au moment où les deux personnages descendent l'escalier.

jeune femme, mais tout paraît figé. Il se dégagerait une calme sérénité du paysage maritime où la mer et le ciel se confondent si le regard du lecteur-spectateur ne finissait pas par se poser sur le visage de la victime : un mélange de peur et de désespoir y est inscrit face à un destin auquel elle ne saura échapper. On imagine qu'un affolement similaire devait être ressenti par la narratrice forcée de danser avec les chevaux, sachant que la Peur la «voyait très bien à travers sa grande œuil». La légende se contente de reprendre du texte le «mais...» final.

Du discontinu et de l'irrationnel

Le dispositif texte/image, s'il paraît assez simple de prime abord – un premier collage qui précède la préface, un deuxième intercalé presque au milieu du récit et un troisième qui l'achève –, s'avère particulièrement complexe à bien y regarder. Les rapports entre l'écrit et le figural se situent plus du côté des collisions que des collusions, réduites à des résonances de thèmes ou de motifs (le cheval, l'escalier, le contraste entre le quotidien et l'inquiétante expérience au château de la Peur, le sentiment d'étrangeté). À propos de la seule part visuelle du livre, Renée Riese Hubert constate : «Pris ensemble, les trois collages d'Ernst présentent une continuité dans le style ainsi que dans leur rapport au texte[43]». Malgré ces écarts, les effets de collision entre les deux moyens d'expression font paradoxalement apparaître certaines collusions, comme on a pu l'observer plus haut. D'un commun accord, les rapports texte/image renforcent l'entrecroisement de l'irrationnel, de l'onirique et du discontinu narratif, autant d'éléments susceptibles de rapprocher *La Maison de la Peur* d'un mauvais rêve dont on se réveille brusquement parce que la charge d'inquiétude devient intolérable. Les frontières sont perméables, comme le sont les limites fixées rationnellement entre le réel et le rêve (ou le cauchemar), entre l'intérieur et l'extérieur, l'envers et l'endroit[44].

---

43. « *Taken as a group, Ernst's three collages display continuity in style as well as in their relation to the text* » : Renée Riese Hubert, *Surrealism and the Book*, *op. cit.*, p. 71.
44. Est-il besoin de rappeler que les notions de *frontière, limite, cadre* ou *raison*, entre autres, sont toutes remises en question par le Surréalisme ? Michel Remy le formule ainsi : « le Surréalisme prônait sans relâche la création d'un espace dans le monde dans lequel toutes sortes de frontières et de limites, voire la notion même de frontière, étaient radicalement remises en cause dans le but d'émanciper l'esprit humain de l'ordre de la raison » (« *[s]urrealism unrelentingly advocated the creation of a space in this world, in which all kinds of borders and limits, and the notion of border itself, were radically questioned in the attempt to emancipate man's mind from the order of reason* ») : Michel

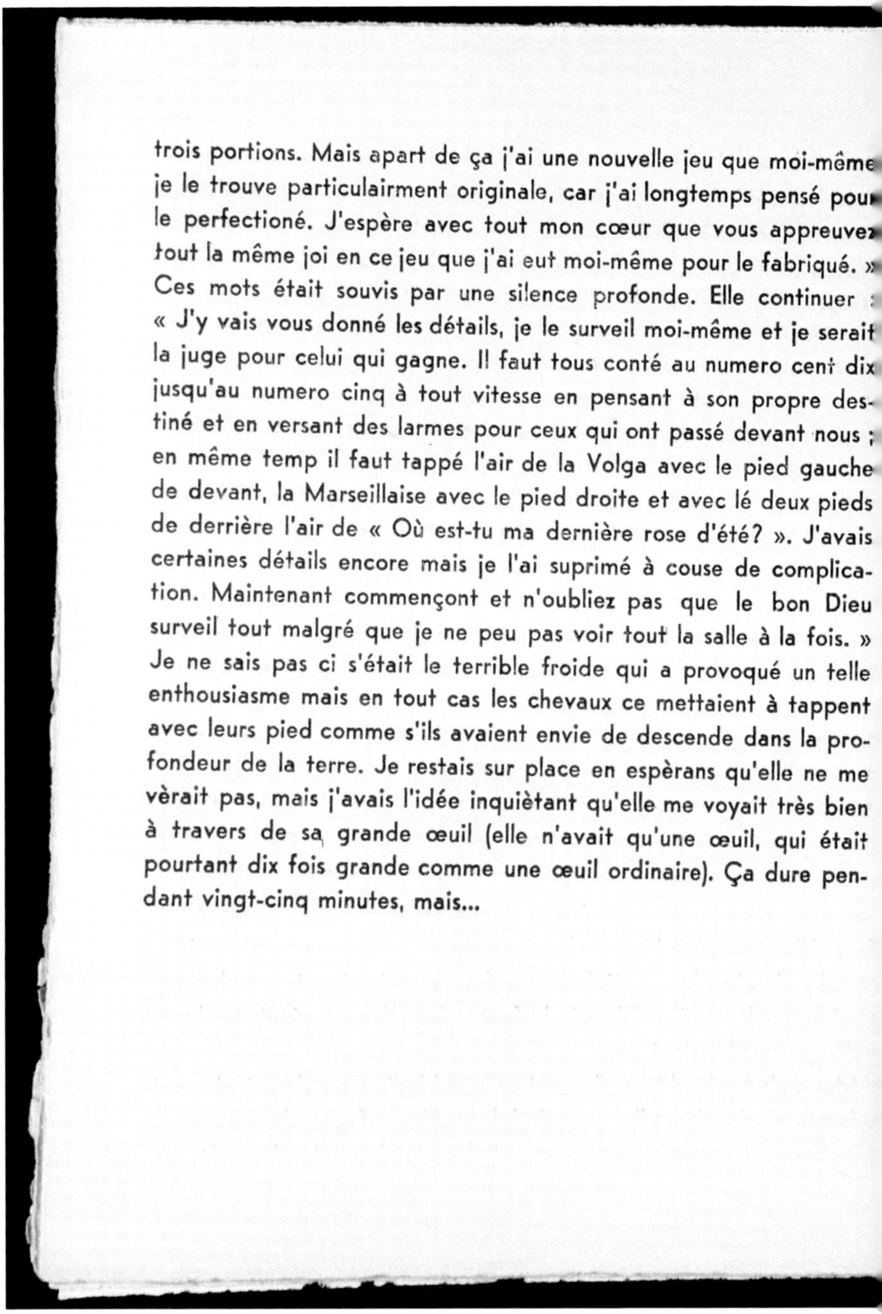

trois portions. Mais apart de ça j'ai une nouvelle jeu que moi-même je le trouve particulairment originale, car j'ai longtemps pensé pour le perfectioné. J'espère avec tout mon cœur que vous appreuvez tout la même joi en ce jeu que j'ai eut moi-même pour le fabriqué. » Ces mots était souvis par une silence profonde. Elle continuer : « J'y vais vous donné les détails, je le surveil moi-même et je serait la juge pour celui qui gagne. Il faut tous conté au numero cent dix jusqu'au numero cinq à tout vitesse en pensant à son propre destiné et en versant des larmes pour ceux qui ont passé devant nous ; en même temp il faut tappé l'air de la Volga avec le pied gauche de devant, la Marseillaise avec le pied droite et avec lé deux pieds de derrière l'air de « Où est-tu ma dernière rose d'été? ». J'avais certaines détails encore mais je l'ai suprimé à couse de complication. Maintenant commençont et n'oubliez pas que le bon Dieu surveil tout malgré que je ne peu pas voir tout la salle à la fois. » Je ne sais pas ci s'était le terrible froide qui a provoqué un telle enthousiasme mais en tout cas les chevaux ce mettaient à tappent avec leurs pied comme s'ils avaient envie de descende dans la profondeur de la terre. Je restais sur place en espèrans qu'elle ne me vèrait pas, mais j'avais l'idée inquiètant qu'elle me voyait très bien à travers de sa grande œuil (elle n'avait qu'une œuil, qui était pourtant dix fois grande comme une œuil ordinaire). Ça dure pendant vingt-cinq minutes, mais...

FIG. 16 Collage (Max Ernst), dans Leonora Carrington, *La Maison de la Peur*, 1938 ; General Collection, Beinecke Rare Book and Manuscript Library, Yale University [1995 246], © Adagp, Paris, 2023.

mais...

On ne s'étonne donc guère que la langue elle-même se trouve à l'envers, et cela ne s'explique pas avant tout par le fait que le français n'est pas la langue maternelle de l'auteure[45]. La langue française est littéralement déréglée dans La Maison de la Peur. Les genres masculin et féminin ne sont que rarement conformes à la grammaire (« Ce conclusion me pousse de faire son connaissance »), les phrases regorgent de fautes en tout genre (« En rentrans j'ai pensez que j'aurais dû demandé le cheval de venir dîner » ; « Tout les chevaux s'assoir sur leurs derrière les jambes de devant raide »), qui perturbent la compréhension du récit, sèment le doute quant à ce qui est en train de se passer. En bonne partie phonétique, l'écriture engendre des phrases qu'il faut parfois relire tant leur sens paraît obscur. Dans cette optique d'un dérèglement grandissant, l'identité des règnes et des espèces est brouillée ; ainsi, on ne sait trop quelle est la part humaine de la Peur[46] et laquelle relève de l'animal, tout comme on a compris que l'hybridité est l'un des principes fondateurs des collages ernstiens. En un mot, dans la première œuvre en partage entre Carrington et Ernst, la notion de *limite* est exacerbée plutôt que dissoute[47].

De cet univers aux frontières rendues tangibles par le biais de leur monstration témoigne également, quand bien même sur un autre ton – à la fois plus drôle et plus macabre –, le recueil *La Dame ovale*. L'ambiance qui y règne est à nouveau étrange et inquiétante ; l'humour noir sous-tend la manière de voir le monde adulte, apparemment si raisonnable et bien pensé.

Remy, « British Surrealists Writing and Painting : Re-Making the Margin », dans Elza Adamowicz (dir.), *Surrealism : Crossings/Frontiers*, New York, Peter Lang, coll. « European Connections », 2006, p. 171 ».

45. *La Maison de la Peur* ayant été publié dans la collection « Un divertissement » de Henri Parisot, l'éditeur aurait très bien pu procéder aux corrections linguistiques si le but avait été de rendre le texte « lisible » selon les normes grammaticales et orthographiques. Pour preuve, *La Dame ovale*, publié un an plus tard, ne révèle aucun problème de français.

46. Serait-ce une chimère dont est peuplé l'imaginaire visuel de Leonora Carrington, comme c'est le cas également des peintures de Leonor Fini ?

47. Voir Jacqueline Chénieux-Gendron, *Le surréalisme et le roman*, op. cit., p. 255. Dans le même sens, Katharine Conley note à propos du récit *History of Little Francis* : « Dans son art et dans ses récits, Leonora Carrington change non seulement de règne et s'identifie aux animaux, mais elle transgresse également les frontières identitaires traditionnelles d'autres façons (« *In her art and stories Leonora Carrington not only shape-shifts or identifies with animals but breaks traditional barriers of identity in other ways as well* ») : *Automatic Woman*, op. cit., p. 53.

Décloisonnement des frontières du réel et du merveilleux dans
La Dame ovale

Tout se passe comme si l'onirisme d'une visite nocturne dans *La Maison de la Peur* avait besoin d'être décliné de différentes manières un an plus tard, en 1939, pour mieux sonder encore les zones grises, insoupçonnées, du comportement humain. Ouvrage plus long, *La Dame ovale* rassemble cinq récits brefs, chacun comportant une ou deux illustrations de Max Ernst (sept en tout), qui fait à nouveau valoir l'esthétique du collage maîtrisée à la perfection, au point de faire disparaître toute ligne de suture[48] (Fig. 17). Leur lien avec l'intrigue, malgré certains effets de collusion dans les rapports texte/image plus évidents que dans la collaboration de 1938, demeure plutôt ténu. Les collages se comportent par rapport aux récits à la manière d'un «couple [qui] travaille [ensemble et où] un dialogue s'entame, [où] l'un répond à l'autre, indirectement, en sourdine, à contre-cœur[49]». Les titres respectifs des récits, anodins en apparence : «La dame ovale», «La débutante», «L'ordre royal», «L'amoureux» et «L'oncle Sam Carrington», dissimulent la charge violente contre toute autorité ou absurdité de l'existence humaine, qui se dévoile au fur et à mesure qu'avance la narration. D'un récit à l'autre, la notion de *réel* est minée par divers procédés, dont ceux de la confusion des règnes – humain, animal, végétal[50] –, de l'onirisme ambiant et de l'humour, parfois pince-sans-rire mais le plus souvent noir. Cette forme d'humour paradoxal qui mélange le rire au macabre est manipulée par Carrington comme une arme afin de s'attaquer à l'autoritarisme (souvent parental), aux idées reçues et aux conventions bourgeoises, tout en mettant en valeur la folie comportementale de certains personnages à qui va la sympathie de la narration.

---

48. Sur l'importance de Max Ernst collagiste, voir Werner Spies, *Max Ernst: les collages, inventaire et contradiction*, Paris, Gallimard, 1984.
49. Renée Riese Hubert, «Le rôle du couple dans la peinture surréaliste», *Mélusine*, n° XI, 1990, p. 254.
50. L'idée de la confusion des règnes aboutissant à diverses figures hybrides, à l'identité convulsive, revient chez bon nombre de créatrices surréalistes. Il suffit de penser aux œuvres littéraires et/ou picturales de Lise Deharme, de Frida Kahlo, de Leonor Fini, de Remedios Varo et de Dorothea Tanning. Pour ce qui est de l'hybridité dans les textes littéraires de Carrington, voir Jacqueline Chénieux-Gendron, *Le surréalisme et le roman*, *op. cit.*, p. 254-255, et Georgiana M. M. Colvile, «Beauty and/Is the Beast», *loc. cit.*, p. 162-170.

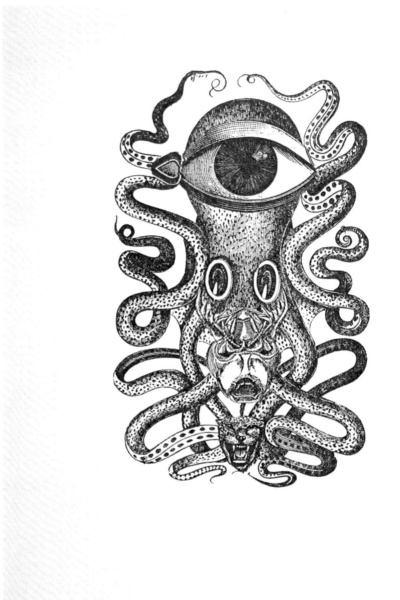

FIG. 17 Collage (Max Ernst) et page de titre, dans Leonora Carrington, *La Dame ovale*, 1939 ; General Collection, Beinecke Rare Book and Manuscript Library, Yale University [1984 203], © Adagp, Paris, 2023.

LEONORA CARRINGTON

LA DAME OVALE

AVEC SEPT COLLAGES
PAR MAX ERNST

GLM   1939

Il n'y a, en effet, rien d'étonnant dans le fait que Breton ait retenu, pour l'édition de 1950 de l'*Anthologie de l'humour noir*, « La débutante », le deuxième texte du recueil. On le comprend d'autant mieux que « l'humour est fortement lié ici à l'inconscient qui désire[51] », pour reprendre les mots de Chénieux-Gendron, et que l'inconvenant et l'incompatible se marient à un événement de grande envergure sociale, le bal des débutantes ; jugé par la narratrice comme une insupportable concession au mode de vie de ses parents, ce bal annuel donne lieu à des scènes inouïes. Se présentant comme une figure solitaire, la narratrice, dégoûtée par les attentes parentales et les bonnes mœurs de la société qu'on imagine anglaise mais qui n'est jamais identifiée comme telle, se lie d'amitié avec une « jeune hyène » du zoo, nourrie une seule fois par jour, et de « cochonneries », comme elle se lamente devant la jeune fille. C'est avec cet animal sauvage[52] sachant « faire la conversation » que la narratrice conclura un pacte d'échange de rôles aux conséquences à la fois hilarantes et funestes. Travestie en débutante pour le bal du soir, grâce aux vêtements et aux talons hauts de la narratrice, grâce surtout au visage arraché à la bonne, Marie, dévorée presque en entier[53] – « un cri bref et c'était fini » –, puisqu'il fallait « trouver un déguisement pour [l]a figure », l'hyène participe au bal, pendant que la narratrice s'amuse à lire, seule dans sa chambre, *Les Voyages de Gulliver*, de Jonathan Swift. La supercherie des deux complices est démasquée à table, ce qui incite la mère à aller retrouver sa fille. La scène de dévoilement est relayée par le discours maternel qui fait état, sur un ton impassible même si la narration la dit « pâle de fureur », de ce qui s'est passé : « "Nous venons de nous mettre à table", dit-elle, "quand la chose qui était à ta place se lève et crie : 'Je sens un peu fort, hein ? Eh bien, moi, je ne mange pas les gâteaux.' Là-dessus elle arracha sa figure et la mangea. Un grand saut et elle disparut par la fenêtre" ». Texte et récit maternel se terminent par l'image cocasse d'une hyène déguisée en débutante qui, ne se sentant plus à l'aise au moment du dessert et préférant les pieds de Marie aux gâteaux, se sauve en sautant par la fenêtre. Du collage adjoint à cette histoire macabre, faisant face au quiproquo préparé par la narratrice et

---

51. Jacqueline Chénieux-Gendron, *Le surréalisme et le roman*, op. cit., p. 257.
52. Rappelons au passage que l'hyène appartient au monde nocturne, source de rêve et de cauchemar.
53. Ne subsistent, après l'acte de dévoration, que les pieds de Marie, mis en réserve pour plus tard par l'hyène.

l'hyène, émane un calme tel qu'il règne souvent dans des moments de lecture (Fig. 18) : une petite fille timide écoute une jeune femme assise lui lire une histoire. Le seul élément perturbateur de cette scène de lecture très XIXe siècle est la substitution de la tête de la lectrice à la robe longue par ce qui semble être une chrysalide. Mais il n'y a nulle trace d'une hyène ou de quelque autre créature hybride à corps d'animal.

De la même manière que la soirée du bal a dû être brutalement interrompue par la fuite de l'hyène à travers la fenêtre, le récit lui-même se voit suspendu après la dernière phrase du discours maternel : « "Un grand saut et elle disparut par la fenêtre" ». Le repas est, comme si souvent chez Carrington, ponctué d'un drame : si ce n'est au moment du potage, il survient au plus tard avant le dessert, comme dans le cas de « La débutante ». On imagine la digestion des convives troublée après la dévoration d'un visage/masque humain par l'hyène, geste faisant littéralement tomber les façades. C'est par une scène de cruauté similaire, mais qui demeure dans l'implicite parce que non relatée, que se termine le troisième récit du recueil, « L'ordre royal ». Le « je » se retrouve cette fois dans un pays rappelant celui d'Alice et où le pouvoir absolu est détenu par le premier ministre. Celui-ci, après avoir déclaré la reine « folle depuis hier » à cause de la chaleur, organise une « partie de dames » dont le gagnant aura « le droit d'assassiner la Reine » en la poussant dans la cage aux lions. Le privilège redoutable de mettre fin à la folie royale revient à la narratrice qui avait pourtant essayé de s'enfuir de ce royaume inquiétant, mais s'était fait rattraper par « le cyprès le plus grand » parti à sa poursuite. Face à l'inévitable, à quelques pas des lions, la jeune femme se console en se disant que, au moins, la Reine n'allait plus souffrir « de rhumes de cerveau », principal sujet de leur conversation sur le chemin vers la Ménagerie royale. L'humour noir semble naître ici de la locution « un bien pour un mal » par laquelle on tente souvent, dans le quotidien, de se consoler d'un malheur compensé par un avantage. Mais ce qui frappe dans « L'ordre royal », et ce qui, dans « La débutante », est encore relégué du côté de l'animal, est la violence sous-jacente des relations humaines. Le meurtre de la Reine est abordé telle une formalité banale qu'il s'agit de régler comme tout autre point à l'ordre du jour.

À la ville comme à l'œuvre

« Il y aura bien des choses à manger », dis-je : « j'ai vu des camions entièrement pleins de nourriture qui s'amenaient à la maison ».
« Et vous vous plaignez », répond l'hyène avec dégoût : « Moi, je mange une fois par jour, et ce qu'on peut me foutre comme cochonneries! »
J'avais une idée osée, j'ai presque ri : « Vous n'avez qu'à aller à ma place ».
« On ne se ressemble pas assez, autrement j'irais bien » dit l'hyène un peu triste. « Ecoutez », dis-je, « dans les lumières du soir on ne voit pas très bien; si vous êtes un peu déguisée dans la foule on ne remarquera pas. D'autre part, nous sommes à peu près de la même taille. Vous êtes ma seule amie, je vous en supplie ». Elle réfléchissait à ce sentiment, je savais qu'elle avait envie d'accepter. « C'est fait », dit-elle subitement.
C'était de très bonne heure, il n'y avait pas beaucoup de gardiens. Vite j'ouvre la cage et en très peu d'instants nous étions dans la rue. J'ai pris un taxi, et à la maison tout le monde était couché. Dans ma chambre j'ai sorti la robe que je devais porter le soir. C'était un peu long et l'hyène marchait mal dans les hauts talons de mes souliers. J'ai trouvé des gants pour déguiser ses mains trop poilues pour ressembler aux miennes. Quand le soleil arriva dans ma chambre elle fit plusieurs fois le tour de la pièce en marchant plus ou moins droit. Nous étions tellement occupées que ma mère, qui venait me dire bonjour, faillit ouvrir la porte avant que l'hyène se fût cachée sous mon lit. « Il y a une mauvaise odeur dans ta chambre », dit ma mère en ouvrant la fenêtre, « avant ce soir tu

FIG. 18 Extrait de « La débutante » et collage (Max Ernst), dans Leonora Carrington, *La Dame ovale*, 1939 ; General Collection, Beinecke Rare Book and Manuscript Library, Yale University [1984 203], © Adagp, Paris, 2023.

Jeux d'enfants et adversité du monde adulte

Explicite ou implicite, la violence régit les rapports d'intersubjectivité dans les cinq récits de La Dame ovale. Elle se manifeste ouvertement dans le premier récit ayant donné le titre à l'ensemble, «La dame ovale», lorsque le père de Lucretia décide de brûler le cheval à bascule de sa fille de 16 ans, à la silhouette «très haute et mince» et au regard triste, que la narratrice perçoit «debout devant sa fenêtre». Si, d'un air calme, le père décide de cette punition, c'est parce que Lucretia aime encore, malgré l'interdit paternel[54], à «jouer aux chevaux», à se balancer sur Tartare, son cheval préféré qui s'anime lors du jeu. L'arrivée d'une pie que la jeune fille fréquente depuis dix ans et à laquelle elle a «coupé la langue en deux» augmente le désordre dans «l'immense chambre d'enfants» remplie de «centaines de jouets délabrés et cassés» où entre désormais la neige par une vitre cassée. La narratrice ne fait qu'observer d'abord les divertissements de plus en plus déchaînés de Lucretia, de Tartare et de Mathilde la pie, mais «pour ne pas crever de froid», elle se lance finalement dans une polka.

Deux mondes s'affrontent et sont irréconciliables: la façon de penser de l'adulte qui ne trouve aucun intérêt au jeu gratuit[55], et le désir qu'éprouve Lucretia de s'évader dans l'enfance, de se métamorphoser elle-même en cheval: «nous sommes toutes des chevaux», lance-t-elle joyeusement à ses compagnons de jeu. La septième transgression de la loi paternelle sera toutefois sanctionnée par un acte de destruction dont la narratrice retient «des hennissements effrayants […] comme si une bête souffrait des tortures inouïes». Comme La Maison de la Peur, le récit se termine dans la frayeur, et même si la narratrice ne subit pas les conséquences du jeu interdit – le père «n'avait pas remarqué [s]a présence» –, elle semble affectée par le châtiment violent. Le conflit père/fille, ou plus généralement celui qui oppose l'univers enfantin au monde adulte, avec ses règles et ses restrictions, outre une charge érotique certaine, rappelle le scénario d'*Alice au pays des merveilles*: tout est agrandi de manière disproportionnée (la jeune fille mesure «au moins

---

54. Sur un ton très sévère, la gouvernante, «une vieille femme», le rappelle à Lucretia: «vous savez que ce jeu est strictement défendu par votre Père? ce jeu ridicule! Vous n'êtes plus une enfant».

55. Si ce n'est pas pour cette explication que l'on opte, on peut aisément imaginer l'éventuel plaisir sexuel que le père souhaite interdire à sa fille jusqu'à recourir à l'ultime moyen qui consiste à détruire le cheval.

trois mètres de haut »); la pie qui sait parler subit une anthropomorphisation (mais pas le cheval Tartare); les méchants appartiennent au *règne* des adultes (Lucretia traite son père tour à tour de « salaud » et de « porc »; quant à la vieille gouvernante, substitut de l'autorité parentale, elle saute sur le dos de Lucretia en lui enfonçant « un mors entre les dents », elle attrape la pie par la tête et la narratrice par les cheveux pour lancer la petite communauté de joueurs désobéissants « dans une danse furieuse »). En plus du monde de l'autre côté du miroir que découvre Alice, Carrington fait aussi référence à *Peter Pan*, pièce de théâtre (1904) et roman (1911) de James Matthew Barrie. La somptueuse maison de Lucretia et de son père évoque la demeure bourgeoise londonienne des Darling; le Pays imaginaire où Peter Pan emmène Wendy et ses frères ressemble au monde fabuleux plein de jouets animés dans lequel plonge Lucretia. L'aspect le plus intéressant est toutefois le refus de vieillir que partagent le héros du début du XXe siècle et la jeune fille de 16 ans. Le personnage de Carrington rejoue une trentaine d'années plus tard la peur de quitter l'enfance, de devenir adulte et de se soumettre à la Raison[56]. Lucretia personnifie littéralement les attraits de l'enfance et de l'imagination, chères aux surréalistes. L'image que projettent les adultes n'a rien d'attirant.

Le collage fabriqué par Ernst pour « La dame ovale » prend le contre-pied de la violence[57] exercée par la gouvernante et le père, en proposant un cheval coupé au buste (une fois de plus, la ressemblance avec la figure du cavalier est frappante) en train de hennir joyeusement, sur le museau duquel est perchée une pie, les ailes fermées et la queue déployée. Parfaitement imbriquée dans la tête du cheval, tel un masque, elle confère à son hôte la fière allure d'un destrier. Leur unité est symbolique : le cheval renvoie à Carrington et l'oiseau, à Ernst[58]; ils co(n)signent le

---

56. Les nombreuses références intertextuelles à deux grands classiques de la littérature pour enfants ou adolescents dont regorgent tout particulièrement les deux premiers récits brefs du recueil *La Dame ovale* mériteraient une étude plus approfondie.
57. Ce choix est d'autant plus étonnant que la violence est fréquemment représentée dans les collages de Max Ernst, souvent sous forme de scènes d'assassinat (un homme tire avec un pistolet sur une femme; une femme en ange vengeresse s'apprête à enfoncer une lance dans la poitrine d'un homme à terre), si l'on pense à *Une semaine de bonté* et à *La Femme 100 têtes*.
58. Signalons que, si le jeu de renvoi à l'animal totémique de l'autre collaborateur est l'une des caractéristiques des deux œuvres étudiées dans le présent chapitre, le dialogue interartistique entre Carrington et Ernst dépasse assurément l'espace du *livre*, comme on a pu l'observer pour l'autoréférentialité des collages à l'iconographie ernstienne d'avant

À la ville comme à l'œuvre 163

livre. Les deux bêtes ont la tête tournée vers le texte, pointent donc vers lui alors qu'il n'y a pas encore été question d'eux.

L'univers floral n'échappe pas lui non plus à la violence, comme le montre l'ultime récit du recueil, « L'oncle Sam Carrington ». Carrington y renoue avec l'univers bourgeois et ses obsessions de conformisme et de bienséance telles qu'ironisées dans « La dame ovale ». Partie à la recherche d'un remède contre le rire indécent de l'oncle Sam (face à « la pleine lune ») et celui, choquant, de tante Edgeworth (à la vue d'un « coucher de soleil »), la narratrice, en compagnie de son ami le cheval rencontré en chemin, découvre le secret des demoiselles Cunningham-Jones spécialisées dans « l'extermination des hontes de famille ». Dans leur potager, en pleine forêt enchantée par des cadavres, elles fouettent les légumes qui, à leur tour, finissent par se battre entre eux : « "Il faut souffrir, crient les demoiselles, pour aller au ciel. Ceux qui ne portent pas de corset n'arriveront jamais !" ». Voyant la surprise de la jeune fille face à cette scène déjantée, le cheval qui sert de guide dans ce « monde de férocité[59] » lui explique que les légumes « souffrent pour le bénéfice de la société », ce qui engage la voix narrative à affirmer laconiquement que les légumes n'avaient pas l'air enthousiastes de « mourir de mort honorable ». Arrivé au bout du recueil, après avoir lu, dans l'ordre (ou le désordre, pourquoi pas ?), « La dame ovale », « La débutante », « L'ordre royal » et « L'amoureux » (Fig. 19 ; récit d'un fruitier qui s'occupe de sa femme couchée sur un lit depuis 40 ans et restée toute chaude, mais qui ne bouge pas ni ne parle ni ne mange depuis ce temps-là), après avoir vu les collages en dialogue très ponctuel avec les intrigues, le lecteur ne

---

le travail collaboratif avec sa jeune compagne. Voir Doris G. Eibl, « Se répondre ou ne pas répondre : du dialogisme dans *La Dame ovale* de Leonora Carrington et Max Ernst », http://lisaf.org/project/carrington-dame-oval. J'ajouterais par ailleurs que même pour Carrington, le jeu de références entre sa première phase de peinture et les récits des années 1938-1939 frappe par sa tendance autocitationnelle : entre 1937 et 1939, la peintre compléta quatre tableaux qui dialoguent avec les récits de cette période : *Self-Portrait (The Inn of the Dawn Horse)* – l'hyène, le cheval à bascule et la fenêtre ouverte reviendront respectivement dans « La Débutante » et « La dame ovale » –, *Horses of Lord Candlestick* (le rassemblement de chevaux fait penser à celui dans *La Maison de la Peur*), *The Meal of Lord Candlestick* (préfigure l'importance des scènes de repas) et *Portrait of Max Ernst* (le cheval blanc pétrifié dans la glace et Ernst couvert d'un plumage rouge se terminant par une queue de poisson y cohabitent).

59. Les animaux peuvent être des « guides dans un monde de férocité », explique Jacqueline Chénieux-Gendron dans *Le surréalisme et le roman, op. cit.*, p. 254, comme dans *La Maison de la Peur*, *The Seventh Horse* ou la pièce *Pénélope*. Ailleurs, ils peuvent faire preuve de férocité eux-mêmes en dévorant des êtres humains.

s'étonnera guère d'apprendre que deux carottes et une courgette constitueront le remède miraculeux contre la honte familiale: tombés entre les mains des demoiselles Cunningham-Jones, ils sont empaquetés et remis à la narratrice, avec la promesse que ces légumes sauront rétablir la «réputation sociale» de la famille.

Contrairement à «La débutante», dans «L'oncle Sam», c'est la mère qui se préoccupe de l'honneur familial mis en cause par le comportement enfantin de l'oncle et de la tante. La figure maternelle s'érige comme un barrage contre le dépassement de l'ordre bourgeois en matière de ce qui se fait et, surtout, de ce qui ne se fait pas, tout en déléguant les mesures (violentes, voire cruelles) à prendre à de drôles de vieilles filles qui ont tout des sorcières vivant recluses en forêt. Si l'on rit de ces histoires, c'est tout de même d'un rire jaune.

La violence des gestes humains, l'hybridation des règnes animal, humain et floral, ainsi qu'une certaine monstruosité des personnages d'autorité constituent les éléments structurants des cinq récits brefs. On peut aussi repérer les deux derniers éléments dans le frontispice (sorte de Méduse-pieuvre-léopard à l'œil surdimensionné[60]) et les sept collages fidèles à «l'iconographie ernstienne élaborée depuis la fin des années 1920[61]». L'insertion des images, en alternance irrégulière sur la belle page ou sur la page de gauche, *dérange* le regardant-lisant de deux façons. Comme toujours dans le cas d'illustrations *in texte*, les collages créent d'une part un temps d'arrêt dans le flux de lecture-spectature; et, d'autre part, ils fonctionnent tels des hors-sujets: la tête de cheval amalgamée à une pie («La dame ovale»); la lectrice à la tête de chrysalide[62] ornée d'une immense boucle («La débutante»); la marionnette de bois et le bizarre personnage géométrisé («L'ordre royal»); les deux natures mortes, l'une plus monstrueuse que l'autre («L'amoureux»), de même qu'un homme sérieux et digne, à côté d'une pile très haute de livres, et le trio final d'un homme et de deux figures féminines, dont l'une a une tête de cheval. Ou pour le formuler avec les mots de Doris G. Eibl:

---

60. On reconnaît aisément dans cette figure monstrueuse la pieuvre avec ses tentacules de *La Femme 100 têtes*, *op. cit.*, p. 131.
61. Doris G. Eibl, «Se répondre ou ne pas répondre», *loc. cit.*
62. Depuis *Les Malheurs des immortels* (1922), les têtes tronquées et remplacées par un élément étranger au corps du personnage – femme ou homme – font partie des leitmotivs des collages ernstiens. Elles sont monnaie courante dans les romans-collages.

À la ville comme à l'œuvre

FIG. 19 Collage (Max Ernst) et extrait de « L'amoureux », dans Leonora Carrington, *La Dame ovale*, 1939; General Collection, Beinecke Rare Book and Manuscript Library, Yale University [1984 203], © Adagp, Paris, 2023.

★

L'amoureux

En passant par une rue étroite le soir, j'ai chipé un melon. Le fruitier, qui était caché derrière ses fruits, m'attrape par le bras : « Mademoiselle, me dit-il, il y a quarante ans que j'attends une pareille occasion. Quarante ans que je suis caché derrière cette pile d'oranges dans l'espoir que quelqu'un me chipe un fruit. Voilà pourquoi : je veux parler, je veux raconter mon histoire. Si vous ne m'écoutez pas, je vous donne aux gendarmes ».
— « J'écoute », dis-je.
Il me prend par le bras et m'entraîne dans la profondeur de sa boutique entre des fruits et des légumes. Nous passons par une porte au fond et arrivons dans une chambre. Il y avait là un lit qui contenait une femme immobile et probablement morte. Il me parut qu'il y avait longtemps qu'elle était là, car le lit était tout couvert d'herbes. « Je l'arrose chaque jour », disait le fruitier pensivement.

Pour ce qui est des textes et collages de *La Dame ovale*, toute lecture simultanée s'avère, en effet, extrêmement problématique. Jaloux de leur autonomie, [...], textes et collages résistent, dans l'immédiat en tout cas, au désir du lecteur de les superposer, de les rapporter les uns aux autres et de comprendre le sens de cette étrange cohabitation[63].

L'œuvre résiste au déchiffrement, et ce, d'autant plus que le collage ernstien fonctionne comme l'image poétique surréaliste dont l'une des particularités doit être, selon Breton et dans la foulée de Lautréamont, le rapprochement fortuit de deux ou plusieurs éléments *a priori* opposés, rapprochement susceptible de produire un effet paradoxal. Dans une large mesure, les rapports texte/image semblent en effet brouillés entre ce qu'on lit et ce qu'on voit. Les corps hybrides prédominent dans ces représentations de scènes qui n'illustrent qu'accessoirement les récits de Carrington. Elles corroborent néanmoins toutes, à travers le mélange de grotesque et de comique des figures composites ou de leur comportement, une étrangeté propre aux textes brefs qui se terminent d'ailleurs toujours en queue de poisson.

Face à l'absurde

Fussent-ils différents sur le plan de la longueur, des intrigues, des structures formelles, des thèmes et des motifs, *La Maison de la Peur* et *La Dame ovale* donnent le ton de l'œuvre à venir de Leonora Carrington. L'auteure valorise, par le biais de l'humour noir et ses sources d'inspiration littéraires anglaises (le fantastique satirique de Swift et le merveilleux de Carroll[64]), la libération des contraintes familiales et sociales. Les deux ouvrages à l'étude mettent en scène, pour mieux les moquer, des comportements jugés inconvenants par les adultes dans une société qui veille au respect des normes du vivre-ensemble, qui impose des règles raisonnables dont la narration s'applique toujours à faire apparaître le côté absurde. Le regard irrévérencieux que porte la narratrice sur ce qui se présente à elle comme la réalité, depuis sa position de l'entre-deux-mondes – entre le réel et le merveilleux (ou parfois le fantastique) –,

---

63. Doris G. Eibl, « Se répondre ou ne pas répondre », *loc. cit.*
64. Selon Renée Riese Hubert (*Magnifying Mirrors, op. cit.*, p. 137), Carrington emprunte à Swift son « humour sauvage » (« *wild humor* ») et à Carroll son « univers onirique déroutant » (« *perplexing dreamworld* ») qui sont tous deux loin de l'imaginaire ernstien.

sur le (dys)fonctionnement des rapports humains, prend pour cible le système de valeurs bourgeois. À défaut de pouvoir être changées, les valeurs sont démasquées comme factices, elles sont montrées comme des entraves au bonheur de «La débutante», avide de lire des livres passionnants et non de jouer le rôle de la jeune fille à introduire sur le marché nuptial; à la joie de «La dame ovale» de se transformer en cheval; au sentiment amoureux du fruitier qui arrose le corps de son épouse défunte pour la garder vivante[65]; au rire fou de «L'oncle Sam» ou de tout autre membre d'une famille bourgeoise qu'il s'agit de guérir à coups de bâton; à la prétendue folie de la Reine se baignant «au lait de chèvre» et qui ne respecte pas la raison d'État représentée par les ministres de l'Ordre royal.

On se souvient que, pour Freud, l'humour fait partie des méthodes, avec le jeu, l'ivresse, l'extase et la folie, que la vie psychique de l'homme mobilise en vue de se soustraire à la contrainte de la douleur[66]. Pour le psychanalyste qui développa ses idées sur la cause du désir d'humour dès 1905 dans *Der Witz und seine Beziehung zum Unbewußten*, c'est un moyen de défense contre le conflit et la douleur, faisant triompher le «*Lustprinzip*» (principe de plaisir) sur le «*Realitätsprinzip*» (principe de réalité). On se souvient également que, selon Breton, dans l'élargissement de la conception freudienne, «[l']humour noir est borné par trop de choses, telles que la bêtise, l'ironie sceptique, la plaisanterie sans gravité […]». Et si elle est «par excellence l'ennemi mortel de la sentimentalité […] et d'une certaine fantaisie à court terme[67]», cette stratégie du rire *noir* permet à Carrington de revendiquer les valeurs auxquelles elle restera attachée tout au long de sa démarche entre les arts et les médias, menant une carrière double en tant que peintre et écrivaine: l'hostilité à l'égard du conformisme bourgeois, la liberté (de penser, d'agir, d'enfreindre les règles de la langue française) et l'indépendance de créer des œuvres en mélangeant différents genres littéraires et

---

65. Agnès, la femme étendue dans l'arrière-boutique du marchand de fruits et de légumes, rappelle toutes ces femmes des collages de Max Ernst, couchées, qu'on ne sait mortes, inconscientes ou endormies, comme le note Doris G. Eibl, «Se répondre ou ne pas répondre», *loc. cit.*

66. Voir Sigmund Freud, *Le mot d'esprit et ses rapports avec l'inconscient*, Paris, Gallimard, 1974 [1930], p. 403. Dans son introduction à l'*Anthologie de l'humour noir*, *op. cit.*, p. 16, Breton renvoie longuement à la conception freudienne de l'humour.

67. André Breton, *Anthologie de l'humour noir*, *op. cit.*, p. 17.

À la ville comme à l'œuvre 169

sources d'inspiration, allant des contes celtes et de la tradition littéraire britannique à l'imaginaire maya lorsqu'elle sera installée au Mexique.

Entre 1938 et 1939, années noires compte tenu des événements politiques qui bouleverseront l'histoire du XXe siècle, la jeune Leonora Carrington déploie, lors de son entrée en littérature, un imaginaire fantasmatique qui fait la part belle aux zones *borderline* et aux visions oniriques, dont certaines peuvent paraître prophétiques *a posteriori*, comme *La Maison de la Peur* régie par une figure d'autorité irrationnelle. Les espaces du réel et du surréel paraissent contigus si l'on adhère, comme l'auteure, à la pensée magique et au pouvoir alchimique propres à la conception de l'ésotérisme ancien. Le palais où règne la Peur, le cheval de bois qui émet des « hennissements effrayants » au moment de passer au feu, de vieilles dames infligeant la torture aux légumes qui font valoir eux aussi la loi du plus fort, toutes ces figures symbolisent le décloisonnement entre le monde du visible et le royaume de l'invisible, entre le diurne et le nocturne. Aux yeux du lecteur, le passage d'un univers à l'autre se fait le plus souvent sans transition, au tournant d'une phrase, sinon par des signes annonçant un malheur, comme les chauves-souris sur la robe de chambre de la Peur ou la pie Mathilde à la langue fourchue.

Chez Leonora Carrington, le danger émerge de l'écart, de ces espaces intermédiaires où peut s'ouvrir, si l'on y reste pris, un vide abyssal. C'est ce qui arrive peu après les premières œuvres collaboratives à la narratrice-protagoniste du récit auto(bio)graphique *En Bas*[68], où le « je » narrant, à la suite de son départ précipité d'une France aux prises avec le régime de Vichy, puis de son internement dans un hôpital psychiatrique en Espagne, tente de se libérer de son prétendu tortionnaire, le docteur Morales, et, par le même acte, de délivrer l'Espagne du régime franquiste[69]. Le corps de la narratrice devient le lieu où se déroule le

---

68. Leonora Carrington, *En Bas*, précédé d'une lettre à Henri Parisot, Paris, Éric Losfeld, 1945. En 2013, le récit a fait l'objet d'une réédition chez L'Arachnoïde (Vigan Perdu), s'ajoutant ainsi au corpus d'autres écrits surréalistes réédités ces dernières années. La traversée du miroir qu'effectue le sujet narrant, à la suite d'Alice, fut relatée en 1943 à Jeanne Megnen, la femme du Dr Pierre Mabille ; un an plus tard, le texte fut publié en anglais dans la revue *VVV* et traduit finalement en français par Henri Parisot.
69. Renée Riese Hubert (*Magnifying Mirrors*, *op. cit.*, p. 115) propose cette lecture politique d'*En Bas* à laquelle je souscris en bonne partie. Mais il y a plus, me semble-t-il, qui a à voir avec le pouvoir de résistance à un système affolant *et* la capacité de résilience du sujet féminin grâce au pouvoir des mots pour dire le traumatisme : Carrington le fait sous forme d'un récit autographique construit autour de la dyade corps et écriture de soi.

spectacle de métamorphoses empreintes d'une beauté convulsive – le «je» passe de l'état de légume à celui d'une panthère aux griffes dangereuses – culminant dans une hybridité identitaire, expression de la confusion des règnes humain et animal. Carrington avait déjà testé auparavant, sous le voile du merveilleux et du fantastique, les bienfaits de la métamorphose: Lucretia, dans «La Dame ovale», est dotée d'un corps qui non seulement peut s'allonger, mais qui est également capable, le temps du jeu vespéral, de se transformer, la neige aidant, en jument blanche. Dans *En Bas*, les passages métamorphiques paraissent plus complexes et n'appartiennent nullement au royaume du jeu. Le sujet narrant, dans une posture «d'auto-analyse[70]», résiste tant bien que mal aux traitements que le corps médical lui impose et dont le lecteur ne sait trop s'ils sont hallucinés ou réellement infligés, tout comme la frontière entre la schizophrénie diagnostiquée par le psychiatre Morales et les visions (de soi et d'autrui) relatées de manière détaillée par la narratrice demeure trouble. Après de nombreuses piqûres au Cardiazol, le «je» parvient à retrouver un équilibre psychique et à remonter du pavillon d'En Bas pour laisser derrière lui le monde de la folie délirante.

*

La passion des limites, la *passion* qui atteint ses limites et les épuise, fait entendre cette intensité, ce «mystère», cette «poésie» si caractéristiques de Leonora Carrington, selon les dires de Max Ernst à la fin de sa préface à *La Maison de la Peur*. La fascination pour le dépassement des frontières – géographiques, artistiques et génériques –, pour l'entre-deux figuré parfaitement par la chimère continuera de nourrir la création notamment picturale de Leonora Carrington, si l'on pense à des tableaux comme *La Chrysopée de Marie la Juive* (1964) ou *Le Retour de Boadicée* (1969), peints au Mexique, au milieu d'une communauté d'exilés[71]. La période mexicaine est marquée, après les trois années de collaboration étroite avec Max Ernst et l'expérience psychiatrique de Santander, d'une

---

Voir à ce propos, Andrea Oberhuber, *Corps de papier. Résonances*, Montréal, Nota bene, 2012, p. 90-95.
70. Jacqueline Chénieux-Gendron, *Le surréalisme et le roman, op. cit.*, p. 200.
71. Voir Katharine Conley, «Introduction», *Journal of Surrealism and the Americas*, vol. 5, n°s 1-2 («Women in the Surrealist Conversation»), 2011, p. IV-VI; Annie Le Brun, *Leonora Carrington*, Paris, Gallimard, 2008.

plus grande indépendance artistique, certes, mais surtout de recherches sur des mythes – mexicains et orientaux –, des pratiques alchimiques et des paysages fantas(ma)tiques. Ce qu'on y voit, ce sont des « possibilités inouïes », à condition de se mettre « d'accord avec la Peur[72] ».

---

72. Leonora Carrington, *En Bas* (réédition), *op. cit.*, 4ᵉ de couverture.

Oiseaux en péril, ou le sacre du couple créateur Dorothea Tanning et Max Ernst

L'INTERNEMENT DE MAX ERNST en 1940 au camp des Milles, dans le sud de la France, et le départ précipité de Leonora Carrington en Espagne où elle fut internée à son tour, mais dans un hôpital psychiatrique, mirent fin brutalement à leur vie de couple et aussi, par conséquent, à leurs travaux collaboratifs, perturbés par l'intrusion du politique dans leur quotidien de créateurs[1]. Peu d'années après, c'est au sein du couple qu'Ernst formera avec l'artiste américaine Dorothea Tanning qu'une nouvelle forme de démarche collaborative – égalitaire et équilibrée en ce qui a trait au partage de l'espace livresque – verra le jour, quoique tardivement dans le cheminement respectif des deux artistes. En ce sens, et parce qu'il marie écriture poétique, gravure et collage, l'album *Oiseaux en péril*[2] constitue l'œuvre unique, au double sens du terme, du couple créateur Tanning-Ernst.

La rencontre des deux artistes[3] eut lieu à New York en décembre 1942, dans l'atelier de la jeune peintre. Chargé par Peggy Guggenheim,

---

1. Voir le chapitre sur Leonora Carrington et Max Ernst.
2. Dorothea Tanning et Max Ernst, *Oiseaux en péril*, Paris, Max Ernst et Georges Visat, 1975, n. p. Toutes les citations renverront à cette édition non paginée; ne seront indiqués dans le corps du texte, entre parenthèses, que les titres des poèmes si nécessaire. Je remercie Kevin Repp, de la Beinecke Rare Book and Manuscript Library à l'Université Yale, d'avoir mis à ma disposition une version numérisée de l'album que j'ai toutefois eu le bonheur de consulter sur place au printemps 2016. Je rappelle au passage que le riche Fonds Max Ernst se trouve conservé dans cette bibliothèque.
3. Les premiers textes littéraires de Tanning datent des années 1940. Son texte bref «Blind Date», par exemple, parut dans la revue avant-gardiste new-yorkaise *VVV*, n°s 2-3, mars 1943, p. 104. Difficilement accessibles, plusieurs écrits de celle qui demeure essentiellement connue comme peintre sont reproduits dans le catalogue *Dorothea Tanning*, Londres, Tate Modern, 2018.

férue des avant-gardes[4], de choisir des œuvres de femmes artistes contemporaines pour une exposition que la collectionneuse d'art moderne souhaitait monter et qui allait s'intituler *Thirty-One Women*[5], Ernst découvre chez Tanning un autoportrait inachevé. Dans son récit autobiographique, *Birthday* (1986), Tanning relate la première rencontre avec celui qui, jusqu'en mars 1943, était encore le mari de Guggenheim, intéressé alors par la relève artistique américaine. Face au tableau placé sur le chevalet, Max Ernst se serait enquis du titre de la toile, se souvient le «je» qui raconte: «"Comment l'appelez-vous?" a-t-il demandé. "Je n'ai pas vraiment de titre". "Alors vous pourriez l'appeler *Birthday*". Comme ça![6]». L'autobiographie présente cette rencontre mythique comme l'instant décisif de l'union dans laquelle allaient bientôt s'engager un peintre à l'apogée de sa carrière et une artiste en herbe. Ils forment rapidement l'un des nombreux couples créateurs avant-gardistes[7] et leur union est officialisée par le mariage en 1946 à Beverly Hills, en même temps que celui de Man Ray avec Juliet Browner[8]. Publié dix ans après la mort de Max Ernst, le récit autobiographique de Tanning peint le portrait de vies parallèles, de créations artistiques côte à côte sur la longue durée[9], sans que l'on y trouve des traces de commentaires substantiels sur les

---

4. Amie de Marcel Duchamp, de Jean Cocteau et du couple Hans Arp et Sophie Taeuber, entre autres, Guggenheim venait d'ouvrir sa galerie new-yorkaise Art of this Century, en octobre 1942.
5. Voir Penelope Rosemont, *Surrealist Women: An International Anthology*, Austin, University of Texas Press, 1998, p. 225.
6. Dorothea Tanning, *Birthday*, Paris, Christian Bourgois, 1989 [1986], p. 15. Tanning choisit 35 ans plus tard le même titre pour son récit autobiographique, ce qui redonne toute l'importance à l'année de sa rencontre avec Ernst.
7. Pensons à Emmy Hennings et Hugo Ball, à Sophie Taeuber et Jean/Hans Arp, à Hannah Höch et Raoul Hausmann, à Elsa Triolet et Louis Aragon, à Jacqueline Lamba et André Breton, à Lee Miller et Man Ray, à Claude Cahun et Marcel Moore, à Unica Zürn et Hans Bellmer, à Valentine Penrose et Alice Rahon, à Remedios Varo et Benjamin Péret, à Kay Sage et Yves Tanguy, entres autres. Ce sont ces couples d'artistes, dont certains réalisèrent des travaux collaboratifs, qui sont mis à l'honneur dans l'ouvrage de Renée Riese Hubert, *Magnifying Mirrors, op. cit.*
8. Voir la «Chronologie» sur le site web officiel de Dorothea Tanning: https://www.dorotheatanning.org/dorothea-tanning/chronology.
9. Voir Renée Riese Hubert, *Magnifying Mirrors, op. cit.*, p. 24. Elle note: «Dans *Birthday*, Tanning dresse le portrait de vies parallèles, de créations artistiques réalisées l'un à côté de l'autre pendant plus de trente ans. [...] Deux artistes, deux "visionnaires" travaillant côte à côte» («*Tanning in Birthday provides a picture of parallel lives, of artistic creation pursued side by side over thirty years. [...] Two artists, two "visionaries", working side by side*»). Curieusement, la critique n'aborde aucunement *Oiseaux en péril* qui existe pourtant au moment de la rédaction de son ouvrage sur les couples de femmes et d'hommes au sein du Surréalisme.

travaux de l'autre partenaire ou ses recherches esthétiques[10]. Le titre suggéré par Ernst pour l'autoportrait *Birthday* (qui montre la jeune femme à la poitrine dénudée et vêtue de manière théâtrale, devant une enfilade de portes entrouvertes, un lémur ailé à ses pieds, « messager de l'inconscient libéré dans le rêve[11] ») signifiera une double naissance pour Tanning : elle s'initiera à l'esthétique surréaliste et elle deviendra la quatrième épouse de l'artiste d'origine allemande naturalisé américain. Le couple s'installe la même année à Sedona, en Arizona, y construit une maison l'année suivante, refuge par excellence nommé Capricorn Hill[12], où chacun peut s'adonner à son travail de création (tout en allant parfois ailleurs pour réaliser des projets), et où il reçoit des amis tels Marcel Duchamp, Roland Penrose et Lee Miller, George Balanchine et Tanaquil Leclercq, Henri Cartier-Bresson, Yves Tanguy et Kay Sage. Imprégné des paysages du désert, de la faune, de la flore et de l'art autochtone des Hopis qui vivent tout près, le couple quitte néanmoins l'Arizona pour Paris, Huismes et finalement Seillans, à partir de 1965.

On l'aura compris, *Oiseaux en péril* est la seule œuvre en texte et en image issue d'une démarche collaborative entre Tanning et Ernst ; ils n'eurent pas le temps de récidiver, comme cela avait été le cas de Carrington et Ernst. Ce qui rend particulièrement intrigant l'album de 1975 est le fait qu'il s'agit de l'œuvre d'une fin de vie, cosignée et publiée

---

10. On s'étonne en effet avec Riese Hubert que, en l'absence de toute jalousie ou concurrence, Dorothea Tanning n'évoque aucun dialogue véritable entre son travail de peintre et celui de son partenaire : « Nous cherchons en vain des réflexions de la part de Tanning sur une toile en cours – l'une des siennes ou d'Ernst. [...] Apparemment, une fois achevés, leurs travaux respectifs ont fait l'objet d'une approbation spontanée. Cependant, dans *Birthday*, Tanning n'a fait aucune tentative pour se voir elle-même ou Max Ernst comme des critiques d'art qui auraient pu formuler des commentaires particuliers » (« *We miss Tanning's reflections on a canvas in progress, whether his or hers. [...] Apparently their respective works solicited, upon completion, spontaneous approval. But Dorothea Tanning made no attempt in* Birthday *to view herself or Max Ernst as a critic as well as a creator, a critic who may have voiced specific reactions* » : *Magnifying Mirrors, op. cit.*, p. 24).

11. Whitney Chadwick, *Les femmes dans le mouvement surréaliste, op. cit.*, p. 93. Voir également le commentaire d'Alyce Mahon qui lit derrière cette autoreprésentation le pouvoir transformatif et alchimique que confère Tanning à cette figure de jeune femme : « Dorothea Tanning. Behind the Door, Another Visible Door », dans *Dorothea Tanning*, catalogue d'exposition, *op. cit.*, p. 15. Pour la symbolique de la porte comme indice de menace et d'ouverture vers l'imagination, voir Mary Ann Caws, *The Surrealist Look, op. cit.*, p. 75-86.

12. Dans *Birthday* (*op. cit.*, p. 109-119), Dorothea Tanning évoque les années à Sedona justement sous le titre de chapitre « Capricorn Hill » ; c'est d'ailleurs dans leur jardin qu'Ernst crée la sculpture monumentale *Capricorne* (1947), composée de déités royales qui veillent sur la maison de deux pièces et ses habitants.

chez Visat au bout de plus de 30 années de vie commune. L'ouvrage se révèle *a posteriori* le testament du couple Tanning-Ernst, leur legs esthétique à la postérité – c'est du moins ainsi que je le conçois[13] –, puisque Loplop, l'Oiseau supérieur, repliera ses ailes peu de temps après la publication de l'album. Les rôles sont clairement répartis : Tanning assume l'écriture des poèmes en prose[14], tandis qu'Ernst est le maître d'œuvre de la part visuelle et matérielle de l'album grand format[15]. Mais on voit l'impact de l'un sur la création de l'autre ; on sent le désir de faire œuvre à deux tout au long des feuillets rassemblés, mais non reliés, dans une chemise à dessin, en toile rouge, glissée dans un emboîtage-étui cartonné noir.

Une suite de quadriptyques

Les mots et les images cohabitent harmonieusement dans l'œuvre qui témoigne d'un geste créatif unificateur. « Combinant écriture et image », *Oiseaux en péril* « se prête à la fois à la lecture et au regard[16] », pour reprendre la formulation d'Elza Adamowicz à propos des caractéristiques de ce qu'elle désigne, dans sa conception de l'objet *livre*, comme « livre d'artiste surréaliste ». Rappelons qu'Ernst ne s'était plus lancé dans des démarches collaboratives avec une auteure après la séparation d'avec Leonora Carrington. Et même dans le couple avec Tanning, la cocréation livresque n'arrive qu'en fin de parcours.

Oiseaux en péril est un album aux dimensions remarquables, plutôt hors du commun parmi les livres surréalistes. En cela, il se rapproche

---

13. L'idée de lire l'ouvrage de 1975 comme le testament artistique du couple Tanning-Ernst a donné lieu à une première analyse d'*Oiseaux en péril* dans le cadre de mon projet CRSH sur le Livre surréaliste au féminin : Andrea Oberhuber et Sarah-Jeanne Beauchamp Houde, « *Oiseaux en péril*, l'œuvre testament de Dorothea Tanning et Max Ernst », http://lisaf.org/project/tanning-dorothea-oiseaux-en-peril/.

14. Précisons que le poème 7, « Nous sommes la somme de nos envergures », fait exception à la règle : c'est le seul qui soit en vers libres. Ajoutons également que, dans les autres poèmes, on sent le souci de disposer les phrases en unités thématiques sur la feuille sans que l'on puisse parler de « strophes » au sens propre du terme.

15. Notons que la couverture d'*Oiseaux en péril* indique comme éditeurs Max Ernst et Georges Visat, dans cet ordre.

16. Elza Adamowicz, « Les yeux, la bouche », *loc. cit.*, p. 31. Insistons sur le fait que je n'adhère pas à la terminologie d'un « livre d'artiste surréaliste » puisqu'il s'agit, à mon sens, de deux traditions de l'objet *livre* qui s'échelonnent dans le temps tout en partageant certaines particularités et affinités, mais également des différences. Voir, à ce propos, ma contribution intitulée « Livre surréaliste et livre d'artiste mis en jeu », *loc. cit.*, p. 9-10.

plus d'*Oracles et spectacles* d'Unica Zürn et de *Dons des féminines* de Valentine Penrose que de *Mains libres* (1947) d'Éluard-Ray ou de *Brelin le frou* (1975) de Prassinos. Mesurant 56 cm de hauteur et 44 cm de largeur, il offre une lecture-spectature croisée entre les huit poèmes en prose de Tanning et les huit gravures sur cuivre d'Ernst[17]. Publié chez Georges Visat, l'un des éditeurs spécialisés en livres surréalistes et, de manière générale, en livres d'art, l'ouvrage est imprimé sur du vélin d'Arches (renommé dans le monde de la gravure, en raison de son grain fin et de sa texture presque textile, entre autres), et tiré à 130 exemplaires, dont 30 hors commerce ; les lithographies (30 × 20 cm) sont protégées par une feuille de papier Japon, ce qui renforce le caractère précieux de l'album. Comme beaucoup de livres optant pour un dispositif texte/image sophistiqué et encore davantage dans le cas des albums d'art – pensons à ceux de Penrose et de Zürn mentionnés plus haut ou encore au *Journal de Frida Kahlo* de Kahlo, à *En chair et en or* de Tanning, à *Sansibar* et à *Caroline* d'Oppenheim –, *Oiseaux en péril* renonce à toute pagination, ce qui ouvre la porte, du moins en principe, à une déambulation libre entre les feuillets. On verra néanmoins qu'un parcours de lecture-spectature, quoiqu'assez libre, est tracé sous les thématiques de l'exil et de la menace.

La couverture contraste avec les caractéristiques matérielles mentionnées ci-dessus. C'est en effet sa sobriété qui, malgré le gabarit imposant de l'album, teinte le premier contact visuel que le lecteur établit avec l'œuvre : la couverture indique en caractères noirs sur fond beige-rosâtre le nom de Dorothea Tanning comme auteure du livre, le titre en majuscules, le type d'images suivi du nom de l'artiste – Max Ernst – et la maison d'édition. Ainsi, les noms des deux collaborateurs encadrent le titre de l'album placé au milieu de la page et dont les trois termes sont séparés par un alinéa (OISEAUX / EN / PÉRIL), comme pour indiquer d'office un rythme «coupé» incitant à une lecture au ralenti, mot par mot. Le fait que le nom de Tanning précède celui d'Ernst, auquel est associée l'information «huit gravures de», donne à penser que c'est l'auteure-peintre américaine qui est à l'origine du travail collaboratif et qu'elle assume à nouveau, après le très bel album *En chair et en or* (1973),

---

[17]. Notons que, sur l'avant-dernière page de l'album, on indique au lecteur que «[h]uit poèmes de Dorothea Tanning accompagnent huit gravures sur cuivre de Max Ernst». Cette manière de renverser la fonction des images, qui traditionnellement «accompagnaient» des textes, indique clairement que la relation entre les poèmes et les gravures est d'une autre nature que dans le livre illustré.

u printemps il se pare d'une notion nuptiale importée d'Égypte. Le long voyage — traversée du Sahara avec bains de sable, de la Méditerranée avec escale sentimentale à Salonique, du tourment des airs et des abimes, tout ça a éprouvé ses poumons minuscules et élégants.

Son œil énorme contient l'anneau terrestre. Il rêve de l'univers, d'une envolée autre. Il étudie la perfection. Il se remet.

Chaste et véhément, son chant, répété en plein vol, désespère les enfants. Le cœur gonflé, il écoute la réponse : les pas du Désastre feutré.

Ignobles, les orteils au nombre de cinq ! Comme ils crissent et craquent dans le bocage ! Ils sont terriblement pointus. Et pointues leurs ombres. En l'espace d'un jour, combien de gris résille ? En l'espace d'un jour quels piétinements de feuilles mort-vivantes !

Désordre oui. Chaos non. Il plie ses ailes, ferme ses yeux et tisse son nid dans un nuage. Et la douce élue vient y pondre son œuf parfait.

FIG. 20 «Au printemps il se pare» et gravure sur cuivre (Max Ernst), dans Dorothea Tanning, *Oiseaux en péril*, 1975 ; General Collection, Beinecke Rare Book and Manuscript Library, Yale University [Folio Ernst 17], © Adagp, Paris, 2023.

le rôle de la poète. Face à ce livre-objet d'une facture à la fois sobre (choix des couleurs et de la police) et précieuse (format, papier), le lecteur se sent intrigué par ces oiseaux en péril.

Dès lors que le seuil de la première de couverture est franchi, le lecteur doit partir seul à la découverte de ce qu'abrite l'album : aucune préface, aucun préambule de la part des artistes, de l'éditeur ou de toute autre tierce personne initiée au travail du couple[18], ne balise l'entrée en matière. C'est comme si Tanning et Ernst tenaient à créer un huis clos leur permettant de rester entre eux, d'instaurer un « dialogue par le livre », pour reprendre l'idée centrale illustrée par Yves Peyré dans *Peinture et poésie*[19]. Cela ne fait aucun doute, *Oiseaux en péril* se veut un projet de couple créateur qui se retrouve seul dans l'intimité de son art et de sa vie, selon l'un des grands idéaux avant-gardistes[20]. En continuant la lecture-spectature, on s'immisce dans cette complicité, on découvre les diverses menaces que doivent affronter les oiseaux, et on se fait une petite idée de ce dont a l'air le sanctuaire des deux créateurs.

Le dispositif texte/image se déploie tout au long de l'album selon un rythme régulier : il s'agit d'une composition en quadriptyque, en quatre parties donc, inaugurée sur la belle page par le premier vers de chacun des huit poèmes en prose et suivie d'une double page – le poème à gauche et la gravure lui faisant face –, qui se referme sur une page blanche, sorte de pause imposée. Les titres des huit unités se lisent ainsi : « Au printemps il se pare d'une notion nuptiale importée d'Égypte » ; « Si le chant et la parade ne suffisent pas » ; « Mon fiancé est une idée saugrenue » ; « Devant mon aile droite couve le morne militaire » ; « La carte du monde tourne en dérision » ; « Je suis un être oisif » ; « Nous sommes la somme de nos envergures » ; « Tous les couloirs du soir lilas ». Soulevant la question de l'imbrication des deux moyens d'expression, un dernier détail, mais non le moindre, est à relever quant à l'importance du pictural dans

---

18. Rappelons que nombre de livres surréalistes signés par une femme auteur furent préfacés par des écrivains connus tels Paul Éluard, Pierre Mac Orlan, Philippe Soupault ou André Pieyre de Mandiargues.
19. Tel est le sous-titre de l'ouvrage que consacre Yves Peyré aux diverses modalités de collaboration entre poètes et peintres depuis le dernier tiers du XIXe siècle : *Peinture et poésie : le dialogue par le livre, 1874-2000, op. cit. Oiseaux en péril* n'y figure pas parmi les très nombreux exemples d'ouvrages hybrides.
20. Anne Tomiche insiste sur l'imbrication de l'Art et de la Vie dans les projets avant-gardistes du début du XXe siècle : *La naissance des avant-gardes occidentales, 1909-1922*, Paris, Armand Colin, 2015, p. 27-50.

l'ouvrage (Fig. 20): les poèmes de Tanning s'ouvrent sur une lettrine qui rappelle la tradition des livres manuscrits du Moyen Âge[21], autant que celle du livre illustré style XIXe siècle, l'une des sources d'inspiration majeures de Max Ernst. À la lumière de l'esthétique ernstienne nourrie de multiples références interpicturales, il y a fort à parier que ces lettrines délimitées dans un collage rectangulaire en miniature (2,8 × 3,3 cm) sont issues des expérimentations visuelles de l'artiste. En d'autres termes, l'imbrication entre l'écrit et l'image se fait littéralement par le biais de la lettrine, pratique devenue quelque peu obsolète au moment de la conception d'*Oiseaux en péril*. L'inscription d'une lettre dans le collage ouvrant le poème mise à part, l'écriture poétique et la gravure sur cuivre cohabitent sur la double page en respectant le pli du feuillet comme ligne de partage, au double sens du terme : le pli sépare et relie. Car le poème et la gravure sont raccordés par le premier vers des poèmes, faisant à la fois office de titre et de légende. De plus, le texte et l'image partagent un imaginaire commun, à savoir celui des volatiles en danger.

Mettant en scène un oiseau qui, dès la première phrase, « se pare d'une notion nuptiale importée d'Égypte » et qui « tisse son nid dans un nuage » où « la douce élue vient [...] pondre son œuf parfait » (« Au printemps il se pare d'une notion nuptiale importée d'Égypte »), le couple d'artistes décline en texte et en image sa vision de la menace et du danger : la représentation des deux oiseaux migratoires, devenus sédentaires le temps du livre (et de la nidification), recourt souvent à des cercles ou à des formes géométriques ovales qui renferment des outils, des insectes et des armes ; ce sont autant de corps étrangers qui, lorsque greffés sur l'un des corps d'oiseaux ou planant au-dessus de lui, font en effet apparaître les volatiles comme des espèces *en péril*.

Des collaborateurs à titre égal

Lorsque Max Ernst participe à l'élaboration d'*Oiseaux en péril*, il n'en est pas à son premier travail collaboratif. Outre les livres Dada et surréalistes réalisés conjointement avec Paul Éluard (*Répétitions*, 1922 ; *Les Malheurs des immortels*, 1922 ; *Au défaut du silence*, 1925 ; *Chanson complète*, 1939), il a également apporté son concours à *La Maison de la Peur*

---

21. Le type de lettrine largement répandu est, depuis le XVe siècle, celui de la *Florente littera*, composée de fleurs et de feuilles entrelacées. Voir Éric Dussert et Christian Laucou, *Du corps à l'ouvrage*, Paris, La Table ronde, 2019, p. 190 et p. 32.

(1938) et à *La Dame ovale* (1939), signés tous deux par la jeune Leonora Carrington. La thématique de l'oiseau, élevé au fil du XXe siècle « au rang de figure totémique ou de figure de substitution par de nombreux artistes[22] », est déjà très présente dans les illustrations que fait Ernst en 1955 pour *Galapagos, les îles du bout du monde* d'Antonin Artaud[23]. Vingt ans plus tard, la démarche collaborative avec Tanning est d'une tout autre nature, sans doute parce que les deux créateurs se connaissent depuis longtemps, qu'ils partagent en partie un univers commun, mais surtout parce que cette collaboration précède de peu le décès d'Ernst en 1976. Ainsi l'œuvre qui en résulte porte-t-elle les traces d'une menace diffuse, inscrite à même le titre, et que, à la lumière de données biographiques, on peut lier à la maladie de l'un des créateurs, dont l'impact sur la vision du couple est indéniable[24].

Si « Dorothea Tanning est surréaliste par sa capacité de mettre le rêve en image, de culbuter la réalité, de ne pas craindre les associations audacieuses, de mettre en pratique l'adage d'André Breton "[l]a beauté sera convulsive ou ne sera pas"…[25] », elle en fait essentiellement la preuve dans ses œuvres picturales pour lesquelles elle demeure plus connue encore de nos jours que pour ses sculptures en tissu rembourré, ainsi que pour les deux albums hybrides des années 1970, à peine commentés par la critique. En effet, formée à l'Art Institute of Chicago, la jeune Américaine était une peintre débutante avant de rencontrer Max Ernst

---

22. Stéphanie Le Follic-Hadida, « Le parcours illustré de l'oiseau de *Galapagos* à *Oiseaux en péril* », dans Julia Drost, Ursula Moureau-Martini et Nicolas Devigne (dir.), *Max Ernst, l'imagier des poètes*, Paris, Presses de l'université Paris-Sorbonne, 2008, p. 159. Signalons que la thèse de doctorat de l'historienne de l'art porte sur *L'oiseau dans la sculpture du XXe siècle*, Université Panthéon-Sorbonne, 2001.
23. L'ouvrage d'Artaud date de 1932, quatre ans avant son voyage au Mexique, mais il ne parut aux éditions Broder qu'en 1955. C'est de cette année que datent les 12 eaux-fortes de Max Ernst. Il s'agit donc d'une illustration *a posteriori* et non d'un travail collaboratif. Pour les eaux-fortes, dont la moitié sont des *in-texte*, voir le site du MoMA : https://www.moma.org/collection/works/illustratedbooks/26022?locale=en&page=&direction.
24. Contrairement à Stéphanie Le Follic-Hadida (« Le parcours illustré de l'oiseau de *Galapagos* à *Oiseaux en péril* », *loc. cit.*, p. 166), je n'affirmerais pas que Tanning et Ernst « s'amusent […] dans *Oiseaux en péril* » autour de l'idée de l'oiseau déjà figuré comme enfermé, mis en cage et testé dans *Galapagos, les îles du bout du monde*. L'historienne de l'art propose une interprétation trop générale des dangers et châtiments (flèches, pistolets, fusils, pistolets, etc.) qui menacent les oiseaux et symboliseraient le « désarroi et [la] vulnérabilité qui habitent l'homme de l'après-guerre, entre 1950 et 1990 ».
25. Gilles Plazy, *Dorothea Tanning*, Paris, Filipacchi, 1976, p. 12.

à son atelier new-yorkais, et avant de pratiquer l'écriture[26]. Tanning découvrit l'art avant-gardiste grâce à l'exposition *Fantastic Art, Dada and Surrealism* montrée de décembre 1936 à janvier 1937 au MoMA (le parallèle avec la découverte du Surréalisme, plus précisément de la peinture d'Ernst, par Carrington à Londres s'impose ici). Intriguée par cette esthétique affranchie des conventions de composition et autres règles de l'art, elle se rendit à Paris, à l'été 1939, mais sans pouvoir rencontrer les artistes pour lesquels elle avait reçu des lettres de recommandation : Max Ernst, Yves Tanguy, Chaïm Soutine et Kees Van Dongen étaient tous partis en exil en Amérique du Nord[27]. Rapidement de retour à New York, elle eut droit, en avril 1944, à sa première exposition personnelle, à la galerie Julien Levy. Non contente d'être peintre, durant plusieurs années, elle contribua également au décor et aux costumes de spectacles de ballet chorégraphiés respectivement par George Balanchine (*Night Shadow*, 1945, et *Bayou*, 1951) et John Cranko (*The Witch*, 1950)[28], ce qui l'éloigna temporairement de Sedona, lieu de vie et de travail qu'elle partageait avec Max Ernst. Un autre type de travail collaboratif prit forme avec une série de lithographies, exécutées à l'atelier d'Edmond Desjobert, puis exposées à la galerie parisienne Les Pas perdus : *Les 7 Périls spectraux* (1950), qui fut finalement repris en album sous le même titre, avec un texte d'André Pieyre de Mandiargues, «Pourquoi rester muets?». Faisant référence aux sept péchés capitaux pour varier les interdits bibliques, l'artiste souligne à propos du titre et du procédé de travail collaboratif: «j'ai préféré les sept périls spectraux aux sept péchés capitaux parce que la vie est plus périlleuse que pécheresse. L'écrivain, bon juge des deux, a spontanément accepté. On pourrait dire que les sept périls interrogent la pierre. Et la pierre, tel un oracle, a parfois répondu par des effets qui n'auraient pu être produits avec d'autres

---

26. Elle est l'auteure de deux livres : *The Abyss*, roman gothique rédigé en 1947 à Sedona mais publié seulement en 1977, à compte d'auteur, ainsi que *Birthday* (1986), repris et augmenté sous le titre *Between Lives: An Artist and Her World*, New York, W. W. Norton & Company, 2001.
27. Voir Whitney Chadwick, *Les femmes dans le mouvement surréaliste, op. cit.*, p. 92, et Gilles Plazy, *Dorothea Tanning, op. cit.*, p. 12-14.
28. Voir Alyce Mahon, «Dorothea Tanning. Behind the Door, Another Visible Door», *loc. cit.*, p. 19. Pour ce qui est du décor et des costumes pour le ballet, voir l'article d'Idioia Murga Castro, «Sleepwalkers: Dorothea Tanning and Ballet», *Dorothea Tanning*, catalogue d'exposition, *op. cit.*, p. 37-51. Plusieurs costumes sont reproduits aux pages 117-119. En 1961, Tanning se fit à nouveau engager comme dessinatrice de costumes pour le ballet *Judith* de Jean-Louis Barrault.

matériaux[29] ». Réalisée à Paris, après le départ de Sedona, cette première œuvre hybride, en raison de l'ajout du texte de l'un des célèbres poètes du Surréalisme de l'après-guerre, montre la sensibilité de Tanning quant aux dangers inhérents à l'existence humaine. L'omniprésence de dangers constitue une problématique centrale dans son imaginaire pictural et poétique, et ce, jusqu'au moment de la composition d'*Oiseaux en péril*. À propos de défis à relever, d'obstacles à surmonter, de menaces à affronter, notamment au sein de l'espace domestique, Katharine Conley explique : « Ses héroïnes font constamment face à des défis là où il ne devrait pas y en avoir, les obligeant à s'affirmer. Pour Tanning, les combats de la vie sont un facteur universel de l'expérience *humaine*. Ils commencent dans l'enfance et persistent dans divers environnements, qu'importe l'identité sexuée de la personne[30] ». Dans plusieurs tableaux de l'artiste, les luttes à mener contre des forces invisibles, des fantômes[31], semblent toutefois plus souvent le lot de jeunes filles (ou femmes) que celui de garçons, si l'on pense à *Children's Games* (1942), à *Maternity* (1946-47), à *Palestra* (1949), à *Musical Chairs* (1951) ou à *Portrait de famille* (1954), pour ne citer que cinq exemples de la période picturale la plus féconde, soit celle des années 1940-1950[32]. Dans l'une des plus célèbres toiles de l'artiste,

29. « *Because to the seven deadly sins I preferred the seven spectral perils, life being more perilous than sinful. The writer, a good judge of both, naturally agreed. You might say that these interrogate the stone. And the stone, like an oracle, answered sometimes with effects never possible to achieve with other materials* »: Dorothea Tanning citée dans Roberta Waddell, *Dorothea Tanning : Hail Delirium ! A Catalogue Raisonné of the Artist's Illustrated Books and Prints, 1942-1991*, New York, The New York Public Library, 1992, p. 89.

30. « *Her heroines persistently face challenges where there ought to be none, requiring them to assert themselves. Life's struggles are a universal factor of human experience for Tanning. They begin in childhood and persist in multiple environments, regardless of gender* » : Katharine Conley, *Surrealist Ghostliness*, op. cit., p. 121. Pour Hélène Marquié, ce sont des préadolescentes et des adolescentes que figure Tanning, comme par ailleurs Leonor Fini, dans nombre de ses toiles des années 1940-1950. Êtres de révolte et avides de découvertes, elles ne correspondent guère à l'idéal de la femme-enfant ni à l'image de la victime : *Métaphores surréalistes dans des imaginaires féminins. Quêtes, seuils et suspensions ; souffles du surréel au travers d'espaces picturaux et chorégraphiques*, vol. 1, thèse de doctorat, Université Paris 8 – Vincennes Saint-Denis, 2000, p. 444-445.

31. Conley (*ibid.*, p. 123-128) rapproche les jeunes filles et leur combat de celui des héroïnes dans les romans gothiques d'Ann Radcliffe, auteure du célèbre *The Mysteries of Udolpho* (1794). Il s'agit de s'affranchir de normes et de conventions trop contraignantes en s'évadant d'un château ou d'un autre lieu d'enfermement. D'une peinture à l'autre, les héroïnes ne semblent toutefois pas vouloir grandir ; elles récusent le monde des adultes. Comme chez Tanning, l'imaginaire gothique comme source d'inspiration est également très présent dans *Dons des féminines* de Valentine Penrose.

32. Au milieu des années 1960, après l'écoute du concert *Hymnen* de Karlheinz Stockhausen, Tanning relate dans *Birthday* (op. cit., p. 200-201) qu'elle sortit sa vieille

Eine kleine Nachtmusik (1943)[33], n'observe-t-on pas justement deux jeunes filles, à l'allure déjantée et vêtues de robes à moitié déchirées, qui viennent de vaincre un gigantesque tournesol en haut d'un escalier ? L'une des protagonistes, cheveux longs dressés en l'air comme électrifiés et prête à continuer la bataille, fixe la fleur jaune, tandis que l'autre, poitrine dénudée, est sur le point de quitter la scène, emportant dans la main gauche, tel un trophée, un pétale arraché à l'adversaire végétal. Si, toujours selon Conley, le tournesol renvoie au « magnifique symbole de l'amour surréaliste dans le poème « Sunflower » (1923) de Breton […], avec l'accent mis sur son regard masculin[34] », pour Tanning, dont on sait la passion pour ces grandes fleurs jaunes[35] et dont on sait également qu'elle ne se revendiquait d'aucun féminisme ni d'un mode de création genré[36], le tournesol représente « un symbole de tout ce que la jeunesse

---

machine à coudre Singer et créa une série de sculptures souples en tissu (souvent en tweed) bourré de laine – la première étant *Pelote d'épingles pouvant servir de fétiche* (1965) –, des « *soft fabric sculptures* », comme les appelle Alyce Mahon dans « Life is Something Else : Chambre 202, Hôtel du Pavot », dans *Dorothea Tanning*, catalogue d'exposition, *op. cit.*, p. 53. Au cours de ces mêmes années, on assiste à l'abstraction des corps pris dans des mouvements qui les font souvent s'enchevêtrer les uns dans les autres. Voir Katharine Conley, *Surrealist Ghostliness*, *op. cit.*, p. 143. Ce sont ces corps chorégraphiés dans des espaces indéfinis que l'on retrouvera en 1973 dans l'album *En chair et en or* et qui prendront des allures difformes, parfois spectrales, comme dans la toile *Murmurs* (1976).

33. Référence explicite à la sérénade de Mozart, la peinture révèle également comme source d'inspiration, selon Whitney Chadwick, la toile *Danger dans l'escalier* (1928) de Pierre Roy : *Les femmes dans le mouvement surréaliste*, *op. cit.*, p. 138.

34. « *Breton's magnificent symbol for surrealist love in his poem "Sunflower" (1923) […] with an emphasis on his own masculine perspective* » : Katharine Conley, *Surrealist Ghostliness*, *op. cit.*, p. 127.

35. Le tournesol revient comme sixième péril dans *Les 7 Périls spectraux* (1950), ainsi que dans les tableaux *Sunflower Landscape* (1943), *On Time Off Time* (1948) et *The Mirror* (1950), entre autres.

36. Comme Leonor Fini, Meret Oppenheim et même Frida Kahlo, chacune pour des raisons différentes, Dorothea Tanning ne voulait pas elle non plus être associée au cercle des « femmes surréalistes », ce qui explique sans doute qu'elle soit absente de *Scandaleusement d'elles* (*op. cit.*) de Georgiana M. M. Colvile, que Renée Riese Hubert l'aborde dans le chapitre général « Collaboration and Partnersphip » (*Magnifying Mirrors*, *op. cit.*, p. 23-27) et que le collectif *Surrealism and Women* (de Mary Ann Caws *et al.* (dir.), *op. cit.*, p. 228) publie un « Statement » de l'artiste envoyé à Caws le 3 décembre 1989 pour préciser son point de vue sur la non-sexuation de la création : « […] comme individu, un individu humain qui a choisi l'art, de faire de l'art, de le respirer, cet artiste a poursuivi avec cœur et conviction ce grand dessein ; et, convaincu que cela n'a rien à voir avec des qualifications ou des objectifs, cet artiste a complètement échoué à comprendre la classification (ou le colombier) du genre » (« *[…], as someone, a human someone, who has chosen art, the making of it, the dedication to it, the breathing of it, this artist has pursued with high heart that great aim; and has utterly failed to understand the pigeonholing (or dove-coterie) of gender, convinced that it has nothing to do with qualifications or goals* »).

doit affronter et gérer », sorte de « bataille sans fin que nous menons contre des forces inconnues, déjà présentes avant notre civilisation[37] ». La peinture date du premier voyage qu'effectue le couple Tanning et Ernst à Sedona, lors duquel elle plante quelques graines de tournesol à côté de la grange pour les voir pousser vers le ciel.

Deux ans avant *Oiseaux en péril*, Tanning s'était lancé un défi en faisant preuve de dualité créatrice : l'album *En chair et en or*[38] accueille dix poèmes très courts – des tercets, des quatrains et un seul quintil – et dix gravures sur cuivre de l'auteure-artiste. De belle facture – ce dont témoignent le choix du papier, la qualité de reproduction des images, ainsi que l'embossage du titre principal et des intertitres –, l'ouvrage semble préfigurer le soin accordé au support matériel que l'on retrouvera dans l'album de 1975. Tiré sur vélin d'Arches, à 100 exemplaires numérotés de 1 à 100 en plus des 25 exemplaires hors commerce (numérotés de I à XXV), le tout accompagné d'une suite sur Japon et précédé d'un poème de Jean Arp en hommage à « L'Art de Dorothea Tanning » qui « est l'art de l'irrésonnable / l'art du hasard[39] », *En chair et en or* est propice à faire dialoguer, selon un rythme décalé d'une page à l'autre, le verbe poétique et les gravures en couleur, autant de figurations plus ou moins abstraites de corps en mouvement. Des corps se meuvent dans un espace-temps indéterminé, ils constituent des ensembles le plus souvent informes[40], comme dans le poème final accompagné, sur la belle page, d'un enchevêtrement d'on ne sait combien de corps différents, tous de couleur ocre, avec de fines touches roses :

> Week-end meule de foin
> Couleur d'or
> Ouvre-moi le bal
> En chair et en or.

---

37. « *a symbol of all the things that youth has to face and to deal with* », [sorte de] « *never-ending battle we wage with unknown forces, the forces that were there before our civilisation* » : Dorothea Tanning citée par Jennifer Mundy, « Dorothea Tanning, *Eine kleine Nachtmusik* », *Tate Modern*, http://www.tate.org.uk/art/artworks/tanning-eine-kleine-nachtmusik-t07346.
38. Dorothea Tanning, *En chair et en or*, Paris, Georges Visat, 1973, n. p.
39. Jean Arp, « Jeux des épis d'or », dans Dorothea Tanning, *En chair et en or, ibid*. Le poème date de mars 1960.
40. Pour une analyse approfondie de l'album de 1973, voir Andrea Oberhuber et Sarah-Jeanne Beauchamp Houde, « En chair et en or : corps-textes en métamorphoses », http://lisaf.org/project/en-chair-et-en-or/.

Max Ernst, quant à lui, des premiers livres à quatre mains conçus avec Éluard à l'album – ultime ouvrage – avec Tanning, reste fidèle aux valeurs et aux idéaux surréalistes tout en poursuivant une trajectoire artistique profondément idiosyncrasique. Dadaïste dans un premier temps, surréaliste dans un second (il fait partie de ceux qui, à partir de 1924, passent naturellement d'un mouvement à l'autre), il compte parmi les esprits avant-gardistes les plus expérimentaux tant il explore des pratiques nouvelles comme le collage (individuel et collectif), le frottage, le « grattage », ainsi que le décor de spectacles de danse (pour Diaghilev) et le roman-collage, genre hybride par excellence. La symbolique de l'oiseau, animal totémique de l'artiste qui aimait s'autoreprésenter en Loplop, le « Supérieur des oiseaux », parcourt toute son œuvre pour revenir sous diverses facettes dans les démarches collaboratives de l'artiste, mais bien évidemment aussi dans nombre de ses tableaux[41]. Il en est de même pour *Oiseaux en péril*, irrigué par la thématique aviaire, de son titre alarmant jusqu'à la dernière gravure. Ce n'est pas un hasard si Henry Miller soulignait, en 1942, l'identification de Max Ernst à un oiseau, le décrivant comme un « oiseau fugitif déguisé en homme, toujours essayant de s'élever au-dessus du monde extérieur[42] ». Grâce aux oiseaux, l'artiste s'invente un certain nombre d'avatars qui participent, comme le sous-tend la logique surréaliste en matière de décloisonnement des frontières, à la perméabilisation des limites entre les règnes humain et animal.

En 1975, Dorothea Tanning et Max Ernst explorent poétiquement et picturalement la symbolique aviaire : le couple d'oiseaux anthropomorphisés leur permet de déployer des idées anciennes telles la quête de liberté, l'exil, la (pro)création et la perméabilité des frontières entre le haut et le bas, entre les règnes, les moyens d'expression artistique (l'écriture et l'art), entre la paix et la guerre, la Vie et la Mort. Comme dans un conte merveilleux travesti en conte cruel[43], où le rêve dégénère en onirisme noir, où la mort se tapit ici et là, où l'un des deux protagonistes

---

41. Voir Werner Spies, *Max Ernst-Loplop : l'artiste et son double*, traduit de l'allemand par Claire de Oliveira, Paris, Gallimard, 1997.
42. Henry Miller cité par Valérie Duponchelle, « Max Ernst, maître onirique de l'univers », *Le Figaro.fr Culture*, http://www.lefigaro.fr/arts-expositions/2013/06/14/03015-20130614ARTFIG00300-max-ernst-maitre-onirique-de-l-univers.php.
43. Stéphanie Le Follic-Hadida (« Le parcours illustré de l'oiseau de *Galapagos* à *Oiseaux en péril* », *loc. cit.*, p. 164) ne remarque-t-elle pas « un ton de l'insouciance et du badinage cruel » caractéristique de « l'oiseau noir », à la fois créature pure et démoniaque, colombe et rapace ?

est constamment guetté par les signes avant-coureurs d'une fin tragique, les créateurs tentent de déjouer la limite ultime : la finitude de tout être vivant.

Entre Ciel et Terre

Patricia Allmer note à propos de la démarche de plusieurs artistes surréalistes et plus particulièrement des créatrices : « Le désir surréaliste de dépasser les oppositions et les frontières (hiérarchiques) est inhérent à nombre de concepts surréalistes…[44] ». La volonté de décloisonner les genres, de partir à la conquête de mondes inconnus, teinte en effet le travail dans lequel s'engagent Tanning et Ernst dans *Oiseaux en péril*. L'une des stratégies de décloisonnement consiste justement à adhérer à la pensée analogique permettant d'ouvrir des brèches dans le système logocentrique, de reconfigurer le réel afin d'y intégrer des touches du surréel. Les passerelles analogiques entre deux univers sont notables dans l'œuvre en question : elles sont jetées notamment par la présence exclusive de différentes espèces d'oiseaux dans les collages en miniature, pur jeu de reconnaissance pour tout ornithologue, et dans les gravures où l'appartenance du mâle et de la femelle à une espèce spécifique demeure indéfinissable en raison du degré d'abstraction dans leur représentation picturale ; d'autres liens analogiques s'établissent entre les règnes humain et animal (ou aviaire) puisque les oiseaux protagonistes des poèmes en prose sont systématiquement anthropomorphisés dans leurs comportements et réflexions. Tout semble mis en œuvre pour substituer au règne humain le règne animal, c'est-à-dire celui des volatiles et de toutes sortes d'insectes. Le sujet d'énonciation, dans le sixième poème (« Je suis un être oisif »), fait ses adieux à la « terre éteinte », à la « terre usée [:] On te laisse avec tes mites et tes drôles de murs ». Face à la « sublime femelle […] arrivée la tête renversée, la huppe frémissante », après « une traversée sans faille, sans merci », le « je » lyrique remet en cause, à la toute fin du poème, l'utilité des murs, autrement dit des frontières qui restent imprécises, tout en empêchant la libre circulation.

---

44. « *This surrealist desire to overcome (hierarchical) oppositions and boundaries is present in a variety of surrealist concepts…* » : Patricia Allmer, « Of Fallen Angels and Angels of Anarchy », dans *Angels of Anarchy, op. cit.*, p. 12.

Est-il besoin d'insister sur la charge symbolique de la figure aviaire qui fait écho à la quête de liberté absolue, valeur essentielle de la pensée surréaliste dans son rejet des conventions et des contraintes du mode de vie bourgeois ? *Oiseaux en péril* montre à quel point il est difficile, surtout en exil, de vivre en liberté sans se sentir menacé. Les embûches sont nombreuses. Elles prennent la forme de menaces dans les poèmes de Tanning où il est question de «[c]oups de feu» et d'un «cri [qui] effleure l'alarme» dans «Mon fiancé est une idée saugrenue», d'un «[a]utomne saccagé» dans «Devant mon aile droite couve le morne militaire», d'un «ciel mordu de vipères. / Ciel bleu de plomb noir» et d'un «nid qui éclate avant l'aurore» dans «Nous sommes la somme de nos envergures». À regarder les gravures de Max Ernst, les fusils, les flèches (par exemple «la flèche de Zénon») et les animaux prédateurs traduisent tous un danger imminent dont on ignore la source et la cause. Textes et images s'accordent pour faire sentir au lecteur-spectateur que les deux oiseaux migrateurs sont constamment exposés sinon à des agressions, du moins à l'adversité. La stabilité se révèle illusoire ; elle ne dure que le temps de se poser «sur leurs coussins brodés de brume» – dans le deuxième poème, «Si le chant et la parade ne suffisent pas» –, ou sur «la branche qui tend un doigt» dans «Tous les couloirs du soir lilas» (huitième poème), illustrant métaphoriquement la précarité des exilés.

S'il existe malgré tout une possibilité de trouver refuge dans cet univers où les menaces guettent de toutes parts, elle niche dans les espaces de l'imagination, dans un tiers lieu où se réconcilient les contraires, comme le note Katharine Conley à propos du travail créatif de Tanning : «Son travail suggère que tous les aspects de la vie se fondent dans l'omniprésente distance médiane, cet espace imaginaire où les contraires se résorbent...[45]». Signe de distance et de déplacement possible entre divers pôles, le tiers lieu est propice à faire surgir des questions : «Où suis-je ? Dois-je singer un équilibre ?» telles qu'on les lit dans le poème «La carte du monde tourne en dérision» (Fig. 21) :

---

45. «*Her work suggests that all of life blends in the ever-present middle distance, that imaginary place that reconciles opposites...*» : Katharine Conley, *Surrealist Ghostliness, op. cit.*, p. 149.

 a carte du monde tourne en dérision. Précaire hiver. Sombre été.

As-tu vu danser mon enfant dans les champs magnétiques ? Il a de si petits pieds, un si rouge plastron, des yeux si jaunes. Il pique, sa trajectoire incline à 45 degrés. Décidément, il sait retenir son souffle et le maintenir à l'axe de la descente. Il effraie l'éther.

Et il rit de la tempête.

A le voir tourner la tête ! L'incroyable précision ! Une longitude a superposé des lambeaux d'oubli sur son avenir. Depuis, il vogue. Il dort à l'envers. Rien ne l'étonne.

Où suis-je ? Dois-je singer un équilibre ?

Danse d'oiseau, enfer d'oiseau.

Mais, mon enfant, regarde bien ! Ta mémoire volée s'est mise à danser, comme avant. Et de plus en plus vite...

(Se munir d'un trou de serrure, seul moyen de le surprendre.)

Fig. 21 « La carte du monde tourne en dérision » et gravure sur cuivre (Max Ernst), dans Dorothea Tanning, *Oiseaux en péril*, 1975 ; General Collection, Beinecke Rare Book and Manuscript Library, Yale University [Folio Ernst 17], © Adagp, Paris, 2023.

> […] Précaire
> hiver. Sombre été.
> As-tu vu danser mon enfant dans les champs
> magnétiques ? Il a de si petits pieds, un si
> rouge plastron, des yeux si jaunes. Il pique,
> sa trajectoire incline à 45 degrés. […]
> […] Une longitude a superposé des lambeaux d'oubli sur son
> avenir. Depuis il vogue. Il dort à l'envers. Rien ne l'étonne.
> Où suis-je ? Dois-je singer l'équilibre ?
> Danse d'oiseau, enfer d'oiseau.

Dans ce cinquième poème, une fois de plus, la précarité de l'exil est actualisée comme un lieu de passage, synonyme d'un équilibre fragile, dans lequel les oiseaux observent danser leur enfant « dans les champs magnétiques[46] ». On peut se demander si cette « danse d'oiseau, enfer d'oiseau » traduit un mouvement de tiraillement entre les airs et la terre ferme – l'oisillon « vogue » –, ou si l'entre-deux permet de s'élever au-dessus de ceux qui sont « cloués par terre par manque d'originalité » (« Je suis un être oisif »).

C'est aussi grâce à un autre type de mouvement, cette fois de voilement et de dévoilement, qu'il est possible aux exilés de se protéger contre les dangers du monde extérieur. Ils font preuve de ruse en « [cachant] [leur] itinéraire dans l'insouciance » (« Tous les couloirs du soir lilas ») et en se confondant l'un dans l'autre dans l'attente que l'araignée quitte son nid, comme le suggère l'ultime gravure, afin de brouiller les pistes. Si les oiseaux se sentent *en péril*, ils se montrent malgré tout assez rusés pour user de tactiques dans l'espoir d'échapper à leur sort, c'est-à-dire le « *désespoir, rien n'y est* [dans le nid]… » (« Tous les couloirs du soir lilas[47] ») et, finalement, la mort. Elle impose en effet sa présence un peu partout dans l'album. Mais c'est dans les « collages sans colle[48] » qu'un champ pictural du péril tisse un réseau mortifère. Car comment interpréter, autrement que comme des symboles d'un destin funeste qui

---

46. On peut supposer qu'il s'agit d'une référence au livre écrit à quatre mains en 1919 par André Breton et Philippe Soupault, publié un an après par la maison d'édition Au sans pareil, récemment fondée par René Hilsum. Mais l'évocation du premier exemple d'une coécriture par deux futurs membres fondateurs du mouvement surréaliste ne dépasse pas l'allusion. L'écriture automatique expérimentée dans *Les Champs magnétiques* semble en revanche imprégner nombre de passages d'*Oiseaux en péril*.
47. Les italiques sont dans le texte.
48. Stéphanie Le Follic-Hadida, « Le parcours illustré de l'oiseau de *Galapagos* à *Oiseaux en péril* », *loc. cit.*, p. 166.

attend le couple migrateur, les ciseaux et autres outils (chirurgicaux?) rassemblés au sein d'une pastille faisant office d'un cou bizarrement gonflé entre la tête et le tronc de l'oiseau que l'on associera au mâle (gravure 1) ; le bout d'une flèche en forme d'un «Cône» collé sur le tube, dont la pointe a traversé en diagonale le corps de l'oiseau de gauche, faisant apparaître des taches de sang sur son plumage (gravure 2)[49] ; l'araignée-scorpion aux pattes surdimensionnées (gravure 3) ; les fusils pointés tous vers l'oiseau (gravure 4) ; la scie en métal qui semble déjà avoir décapité les deux oiseaux (gravure 5) ; les pointes métalliques de grandeur différente (gravure 6) ; le crâne d'un animal non identifiable, rappel de la tradition picturale de la vanité (gravure 7) ; l'araignée-guerrière avec un énorme heaume sur la tête (gravure 8[50])? Le poème «Tous les couloirs du soir lilas» (Fig. 22) se termine par une exclamation suivie de points de suspension, à laquelle semble répondre le regard alerte de l'oiseau à la tête tendue vers les paroles ultimes :

> Il va, suivi d'échos vengeurs. [...]
> Il scinde les échos, repère le nid de
> l'araignée qui quitte souvent ses œufs pour prendre l'air, boulevard
> du crépuscule. Il l'attend, la tête penchée légèrement vers la gauche
> comme penche la fleur ivre d'abeilles.
>   *O désespoir, rien n'y est...*

Ce passage final de l'album prend tout son sens, dans la perspective d'une lecture biographique, si l'on tient compte de la mort du Supérieur des oiseaux, c'est-à-dire de Max Ernst, le 1er avril 1976, peu de temps après la sortie d'*Oiseaux en péril*, le 26 novembre 1975, des presses à bras des Éditions Georges Visat[51].

Si la mort et ses corollaires menaçants (objets pointus ou coupants, insectes, araignées, etc.) s'imposent en série dans les gravures où l'idée d'une menace jamais clairement identifiée surplombe visuellement les

---

49. Deux autres flèches, aux pointes plus grandes que celle qui a atteint l'oiseau mâle, traversent l'image, renvoyant à une menace hors champ.
50. Il y a deux photogravures montrant des araignées dans cette dernière image de l'album : l'une qui plane comme une menace en haut à droite et l'autre qui est placée juste en dessous du corps de l'oiseau, comme s'il s'agissait d'un œuf. Cette araignée-là, entourée d'un cercle, pourrait tout aussi bien être sur le point de pénétrer dans le corps de l'oiseau déjà ébaubi. Stéphanie Le Follic-Hadida («Le parcours illustré de l'oiseau de *Galapagos* à *Oiseaux en péril*», *loc. cit.*, p. 167) rappelle que l'araignée et le cercle reviennent souvent dans l'œuvre picturale de Max Ernst.
51. Les eaux-fortes pour *Galapagos, les îles du bout du monde* avaient été tirées elles aussi sur les presses de Georges Visat.

ous les couloirs du soir lilas
Toutes les plumes noir-d'ivoire
Amassées...
Il va, humant le vent coupé de péril, plein le bec de mensonges. Son cri étranglé de rauque courtoisie débarrasse le silence encombré d'échos.
Couloir du ciel abandonné
Hantise...
Il y va, à tort ou à raison, halluciné. Il va ainsi vers l'odeur bleu de fer, en chantant au plus fort. Odeur de chèvrefeuille mal tourné, enivrant. On trébuche. Soubresaut-surprise ! La branche tend un doigt, tiens !
Ça sent, le soir... tout y est.
Il va, suivi d'échos vengeurs. Il cache son itinéraire dans l'insouciance. Il scinde les échos, repère le nid de l'araignée qui quitte souvent ses œufs pour prendre l'air, boulevard du crépuscule. Il l'attend, la tête penchée légèrement vers la gauche, comme penche la fleur ivre d'abeilles.
O désespoir, rien n'y est...

FIG. 22 « Tous les couloirs du soir lilas » et gravure sur cuivre (Max Ernst), dans Dorothea Tanning, *Oiseaux en péril*, 1975 ; General Collection, Beinecke Rare Book and Manuscript Library, Yale University [Folio Ernst 17], © Adagp, Paris, 2023.

deux oiseaux, dans les poèmes, c'est le silence qui se fait entendre. Deux des poèmes (« Mon fiancé est une idée saugrenue » et « Devant mon aile droite couve le morne militaire ») se terminent par une question qui demeure sans réponse : « Comment choisir ? » (poème 3) et « C'est pour qui le prochain automne ? » (poème 4) ; deux autres s'achèvent sur des points de suspension (« La carte du monde tourne dérision », poème 5, et « Tous les couloirs du soir lilas », poème 8) et deux autres encore évoquent littéralement le silence : c'est le cas d'un « petit silence » placé entre parenthèses dans « Je suis un être oisif », ainsi que du « cri étranglé » qui « débarrasse le silence encombré d'échos » dans « Tous les couloirs du soir lilas ». Motif significatif et élément structurant de plusieurs textes, le silence et ses déclinaisons préfigurent la fin des oiseaux. Cloués au sol ou à peine surélevés, ils semblent privés de ce qui leur est pourtant propre, c'est-à-dire la capacité de voler dans les airs, de profiter d'une liberté que l'on dit infinie. Cette défaite de la liberté passe par une dissolution du rêve, mais aussi par une déconstruction de l'oiseau comme symbole d'indépendance. Détail important : dans aucune gravure, les ailes ne sont apparentes. Même les oiseaux dans les collages en miniature sont immobilisés (six sur huit sont perchés sur une branche, une barre quelconque ou un nid), seuls le premier (en train de se poser tout près d'une dame à la posture très droite) et l'avant-dernier des volatiles ont les ailes déployées. Le fait de ne pouvoir (s'en)voler paraît d'autant plus tragique que, dès le poème inaugural situé au printemps, l'oiseau migrateur « se pare d'une notion nuptiale d'Égypte », après avoir traversé le « Sahara avec bains de sable » et la « Méditerranée avec escale sentimentale à Salonique […] », qu'il « rêve de l'univers, d'une envolée autre » et que, nonobstant la fatigue et le désordre ambiant, il « tisse son nid dans un nuage », sublime image de légèreté et d'un espoir rêvé.

Rôles inversés dans le dialogue par l'album

L'étroite démarche collaborative entre Tanning et Ernst, la matérialité de l'album, de même que le dispositif texte/image auquel souscrit *Oiseaux en péril*, permettent de déclarer l'ouvrage d'obédience surréaliste, selon la tradition du livre *objet* de l'entre-deux-guerres[52],

---

52. Voir Andrea Oberhuber, « Projets photolittéraires et modes de lecture de l'objet livre dans les années trente », *loc. cit.*, p. 159-160.

portée bien au-delà de la fin officielle du mouvement par nombre de femmes auteurs et artistes, comme je l'ai posé dans l'introduction de l'ouvrage. Rappelons avec Elza Adamowicz que l'objet *livre* cher aux surréalistes «doit être pris avant tout comme lieu de rencontre, entre un peintre et un poète, entre un texte (poème, essai, récit) et des images (lithographies, gouaches, collages, gravures)[53]». Rappelons par la même occasion que, si *Oiseaux en péril* correspond à ce type de collaboration féconde entre, ici, *une* poète et *un* peintre, les rôles genrés étaient le plus souvent inversés dans le contexte des années 1920 à 1950 : l'écriture était assumée par un poète et, dans quelques rares exemples de collaborations mixtes, les femmes fournissaient les illustrations. Pensons aux dessins de Toyen pour deux recueils du poète tchèque Jindřich Heisler (*Seules les crécerelles pissent sur le décalogue*, 1940, et *Cache-toi, guerre!* 1944) ou aux divers livres qui, dès les années 1920, contiennent des illustrations de Valentine Hugo, entre autres *Nadja* (André Breton, 1928), *Placard pour un chemin des écoliers* (René Char, 1937) et *Médieuses* (Paul Éluard, 1939). Durant les années de gloire du Surréalisme, outre Lise Deharme pour *Il était une petite pie* (augmenté de huit dessins de Joan Miró, 1928)[54] et Valentine Penrose pour *Sorts de la lueur* (avec un frontispice de Wolfgang Paalen, 1937)[55], peu de femmes poètes furent illustrées par des peintres, des photographes ou des dessinateurs du mouvement. La situation changea vers la fin des années 1950 et plus clairement encore dans les années 1960-1970, qui virent la publication de recueils hybrides tels *Mordicus* (1962) de Kay Sage et Jean Dubuffet ou *Carré blanc* (1965) de Joyce Mansour et Pierre Alechinsky, pour ne citer que deux exemples. Si l'héritage surréaliste est indéniablement manifeste, en 1975, *Oiseaux en péril* se rapproche également du livre d'artiste ; certaines caractéristiques y sont évidentes, à commencer par le grand format de l'album et son tirage limité, jusqu'au soin apporté à la mise en forme

---

53. Elza Adamowicz, «Les yeux, la bouche», *loc. cit.*, p. 31.
54. Voir Charles Plet et Andrea Oberhuber, «*Il était une petite pie* de Lise Deharme : un recueil faussement candide?», http://lisaf.org/project/deharme-lise-etait-petite-pie/. En 1958, les deux collaborateurs récidivèrent pour créer *Le Tablier blanc*, avec deux gravures du peintre catalan.
55. Voir Charles Plet et Andrea Oberhuber, «*Sorts de la lueur* : magie du Verbe poétique», http://lisaf.org/project/penrose-valentine-sorts-de-lueur/.

des quadriptyques poèmes-gravures, en passant par l'ajout d'une suite sur papier Japon[56].

Le dialogue texte/image entre les poèmes et les gravures correspond à celui qui semble avoir été pratiqué par le couple : bien que, dans la macrostructure de l'album, l'écriture poétique et l'image respectent la frontière du pli, elles tissent subtilement un réseau de sens qui fait résonner les deux moyens d'expression. Leur coexistence se matérialise au sein de la lettrine qui ouvre chaque poème : la lettre est placée discrètement dans le collage en miniature qui sert de seuil iconotextuel à la lecture du poème. L'écriture de Tanning accueille donc l'art d'Ernst sur la deuxième page de chaque quadriptyque ; l'inverse ne semble pas vrai. Mais nuançons ce constat pour observer que, dans un certain nombre de cercles présents dans les gravures en couleur, des fragments d'encyclopédies de la fin du XIXe et du début du XXe siècle, minutieusement découpés par le collagiste et intégrés à l'image par le procédé de la photogravure, sont des « collages sans colle », pour reprendre l'expression de Stéphanie Le Follic-Hadida. Le lecteur-spectateur attentif y perçoit à l'occasion un mot isolé (c'est le cas du terme « Cône » dans le deuxième collage juxtaposé au poème « Si le chant et la parade ne suffisent pas »), ou des chiffres arabes placés sous les objets d'une même famille lexicale (ciseaux, armes, araignées), tels qu'on les remarque dans les collages I, IV et VIII. La présence de chiffres et de lettres rétablit minimalement le partage des doubles pages, entre les mots et les choses, entre la poète et l'artiste visuel.

Autrement dit, le littéral n'interfère pas en apparence avec le figural. Il revient une fois de plus au lecteur-spectateur de partir à la recherche d'autres lieux de recoupement, de jeter des passerelles entre ce qu'énoncent les poèmes et ce que racontent les gravures sur cuivre. Car, nonobstant l'hermétisme certain qui caractérise l'œuvre-testament du couple créateur – comme si Tanning et Ernst voulaient se créer un univers à eux –, le texte et l'image se font écho et se relancent à divers moments.

---

56. Concernant l'intérêt qu'ont les peintres non seulement contemporains, mais aussi Édouard Manet, Félicien Rops, Alfons Mucha et Alfred Kubin, pour l'objet livre, voir Andrea Oberhuber et Sofiane Laghouati, « Emploi et contremploi du Livre », *Textimage*, n° 11, 2019, https://www.revue-textimage.com/17_blessures_du_livre/introduction1.html.

Regardons un dernier exemple, «Je suis un être oisif», afin de montrer le réseau de correspondances qu'une lecture croisée permet de dévoiler (Fig. 23).

Sixième section de l'album, «Je suis un être oisif» donne la parole à l'oiseau mâle qui se dit répugné par «la vue hideuse de [s]es voisins, cloués par terre par manque d'originalité». Seul face aux autres décrits comme critiques et inattentifs à son égard, il se sent doublement en exil. L'arrivée d'une «sublime femelle» permet au «je» lyrique de lui proposer son «aile pure» en guise d'«auberge» pour l'abriter. Ensemble – le poème passe au «on» –, ils peuvent faire leurs adieux à la «terre éteinte», «terre usée». Ces quelques idées ne peuvent cependant éclairer l'autre partie du poème qui demeure énigmatique quant au «magnétisme diluvien mêlé au soufre», à la «traversée sans faille, sans merci» de la femelle, à la «poussée de fièvre géométrique», ainsi qu'aux «trois ellipses, trois triangles isocèles et trois hyperboles radieuses» associés à «la flèche de Zénon». Si l'on laisse glisser le regard vers la page de droite pour y déceler des indices, on est face à une gravure où le corps de l'oiseau mâle est déconstruit en une ligne ondulante, et tacheté de rouge, au-dessus de laquelle flotte la tête de l'oiseau au grand bec noir : la dernière courbe peut s'apparenter à une aile sous laquelle trouve refuge un tout petit oiseau gris, courbé vers l'avant, se tenant de peine et de misère en équilibre sur ses longues pattes écartées. L'air abattu et l'absence d'ailes peuvent être lus comme les signes que la traversée évoquée dans le poème («Tu es arrivée la tête renversée, la huppe frémissante, l'œil d'ambre suspendu») a épuisé l'oiselle. Les clous pointus et la tête d'un rapace enfermés dans une pastille en bas à gauche de l'image renvoient aux dangers rencontrés par l'oiseau durant son voyage, ou alors aux dangers qui attendent insidieusement les deux volatiles. Le repos ne sera alors que de courte durée.

Le dialogue texte/image s'arrête là : on sent le péril sur la double page, la couleur rouge dont est tacheté le corps du mâle (probablement le résultat d'un frottage) le rend évident. La gravure dans son ensemble ne permet pas de donner un sens aux passages textuels énigmatiques évoqués plus haut, dont le paradoxe de la flèche pensé par Zénon d'Élée en termes de mouvement, d'immobilité et de vitesse instantanée : «Tu as roulé parmi les astres, culbutée par une poussée de fièvre géométrique. En trois ellipses, trois triangles isocèles et trois hyperboles radieuses tu as attrapé la flèche de Zénon, immobile». Si l'on retourne

e suis un être oisif. La vue hideuse de mes voisins, cloués par terre par manque d'originalité, me répugne. Les couleurs sarcastiques de ma robe leur posent un torrent d'avertissements. En vain. D'inadvertance en inadvertance, ils se trompent, et sur ma musique et sur leurs banquets chimiques. Je suis la devise du désir, si le désir correspond aux effets du magnétisme diluvien mêlé au soufre. Mais que faire en exil? Dis-moi, sublime femelle. Tu es arrivée la tête renversée, la huppe frémissante, l'œil d'ambre suspendu. Tu as connu une traversée sans faille, sans merci.

Tu as roulé parmi les astres, culbutée par une poussée de fièvre géométrique. En trois ellipses, trois triangles isocèles et trois hyperboles radieuses tu as attrapé la flèche de Zénon, immobile. Je t'ouvre l'auberge de mon aile pure.

(Un petit silence.)

Adieu, terre éteinte. Adieu, terre usée. On te laisse avec tes mites et tes drôles de murs.

Fig. 23 «Je suis un être oisif» et gravure sur cuivre (Max Ernst), dans Dorothea Tanning, *Oiseaux en péril*, 1975; General Collection, Beinecke Rare Book and Manuscript Library, Yale University [Folio Ernst 17], © Adagp, Paris, 2023.

voir la lettrine-collage – temps d'arrêt dans la lecture puisque chacun de ces collages semble héberger en son sein un récit parallèle à celui du poème –, on y observe un oiseau à tête double, installé tranquillement sur son nid, comme pour couver un œuf en dessous d'un clocher ; il s'en dégage une ambiance calme que reproduit également la première phrase du poème : « Je suis un être oisif », avant que cette impression ne se détériore aussitôt avec la mention des voisins et de leur « vue hideuse ». Entre la lettrine et le poème en prose flotte un sentiment indéterminé qui relève du malheur, celui à venir.

*

Le complexe réseau de convergences et de divergences tissé au sein de chaque unité et entre les huit feuillets d'*Oiseaux en péril* met au défi le lecteur-spectateur de trouver des rapports de collusion entre les poèmes en prose, les gravures et les collages-lettrines au-delà des liens qui s'imposent d'eux-mêmes, au-delà surtout de certaines énigmes qu'il s'agit de contourner. Si l'album ne se livre pas facilement, c'est probablement parce qu'il ne nous est pas permis d'entrer réellement dans l'espace partagé du couple Tanning-Ernst. Face à cette œuvre de fin de vie puisque l'un des collaborateurs a atteint le seuil de son existence, et donc de sa trajectoire artistique, ne convient-il pas simplement de se contenter de parcourir l'album sans vouloir tout saisir, quitte à accepter les limites de ce qu'une lecture croisée, entre les visions poétiques de ces oiseaux en péril et les vues tant ludiques qu'apocalyptiques qu'a gravées Ernst sur des plaques de cuivre, peut révéler sur ces drôles d'oiseaux ?

Quelques pages de *Birthday* sont consacrées à l'année 1975, date officielle de la sortie des presses de Georges Visat, fin novembre, de l'album-testament. « Loplop a plongé, son aile gauche à jamais immobile[57] », lit-on dans les premières lignes du chapitre « Ailes repliées ». Alité, Max Ernst est privé de mobilité, donc de création ; il reçoit encore des amis et Dorothea Tanning prend soin de lui, mais il n'est nulle part question d'*Oiseaux en péril*. La genèse des poèmes et des gravures doit remonter à avant cette année fatidique ; on n'en trouve nulle trace dans le récit autobiographique. Une comparaison de la fin d'Ernst avec la façon de mourir des oiseaux doit servir de seul indice, renvoyant à l'importance

---

57. Dorothea Tanning, *Birthday, op. cit.*, p. 207.

de la symbolique aviaire dans l'œuvre de création : « Il allait mourir comme les oiseaux meurent, les ailes repliées, aussi inutile qu'un jouet en fer-blanc, se dépouillant de ceux qui l'entouraient […][58] ». Et un peu plus loin : « Tout est silence, son souffle n'est qu'une plume[59] ». C'est à ce moment-là qu'on se souvient du dernier poème d'*Oiseaux en péril* où deux vers mis en italiques – « *Ça sent, le soir… tout y est* » et « *O désespoir, rien n'y est…* » (« Tous les couloirs du soir lilas ») – résonnent, face à la toile d'araignée vide, de manière prémonitoire.

---

58. *Ibid.*, p. 209.
59. *Ibid.*, p. 214.

PARTIE III

Dualité créatrice

Les noces magiques de l'anagramme et du dessin : *Hexentexte* et *Oracles et spectacles* d'Unica Zürn

L'exemple d'Unica Zürn (1916-1970) illustre la fortune de l'usage créatif des arts et des médias par l'ex-scénariste berlinoise et auteure de films publicitaires tout au long des années 1950-1960, en parallèle ou en alternance. Elle avait décidé en novembre 1953 de suivre Hans Bellmer à Paris. Le couple y côtoya les cercles surréalistes, participant à l'occasion à leurs expositions collectives et profitant de leur réseau de diffusion (galeries, revues, maisons d'édition)[1]. Si certaines pratiques scripturaires et picturales (aquarelles, huiles sur toile, eaux-fortes, encres de Chine, techniques mixtes) portent indéniablement la trace de son compagnon de vie ainsi que celle de l'esthétique avant-gardiste, il serait erroné de réduire l'œuvre zürnienne (assez volumineuse[2]) à ces deux influences, bien que décisives chacune à sa manière. Tout en notant ces influences, on ne saurait restreindre la création littéraire de Zürn à ses textes de facture auto(bio)graphique. Car elle n'est pas seulement l'auteure de *Sombre printemps* (1985 ; *Dunkler Frühling*, 1969) et de *L'Homme-Jasmin. Impressions d'une malade mentale* (1971 ; *Der Mann im Jasmin*, 1977), ni de *Vacances à Maison Blanche,* recueil de divers

---

    1. Pour la trajectoire (très détaillée et augmentée de citations ainsi que d'illustrations) de l'auteure-artiste allemande, voir Rike Felka et Erich Brinkmann, « Unica Zürn (6 juillet 1916 – 19 octobre 1970) : repères biographiques », dans *Unica Zürn*, catalogue d'exposition, Paris, Halle Saint-Pierre, 2006, p. 81-98. On consultera également l'étude lacanienne de Jean-Claude Marceau, *Unica Zürn et l'Homme Jasmin : le dit-schizophrène*, Paris, L'Harmattan, 2006.
    2. Les œuvres complètes d'Unica Zürn ont fait l'objet d'une édition critique par Erich Brinkmann : *Gesamtausgabe*, huit tomes, Berlin, Brinkmann & Bose, 1999-2001. Deux catalogues raisonnés sont également disponibles : *Unica Zürn. Bilder, 1953-1970*, édition Erich Brinkmann, Ralf Helmes, Wolfgang Knapp, Inge Morgenroth et Klaus Theuerkauf, Berlin, Brinkmann & Bose, 1998 ; *Unica Zürn : Alben (Bücher und Zeichenhefte)*, édition Erich Brinkmann, Berlin, Brinkmann & Bose, 2009.

textes en prose traduits en français et rassemblés en volume en 2000[3]. Très attirée, dans les années 1950-1960, par la forme de l'anagramme et du dessin «automatique[4]», l'auteure, peintre et dessinatrice est également la créatrice de deux œuvres hybrides, *Hexentexte*[5] (1954) et *Oracles et spectacles* (1967), où dialoguent ses deux langages de prédilection : le verbe poétique et le dessin (à l'encre de Chine), ou la gravure sur cuivre, leurs points de rencontre se situant du côté du jeu et du hasard, pleinement contrôlés toutefois par la raison combinatoire des lettres pour ce qui est de l'écriture anagrammatique. Manière de sortir du langage (sacré), l'anagramme «fait dérailler la langue et engage sa reconfiguration» selon Caroline Hogue qui perçoit chez Zürn, en comparaison avec les glossolalies d'Antonin Artaud et les endogrammes de Michel Leiris, un plaisir «jouissif dans le casse-tête des mots» qu'il s'agit de briser afin d'«accéder à un nouveau code[6]».

3. Les récits de soi zürniens révèlent un haut degré de fictionnalisation du sujet narrant qui prend la parole à la troisième personne du singulier ; ils ne peuvent donc pas être réduits à des formes d'écriture autobiographique conventionnelles. Pour plus de détails, voir Andrea Oberhuber, *Corps de papier, op. cit.*, p. 95-99. La critique a pendant longtemps eu tendance à mettre en évidence le lien entre la maladie mentale (dépression, hallucinations et schizophrénie) d'Unica Zürn et son œuvre. Jean-François Rabain, jeune infirmier à l'hôpital psychiatrique Sainte-Anne à l'époque à laquelle Zürn y était traitée (à partir de septembre 1961), le fait avec beaucoup de sensibilité et de bienveillance : «Quelques roses pour Unica Zürn», dans Georgiana M. M. Colvile et Katharine Conley (dir.), *La femme s'entête, op. cit.*, p. 233-251. Pour Nadine Schwakopf, à la suite de Jean-François Rabain, l'expérience de la schizophrénie constitue le point de départ (et d'aboutissement) d'une «aventure artistique marquée par l'inéluctable automatisme destructeur de la condition pathologique sous-jacente», ancrant l'œuvre zürnienne dans une corporéité spéculaire : *Polygraphies de l'intime : le projet autofictionnel de Claude Cahun et d'Unica Zürn*, mémoire de maîtrise, Université de Montréal, 2007, p. 93.
4. Rike Felka recourt plutôt à l'expression «la main qui rêve», ce qui fait écho à la fois aux inspirations romantique et surréaliste des pratiques zürniennes : «Die träumende Hand. Unicas Zeichnungen», dans Erich Brinkmann, *Unica Zürn : Alben, op. cit.*, p. 320-325. Inventé par les surréalistes comme effet corollaire de l'écriture automatique, le dessin dit automatique autorise la main à vagabonder sur le papier au gré du hasard, libérée de toute contrainte et influence rationnelle. Le corps, et plus précisément la main, se fait médium de l'inconscient. André Masson est connu pour être l'un des maîtres de cette «technique», notamment durant sa période dite automatique, soit les années 1923-1926 ; en témoigneront encore plus tard, par exemple, les illustrations pour *Le Réservoir des sens*, recueil de nouvelles publié par Belen en 1966. Dans le domaine de la peinture, c'est Joan Miró qui a transféré le trait automatique sur la toile, mais on pense aussi aux dessins de Picasso pour le *Minotaure*. Sur Masson et le dessin automatique, voir Florence de Mèredieu, *André Masson : les dessins automatiques*, Paris, Blusson, 1988.
5. Sur la couverture de l'édition originale, publiée par la Galerie Springer, le titre est écrit en majuscules, scindé en deux et placé sur deux lignes : HEXEN / TEXTE. J'opte dans la présente étude pour l'écriture fluide – *Hexentexte* – du mot composé allemand.
6. Caroline Hogue, *Poïétique et sacrifices rituels chez Antonin Artaud, Laure (Colette Peignot), Michel Leiris et Unica Zürn*, thèse de doctorat, Université de Montréal, 2023, p. 281.

C'est vers 1950, bien intégrée au groupe d'artistes berlinois du cabaret *Die Badewanne*[7], qu'Unica Zürn découvre le plaisir de peindre et de dessiner, puis, dès 1953, de mettre en mots et en images des univers fantasmagoriques pour les faire cohabiter au sein de l'espace du livre. À la suite de la rencontre à Berlin en 1952 entre la jeune artiste et Hans Bellmer, par l'intermédiaire du marchand d'art Rudolf Springer, le plasticien (qui avait émigré à Paris en 1938 pour rejoindre les milieux surréalistes parisiens) éveille, chez celle qui deviendra bientôt sa compagne de vie, la curiosité pour l'art de l'anagramme[8]. Ce jeu de langage est basé sur la contrainte unique qui consiste à trouver de nouveaux mots à partir d'un ou de plusieurs termes de départ, mais sans changer ni oublier aucune des lettres données. C'est en effet un « procédé intrinsèquement hermétique[9] », régi par la disposition et la permutation des signes jusqu'à l'épuisement des lettres, jusqu'à l'épuisement parfois de l'auteur d'anagrammes[10]. Chez Zürn, à force de s'y exercer avec *passion* pour atteindre la perfection, les anagrammes deviennent des poèmes ou du moins, comme les appelle leur auteure, des « *Anagramm-Texte* », des textes-anagrammes qui possèdent une valeur littéraire certaine[11]. Rappelons au passage que Bellmer avait été initié lui-même par Nora Mitrani, auteure de *Rose au cœur violet* (1988), à ce type d'écriture qui

---

7. Unica Zürn consacre un bref récit à ces années d'« apprentissage » berlinoises : « La baignoire », dans *Vacances à Maison Blanche. Derniers écrits et autres inédits*, traduit de l'allemand par Ruth Henry, Paris, Éditions Joëlle Losfeld, 2000, p. 177-180.
8. Voir Victoria Appelbe, « "Du wirst dein Geheimnis sagen" : l'anagramme dans l'œuvre d'Unica Zürn », *Unica Zürn*, catalogue d'exposition, *op. cit.*, p. 23-33, et Ute Baumgärtel, « ... dein Ich ist ein Gramm Dichtang ... » : Die Anagramme Unica Zürns, Vienne, Passagen Verlag, 2000.
9. Annie Monette, « Les anagrammes de *L'Homme Jasmin* : folie, écriture et délivrance », *Postures*, n° 11, 2009, p. 46. Les contraintes liées à la composition d'une anagramme rendent impossible toute traduction dans une autre langue.
10. Le sujet narrant de *L'Homme-Jasmin. Impressions d'une malade mentale* (traduit de l'allemand par Robert Valençay et Ruth Henry, Paris, Gallimard, 1971) ne fait-il pas remarquer que l'écriture d'anagrammes relève d'une fascination, mais ranime également « une vieille et dangereuse fièvre » (p. 158), l'amenant à se retrancher dans un monde imaginaire ? C'est dans la même œuvre que Zürn propose, après l'inscription d'une première anagramme (« Euer Tag heisst : hart »), la définition (placée par ailleurs entre parenthèses) de cette forme d'écriture poétique : « (Les anagrammes sont des mots ou des phrases composés par transposition des lettres d'un autre mot ou d'une autre phrase. On ne doit utiliser que les seules lettres disponibles à l'exclusion de toute autre) » (p. 30).
11. Le psychiatre Alain Chevrier s'intéresse de près au renouveau de l'anagramme comme genre poétique (« L'anagramme comme genre poétique nouveau », *Critique*, vol. 44, n° 492, 1988, p. 416-430), et plus particulièrement à celles de Zürn dans l'édition de *Hans Bellmer, Unica Zürn : Lettres au docteur Ferdière*, Paris, Séguier, 1994, p. 134-138.

demande « une obstination, une ténacité quasi maladive pour réussir[12] », comme l'exprime Bellmer en 1964 dans une lettre au psychiatre Gaston Ferdière. Les anagrammes zürniennes épousent les dessins à l'encre de Chine pour la première fois lors de la publication de *Hexentexte*; chaque moyen d'expression se voit attribuer une partie clairement délimitée de la double page.

Le pouvoir incantatoire de *Hexentexte*

De format carré (19,5 × 19,5 cm), le « petit » livre à la couverture de carton noir intitulé *Hexentexte*[13] n'a *a priori* rien pour impressionner. Il renferme, tel que l'indique le sous-titre, dix dessins et dix anagrammes; non paginées, les 18 feuilles sont cousues de fil noir et se voient augmentées d'une postface de Hans Bellmer (également annoncée dès le sous-titre) dans laquelle cet autre passionné de l'anagramme expose les principes de sa composition. Le recueil est tiré à 140 exemplaires signés par les deux artistes, dont les 30 premiers contiennent un dessin de Bellmer. Échec en Allemagne, l'objet *livre* obtient un grand succès auprès des surréalistes parisiens, mais ne connaîtra aucune réédition jusqu'à aujourd'hui[14]. Zürn rassemble ici ses toutes premières anagrammes composées entre 1953 et 1954, auxquelles elle ajoute ses premiers dessins à l'encre de Chine datant des mêmes années, synonymes d'une période de création faste et inspirée. Dans *L'Homme-Jasmin*, la narratrice-protagoniste note à propos de la genèse de l'ouvrage : « Cet ami lui parle d'anagrammes et lui montre comment on peut faire de tels poèmes. En même temps il découvre qu'elle a un don pour le dessin automatique. Il l'encourage et l'année suivante, grâce à lui, les éditions de la galerie Springer […] publient son premier livre : *Hexentexte*[15] ». Ce

---

12. Hans Bellmer, « Lettre à Gaston Ferdière », cité dans Unica Zürn, *Gesamtausgabe*, vol. 4.3 (« Anmerkungen / Briefe / Dokumente »), *op. cit.*, p. 123.

13. Unica Zürn, *Hexentexte*, zehn Zeichnungen und zehn Anagramm-Texte, mit einem Nachwort von Hans Bellmer, Berlin, Galerie Springer, 1954, n. p.

14. Mentionnons toutefois que *Hexentexte* fait partie de la magnifique édition de l'œuvre graphique d'Unica Zürn chez Brinkmann & Bose : Erich Brinkmann, *Unica Zürn : Alben*, *op. cit.* Toutes les citations renverront à cette édition qui reprend l'ouvrage en fac-similé.

15. Unica Zürn, *L'Homme-Jasmin. Impressions d'une malade mentale*, *op. cit.*, p. 24. Notons que l'auteure récupère certaines anagrammes pour les intercaler dans le récit de sa « maladie mentale ». Annie Monette (« Les anagrammes de *L'Homme Jasmin* », *loc. cit.*) s'intéresse à cette greffe poétique dans *L'Homme-Jasmin* et constate que la composition d'anagrammes est vécue par le sujet narrant comme un espace libérateur qui, comme dans

qui ressemble à un jeu d'enfant révèle une mise en forme soignée, basée sur l'idée d'une suite de doubles pages délimitant le territoire de chaque moyen d'expression grâce au pli du livre.

L'ensemble d'anagrammes-dessins

Le dispositif texte/image obéit à une grande régularité (sauf pour ce qui est de l'anagramme initiale, « Das Spielen der Kinder ist streng untersagt », privée de son illustration[16]), qui fait se succéder les doubles pages sur lesquelles le dessin occupe la page de gauche et l'anagramme, donc, la belle page. Le pli fait office de ligne de partage entre le pictural et l'écrit. Notons qu'il est plus usuel de voir la disposition inverse, c'est-à-dire que la belle page est réservée à l'image lorsque deux médiums se partagent à parts égales la double page. Cette inversion de l'ordre texte/image invite le lecteur à adopter d'emblée la posture du regardant : il fait d'abord face à des créatures mi-monstrueuses, mi-familières qui guident ensuite son regard vers les anagrammes. Composées de seulement quelques vers libres pour la plupart – la longueur des anagrammes est variable (de quatre à dix-sept vers) –, les portions textuelles nécessitent un décodage aussi long sinon plus que la spectature des images minutieusement dessinées.

Issues d'un fragment de phrase, d'un vers, d'un proverbe ou d'un dicton allemands, les anagrammes posent le problème de l'énigme à résoudre, cette énigme que constitue la vie aux yeux de Zürn. Si, en principe, chaque vers peut faire sens, leur agencement échappe souvent à la compréhension, et donc à l'interprétation herméneutique. Ou, pour le formuler avec les termes de Roger Cardinal, comme le bec de la plume qui s'écarte « des voies de l'association normale », « l'anagramme fuit la pensée logique[17] ». La combinaison des lettres et des mots, afin de suffire à la contrainte, donne lieu à des vers hautement poétiques, empreints d'énigmes, qui exercent leur charme grâce à l'allitération, l'enjambement, la métaphore et l'association d'idées, comme dans le septain « Wir lieben den Tod » (Fig. 24) :

---

les formes anciennes (l'anagramme connut son âge d'or au XVIIe siècle), peut contenir des messages prophétiques (p. 52-55).
   16. La reprise des *Hexentexte* dans *Unica Zürn : Alben* (*op. cit.*, p. 18-19) « corrige » curieusement cette irrégularité en récupérant le dessin qui, dans l'édition de 1954, fait face à la page de titre et non à la première anagramme.
   17. Roger Cardinal, « Unica Zürn : dessins si denses », dans *Unica Zürn*, catalogue d'exposition, *op. cit.*, p. 14.

FIG. 24   Unica Zürn, « Wir lieben den Tod », dans *Hexentexte*, 1954 ; © Verlag Brinkmann & Bose Publisher, Allemagne.

WIR LIEBEN DEN TOD

Rot winde den Leib,
Brot wende in Leid,
ende Not, Beil wird
Leben. Wir, dein Tod,
weben dein Lot dir
in Erde. Wildboten,
wir lieben den Tod.

Rot winde den Leib,
Brot wende in Leid,
ende Not, Beil wird
Leben. Wir, dein Tod,
weben dein Lot dir
in Erde. Wildboten,
wir lieben den Tod[18].

Ainsi, plutôt que de miser sur l'engendrement d'un réseau de significations à partir du vers initial et qui convergeraient vers le sens général du poème, Zürn exploite le pouvoir incantatoire des mots, la force conjuratoire de leurs sonorités. Jean Arp a raison de comparer ces poèmes-anagrammes, dans une lettre à l'auteure, aux *Merseburger Zaubersprüche*, deux incantations magiques médiévales écrites en vieux haut-allemand, entre les IXe et Xe siècles[19]. Lue à voix haute, ce qu'il convient de faire parce que le retour des mêmes lettres apparaît alors comme fil conducteur sonore, l'anagramme «Alle guten Geister» s'apparente à une formule magique grâce à laquelle il s'agit de sonder le mystère caché sous la surface du corps verbal, de faire jaillir d'inattendues constellations de mots («Ei-Sternauge gellt»), de créer des néologismes à la signification plutôt obscure («Gallentreue», «Tenggel-Aule», «Galgenleutestier»):

Eine Glasglut Teer;
Talregen ist Luege,
Gallentreue siegt,
Ei-Sternauge gellt:
Tut er alles geigen?
Tenggel-Aule ist er,
Galgenleutestier!
[...]

Les sept premiers vers (sur dix-sept) de la deuxième anagramme du recueil sonnent comme l'incantation d'une sorcière en train de nommer les ingrédients d'une potion dont on ne sait trop si elle guérira ou empoisonnera la personne à qui elle est destinée. Ou alors, comme dans les formules de Mersebourg, la profération des vers peut avoir pour objectif

---

18. Il s'agit de la troisième anagramme de *Hexentexte*, *op. cit.* Si son titre peut être traduit par «Nous aimons la mort», les vers, basés sur la permutation des lettres dans le but d'engendrer de nouveaux mots (parfois des néologismes), demeurent intraduisibles, comme je l'ai déjà signalé au début du présent chapitre.

19. Voir la lettre d'Unica Zürn du 22 mars 1959 à Katharina Spann, reproduite dans Unica Zürn, *Gesamtausgabe*, vol. 4.3, *op. cit.*, p. 24.

de faire fuir les mauvais esprits (seraient-ils incarnés par les petits monstres animalisés sur les pages de gauche ?) afin de s'attirer le soutien des « *guten Geister* », c'est-à-dire des bons esprits. Ce sont véritablement des *Hexentexte*, des textes de sorcière[20] au pouvoir performatif, dont la charge envoûtante n'est pas à sous-estimer pour son auteure et encore moins pour celui qui les entend (ou les lit), avec idéalement le dessin sous les yeux (Fig. 25). L'illustration qui fait écho à « Alle guten Geister » montre une espèce de grenouille-crapaud à trois pattes dans l'estomac de laquelle semble se reposer une mignonne petite souris ; le corps informe de cette créature[21] est allongé vers la droite et agrémenté d'éléments qui font penser à des queues ou à une aile. Le dessin, très dense, comme beaucoup d'autres, regorge de détails ; il invite à la découverte d'une composition complexe, ciselée avec acribie.

Le pouvoir performatif des mots en dialogue libre avec le dessin vise, comme dans un rituel de sorcellerie, l'enchantement du lecteur-spectateur. Il est transporté d'un ensemble texte/image à l'autre. Mais il se peut également que le charme de l'une de ces doubles pages opère si bien que la suite de la lecture-spectature (de fait, le dispositif prévoit plutôt l'inverse) est suspendue, du moins momentanément ; parce qu'après tout, chaque double page fonctionne comme une entité autonome. Il n'y a pas de suite *logique* là où l'on combine des lettres, des mots et des phrases selon les règles du jeu, comme l'on se plaît à monter un château de cartes en espérant qu'il ne s'effondrera pas.

---

20. La réappropriation de cette figure de femme puissante, grâce au savoir et à la magie, revient également dans *L'Homme-Jasmin*, *op. cit.*, où la narratrice-protagoniste accomplit des rituels d'autodafé de mouchoirs dans le but d'invoquer des esprits (p. 29) ; ailleurs, elle se livre à l'incantation performative en lisant à haute voix ses anagrammes pour conjurer des apparitions (p. 45) et, par la seule force de son désir, elle est capable de faire tourbillonner dans l'air des feuilles mortes (p. 140-141).

21. Dans cet univers peuplé de petites monstruosités hybrides, on ne saurait identifier un animal totem qui serait propre à Unica Zürn, contrairement à Leonora Carrington (le cheval blanc), Lise Deharme, Leonor Fini et Claude Cahun (le chat ou, de manière générale, les félins), ou à Bona de Mandiargues (l'escargot). Cela dit, comme le constate Roger Cardinal, la dessinatrice tente de « dompter un bestiaire mirifique » ; elle fait apparaître sur la feuille de dessin « des troupes de bêtes mêlées, parmi lesquelles on distingue tantôt un cheval, tantôt une chèvre. Par aventure émerge un crapaud » (« Unica Zürn : dessins si denses », *loc. cit.*, p. 13).

Fig. 25 Unica Zürn, « Alle guten Geister », dans *Hexentexte*, 1954 ; © Verlag Brinkmann & Bose Publisher, Allemagne.

ALLE GUTEN GEISTER

Eine Glasglut Teer;
Talregen ist Luege,
Gallentreue siegt,
Ei-Sternauge gellt:
Tut er alles geigen?
Tenggel-Aule ist er,
Galgenleutestier!
Seine Talgrute leg'
in Gellas rege Tute!
Geile Gustel tarne
Eutergallengeist!
Alte Riesen-Tuggel
stillte Negerauge.
Lustegel, nag' Eiter!
Tulegsnagel, reite
Langerleutesteig!
Alle guten Geister!

FIG. 26 Hans Bellmer, « ANAGRAMME sind Worte und Sätze », dans Unica Zürn, *Hexentexte*, 1954 ; © Verlag Brinkmann & Bose Publisher, Allemagne.

ANAGRAMME sind Worte und Sätze, die durch Umstellen der Buchstaben eines gegebenen Wortes oder Satzes entstanden sind.

Es ist verwunderlich, daß seit dem wieder erwachten Interesse an den Sprachbildungen der Geisteskranken, der Medien und der Kinder kaum bisher an jenes anagrammatische Deuten im Kaffeesatz der Buchstaben gedacht worden ist. - Wir wissen wohl nicht viel von der Geburt und der Anatomie des „Bildes". Offenbar kennt der Mensch seine Sprache noch weniger, als er seinen Leib kennt: Auch der Satz ist wie ein Körper, der uns einzuladen scheint, ihn zu zergliedern, damit sich in einer endlosen Reihe von Anagrammen aufs Neue fügt, was er in Wahrheit enthält.

Das Anagramm entsteht, bei nahem Zusehen, aus einem heftigen, paradoxalen Zwiespalt. Es vermutet Höchstspannung des gestaltenden Willens und zugleich die Ausschaltung vorbedachter Gestaltungsabsicht, weil sie

« Anagramme sind Worte und Sätze...[22] »

Dans la postface rédigée dans un allemand tantôt poétique, tantôt quelque peu archaïque, Hans Bellmer propose une définition concise de l'anagramme[23], puis met en place l'analogie fondamentale selon lui entre le corps et le langage : tous les éléments sont décomposables et recomposables (Fig. 26). Évoquant l'importance non seulement d'un certain automatisme propice au processus d'écriture, mais surtout du désir de la découverte du nouveau, il explique le fonctionnement de l'écriture anagrammatique avant d'insister sur le haut degré de concentration qu'elle implique de la part de l'auteur[24]. Il rappelle finalement les idées chères aux surréalistes, soit l'illogique et l'improbable, l'humour et le jeu, l'erreur et le hasard, comme agents créateurs et moyens de connaissance de son moi profond. L'instigateur de l'écriture anagrammatique chez l'apprentie sorcière reste en marge du processus créateur. Sa collaboration au recueil *Hexentexte* est de nature complémentaire : il encadre, d'un point de vue poïétique, la démarche d'Unica Zürn entre le textuel et le visuel ; figure tutélaire de la poète débutant dans une nouvelle pratique scripturaire, il rend possible la publication du livre par l'une des galeries berlinoises de renom où Bellmer a déjà exposé, mais pas Zürn[25].

La disciple dépassera bientôt son maître. Ce but non recherché consciemment sera atteint au moment de la publication de l'album *Oracles et spectacles* en 1967.

---

22. « Les anagrammes sont des mots et des phrases... » (je traduis).
23. C'est par la définition en une phrase que débute le texte : « *ANAGRAMME sind Worte und Sätze, die durch Umstellen der Buchstaben eines gegebenen Wortes oder Satzes entstanden sind* » (Unica Zürn, *Hexentexte*, op. cit., n. p.). Dans *Oracles et spectacles* (1967), le début du texte en traduction française se lit ainsi : « Les ANAGRAMMES sont des mots ou des phrases obtenus par une permutation des lettres, dont se compose un mot ou une phrase donnée » : Unica Zürn, *Oracles et spectacles*, quatorze poèmes-anagrammes et huit eaux-fortes, introduction de Patrick Waldberg, frontispice et postface de Hans Bellmer, Paris, Georges Visat, 1967, n. p. Toutes les citations renverront à cette édition qui n'est pas paginée.
24. Pour le rapport qu'entretiennent les deux créateurs à l'art anagrammatique, voir Sigrid Weigel, « Hans Bellmer Unica Zürn : "Auch der Satz ist wie ein Körper..." ? Junggesellenmaschinen und die Magie des Imaginären », *Topographien der Geschlechter. Kulturgeschichtliche Studien zur Literatur*, Reinbek et Hambourg, Rowohlt Verlag, 1990, p. 67-113.
25. Voir Erich Brinkmann, *Unica Zürn : Alben*, op. cit., p. 281.

La consignation d'eaux-fortes et d'anagrammes dans *Oracles et spectacles*

Occupation passionnée et passe-temps obsessionnel, l'écriture d'anagrammes se poursuit jusqu'au milieu des années 1960[26]. Durant cette période féconde, quoique toujours perturbée par des internements dans divers hôpitaux psychiatriques[27], Unica Zürn se lie d'amitié avec Max Ernst, Henri Michaux, Jean Arp, Man Ray, Victor Brauner, (Roberto) Matta, de même que le couple Bona et André Pieyre de Mandiargues, entre autres[28]. Proche de l'esthétique surréaliste, elle se consacre alors à plusieurs projets de livres hybrides conçus sous forme de cahier (on en dénombre 16 en tout) ou d'album. Ce sont deux supports fortement privilégiés par l'auteure-artiste en raison de la « continuité intérieure[29] » et de la séquentialité que permet ce type de dispositif matériel[30]. L'édition des cahiers et des albums par Erich Brinkmann en 2009 rassemble (ou présente sommairement) *Skizzenbüchlein* (1957), *Eisenbahnheft* (1960-1970), *La Maison des maladies* (1958), divers *Alben von Sainte-Anne* (1961-1962 ; 1962-1964) et plusieurs livres intitulés *Orakel und Spektakel*[31]. Mais il existe également un projet livresque, ou plutôt un album grand format, qui met de nouveau en valeur, de manière originale, les pratiques de l'anagramme et du dessin (cette fois sous forme de gravure sur cuivre) menées en parallèle par Zürn : *Oracles et spectacles*[32].

---

26. Trois des six brèves contributions du catalogue d'exposition *Unica Zürn* (op. cit.) portent sur les anagrammes et les dessins de l'auteure-artiste.
27. Pour le rapport entre maladie et création, voir Katharine Conley, « Through the Surrealist Looking Glass : Unica Zürn's Vision of Madness », *Automatic Woman*, op. cit., p. 79-111, et Martine Delvaux, *Femmes psychiatrisées, femmes rebelles. De l'étude de cas à la narration autobiographique*, Le Plessis-Robinson, Institut Synthélabo pour le progrès de la connaissance, 1998.
28. Voir Sepp Hieksche-Picard, « L'œuvre d'Unica Zürn, genèse et réception », dans *Unica Zürn*, catalogue d'exposition, op. cit., p. 66.
29. Rike Felka, « Die träumende Hand. Unicas Zeichnungen », loc. cit., p. 320.
30. Voir Erich Brinkmann, « Unica Zürns Alben », dans *Unica Zürn : Alben*, op. cit., p. 7.
31. On sait que Zürn a détruit nombre de ses écrits et dessins durant certaines crises dépressives ou psychotiques. Aussi dispose-t-on aujourd'hui seulement des Livres IV et V, ainsi que de feuilles éparses avec des dessins-anagrammes issus probablement de livres « déchirés », recollés à l'occasion par Bellmer.
32. On peut voir cet album à la facture précieuse comme la quintessence des divers livres *Orakel und Spektakel* que Zürn imagine dès la fin des années 1950 et le début des années 1960, entre Palavas-les-Flots, Paris et Ermenonville, comme des ensembles texte/image plutôt homogènes.

L'album propose une sélection d'anagrammes rédigées sur une dizaine d'années, ainsi que d'eaux-fortes qui, elles, datent toutes de 1966. Leur assemblage dans le cadre d'un objet *livre* pose la question du rapport au temps dans l'acte de (co)création puisque certains poèmes ont été composés longtemps avant d'être jumelés aux images. De cette genèse chronologique discontinue, que doit-on déduire pour ce qui est du dialogue intermédial entre les deux formes d'expression ? L'une vient-elle compléter, amplifier le « sens » de l'autre ? Y ajouter une couche sémantique supplémentaire, voire contradictoire ? Contrairement à la publication relativement « modeste » de *Hexentexte*, les anagrammes-gravures seront, 13 ans plus tard, consignées dans un album moyen format (33,5 × 27 cm), soigneusement arrangé dans un boîtier rigide, couvert de lin noir et publié par Georges Visat en 1967 (Fig. 27). C'est d'ailleurs par son témoignage d'amitié – « Ce petit livre est né d'une amitié […]. Je lui [à Unica Zürn] préparais des cuivres et en assurais la morsure à l'eau-forte » – que s'ouvre la suite des 14 poèmes et 8 eaux-fortes. On constate d'office que le parti pris du dispositif texte/image d'*Oracles et spectacles* est radicalement différent de *Hexentexte*. Si, dans ce dernier, les doubles pages font cohabiter un dessin (sur la page de gauche) et une anagramme (sur la page de droite), dans le cas de l'album de 1967, leur disposition se fait en quadriptyques. Entité à part entière, chacune débute par une eau-forte imprimée en embossage, faisant office de frontispice (page de droite) à deux anagrammes (pages 3 et 4) séparées de l'image par une page blanche (page 2). Non reliés, les 12 feuillets forment l'album qui se voit complété, dans 15 exemplaires, d'une « suite sur Japon » des eaux-fortes « signées au crayon par l'artiste[33] ». C'est un véritable livre-objet, préparé soigneusement avec le concours de l'éditeur, au tirage limité de 120 exemplaires auxquels s'ajoutent 15 spécimens numérotés de I à XV.

L'image comme moteur d'écriture poétique ?

Bien que l'eau-forte soit toujours placée en position inaugurale de chaque feuillet à quatre pages, la fonction de moteur scripturaire des deux anagrammes associées ne peut lui être attribuée. Car nous disposons, ce qui est plutôt rare, de quelques éléments qui nous renseignent sur la genèse du processus de création, c'est-à-dire sur la chronologie de la produc-

---

33. Erich Brinkmann, *Unica Zürn : Alben (Bücher und Zeichenhefte)*, op. cit., p. 314.

tion des textes et des images. Laconiquement, Georges Visat informe le lecteur que, en juillet 1966, il avait donné suite à la demande d'Unica Zürn « hospitalisée alors à Maison Blanche » et qui avait manifesté « le désir de graver ». Il ajoute qu'à ce moment, il ne savait pas encore qu'elle écrivait également des anagrammes, qu'il en avait pris connaissance quelques mois plus tard seulement, lors d'une rencontre avec Ruth Henry, amie intime et traductrice d'Unica Zürn[34]. Nous n'apprenons pas en revanche qui a eu l'idée d'assembler les gravures et les anagrammes dans le dessein de publier l'ensemble ; on imagine aisément, derrière cette idée, l'éditeur d'art qui avait fondé en 1961, avec l'aide de Max Ernst et d'Alberto Giacometti, sa propre maison d'édition spécialisée dans les livres d'art à tirage limité. Mais Visat n'est pas le seul « collaborateur » à prendre la plume pour joindre sa voix à celle de Zürn. L'historien de l'art, poète et critique proche des surréalistes, Patrick Waldberg, signe la préface intitulée « Unica et sa propriété » pour évoquer l'univers onirique de l'auteure-artiste en se substituant à elle :

> Je suis, donc je rêve. Mon nom est Unica. Le temps est à la neige, le ciel tremble, les poissons-lunes assemblent leurs troupeaux. [...] Les deux grelots – de la vie et du rêve – se dièsent en fugue lucide dans ma chambre à ciel ouvert, lorsque déferle en moi l'apparat d'un grand cirque mauve. [...] Vertige, voltige, corde lisse où l'on hisse le pavillon de l'espoir, parmi le volètement des chauves-souris de la peur.

Après des digressions aussi poétiques qu'hermétiques, le préfacier termine ainsi : « Unica est mon nom et ma propriété c'est l'envol. Le temps est à la neige, le ciel tremble. Il n'y a pas d'*ailleurs* ». Ces seuils péritextuels sont complétés, à la fin de l'ouvrage, par le texte programmatique de Bellmer, « Les ANAGRAMMES sont des mots ou des phrases... », publié cette fois en traduction française mais suivi aussitôt de sa version originale en allemand[35]. La présence de l'artiste ne se limite pourtant pas à ce rappel à l'identique des principes anagrammatiques, puisque le frontispice d'*Oracles et spectacles* – il s'agit du dessin d'un insecte[36] – est

---

34. Rappelons que Ruth Henry a traduit en français plusieurs textes de Zürn, parmi lesquels *L'Homme-Jasmin* (1971) et *Vacances à Maison Blanche. Derniers écrits et autres inédits* (2000).
35. L'on peut s'interroger sur la raison d'ajouter également la version allemande de cette préface.
36. Signée au crayon dans la partie inférieure droite, la gravure est intitulée *Die Gottesanbeterin* et date d'environ 1960.

FIG. 27 « Die Gottesanbeterin » (Hans Bellmer, eau-forte, ca 1960) et page de titre, dans Unica Zürn, *Oracles et spectacles*, 1967 ; © Verlag Brinkmann & Bose Publisher, Allemagne.

UNICA ZÜRN

ORACLES ET SPECTACLES

QUATORZE POÈMES-ANAGRAMMES

ET HUIT EAUX-FORTES

INTRODUCTION DE
PATRICK WALDBERG
FRONTISPICE ET
POST-SCRIPTUM DE
HANS BELLMER

1967

ÉDITIONS GEORGES VISAT PARIS

lui aussi signé Bellmer. Autrement dit, le travail de création d'Unica Zürn est bien *encadré* par la voix de trois hommes.

Ce n'est donc qu'au bout de neuf pages préliminaires que le lecteur-spectateur est plongé enfin dans les quadriptyques que forme la suite d'une eau-forte, d'une page vierge et de deux anagrammes. Il risque d'être interpellé non seulement par la voix oraculaire propre aux anagrammes zürniennes, de longueur variable comme dans *Hexentexte*, mais également par le spectacle des figures à visages multiples dans lesquels sont incrustés des yeux qui pointent vers différentes directions. Ce phénomène, qui semble vouloir détourner le regard d'un centre focal difficilement repérable, répète la même idée qui consiste à vouloir confondre «des visages avec le visage unique[37]», thème obsessionnel chez l'artiste. «Des visages surgissent, des portraits hallucinatoires, remarque Roger Cardinal, tel celui du fameux Homme-Jasmin, avec aussi des visages féminins. [...] L'artiste semble encourager l'interférence des identités, car les visages se superposent, comme des masques interchangeables[38]». Ailleurs, tels des génies émergeant d'une bouteille, comme dans «Der Geist aus der Flasche» (Fig. 28), des figures tantôt «effrayantes», tantôt «drôles et grotesques[39]», semblent sortir des gravures de la même manière que le font les lettres du titre, par ailleurs parfaitement compréhensible («Le génie sorti de la bouteille»), assemblées toujours autrement dans chaque vers, selon la contrainte de composition connue:

DER GEIST AUS DER FLASCHE
Es rauscht das Geflieder
der Schlaf ist aus. Gerede
der Flasche, steig aus der
Figur. Rede sachte als des
Geistes Rauch, da der Fels
des Auges Adel erfrischt[40].

---

37. Unica Zürn, «Notes d'une anémique (1957/58)», *Vacances à Maison Blanche, op. cit.*, p. 19. Dans «Notes concernant la dernière (?) crise» (texte faisant partie de l'édition Gallimard de *L'Homme-Jasmin, op. cit.*, p. 191), Zürn écrit: «Un jour, parlant d'elle-même, elle a dit: "Je suis obsédée quand je dessine des visages." Elle passe quelques heures à ce spectacle qui captive son attention».
38. Roger Cardinal, «Unica Zürn: dessins si denses», *loc. cit.*, p. 13.
39. Rike Felka, «Die träumende Hand», *loc. cit.*, p. 323.
40. Chaque anagramme d'*Oracles et spectacles* indique le lieu et l'année de son écriture.

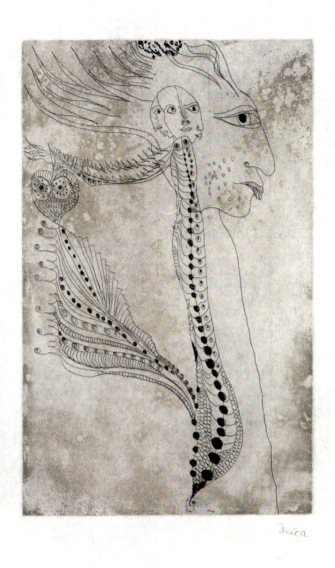

FIG. 28 Eau-forte, dans Unica Zürn, *Oracles et spectacles*, 1967 ; © Verlag Brinkmann & Bose Publisher, Allemagne.

Il n'est guère réellement question d'un génie sortant d'une bouteille ; c'est plutôt une ambiance mystérieuse d'apparition qui est créée en six vers. Mais grâce à l'évocation d'un fond sonore et à l'association de mots clés (« Schlaf » – « sommeil » ; « Flasche » – « bouteille » ; « Geistes Rauch » – « fumée du génie (ou de l'esprit » – le mot allemand abrite les deux significations), qui tissent un semblant de réseau de sens, on imagine la scène que le vers final dissout instantanément. L'exemple du « Geist aus der Flasche » permet de constater que le dispositif en quadriptyque (eau-forte, page blanche, anagramme 1, anagramme 2) est favorable au surgissement de liens non seulement entre l'eau-forte et l'anagramme 2, mais également entre ce poème et l'eau-forte qui ouvre l'entité suivante. Si, en parcourant *Oracles et spectacles* d'un feuillet à l'autre, le frontispice placé en miroir du poème « Hinter dieser reinen Stirne[41] » (Fig. 29) donne à voir une scène mouvementée d'où surgissent des têtes, des visages, des yeux et des figures indéfinissables, le tout semblant bouger à la fois vers le haut et le bas de la page et prenant de l'expansion vers la gauche et la droite, l'image qui fait face au « Geist aus der Flasche » (et constitue le seuil vers une nouvelle entité) est caractérisée par un plus grand calme : on pourrait même affirmer que la figure principale s'apparente à un esprit aux cheveux flottant dans le vent, et habité par deux figures étranges reliées entre elles par une sorte de colonne vertébrale dédoublée. Les rapports texte/image dépasseraient alors, à l'occasion et non systématiquement, les frontières « naturelles » de chaque feuillet. Ajoutons, pour souligner la complexité parfois tout à fait dialectique de la relation entre le textuel et le pictural, que l'anagramme 1 (« Les draps de lit à l'agonie ») du « Geist aus der Flasche » ne converge pas avec le sens de l'interprétation proposée. Particulièrement énigmatique, le poème évoque la souffrance, le vieux jeu, la misère, l'agonie de l'univers, une journée de la chanson de la rose ; il résonne comme une prière lyrique, désenchantée, dans laquelle sont tissés quelques mots français « Agonie des Alls. La perdit / pardon. Lilie des Alasteg ».

---

41. « Derrière ce front pur ». Si j'utilise le terme « frontispice », c'est parce que les feuillets qui s'ouvrent toujours sur une image fonctionnent comme des unités assez indépendantes au sein de l'album.

FIG. 29 Eau-forte, dans Unica Zürn, *Oracles et spectacles*, 1967 ; © Verlag Brinkmann & Bose Publisher, Allemagne.

Travail de montage et de démontage

L'auteure-artiste mobilise divers signes – alphabétiques et picturaux – afin de décliner une idée, un thème ou un motif par le biais des deux langages investis. La plupart du temps, le dialogue du *littéral* et du *figural* ne se fait entendre qu'en sourdine. Le dispositif particulier d'*Oracles et spectacles* fait en sorte que l'eau-forte et les deux anagrammes ne sont jamais placées dans un rapport spéculaire. Chaque mode d'expression garde ainsi son autonomie, les deux se valent. Si l'anagramme organise la dissolution du mot, de la logique et du sens, le dessin fonctionne selon les principes de l'accumulation compulsive de traits et de l'extension, voire de la torsion des corps jusqu'à ce qu'ils se touchent et se fondent l'un dans l'autre[42]. Dans «La femme automatique du surréalisme», Katharine Conley insiste sur le travail analogique de montage/démontage que fait subir Unica Zürn au corps métamorphique ainsi qu'au langage: «au cours de ses hallucinations les plus vives, [...] elle a l'impression que son corps se métamorphose avec la même facilité que le sens des poèmes en anagrammes qu'elle aime fabriquer[43]». Le corps – humain, animal ou végétal, de préférence hybride – paraît n'être qu'un ensemble de signes graphiques, au même titre que les lettres, les mots et les phrases qui participent, par leur caractère décomposable et recomposable, à la fabrication des textes poétiques. Ce rapport au corps-langage «manipulable» n'est pas sans faire écho au projet *Variations sur le montage d'une mineure articulée*[44] réalisé par Bellmer dans les années

---

42. Les dessins à l'encre de Chine (noire ou rouge) et les eaux-fortes – plus que les anagrammes – peuvent être lus, compte tenu du caractère compulsif des formes et des figures qui débordent souvent des marges du support médiatique (notamment de la feuille de papier), comme des symptômes d'hallucinations visuelles ou auditives qu'évoque Unica Zürn dans plusieurs de ses récits, notamment dans *L'Homme-Jasmin*, «Notes concernant la dernière (?) crise» et «Vacances à Maison Blanche» (ayant donné le titre au recueil de textes de 2000). Dans ce dernier écrit, le sujet narrant fait état de ce qu'il voit lors d'une crise d'hallucination: «Elle baisse les yeux, son regard traverse tous les matelas et, horrifiée, elle comprend qu'elle trône sur une montagne d'instruments chirurgicaux et d'alèses sanguinolentes en caoutchouc, et en même temps, sur un amas de mains, de genoux, de cuisses et de membres génitaux de plusieurs hommes lui ayant fait des enfants qui n'ont pas eu le droit de venir au monde, parce que la pauvreté régnait» (p. 151).
43. Katharine Conley, «La femme automatique du surréalisme», *loc. cit.*, p. 75.
44. Les images d'une poupée grandeur nature, dont les divers membres sont agencés toujours différemment autour d'une boule centrale, ont été publiées dans la revue *Minotaure*, n° 6, décembre 1934, p. 30-31. Voir, à ce propos, Ji-Yoon Han, «La Poupée de Bellmer: variations éditoriales sur le montage d'une série photographique», dans Paul Edwards, Vincent Lavoie et Jean-Pierre Montier (dir.), *Photolittérature, littératie visuelle et nouvelles textualités*, Phlit, 2013, http://phlit.org/press/?p=2159.

1930, ni à sa conception analogique du langage, ensemble de lettres, de mots et de phrases à combiner[45]. Dans la postface, le créateur de la *Poupée* explique que «la phrase est comparable à un corps qui nous inviterait à le désarticuler, pour que se recomposent, à travers une série d'anagrammes sans fin, ses contenus véritables».

Mue par le désir de percer l'énigme du visible, de la surface, animée par la volonté de donner forme à l'informe, d'imbriquer des mots et des corps en abolissant leurs frontières, Unica Zürn applique à la lettre les règles inculquées par le maître du jeu. Le corps hybride, à la croisée du sublime et du monstrueux, constitue souvent le centre focal de l'exploration des figures en arabesque et des formes liminales. Rappelons à cet égard l'importance, dans l'esthétique surréaliste, du corps liminal qui incarne l'idéal de l'entre-deux et qui, comme le corpus automatique, devrait être suspendu entre l'atemporel du rêve et l'univers du réel, avec toutes les conséquences que cette liminalité implique pour l'expression syntaxique[46]. Force est de constater que l'écriture anagrammatique ou l'eau-forte conservent leur logique propre. La rencontre des arts au sein de l'album a lieu sur le mode de la dissemblance, contrairement à leur croisement, voire leur imbrication dans d'autres livres d'*Orakel und Spektakel* non publiés. Si, dans les *Hexentexte* de 1954 et les *Oracles et spectacles* de 1967, les rapports entre l'écrit poétique et le pictural se tissent en filigrane, par exemple par un mot dont on trouvera des traces dans l'image (ou *vice versa*), dans les dessins-anagrammes conçus comme une entité iconotextuelle[47], le dessin figure un thème ou un motif que les mots de l'anagramme épousent littéralement, en s'inscrivant souvent dans les contours de l'image (Fig. 30).

---

45. L'artiste plasticien développe sa pensée du corps «anagrammatique» dans *Petite anatomie de l'inconscient physique ou l'Anatomie de l'image*, Paris, Éditions Allia, 2002 [1957]. L'essai contient des dessins de Bellmer qui illustrent à la perfection les torsions et les contorsions que le corps peut exécuter sous l'impact du geste créateur.

46. Voir Katharine Conley, *Automatic Woman*, op. cit., p. 72. À propos du corps de la Vierge Marie, parangon de l'entre-deux-mondes, la critique note: «Son corps est donc liminal, comme le corpus du texte automatique, suspendu entre le domaine intemporel de l'esprit/du rêve et le domaine historique de la réalité/de l'expression syntaxiquement compréhensible» (p. 72).

47. Le concept d'«iconotexte» est illustré par Michael Nerlich dans son analyse de *La Femme se découvre*, pour rendre justice à des entités texte/image indissociables, souvent mais pas nécessairement sous forme d'un livre: «Qu'est-ce qu'un iconotexte? Réflexions sur le rapport texte-image photographique dans *La Femme se découvre* d'Evelyne Sinnassamy», dans Alain Montandon (dir.), *Iconotextes*, Paris, Ophrys, 1990, p. 255-302. Voir aussi Peter Wagner (dir.), *Icons – Texts – Iconotexts*, New York, Walter de Gruyter, 1986.

FIG. 30 Unica Zürn, dessin à l'encre de Chine, août 1960, dans *Alben. Bücher und Zeichenhefte*, 2009 ; © Verlag Brinkmann & Bose Publisher, Allemagne.

Qu'importe le type de configurations du texte/image – sur la double page, dans une suite de feuillets à quatre pages, ou alors sur la même feuille –, ces dispositifs sollicitent la vue sur deux plans : il faut saisir en même temps ce que *dit* le texte et ce que *montre* l'image[48]. Comme dans toute œuvre composite, le lecteur-spectateur est amené à «réajuster» son œil selon la modalité d'une lecture double. La question du «regard» est, en effet, centrale chez Zürn : c'est un regard qui ne cesse de circuler à l'intérieur de l'œuvre graphique, qui se voit constamment incité à établir des liens entre les divers éléments d'un dessin pourvu ou dépourvu de mots.

Démarche collaborative ou dédoublement de l'auteure en artiste visuelle

Grâce au recours à divers moyens d'expression qu'elle croise au sein des mêmes espaces matériels, Unica Zürn redynamise la «surface intermédiale[49]». Silvestra Mariniello a raison d'avancer qu'«en reconnaissant la surface en tant que constitutive de l'écriture [...] on réintroduit la matière dans le langage, on réintègre des aspects de l'expérience que l'écriture alphabétique avait exclus[50]». Si, dans les sociétés logocentriques, comme l'affirme cette spécialiste de l'intermédialité, «[n]ous sommes accoutumés à considérer la technique comme "inférieure" et indigne de devenir objet de connaissance» et qu'«on nous a appris de maintes façons que la technique et le corps sont des obstacles à la connaissance véritable, qu'il faut les transcender pour atteindre la vérité[51]», pour Zürn, la quête de la vérité est indissociable du corps, de la matière et de la *techné*[52]. L'auteure-artiste valorise, en effet, la technique

---

48. Liliane Louvel propose l'idée d'une lecture croisée qui consisterait à lire l'image et à regarder le texte : *Texte/image : images à lire, textes à voir*, op. cit. Voir aussi Andrea Oberhuber, «Présentation : Texte/image, une question de coïncidence», *Dalhousie French Studies*, n° 89, 2009, p. 3-9.
49. L'idée de la «surface intermédiale», fortement inspirée des études intermédiales, et le rapport à la corporéité sont explorés par Fanny Larivière (*Stratégies intermédiales et autoreprésentation dans l'œuvre littéraire et les dessins-partitions d'Unica Zürn*, mémoire de maîtrise, Université de Montréal, 2011), notamment à partir des écrits auto(bio)graphiques (*Sombre printemps, Vacances à Maison Blanche, L'Homme-Jasmin, MistAKE et autres écrits français*), ainsi que de l'œuvre picturale de Zürn.
50. Silvestra Mariniello, «La *litéracie* de la différence», dans Jean-Louis Déotte et Marion Froger (dir.), *Appareil et intermédialité*, Paris, L'Harmattan, 2007, p. 174.
51. *Ibid.*, p. 164-165.
52. Dans plusieurs récits de *Vacances à Maison Blanche* (op. cit.), dont «Cahier "Crécy"», elle fait référence à l'art en tant que *technique*; elle évoque également, dans de

très matérielle de l'écriture alphabétique et du trait graphique posés sur le support, fût-ce une feuille blanche, une plaque de cuivre ou une partition de musique. Surfaces d'inscription de signes en tout genre, ces supports permettent de capter des visions (au sens littéral et métaphorique du terme[53]) qui prennent forme dans l'un des langages zürniens de prédilection, parfois dans les deux en même temps, comme c'est le cas de *Hexentexte* et d'*Oracles et spectacles*.

À l'instar d'autres créatrices surréalistes – pensons à Claude Cahun, à Valentine Penrose, à Dorothea Tanning ou encore à Meret Oppenheim –, l'auteure-artiste semble faire subir au matériau artistique et linguistique le même traitement qu'au corps féminin. Le partage de l'espace intermédial fonctionne chez Zürn comme celui du corps hybride où les règnes se confondent: l'humain, l'animal et le végétal. L'imaginaire est ancré indéniablement dans le monde physique, tant dans la corporéité du sujet (écrivant, dessinant ou gravant) que dans la matérialité des supports dont il dispose et des techniques qu'il emploie. La feuille de papier est souvent malmenée, envahie excessivement de lignes graphiques, de chiffres et de mots, notamment dans le processus de travail anagrammatique. Tout se passe comme si dessiner et écrire étaient des manières d'interroger les limites de la concentration, d'explorer le plaisir de s'affranchir des frontières médiatiques. Dans *L'Homme-Jasmin*, à l'occasion d'un échange avec le médecin-chef de l'hôpital psychiatrique Wittenau, la narratrice-protagoniste relate la scène suivante:

> Il [le médecin] lui demanda de commenter ses dessins qu'il présentait à l'assistance. […] on lui demanda: «Pourquoi le dessin occupe-t-il ici toute la surface de la feuille jusqu'aux bords? Dans vos autres compositions vous avez laissé une marge blanche autour du motif».
> Et elle avait alors fait cette réponse: «Je ne voulais pas cesser d'y travailler, ou ne le pouvais pas parce que j'ai éprouvé, en le faisant, un plaisir sans fin. Je souhaitais que ce dessin se prolongeât bien au-delà des bords du papier – jusqu'à l'infini […]»[54].

---

nombreuses pages, les procédés de création appris de ses amis surréalistes, ainsi que les difficultés physiques, donc matérielles, liées à une calligraphie de plus en plus laborieuse parce que la «ligne s'incline avec pessimisme vers le bas» (p. 88).

53. Très tôt, Unica Zürn évoque l'univers de cauchemars qui hantent ensuite sa vie diurne: «Depuis 1949 il se passe des choses angoissantes et funestes dans mes rêves. Une montagne d'événements m'écrase, nuit après nuit» («Notes d'une anémique (1957/1958)», *Vacances à Maison Blanche, op. cit.*, p. 17). On ne saurait expliquer toute l'œuvre picturale zürnienne par ces visions nocturnes; c'est une piste parmi d'autres.

54. Unica Zürn, *L'Homme-Jasmin, op. cit.*, p. 133-134.

Plus rien d'étonnant alors de constater, en feuilletant *Unica Zürn : Alben (Bücher und Zeichenhefte)*, que nombre de pages sont « remplies de tous les mots qui viennent à l'esprit », qu'elles sont « couvertes de chiffres fins et penchés », de « gribouillages », de « taches », de « saletés », qu'elles sont « cornées », « remplies avec voracité[55] », comme l'explique la narratrice-diariste dans *Notes d'une anémique (1957/58)*.

*

Les divers projets intermédiaux d'Unica Zürn, sous forme de cahiers, de carnets, d'albums ou de partitions-dessins-peintures[56], montrent une nouvelle avenue du Livre surréaliste tel que privilégié dans l'entre-deux-guerres par plusieurs couples d'artistes, dont Paul Éluard et Max Ernst (*Le Malheur des immortels*), André Breton et Jacques-André Boiffard (*Nadja*), Lise Deharme et Joan Miró (*Il était une petite pie*), Claude Cahun et Moore (*Aveux non avenus*), Leonora Carrington et Max Ernst (*La Dame ovale*).

Zürn, pour sa part, s'entoure de collaborateurs au sens large du terme en les reléguant aux marges des deux objets *livres* publiés de son vivant. Dessins, poèmes-anagrammes et eaux-fortes semblent révéler des états de conscience aiguë, tantôt perturbés par la maladie mentale, tantôt guidés par l'esprit lucide et ludique caractéristique d'Unica Zürn même durant les périodes sombres de sa vie entre la France et l'Allemagne[57]. S'appuyer sur des mots et des lettres, tracer des dessins sur un support donné pour les faire cohabiter est un exutoire ayant donné lieu à deux

---

55. Unica Zürn, « Notes d'une anémique (1957/1958) », *Vacances à Maison Blanche, op. cit.*, p. 28-29.

56. Entre 1957 et 1959, Zürn se réapproprie la partition de l'opéra *Norma* (de Vincenzo Bellini) pour en faire un support de peinture, créant ainsi une œuvre palimpseste. Il ne nous reste que quatre exemplaires de ces « dessins-partitions », comme les appelle Fanny Larivière, les autres ayant été probablement détruits par l'artiste. La partition comme écriture de signes préexistants semble avoir exercé une grande fascination sur l'artiste, notamment au début des années 1960, lorsque, internée à Sainte-Anne, elle s'adonne à l'appropriation/réinterprétation de diverses pièces musicales (de préférence celles de Robert Schumann) en y apposant des dessins, des collages ou des taches de couleur. C'est le cas des *Alben von Sainte-Anne (Notenüberschreibungen)*, 1962, et des *Alben von Sainte-Anne (III. Album)*, 1962-1964. Pour plus de détails, voir Fanny Larivière, *Stratégies intermédiales, op. cit.*, p. 59-81.

57. Voir Mireille Calle-Gruber, « Claire Voyance d'Unica Zürn », dans Mireille Calle-Gruber, Sarah-Anaïs Crevier Goulet, Andrea Oberhuber et Maribel Peñalver Vicea (dir.), *Les folles littéraires, des folies lucides. Les états* borderline *du genre et ses créations*, Montréal, Nota bene, 2019, p. 49-62.

livres surréalistes. Dans *Hexentexte* et *Oracles et spectacles*, l'auteure-artiste fait preuve de dualité créatrice, les deux moyens d'expression concluant un pacte de mariage comme dans le *graphein* grec : elle s'applique opiniâtrement à « graver des caractères » (première signification du terme), mais également de « dessiner » (seconde acception de *graphein*) toutes sortes de figures et de formes sur la surface blanche.

Dons des féminines de Valentine Penrose, une histoire d'« amour fou »

METTANT EN SCÈNE la fuite amoureuse de Maria Elona et de Rubia, « l'orpheline des montagnes[1] » mariée à Cock Norah qu'elle n'aime pas – surtout pas follement –, *Dons des féminines* s'inscrit dans la tradition du Livre surréaliste, tout en déployant, notamment à travers le langage visuel des collages, un imaginaire gothique propre au XIXe siècle anglais[2]. L'histoire d'*amour fou*[3] que vivent les personnages féminins nous fait découvrir un univers où l'onirisme et le fantas(ma)tique se substituent au réel, où Éros guide les deux fugueuses dans leur traversée de pays et de paysages exotiques, leur permettant de vivre l'aventure d'un couple de femmes, et ce, jusqu'à leur fin tragique dont on n'apprend rien de précis et sur laquelle se clôt le livre.

---

1. Valentine Penrose, *Dons des féminines*, Paris, Librairie Les Pas perdus, 1951, n. p. Toutes les citations renverront à cette édition qui n'est pas paginée. Signalons que le recueil a été repris (mais sans respecter le format de l'album ni la qualité de reproduction des images) dans *Valentine Penrose. Écrits d'une femme surréaliste*, édition Georgiana M. M. Colvile, Paris, Éditions Joëlle Losfeld, 2001, p. 149-207.
2. Contrairement à la tradition du roman réaliste incarnée par Balzac et fustigée par Breton dans le *Premier Manifeste* (1924), les surréalistes valorisent l'héritage de la fiction gothique, notamment en ce qui a trait à l'irrationnel et à l'incohérent, au macabre et à l'exotique, à des lieux hantés comme les châteaux gothiques, les cimetières et les ruines. L'imaginaire de plusieurs auteures et artistes surréalistes, dont Leonora Carrington, Dorothea Tanning et Valentine Penrose, est largement empreint du gothique. Voir Kimberley Marwood, « Shadows of Femininity : Women, Surrealism and the Gothic », *re.bus*, n° 4, 2009, http://fliphtml5.com/kjno/jmdo/basic.
3. On sait l'importance que notamment les poètes fondateurs du mouvement surréaliste – Breton, Aragon et Éluard – accordèrent à cette notion érigée en idéal amoureux et ayant donné le titre au dernier volet d'une trilogie autobiographique de Breton, *L'Amour fou* (1937), idéal incarné au milieu des années 1930 par Jacqueline Lamba. Penrose reprend l'idée de l'« amour fou » pour la transposer dans un lointain historique et géographique, mais, surtout, pour repenser cet amour hors du commun en termes de désir lesbien. Voir, pour une analyse détaillée de la double tradition du saphisme et de l'imaginaire gothique, Beth Kearney, *Figures de femmes chez Valentine Penrose : à la croisée du saphisme littéraire et du roman gothique*, mémoire de maîtrise, Université de Montréal, 2019, p. 18-30 et p. 71-85.

Qualifié par Renée Riese Hubert de « livre surréaliste archétypal[4] », l'album de 1951 fait partie des derniers recueils de poésie de Valentine Penrose (1898-1978), romancière et poète française ayant côtoyé le groupe surréaliste parisien dès 1925. L'ouvrage constitue une rupture radicale avec la production littéraire de l'auteure d'avant la Seconde Guerre mondiale[5], puisqu'elle signe ici non seulement les 24 poèmes courts en français et en anglais (placés sur les pages de gauche), mais aussi les 27 collages en noir et blanc qui leur font face. L'ensemble est précédé d'une préface de Paul Éluard, avec lequel Penrose partage une vision similaire de l'écriture poétique[6], et d'un collage frontispice (Fig. 31) qui décline de façon emblématique l'idée de couple : à un couple hétérosexuel placé au centre sont juxtaposées deux femmes en train de se travestir en hommes (à droite, dans la partie inférieure du collage), de même que deux promeneuses en miniature (en haut à gauche). S'agit-il de suggérer d'emblée que le couple n'est plus ce qu'il était, que les apparences sont trompeuses et que, en tant que lecteur-spectateur, nous découvrirons au fil des pages la raison d'être de « toutes les métamorphoses » (« Préface ») auxquelles aurait voulu se confronter Éluard ?

Avec *Dons des féminines*, Penrose tente elle aussi une nouvelle aventure : elle se dédouble en artiste et réalise des collages à la Max Ernst[7], c'est-à-dire à partir de romans populaires et de revues de vulgarisation scientifique de la fin du XIXe siècle. Dans l'un des rares articles consacrés à l'album, en comparaison des romans-collages du maître allemand, notamment d'*Une semaine de bonté*, Karen Humphreys considère l'ouvrage comme « une réponse visuelle au projet d'Ernst autant qu'un voyage dans son imaginaire érotique [celui de Penrose][8] », en soulignant

---

4. « *archetypal surrealist book* » : Renée Riese Hubert, *Magnifying Mirrors, op. cit.*, p. 94.
5. *Dons des féminines* est précédé, entre 1935 et 1937, de trois recueils de poésie : *Herbe à la lune* (1935), *Sorts de la lueur* (1937) et *Poèmes* (1937). »
6. Le poète note dans la préface : « J'aurais aimé, avec Valentine Penrose, passionnément rejoindre, reconnaître l'inconnue, celle qui entre dans ce livre et qui en sort, toujours distante, toujours lointaine et, ne fût-ce qu'en rêve, me confronter à elle, au prix de toutes les métamorphoses ».
7. Renée Riese Hubert (*Magnifying Mirrors, op. cit.*, p. 95) note que les collages de Valentine Penrose ne révèlent pas ou peu de proximité avec ceux de son ex-mari ; il lui aurait cependant communiqué le savoir théorique et pratique de cette nouvelle technique.
8. « *a visual response to Ernst's project as well as a voyage through her erotic imaginary* » : Karen Humphreys, « *Collages communicants*: Visual Representation in the Collage-Albums of Max Ernst and Valentine Penrose », *Contemporary French and Francophone Studies*, vol. 10, n° 4, 2006, p. 378.

FIG. 31 Collage frontispice (Valentine Penrose), dans Valentine Penrose, *Dons des féminines*, 1951; avec l'aimable autorisation de Marie-Gilberte Devise.

que la collagiste revisite, dans une posture corrective, l'univers ernstien de « femmes attachées et battues[9] ». Doris G. Eibl va dans le même sens lorsqu'elle désigne *Dons des féminines* « comme une riposte aux fantaisies érotiques souvent violentes du roman-collage ernstien, riposte tardive, certes, mais qui est d'autant plus efficace qu'elle s'approprie les stratégies narratives et la technique du collage surréaliste tout en les mettant au service de visions féminines, voire féministes[10] ». La proximité esthétique de l'univers de l'artiste allemand s'impose d'office au regard du lecteur-spectateur avant qu'il ne se rende compte, au fur et à mesure qu'il avance dans l'œuvre, du travail de *révision* opéré par Penrose en matière d'enjeux identitaires, de couples (hétérosexuel et homosexuel), d'espaces intérieurs et extérieurs, d'érotique surréaliste[11].

Un album de poèmes-collages

Dons des féminines se situe entre le moyen format auquel appartiennent bon nombre de livres surréalistes de l'entre-deux-guerres – pensons à *Aveux non avenus* (1930) de Cahun et Moore, à *Facile* (1935) d'Éluard et Man Ray, à *La Dame ovale* (1939) de Carrington et Ernst – et les albums de grande taille, souvent de facture précieuse, tels *Oracles et spectacles* (1967) d'Unica Zürn, *En chair et en or* (1973) de Dorothea Tanning ou *Oiseaux en péril* (1975) de Tanning et Max Ernst. Ni le format de l'ouvrage ni la facture matérielle certes soignée[12], mais somme toute respectueuse des conventions de l'album relié[13], ne laissent présager un dispositif texte/image qui établit, par-delà le pli de la double page, un jeu

---

9. « *bound and beaten women* » : *Ibid.*, p. 378.
10. Doris G. Eibl, « Le partage de l'espace dans *Dons des féminines* de Valentine Penrose », *Mélusine*, n° 32, 2012, p. 157.
11. Voir *ibid.*, p. 157-158.
12. Le premier tirage compte 50 exemplaires tirés sur Alfa et accompagnés d'une eau-forte de Picasso, sur vélin d'Arches (ce qui rend cette édition plus précieuse), ainsi que 350 exemplaires numérotés de 51 à 400. Intitulée *Le Couple*, l'eau-forte montre deux (peut-être même trois) corps nus enlacés dans l'acte amoureux. Cette image est très explicite quant au désir lesbien et sa concrétisation dans l'acte sexuel. Voir Renée Riese Hubert, *Magnifying Mirrors, op. cit.*, p. 101.
13. Très courant, employé depuis longtemps en bibliophilie, le format de l'ouvrage hybride (33 × 25 cm), un *in-folio*, et le choix d'un papier plus épais (Alfa), largement utilisé dans l'imprimerie anglaise, renvoient au style des albums illustrés du XIXe siècle, ce qui rejoue une nouvelle fois le procédé de reprise/révision de l'imaginaire victorien. L'écart avec les romans-collages d'Ernst est en revanche évident quant à la matérialité des œuvres respectives.

de renvois particulièrement complexes entre les poèmes et les collages. Mais, autant le dispositif se révèle très élaboré, autant la première de couverture frappe par sa sobriété : imprimé en caractères avec empattements, seul le titre apparaît au milieu de la page, toute autre information (le nom de l'auteure, du préfacier et de la maison d'édition) se trouve reléguée à l'intérieur de l'album, à la page de titre. La police de caractères victorienne[14] de *Dons des féminines* amplifie la nature mystérieuse de la relation grammaticale entre le substantif « don » et le pluriel de l'adjectif « féminine ». De quels « dons » s'agit-il, nous demandons-nous ? Qui donne à qui[15] ? Ou alors, de quels talents les « féminines » sont-elles dotées ? À qui renvoient d'entrée de jeu ces « féminines » désignées aussi comme « singulières » dans le septième vers du poème « Du matin frais et beau » ? La réponse à l'énigme arrivera dans les dernières pages de l'album, mais ce ne sera qu'une réponse partielle.

Une fois la couverture tournée, le lecteur découvre, sur la page de titre, le nom de Valentine Penrose, l'indication d'une préface rédigée par Éluard qui valorise le « surréel » de la poésie penrosienne, ainsi que le nom de l'éditeur. Rappelons au passage qu'Éluard avait déjà signé la préface du recueil *Herbes à la lune* publié en 1935 par la poète[16]. Puis les

---

14. Cette police nous apparaît quelque peu fantaisiste aujourd'hui, mais assez courante dans la presse illustrée anglaise du XIXe siècle, elle a été reprise par les typographes au XXe siècle, y compris français. Il y a des versions récentes toujours en utilisation : http://luc.devroye.org/fonts-36011.html. Dans *Magnifying Mirrors* (*op. cit.*, p. 95), Renée Riese Hubert note justement à propos de la duplicité typographique : « La partie supérieure présente une typographie assez régulière, sans doute répertoriée dans les manuels les plus courants de ce domaine. Les lettres à double interligne affichent une angularité souvent privilégiée par les concepteurs de livres victoriens, tandis que la partie inférieure opte pour une présentation beaucoup plus fantaisiste » (« *The upper part exhibits a fairly stable typography, no doubt listed in standard manuals on the subject. The double-line letters feature angularity, so often favored by Victorian book designers, whereas the lower part is printed in a much more fanciful manner* »). On pourrait dire en d'autres termes que l'imbrication du *littéral* et du *figural* dans les choix typographiques du titre préfigure les ensembles texte/image de l'œuvre à découvrir.

15. Si Doris G. Eibl (« Le partage de l'espace dans *Dons des féminines* de Valentine Penrose », *loc. cit.*, p. 157) interprète les « dons » dans un « rapport dialogique » avec la « bonté » de l'ouvrage d'Ernst, il me semble que le choix du titre *Dons des féminines* comporte en soi une polysémie qu'il s'agira d'explorer tout au long de l'analyse. Selon Karen Humphreys (« *Collages communicants* », *loc. cit.*, p. 384), Penrose réagit par le « don » à la violence érotique qui aurait blessé sa sensibilité de femme. Rappelons qu'*Une semaine de bonté* avait été financé par Roland Penrose.

16. Georgiana M. M. Colvile voit en Éluard l'âme sœur de Valentine Penrose : « Valentine Penrose et ses doubles », *Mélusine*, n° 23, 2003, p. 308.

protagonistes «MARIA ELONA Y RUBIA[17]» font leur entrée en scène, sur une pleine page qui leur est réservée : écrits en caractères gros, dans une police aussi fantaisiste que celle du titre de l'ouvrage, riche en fioritures[18], les prénoms féminins renvoient à la facture des lettrines utilisées dans les livres illustrés des siècles précédents pour signaler le début d'un chapitre. Finalement, *Dons des féminines* s'ouvre sur un premier collage, placé en belle page. Comme mentionné plus haut, trois images de couple s'y côtoient : la première montre une femme et un homme (légèrement efféminé) en promenade, bras dessus dessous, le regard tourné tendrement l'un vers l'autre ; tous les lieux communs du couple traditionnel semblent repris, à commencer par la sortie dominicale et jusqu'aux habits vestimentaires genrés style XIXe siècle, à l'ombrelle et au haut-de-forme, apanages des sexes féminin et masculin. À l'arrière-plan de cette figuration d'une sortie conjugale, on aperçoit un couple de femmes, habillées en tenues longues ; elles quittent l'image vers la gauche en passant devant un arbre gigantesque. Placée de biais, la troisième image se superpose au collage principal : ce collage dans le collage campe, dans un décor intérieur (sorte de boudoir), deux personnages aux traits et à la chevelure féminins qui pratiquent le *cross-dressing*, motif d'hybridation maintes fois repris ultérieurement ; elles/ils s'apprêtent à une sortie. À l'instar du couple central, les deux travesties ont le regard tourné l'une vers l'autre. En un mot, le frontispice accueille le lecteur sur le seuil du livre en le plongeant d'emblée dans l'ambiance déconcertante qui régnera tout au long de la série des doubles pages empreintes d'ambivalence et d'équivoque, notamment en matière d'identités sexuées et sexuelles. Ainsi, le frontispice construit des attentes tout en déconstruisant l'idéal hétéronormatif du couple homme-femme auquel se substituera celui de Rubia et de Maria Elona.

---

17. Si le prénom de la première peut être compris comme une allusion à une chanson populaire mexicaine au titre éponyme, lancée en 1932 par Lorenzo Barcelata, le prénom de la seconde est la variation hispanophone de Rubie, l'héroïne amoureuse d'Emily dans *Martha's Opera* (1946) de Penrose. L'histoire d'amour illicite entre les deux correspondantes se termine par la mort, comme ce sera le cas, cinq ans plus tard, des fugitives de *Dons des féminines*.

18. Il est fort probable que cette police provient des magazines illustrés anglais du XIXe siècle, dont les titres arboraient toujours des polices très spectaculaires. L'imprimeur du livre de Penrose, André Tournon, devait sans doute avoir une bonne collection de polices de ce genre.

Divisées en trois parties («Dons des féminines»; «Un dimanche à Mytilène»; «El fandango del Candil»), les doubles pages de l'album sont conçues selon le même principe de *dispositio* (Fig. 32): en position inaugurale, le poème français est suivi, dans la partie inférieure de la même page, de son équivalent en anglais[19], les deux étant le plus souvent séparés par un fleuron typographique: une tête de fleur précédée et suivie d'une ligne pointillée. La plupart du temps, un petit collage[20], sinon une image découpée d'un matériau de base jamais clairement identifiable, vient orner la page des poèmes, comme pour convoquer la mode des vignettes que l'on trouvait dans les livres illustrés du XIXe siècle. De taille différente, les collages, qui paraissent d'ailleurs généralement plus encombrés que ceux d'Ernst[21], occupent systématiquement la belle page, allant de la moitié à la presque totalité. Penrose joue avec les matériaux (langagiers, iconographiques) et les techniques (découpage, collage) pour dire autrement l'aventure lesbienne. Divers imaginaires spatio-temporels (décors gothiques; paysages luxuriants d'un temps idyllique; l'époque de Sapho et la ville de Mytilène) y sont conjugués, en lien avec le périple des personnages féminins jusqu'à ce que la mort les sépare. Les temporalités du futur et du passé se confondent lorsqu'on lit que les «cheveux s'ensanglanteront qui avaient lié Rubia», que les «baisers s'abattront par lesquels succombait Rubia» et que «la feuille a suivi sa fleur». C'est par une épitaphe (seul poème à ne pas avoir son pendant en anglais) que sera consigné l'amour fou des fugitives réunies à tout jamais sous des signes du zodiaque et de la lune:

19. Il est plus approprié d'utiliser le terme «translation» (au sens de transfert) pour les poèmes en anglais qui s'inspirent plus ou moins fidèlement de leur «original» français. Plusieurs écarts, sur lesquels il s'agira de revenir, sont significatifs.
20. Par exemple, un fusil au milieu duquel est incrustée une bouche, des feuilles de dessins géométriques, un labyrinthe en forme d'échiquier, des phénomènes d'ouragan au-dessus de la mer, des lierres ou des vignes placées sous verre, des formes et figures hybrides (mi-humaines mi-animales). Cette confusion des règnes en faveur d'une hybridité est récurrente dans *Dons des féminines*. Renvoyons, à titre d'exemple, à la onzième double page qui montre deux personnages féminins, l'un agenouillé devant l'autre, surplombés de deux autres figures féminines aux têtes couronnées mais dont les corps sont ceux d'oiseaux. Ces êtres étranges, mais nullement inquiétants selon leur représentation dans le collage, font référence aux «ancêtres / où furent élaborées les forces de ta [celle de Rubia] beauté vive» par lesquels s'ouvre le poème. Le corps du roi-oiseau à visage double (féminin et masculin) ressemble par ailleurs à des hanches dont il est question dans le poème: le «je» lyrique s'y tient «agenouillé».
21. Il est vrai que des collages ernstiens se dégage un pouvoir suggestif d'autant plus frappant qu'ils sont plus sobres que ceux de Penrose.

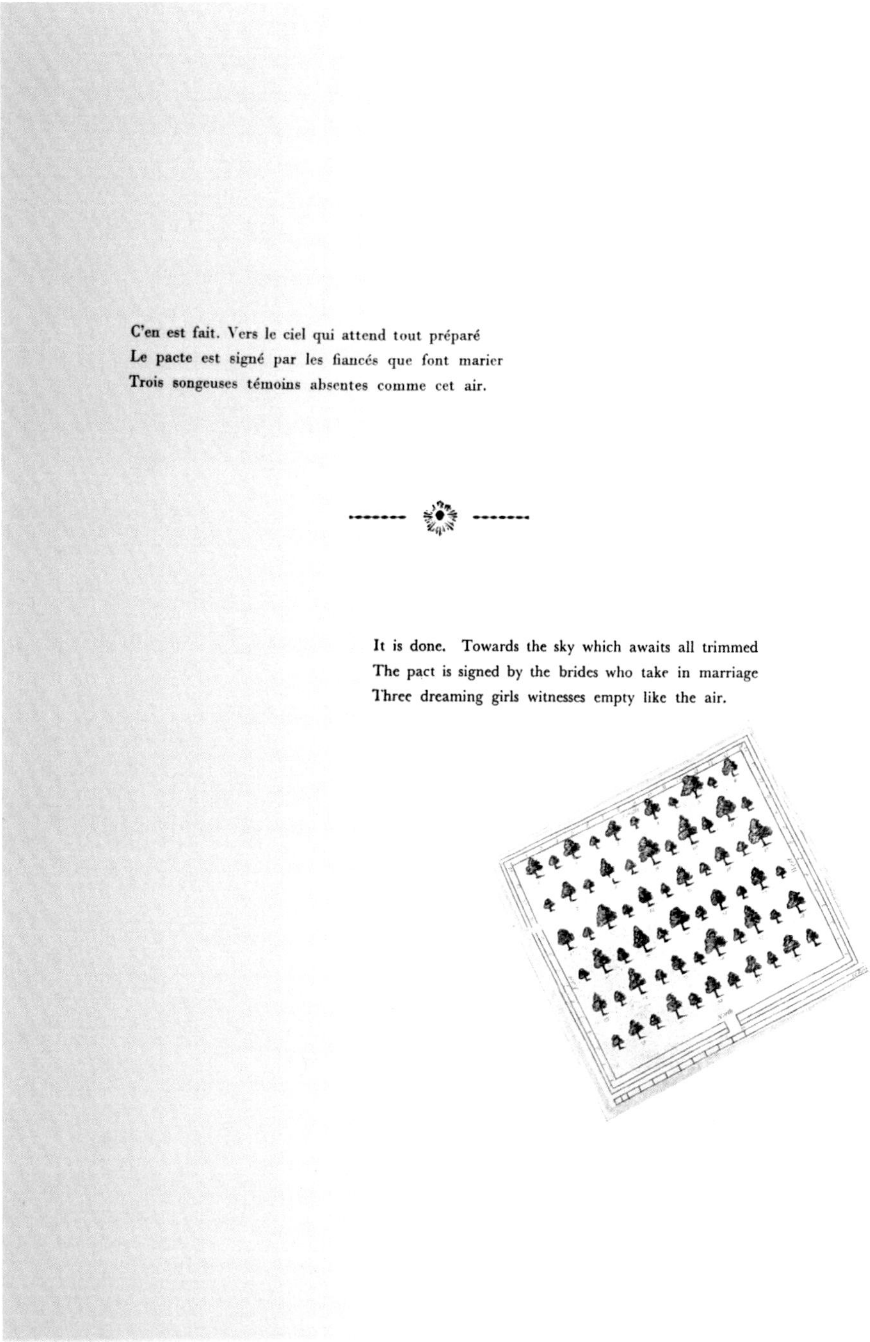

C'en est fait. Vers le ciel qui attend tout préparé
Le pacte est signé par les fiancés que font marier
Trois songeuses témoins absentes comme cet air.

-------- ✦ --------

It is done. Towards the sky which awaits all trimmed
The pact is signed by the brides who take in marriage
Three dreaming girls witnesses empty like the air.

FIG. 32 « C'en est fait » et collage, dans Valentine Penrose, *Dons des féminines*, 1951 ; avec l'aimable autorisation de Marie-Gilberte Devise.

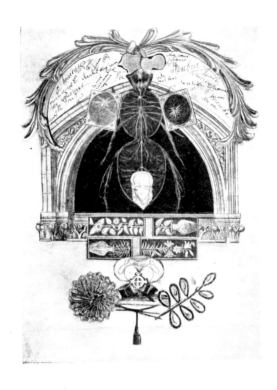

FIG. 33 Collage, dans Valentine Penrose, *Dons des féminines*, 1951; avec l'aimable autorisation de Marie-Gilberte Devise.

ÉPITAPHE

Ci-gît Rubia sous les Gémeaux
Sous le Crabe et la Lune El Maria Élona
Mais tant de bonheurs et de maux
N'en doutez pas seule la Vierge les donna.

L'ultime collage adjoint à ces vers s'apparente à une sépulture dont l'inscription n'est que partiellement lisible (Fig. 33). On identifie, de part et d'autre de l'insecte surdimensionné dont le corps radiographié s'érige en ligne de partage sur la pierre tombale, les noms des deux héroïnes, des mots épars tels « heureuses », « sens », « Mon cœur », « Ma vie », « Chérie », la date « juin 1867 », ainsi que des fragments de phrases comme « te veux / tièrement[22] / toujours » et « tu es toutes les femmes ».

Peut-on imaginer une plus belle déclaration d'amour, témoin de l'affection profonde qui lie les défuntes *ad vitam aeternam* ? Le sujet lyrique – notons qu'il semble se confondre dans plusieurs poèmes avec Maria Elona[23] – rend hommage au couple formé par cette dernière et Rubia ; il rend également hommage à l'amour entre deux femmes l'ayant conçu comme un don de soi, un « don des féminines » justement, pour reprendre le titre de l'album.

Rencontres et échanges

Au moment de la publication de *Dons des féminines*, l'auteure au nom de famille anglophone n'en est pas à son premier recueil de poésie. Valentine Boué qui épouse en 1925 Roland Penrose, éminent représentant du surréalisme britannique, fait son entrée dans les milieux avant-gardistes aux côtés de son mari ; un an plus tard, elle publie des poèmes de facture automatique dans *Les Cahiers du Sud*[24], revue marseillaise dirigée par Jean Ballard. Le couple Penrose voyage beaucoup, entre autres en Égypte, et côtoie à Paris et en Provence André Breton, Max Ernst et Marie-Berthe Aurenche, Paul et Nusch Éluard, Joan Miró et

---

22. Le « en » de l'adverbe est tronqué par une image stellaire.
23. C'est le cas dans le tercet suivant : « O Rubia ! ce goût que nous avons connu de l'heureuse façon vivante / Cette mort abondante cette nuit sommée / A trop d'étendue à présent pour moi seule ».
24. Valentine Penrose, « Imagerie d'Épinal », *Les Cahiers du Sud*, n° 82, août 1926. La réédition de l'œuvre de Penrose par Georgiana M. M. Colvile intègre les trois premiers poèmes (« Jacques Cartier », « Émigrants » et « La pérouse ») : *Valentine Penrose. Écrits d'une femme surréaliste, op. cit.*, p. 23-24.

Man Ray qui photographie à diverses reprises la jeune femme, ravissante aux yeux de tous. Penrose participe alors aux activités du groupe surréaliste sans en être jamais un membre officiel, comme c'était par ailleurs le cas de la grande majorité des créatrices surréalistes. Après le divorce prononcé en 1936, l'auteure partage sa vie entre la France, la Grande-Bretagne et l'Inde[25]. En 1939, année de son retour en Angleterre, elle rejoint les surréalistes exilés à Londres et s'engage dans l'armée française en Algérie un an avant la fin de la guerre[26]. Le milieu des années 1930 représente une période particulièrement féconde en écriture poétique : paraissent alors *Herbes à la lune* (1935) et deux recueils en 1937, *Sorts de la lueur* et *Poèmes*, empreints d'érotisme et de passion amoureuse[27].

Une quinzaine d'années plus tard, *Dons des féminines* est l'exception qui confirme la règle dans la démarche poétique collaborative de Penrose : c'est la seule œuvre pour laquelle l'auteure fait preuve de dualité créatrice[28] ; d'autres écrits contiennent une contribution visuelle d'artistes surréalistes reconnus, comme dans le cas du récit d'apprentissage ironique *Le Nouveau Candide* (1936) qui s'ouvre sur un frontispice de Wolfgang Paalen[29], ou dans celui du recueil de poésie tardif *Les Magies* (1972) agrémenté d'une lithographie de Joan Miró[30], tandis que la couverture du récit épistolaire *Martha's Opera* (1945) est dessinée par Mario Prassinos. L'influence sur le travail pictural de Penrose ne vient

---

25. Sa fascination pour les religions orientales et le mysticisme amène Valentine Penrose en 1936 à se retirer dans un Ashram où elle est rejointe peu de temps après par Alice Rahon Paalen. Dans une lecture biographique, on peut établir certaines analogies entre le couple Penrose et Rahon-Paalen, d'une part, et les protagonistes de *Dons des féminines*, d'autre part. Georgiana M. M. Colvile s'intéresse au dialogue intertextuel entre les deux poètes : « Through an Hour-Glass Lightly : Valentine Penrose and Alice Rahon Paalen », dans Russell King et Bernard McGuirk (dir.), *Reconceptions. Reading Modern French Poetry*, Leicester, Leicester University Press, 1996, p. 81-112.

26. Malgré la séparation du couple, Valentine Penrose passe six mois par année, à partir de 1945, dans le pays de son ex-mari, entretenant des liens amicaux avec Lee Miller, deuxième épouse de Roland Penrose. Voir Georgiana M. M. Colvile, « Valentine Penrose », *Scandaleusement d'elles*, op. cit., p. 234 ; Idem, « Introduction », *Valentine Penrose. Écrits d'une femme surréaliste*, op. cit., p. 11-22.

27. Voir Georgiana M. M. Colvile, « Valentine Penrose et ses doubles », loc. cit., p. 314.

28. Selon Elza Adamowicz, le livre surréaliste, « lieu de rencontre, entre un peintre et un poète, entre un texte (poème, essai, récit) et des images (lithographies, gouaches, collages, gravures) », est « soit le fruit d'une collaboration entre deux individus [...] soit l'œuvre d'un seul » : « Les yeux, la bouche », loc. cit., p. 31-32.

29. Voir Charles Plet, « *Le Nouveau Candide* ou le merveilleux de l'écriture automatique », http://lisaf.org/project/penrose-valentine-nouveau-candide/.

30. Voir Georgiana M. M. Colvile, « Valentine Penrose », *Scandaleusement d'elles*, op. cit., p. 234.

d'aucun de ces trois, mais bien plutôt de l'esthétique de Max Ernst[31], auteur de trois romans-collages: *La Femme 100 têtes* (1929), *Rêve d'une petite fille qui voulut entrer au Carmel* (1930) et *Une semaine de bonté ou Les sept éléments capitaux* (1934), par lesquels il inaugure un genre livresque dépourvu de tout texte, les légendes mises à part dans les deux premiers ouvrages[32]. Mais même si, sur le plan formel, Renée Riese Hubert observe la même tendance chez Penrose qui consiste à interrompre, à subvertir et à réorienter l'ordre attendu ou annoncé des événements[33], *Dons des féminines* détourne les romans-collages ernstiens, notamment en instaurant le règne du féminin et la complicité amoureuse, en plaçant, au cœur des ensembles texte/image, un couple de femmes en quête d'un lieu où vivre leur désir illicite, contre la *libido dominandi* de l'époque: « Aux rideaux de tes hanches / Où je me tiens agenouillée ». En ce sens, on assiste à la focalisation sur la figure de Rubia, prise entre Cock Norah qui « en duel sinistre gagna / La main de Rubia [mais] pas son cœur » et l'audacieuse Maria Elona décidée à libérer sa bien-aimée d'un mariage malheureux et à partir à la conquête de pays inconnus, comme dans un roman sentimental gothique d'Ann Radcliffe[34]. Si les poèmes permettent de reconstituer une sorte d'intrigue

31. L'objet *livre* et la collaboration interartistique occupent une place considérable dans l'œuvre ernstienne, comme le montrent Julia Drost, Ursula Moreau-Martini et Nicolas Devigne (dir.), *Max Ernst, l'imagier des poètes, op. cit*. Plutôt que de le solliciter comme artiste visuel – on pense aux œuvres collaboratives d'Ernst avec Leonora Carrington (*La Maison de la Peur*, 1938, et *La Dame ovale*, 1939) et, bien plus tard, avec Dorothea Tanning (*Oiseaux en péril*, 1975) –, Valentine Penrose le choisit comme tremplin de ses propres fabrications de collages pour se lancer, selon Doris G. Eibl (« Le partage de l'espace dans *Dons des féminines* de Valentine Penrose », *loc. cit*., p. 158), à la suite de Susan Rubin Suleiman et de Jacqueline Chénieux-Gendron, dans un processus de « mimétisme parodique ».
32. Renée Riese Hubert insiste dans deux études sur l'héritage esthétique ernstien en se penchant sur les collages de Penrose: « Gender, Genre, and Partnership: A Study of Valentine Penrose », dans Juliet Flower MacCannell (dir.), *The Other Perspective in Gender and Culture. Rewriting Women and the Symbolic*, New York, Columbia University Press, 1990, p. 117-142, et « Lesbianism and Matriarchy: Valentine et Roland Penrose », *Magnifying Mirrors, op. cit*., p. 94-102.
33. La critique note: « dans ce roman-collage, comme dans ceux de Max Ernst, l'ordre attendu ou annoncé est toujours interrompu, subverti ou revu » (« *in this collage novel, as in those of Max Ernst, the expected or announced order is always interrupted, subverted, and redirected* »): Renée Riese Hubert, « Gender, Genre, and Partnership », *loc. cit*., p. 124.
34. Dans ses six « *romances* », l'auteure britannique (1764-1823), bien qu'elle dote les personnages féminins d'une certaine agentivité, c'est-à-dire du pouvoir d'agir sur leur destin, les confine finalement dans les attentes sociales de l'époque à l'égard du féminin, où féminité et domesticité, sentimentalité et spectralité (renforçant le caractère mystérieux du roman gothique) font bon ménage. Voir Beth Kearney (*Figures de femmes*

amoureuse entre les deux femmes, il n'en est pas de même pour le volet pictural qui privilégie l'incohérence narrative due aux nombreuses ruptures spatio-temporelles.

Le choix du collage comme mode de représentation traduit précisément cette discontinuité, parce que l'assemblage d'éléments hétéroclites est propice à l'émergence de l'inattendu et de l'incongru. Pour Elza Adamowicz, le collage surréaliste ne peut être réduit à la simple technique de découpage et de recollage de fragments, à une pratique matérielle de rapprochement de réalités éloignées. C'est aussi, plus essentiellement, un acte créatif de détournement, par la manipulation subversive et la transformation d'éléments déjà existants, faisant surgir le surréel à partir de fragments du réel, suggérant le merveilleux au moyen de la combinaison d'images banales, de clichés et de textes réécrits[35]. En témoignent les nombreuses figures aux traits anthropomorphes (des corps d'oiseaux sont surmontés de têtes humaines ou, au contraire, sur des corps humains sont greffés des insectes, des oiseaux ou des coquillages), d'une part, des corps démembrés et le travail sur les proportions des figures et des espaces représentés, d'autre part. Le sentiment d'étrangeté qui émane de la plupart des collages de *Dons des féminines* est filtré à travers le regard de Rubia, l'orpheline des montagnes, qui découvre un tout nouveau monde. Enlevée de sa vie tranquille près du pic d'Anie, c'est elle surtout qui se voit dépaysée d'une double page à l'autre. Si des collages se dégage souvent une ambiance moins de danger que de perte de repères, et donc de déroute, ce sentiment est confirmé dans les poèmes d'obédience automatique : le rêve, le cauchemar et le réel se marient allègrement, tout comme divers espaces-temps s'embrouillent ;

---

chez Valentine Penrose, op. cit., p. 53-64) qui s'intéresse spécifiquement à la notion de spectralité des héroïnes penrosiennes, non seulement dans *Dons des féminines* mais aussi dans *Martha's Opéra*.

35. Je paraphrase la définition d'Adamowicz qui se lit ainsi dans l'original : « Le collage surréaliste ne peut être réduit à une technique de couper-coller, ni à une pratique matérielle de rapprocher des réalités éloignées. C'est aussi – et même essentiellement – un acte de détournement créatif qui passe par la manipulation subversive et la transformation créatrice d'éléments *ready-made*, propices à faire naître le surréel à partir de fragments du réel et à suggérer le merveilleux grâce à la combinaison d'images banales et défuntes, de clichés et de textes réécrits (« *Surrealist collage cannot be reduced to a cutting and pasting technique, a material practice of collating distant realities. It is also, and more essentially, a creative act of* détournement, *through the subversive manipulation and creative transformation of ready-made elements, forging the surreal out of fragments of the real, suggesting the* merveilleux *through the combination of banal and defunct images, clichés and rewritten texts* ») : Elza Adamowicz, *Surrealist Collage in Text and Image, op. cit.*, p. 17.

les mots et les vers sont juxtaposés sans que leur lien sémantique soit évident. Ainsi lit-on, après l'évocation d'une nuit érotique qu'ont passée les héroïnes dans un endroit étrange, non identifiable (Fig. 34), d'où sortent deux jambes, une colonne et un gigantesque papillon, les vers suivants qui sonnent comme une comptine, à moins qu'il ne s'agisse d'un sortilège proféré par le «je» lyrique :

> Zambra la Zambra ma femme droite toi.
> Je ne veux pas me souvenir.
> Tes pieds sont petits l'insecte s'enfuit
> Cramoisi l'épi et moi je saute aussi.
> Dieu te pardonne
> L'insecte le blé et moi Dieu te pardonne.
> […]

Georgiana M. M. Colvile qualifie d'«*uncanny*», c'est-à-dire d'inquiétants (au sens freudien), les rapports texte/image de manière générale, ce qui rompt avec la fonction illustrative du texte par l'image : «Le rapport entre le visuel et les textes poétiques dans *Dons des féminines* n'en est pas un d'illustration mais propose une juxtaposition étrange et inquiétante d'éléments, comme c'est le propre des images poétiques surréalistes[36]». En effet, la juxtaposition inusitée d'images poétiques et visuelles confirme l'affinité élective de l'auteure-artiste avec certaines valeurs surréalistes, dont le rêve, l'érotisme, le dépaysement et l'image stupéfiante. Dès la préface, nous sommes prévenus puisqu'Éluard y évoque «les charmes graves», «[l]es fantasmagories des images et des poèmes de Valentine Penrose», «la merveille savante de [son] écriture» et «l'objectivité naïve des collages…».

De ces quatre caractéristiques, celle des «fantasmagories» poétiques et picturales rend sans doute le mieux justice à l'univers singulier créé par l'auteure-artiste des *Dons des féminines*. Loin du mélodrame dans lequel donnent nombre de romans populaires du XIXe siècle, le verbe poétique et les collages conjuguent au féminin l'idylle exotique[37] et le fantasme érotique, l'hybridation des êtres et des cultures. Le rationnel

---

36. «*The relation between the visual and the verbal texts in* Dons des féminines *is not one of illustration but of uncanny juxtaposition of elements, such as characterizes Surrealist poetic images*» : Georgiana M. M Colvile, «Through an Hour-Glass Lightly : Valentine Penrose and Alice Rahon Paalen», *loc. cit.*, p. 91.

37. La présence de différents pays rappelle les nombreux voyages effectués par Valentine et Roland Penrose en Égypte, en Grèce, en Espagne et en Inde. Voir Georgiana M. M. Colvile, «Valentine Penrose et ses doubles», *loc. cit.*, p. 310.

FIG. 34 Collage, dans Valentine Penrose, *Dons des féminines*, 1951; avec l'aimable autorisation de Marie-Gilberte Devise.

semble banni de cet univers où règne une tout autre logique, ou plutôt l'absence de la Raison.

Traversées

Les valeurs du merveilleux, du fantastique gothique et de l'érotique au féminin s'imposent rapidement comme lignes directrices de l'aventure dans laquelle se lancent Maria Elona et Rubia et que retracent librement les doubles pages. Bien qu'instaurés dans un dispositif dialogique, les deux moyens d'expression ne convergent toutefois pas toujours, du moins pas à première vue, ni ne se relancent tels des vases communicants[38]. Les poèmes et les collages cultivent l'équivoque en ce qui concerne leurs rapports de collusion et de collision. Cette dynamique anti-illustrative n'a rien d'étonnant dans le cas d'un Livre surréaliste, par comparaison notamment avec le livre illustré du XIXe siècle, dont l'une des principales caractéristiques consiste justement à faire apparaître des écarts entre l'écrit et le pictural[39]. *Dons des féminines* creuse les écarts pour mettre en relief des espaces de l'entre-deux, qui sont d'ordre spatio-temporel, genré et linguistique.

Les premières frontières – temporelles et spatiales ou, mieux, géographiques – sont franchies dès le poème inaugural : « Au pic d'Anie au temps qu'il fait au pic d'Anie / Après les Arabes et ceux qui boivent dans du bois était Rubia. // Rubia ton odeur est celle du buis d'Espagne » (Fig. 35). D'emblée, le personnage féminin déclencheur de l'amour fou, et pour qui Maria Elona sera littéralement prête à remuer ciel et terre, est campé sur une ligne de partage : face au pic d'Anie, l'un des sommets des Pyrénées orientales, la protagoniste sent l'odeur « du buis d'Espagne » ; le temps est celui d'« [a]près les Arabes » que l'on peut faire remonter à la première présence sarrasine au nord des Pyrénées entre les VIIIe et Xe siècles, terminée, dans le sud de la France, avec la bataille de Tourtour (973). Les vers évoquent la bataille (« Du fer rouillé »), l'amour (« les amoureux ont pleuré ») et la jalousie (« Des jalousies aux grilles de villes

---

38. Dans son article sur les collages d'Ernst et ceux de Penrose, Karen Humphreys reprend cette métaphore bretonienne : « *Collages communicants* », *loc. cit.*, p. 377-387.
39. Pour le renouveau que représente la conception du Livre surréaliste par rapport au livre illustré, voir Yves Peyré, « A Glimpse of the Future », dans Jean Khalfa (dir.), *The Dialogue between Painting and Poetry. Livres d'Artistes 1874-1999*, Cambridge, Black Apollo Press, 2001, p. 159-169, et Andrea Oberhuber, « Livre surréaliste et livre d'artiste mis en jeu », *loc. cit.*, p. 16-24.

DONS DES FEMININES

Au pic d'Anie au temps qu'il fait au pic d'Anie
Après les Arabes et ceux qui boivent dans du bois était Rubia.

Rubia ton odeur est celle du buis d'Espagne
Du fer rouillé où les amoureux ont pleuré
Des jalousies aux grilles des villes d'Espagne,
Des œillets de cendre qui disent l'amour quand ce n'est pas la célosie.

Chaude et d'un pied sévère elle est l'orpheline des montagnes.

At the Pic d'Anie in the weather of the Pic d'Anie
After the Arabs and those who drink from the wood came Rubia.

Rubia your smell is of Spanish box
Of iron rusted where lovers have wept
Of sunblinds of the barred windows in Spanish towns
Of ash carnations which speak of love or otherwise of love-lies-bleeding.
Warm but of looks severe she is the orphan of the mountains.

FIG. 35 « Au pic d'Anie » et collage, dans Valentine Penrose, *Dons des féminines*, 1951; avec l'aimable autorisation de Marie-Gilberte Devise.

d'Espagne ») de manière à les entremêler dans un décor poétique allusif et quelque peu déboussolant quant aux repères espace-temps. La figure de Rubia cristallise les odeurs, les émotions, les souvenirs d'un temps révolu. On ne s'étonne guère de la voir dominer le collage en vis-à-vis des poèmes français et anglais. Lieux, temporalités et références culturelles sont échafaudés dans ce collage telle une pièce montée imposant au regard un paysage des plus composites : placée sur une colline, Rubia fait face à une chaîne de montagnes dont émerge ce que l'on imagine être le pic d'Anie (couronné non d'une croix mais d'une bûche en équilibre plus que fragile), tandis que la partie inférieure de l'image est partagée entre une mosaïque arabe qui fait office de façade d'une maison, et une Espagnole à la gestuelle effarouchée, bras gauche levé au ciel et érigeant son éventail en protection contre on ne sait quel malheur. À droite, toujours dans la partie inférieure du collage, un paysage de bord de mer peuplé de promeneurs et de calèches de marchandises, dont le calme sera bientôt dérangé par une locomotive en train de quitter un entrepôt à l'enseigne espagnole (on n'arrive à déchiffrer que le début : « Alencia[40] de los Va*** Viveros M*** »), pointe vers un autre espace, à l'opposé des scénarios montagnard et espagnol. Au milieu de l'image sort d'une montagne rocheuse un énorme cactus, tel un chandelier. Tout se passe comme si l'ancien et le moderne (la modernité est représentée par le train de marchandises et la tenue vestimentaire de l'héroïne, ainsi que celles des promeneuses du bord de mer), la culture espagnole et le paysage des Pyrénées, comme si la Terre, la Mer et le Ciel communiquaient de façon sinon cosmogonique, du moins syncrétique.

D'autres frontières seront brouillées au fur et à mesure qu'on avance dans la lecture-spectature de l'album. Ainsi, un mariage – selon la logique des poèmes 3 (« Alors arriva Cock Norah ») et 4 (« C'en est fait »), ce serait l'alliance entre Cock Norah et Rubia : « Le pacte est signé par les fiancés que font marier / Trois songeuses témoins absentes comme cet air » – est célébré dans les airs, dans une montgolfière, espace quelque peu inhabituel pour ce genre de cérémonie[41], mais qui signale que le

---

40. Il s'agit sans doute de « Valencia », mais le nom de la ville espagnole est amputé de son « V ».
41. Doris G. Eibl (« Le partage de l'espace dans *Dons des féminines* de Valentine Penrose », *loc. cit.*, p. 165-166) signale à juste titre que, contrairement à *Une semaine de bonté*, les figures féminines évoluent chez Penrose essentiellement dans des espaces extérieurs, dans une nature luxuriante ou des décors explicitement ouverts, et non dans des salons sombres, voire des caves, comme chez Ernst.

couple est prêt à *s'envoyer en l'air*. Dans la nacelle sont réunies deux jeunes femmes, joliment habillées et coiffées pour l'occasion, dont l'une – elle porte le voile de la mariée – est en train de signer le « pacte » mentionné dans le deuxième vers du poème 4. Trois personnages aux traits féminins bien qu'habillés en redingote et haut-de-forme, et de surcroît dotés d'ailes, agissent en « songeuses témoins ». Ce qu'on croyait être le mariage du couple Cock Norah et Rubia ressemble davantage, à en croire l'image, à l'union secrète entre Rubia et Maria Elona. La strate sémantique inattendue qu'ajoute l'image au tercet nourrit l'ambiguïté d'une scène dont l'onirisme est amplifié par la présence flottante, à gauche de la montgolfière, d'un torse éventré (masculin ? féminin ?) comme s'il avait été traversé violemment par un objet pointu. La confusion relative à la spatio-temporalité et au genre est également à l'œuvre dans la double page suivante. Car que dire d'un gigantesque « Roi d'Abyssinie » posté en bas d'un large escalier, « heureux de voir Rubia pleurer de ne pas aimer » et qui observe du coin de l'œil un personnage féminin – songeur ou attristé –, immobilisé dans sa montée de l'escalier ? Que penser des deux autres figures féminines travesties en hommes, l'une, à la chevelure ornée de fleurs, descendant sur la rampe de l'escalier, et l'autre montrée en plein saut du haut d'un bâtiment (le haut-de-forme et la canne l'ont précédée)[42] pour s'évader vers un paysage de ruines[43] ? Le télescopage spatio-temporel d'époques et d'événements successifs, ainsi que l'abolition des frontières entre l'extérieur et l'intérieur, entre féminin et masculin, sont particulièrement intrigants : au moment où Cock Norah croit encore naïvement que leur « amour sommeille » et qu'ils le retrouveront « la nuit prochaine », Maria Elona et Rubia, la malmariée, préparent leur fugue, puis « passent les ruines les taureaux l'eau ».

Après le dépassement de tant de frontières réelles et symboliques, la traversée de pays en calèche (septième double page), de la mer en bateau (huitième double page), après le partage des temporalités au sein du « lit de ces ancêtres / Où furent élaborées les forces de ta [celle de Rubia]

---

42. Faut-il y voir une allusion au saut effectué par Sapho dans la mer leucadienne, faisant de la poétesse, dans l'imaginaire saphique de l'Antiquité jusqu'au XXe siècle, une héroïne tragique, comme le propose Beth Kearney (*Figures de femmes chez Valentine Penrose*, op. cit., p. 69) ? Ou alors la prolepse de la mort tragique qui attend les amoureuses en fuite à la fin de l'album ?

43. Ce type de paysage, en contraste vif avec l'intérieur intact du palais, joue avec l'imaginaire de ruines médiévales (symbolisé par l'arche gothique) servant souvent de décor au roman gothique et, plus tard, au romantisme français.

beauté vive » (onzième double page), le sommeil finit par apporter du répit aux voyageuses : « Je te prie de me laisser dormir et me mêler aux temps ». L'idée de se « mêler aux temps » sert de vers de transition vers le temps mythique de Mytilène, capitale célèbre de Lesbos, où se déroule la deuxième partie de *Dons des féminines*. Si l'île est convoquée visuellement dans le collage ouvrant cette partie, l'univers dans lequel évolueront les amoureuses ressemble à une « jungle ornée de larges nœuds / De jours neufs et aussi de coutumes d'effroi » davantage qu'à un paysage méditerranéen. On se croirait en effet plutôt « [à] Chandernagor[44] où la feuille retombe » qu'à Mytilène... (Fig. 36) L'exotisme des arbres, des plantes et d'un oiseau surdimensionné semble être en faveur d'un temps de pause et de repos. L'harmonie règne entre la nature et les deux figures féminines plantées littéralement dans le décor : la tête de l'une d'elles se fond dans le feuillage, tandis que l'autre est allongée sur un canapé au motif floral. Tout est luxe, calme et volupté *naturelle* :

> Tantôt elles sont seules tantôt avec les plantes
> Tantôt elles se parlent et tantôt elles-mêmes.
> Sûres dans une jungle ornée de larges nœuds
> De jours neufs et aussi de coutumes d'effroi
> À Chandernagor où la feuille retombe
> Au-dessous des oiseaux elles trouvent la place
> Où chacun a laissé le soleil pour repère.
> Elona et Rubia sa fête regardée dans une eau.

Le répit n'est toutefois que de courte durée puisque, dans la suite des pages, surgissent plusieurs éléments perturbateurs dont la cause demeure mystérieuse. On ignore ce qui incite le sujet lyrique à affirmer dans le distique suivant, de manière elliptique, qu'il « brise » partout où il « paraî[t] », alors que dans l'image règne encore un calme relatif. Le danger est plus présent dans le poème « Tu connais la porte sèche d'Avila », juxtaposant cette partie de la muraille médiévale de la ville espagnole au nord-ouest de Madrid et le Gange qui « tue les oiseaux chéris ». Comparés aux images précédentes, le troupeau de cinq éléphants et une figure de sage, malgré sa posture de yoga, n'ont rien pour rassurer les personnages féminins dont les gestes traduisent le désir

---

44. L'intrusion de la ville de Chandernagor est sans doute un rappel du voyage effectué en Inde par Valentine Penrose et Alice Rahon.

de se protéger contre un danger situé hors cadre : tous les regards des personnages ainsi que les trompes des éléphants sont dirigés vers la gauche du collage.

Dans la troisième et dernière partie intitulée « El fandango del Candil », Maria Elona et Rubia se remettent en route, s'arrêtent momentanément dans un musée à ciel ouvert, traversent de nouveau divers pays, et éteignent un feu (le poème dit « Éteindre ces drapeaux qui brûlent les hommes », en souvenir de la célèbre bataille de Bannockburn (1314), d'une part, et de la guerre entre Espagnols et Anglais indiquée par Tilbury (1587), d'autre part ; les deux conflits sont commémorés dans un gigantesque blason faisant partie de la toile de fond). Tantôt en couple hétérosexuel, tantôt en couple de femmes[45], elles passent d'une aventure à l'autre sans que rien ne mette en danger leur amour. C'est par la déclaration « Tu étais actuelle je t'aimais » que se termine le cinquième poème d'« El fandango del Candil », amorce, sur fond de coup de canon en direction de l'une des héroïnes en robe victorienne et arborant un haut-de-forme, d'une série de moments intimes remémorés : dans les trois dernières doubles pages, il est question de « l'heureuse façon vivante », d'une « mort abondante cette nuit sommée », de « baisers droits » et encore de « baisers [qui] s'abattront [et par lesquels] succombait Rubia ». La relation amoureuse est sanctionnée par une fin tragique, abrupte, métaphoriquement énoncée par le vers – très lamartinien – « La feuille a suivi sa fleur ». L'idée de l'unité de la fleur et de la feuille est déclinée dans l'ultime collage – le plus sobre –, une pierre tombale, placée face à l'« Épitaphe » : deux pots de fleurs y sont posés à l'horizontale, en sens inverse, ainsi qu'une fleur et sa feuille accrochées sur ce qui ressemble à une girouette. La dernière frontière traversée, celle de la vie et de la mort, l'album se referme sur lui-même, laissant planer l'énigme du trépas des aventurières.

---

45. Au moment d'éteindre un incendie, les deux héroïnes sont travesties en hommes, mais laissant toujours apparaître la longue chevelure bien arrangée comme attribut du féminin. Dans le collage adjoint au poème « Allons à voix douce pour autant que nous nous le permettrons », l'un des personnages porte même un uniforme militaire richement décoré de médailles.

Tantôt elles sont seules tantôt avec les plantes
Tantôt elles se parlent et tantôt elles-mêmes.
Sûres dans une jungle ornée de larges nœuds
De jours neufs et aussi de coutumes d'effroi
A Chandernagor où la feuille retombe
Au-dessous des oiseaux elles trouvent la place
Où chacun a laissé le soleil pour repère.
Elona et Rubia sa fête regardée dans une eau.

At times they are alone at times with the plants
They speak to each other or else to themselves.
At ease in a jungle adorned with ribbons
And new days and also with traditions of fright
At Chandernagor where the leaf hangs down
Under the birds they find the place
Where everyone has left the sun as a record.
Elona and Rubia her festive love shining in the water

FIG. 36 « Tantôt elles sont seules » et collage, dans Valentine Penrose, *Dons des féminines*, 1951; avec l'aimable autorisation de Marie-Gilberte Devise.

Rapports de collusion et de collision

Si la lecture croisée entre les poèmes et les collages peut faire surgir une certaine logique dans la chronologie des événements ; s'il est possible de détecter des éléments visuels faisant écho à un vers poétique en particulier ; s'il arrive que certains mots éclairent tel élément visuel qui semble constituer un intrus dans l'image, le dialogue entre les deux formes d'expression repose bien plus sur la capacité du lecteur-spectateur à repérer de potentiels liens entre les mots et les images que sur le principe d'une collusion évidente entre eux, ce qui nécessite une véritable *médiation*[46]. Aussi la multiplicité des niveaux de lecture-spectature s'observe-t-elle non seulement des deux côtés du pli de la double page (comme c'est le propre de l'esthétique du Livre surréaliste, basée sur l'expérimental et l'interartistique), mais très souvent au sein même de la page. Sur les pages de gauche notamment, des vignettes – constituant fréquemment elles-mêmes de petits collages – présentent divers objets, personnages ou éléments naturels (cactus, feuilles, arbres, fleurs, coquillages) ; elles servent de séparateurs entre le poème français et sa version anglaise, tout comme elles peuvent occuper la périphérie des portions textuelles. C'est le cas du poème « À l'auberge des grands reflets », accompagné d'un assemblage d'objets qui miment une figure humaine à la tête représentée par une énorme coquille Saint-Jacques et inclinée vers le début du poème (Fig. 37). Attirant inévitablement le regard du lecteur, ces corps étrangers interrompent le rythme de lecture, constituant littéralement un arrêt sur image. Ailleurs, une maison à quatre étages s'apprête à s'envoler grâce à des ailes frêles dont la collagiste l'a dotée au niveau des fondations ; l'envol du bâtiment cède l'espace à la lecture du poème « Zambra la Zambra ma femme droite toi » qui, en raison de l'absence d'un lien logique avec la vignette-collage, laisse le lecteur-spectateur perplexe. Cette perplexité ressemble à celle qui nous envahit face à un collage indiquant plutôt des potentialités de sens par le biais de divers « signaux » (et non de « signes ») qui semblent littéralement et métaphoriquement détachés entre eux, comme l'explique Elza

---

46. Cette *médiation* s'impose au lecteur-spectateur qui fait face à la complexité des rapports entre ce qui est donné à lire et ce qui attire son regard, en rupture avec la représentation référentielle d'un langage par rapport à l'autre. Voir Andrea Oberhuber, « Livre surréaliste et livre d'artiste mis en jeu », *loc. cit.*, p. 10-16, p. 21-24.

À l'auberge des grands reflets
Pour le Tango de la Venta de Las Gatas Garduñas.
Au plus profond des nuits se glacent dans les portes
Les jupons des filles de montagnes.
Seules sur les paliers les fouines
Luxe désert des bûcherons.
Les bougies en tête ouvre la bête bois le vin.

Les mules de l'Aragon
La Gata garduña les mangera bien
Les mangera et se tuera.

La femme au front dans ses doigts souviens-toi a dit la dernière fois.

A perte de vue les muletiers viennent de ton pays
Les fouines et nous danserons jusqu'au jour sur les paliers
On commence à ne plus entrer
L'alcôve tient le vent souffle.

At the inn with echoing lights
For the tango de la Venta de las Gatas garduñas
The petticoats of mountain girls
At dead of night freeze between the doors.
Alone on the landings polecats
Are the solitary luxury of the woodcutters.
With candles in advance open the wild beast drink the wine
The mules of Aragon
The gata garduña will devour them
Devour them and then kill itself.

The woman with her forehead in her fingers
Remember has spoken for the last time.

From afar the mule drivers arrive from your country
The polecats will dance with us on the landings until day break
Now they begin to enter no more
The alcove holds good the wind blows.

FIG. 37 « À l'auberge des grands reflets », dans Valentine Penrose, *Dons des féminines*, 1951 ; avec l'aimable autorisation de Marie-Gilberte Devise.

263

Adamowicz à propos du fonctionnement du collage[47]. L'organisation de la page en espaces éclatés augmente en effet le caractère équivoque de ce qui prétend être à l'unité. Le régime du fragmentaire l'emporte sur l'homogénéité de la composition pour lancer un défi de taille à tout lecteur-spectateur en quête de sens, soucieux de relier les différents éléments. La fuite du sens est à l'image des protagonistes fugueuses.

S'il existe toutefois un leitmotiv à la fois poétique et pictural nous permettant de ne pas être entièrement largués dans des univers énigmatiques, changeant d'une page à l'autre, c'est bien le personnage de Rubia. L'héroïne de cette histoire d'amour et d'aventure, aux allures d'une bourgeoise tout droit issue des catalogues de mode de l'ère victorienne, est présente dans tous les collages et, implicitement, dans tous les poèmes, à travers l'adresse au «tu» : «Zambra la Zambra ma femme droite toi / Je ne veux me souvenir». Source d'inspiration et objet d'admiration du sujet lyrique, elle domine la «narration», du sommet des hautes montagnes (c'est-à-dire le pic d'Anie) jusqu'au tombeau en passant par les bords de l'océan. Le plus souvent en mouvement – à la marche ou en vol, dans une montgolfière, par exemple –, la jeune héroïne est en fugue. Seule la mort réussit à l'immobiliser, ainsi que sa compagne Maria Elona. La mort est synonyme de liberté absolue, elle rend l'amour éternel. Les deux fugueuses ont définitivement quitté la scène. Elles sont remplacées symboliquement par leur signe du zodiaque respectif : «les Gémeaux» pour Rubia et «le Crabe et la Lune» (il faut croire que la trajectoire de l'instigatrice de l'aventure interdite est placée sous le signe du cancer et de la lune) pour «El Maria Elona». L'ultime double page semble la moins énigmatique ; elle se prête plus facilement que la plupart des autres dyades à une quête de sens entre le quatrain et la pierre tombale richement ornée.

Texte – image – langues

La complexité du dispositif texte/image – entre la page de gauche et la belle page, de même qu'au sein de la même page[48] – se répercute dans les interstices sémantiques qui apparaissent entre les poèmes français et

---

47. Elza Adamowicz, *Surrealist Collage in Text and Image*, op. cit., p. 127.
48. Cette complexité entre poèmes, collages et vignettes (constituant des collages elles aussi) amène Renée Riese Hubert (*Magnifying Mirrors*, op. cit., p. 102) à conclure son analyse ainsi : «Son livre [*Dons des féminines*] repose sur des affinités énigmatiques

anglais placés, certes, selon une grande régularité sur la page de gauche, mais jamais de la même façon. La variabilité de la disposition des poèmes l'un par rapport à l'autre et les deux par rapport aux vignettes crée un effet de mouvement, appuyant par là le mouvement des fugitives. En tant que lecteur-spectateur, nous sommes incité à lire leurs aventures dans deux langues qui ne *disent* pas tout à fait la même chose, à suivre la trajectoire des héroïnes à travers les dédales de l'œuvre. L'accumulation d'éléments textuels et picturaux, qui puisent de manière éclectique dans l'imaginaire victorien du XIXe siècle (sans oublier la tradition du libertinage et du saphisme littéraires, plus précisément)[49], plutôt que d'éclairer les uns et les autres, semble poursuivre le but contraire. Le fil narratif de cette histoire d'*amour fou* n'est en effet pas facile à suivre, tant le voyage des personnages féminins à travers des paysages aussi lointains qu'exotiques (on voit surgir ici des éléphants, là un tigre en course, et ailleurs une patte de griffes énormes d'on ne sait quel rapace ou reptile, des oies et des papillons surdimensionnés de manière récurrente) fait partie d'une vaste stratégie pour brouiller les pistes entre le dicible et le visible, abolir les frontières entre l'espace masculin (le dehors) et la sphère féminine (le dedans), entre le secret et la vérité, notamment lorsqu'Éros relie deux femmes.

À propos de la fragmentation de l'espace livresque provoquée par les multiples textes et images, Renée Riese Hubert note :

> Le lecteur ne perçoit pas seulement les images multiples, divisées et simultanées qui apparaissent sur chaque page, mais il doit également composer avec deux séries de poèmes. Pour des lecteurs bilingues, le passage du français à l'anglais, ou de l'anglais au français, comme le déplacement du visuel au verbal, ou du verbal au visuel, implique un changement linguistique, un transfert, de même qu'une traduction[50].

---

entre les images et le texte, des affinités invariablement minées et jamais concrétisées » (« *Her book* [Dons des féminines] *depends on enigmatic affinities between images and text, affinities that are invariably undermined and never achieved* »).

49. L'imaginaire penrosien est pétri de sources d'inspiration hétérogènes, allant de la mythologie biblique au roman d'apprentissage en passant par le mythe faustien, le conte et le satanisme baudelairien. C'est à partir de ce matériau de base que l'auteure-artiste échafaude ses protagonistes polymorphes et, de manière générale, ses œuvres telles que *Le Nouveau Candide*, *Martha's Opera*, *Dons des féminines* et *La Comtesse sanglante*. Voir, à ce propos, Beth Kearney, *Figures de femmes chez Valentine Penrose*, op. cit.

50. « *The reader perceives not only the multiple, divided, and simultaneous images that appear on each page, but must also deal with two series of poems. For bilingual readers, the movement from French to English, or English to French, like the displacement from the*

La spécialiste du Livre surréaliste et des couples créateurs a raison de recourir à des termes comme «*displacement*», «*linguistic shift*», «*transfer*» et «*movement*» pour désigner la posture de lecture double que nécessite la disposition des poèmes sur la page de gauche. La lecture s'avère d'autant plus déroutante que, entre le poème en français et son pendant anglais, apparaissent des différences notables. La syntaxe rompue, insolite[51], le foisonnement de métaphores et d'expressions opaques, ainsi que les jeux de mots (généralement difficiles à traduire d'une langue à l'autre), sont plus propices à une *translation* du français vers l'anglais qu'à une *traduction* proprement dite. Pour preuve, dans le poème inaugural («Au pic d'Anie au temps qu'il fait au pic d'Anie»), le dernier vers décrit Rubia comme «[c]haude et d'un pied sévère», ce qui devient en anglais «[w]*arm but of looks severe*». Il va sans dire que l'expression curieuse «d'un pied sévère» (mais dont on comprend malgré tout le sens en tenant compte du contexte des montagnes qu'elle semble habiter), une fois déplacée vers le regard («*of looks severe*»), fait apparaître différemment l'orpheline des montagnes. Prenons un autre exemple: dans le vers «Suit son train de pain de mariée quotidien» (poème «La maternité disait aux soldats») se trouvent réunies, à défaut d'un ordre syntaxique usuel, plusieurs expressions courantes qui, malgré la permutation des mots, font sens pour des locuteurs francophones; l'équivalent anglophone du même vers: «*Continues her use of the bride's daily bread*» est formulé de telle sorte que les jeux de langue se perdent pour privilégier une plus grande cohérence sémantique du vers final qui clôt un poème hermétique à souhait[52]. La perte de sens peut toutefois aussi avoir lieu dans l'autre sens. Si, en français, le prénom de l'époux de Rubia, Cock Norah, l'ancre dans la culture anglophone tout en faisant éventuellement résonner «coq», en anglais, ce même

---

visual to the verbal, or the verbal to the visual, entails a linguistic shift, a transfer, as well as a translation»: Renée Riese Hubert, «Gender, Genre, and Partnership», *loc. cit.*, p. 124.

51. Georgiana M. M. Colvile («Valentine Penrose et ses doubles», *loc. cit.*, p. 308) observe dans la poésie penrosienne une «syntaxe acrobatique, souvent obscure», proche de l'écriture poétique d'Éluard.

52. Dans cette double page, une figure identifiée comme «maternité» s'adresse aux soldats sur un ton autoritaire et semble vouloir rétablir, dans le récit des fugitives, l'ordre (conjugal, moral, sexuel) qu'elles enfreignent constamment depuis le début de l'album. La représentation de la «maternité» sous forme d'un être doublement hybride – mi-animal, mi-humain; mi-masculin, mi-féminin –, qui évoque les monstres exposés dans les foires du XIXe siècle, ne permet pas d'appuyer l'idée de puissance militaire suggérée dans les deux strophes du poème.

terme comporte une connotation péjorative parce qu'il désigne, dans le registre vulgaire, le pénis. Ainsi, dans le tercet «*And then appeared Cock Norah / Who in sinister duel won / Rubia's hand not Rubia's heart*», le prénom de l'unique personnage masculin de tout l'album forme une antithèse avec «*heart*», là où le français doit se contenter d'une simple allitération entre «Cock» et «cœur». Citons un dernier exemple – il s'agit des poèmes débutant par «Je rêve» («*I dream*») – dans lequel l'emploi du terme «*dykes*» («*But you wanderer of the long dykes*») pour traduire «Mais marcheuses des talus qui se prolongent» insinue le lien amoureux entre Rubia et Maria Elona. Le double sens de «dyke», qui signifie aussi «lesbienne» en anglais, est renforcé par le collage placé en miroir des poèmes: on y voit deux figures féminines au bas d'un pont coupé en deux (serait-ce un rappel du pont d'Avignon?), alors qu'une troisième, tel leur Ange gardien, plane dans les airs, à proximité de celles qui s'apprêtent à dormir, à la belle étoile, sous la même couverture[53].

De manière générale, les jeux de langue, notamment les sous-entendus érotiques[54] et le double sens de plusieurs vers, s'avèrent difficiles à maintenir tels quels d'une langue à l'autre; la coprésence du français et de l'anglais n'a de sens que s'il existe des différences, des écarts entre les deux poèmes, du moins en partie, faisant valoir l'amplification des significations et non leur redondance. La version anglaise, souvent plus limpide, peut faciliter la compréhension de certains vers français (dont on ne saurait assez souligner l'opacité), comme on l'a observé plus haut, ou, à quelques reprises, y ajouter une connotation insoupçonnée. Que ce soit en français ou en anglais, l'écriture poétique penrosienne fonctionne par associations d'idées et d'images mentales susceptibles de faire naître d'autres idées, d'autres images ou représentations dans

---

53. Les figures de lesbiennes sont récurrentes dans l'univers de Valentine Penrose: elles symbolisent la transgression de la doxa hétérosexuelle dans les poèmes érotiques de *Sorts de la lueur* (1937), dans *Martha's Opera* (1946), bref roman épistolaire dans la tradition de la fiction gothique revisitée, et dans le récit *La Comtesse sanglante* (1962). Karen Humphreys rattache la conception du désir lesbien chez Penrose au lyrisme saphique de la seconde moitié du XIXe siècle et du début du XXe siècle: «The Poetics of Transgression in Valentine Penrose's *La Comtesse sanglante*», *The French Review*, vol. 76, n° 4, 2003, p. 740.
54. Valentine Penrose procède par des sous-entendus similaires dans *La Comtesse sanglante*, s'adonnant à des plaisirs lesbiens sublimés grâce à la violence meurtrière. À l'encontre de *Dons des féminines*, le roman de 1962 place le désir lesbien dans un contexte historique particulièrement terrifiant. Voir Andrea Oberhuber, «Désir, violence et sexualité "noire" dans *La Comtesse sanglante* de Valentine Penrose», *Sextant*, n° 29, 2012, p. 71-80.

l'imagination du lecteur. La logique syntaxique est congédiée – mais n'est-ce pas l'une des libertés du discours poétique et, encore plus, de la poésie surréaliste ? – ; les contraintes sémantiques ne semblent respectées dans les deux langues que pour être mieux dépassées. *Dons des féminines* est en quête de stupéfiantes images, comme celles qui se présentent aux yeux des voyageuses tout au long de leur périple, et ce, tant par le verbe «automatique» que par l'assemblage de fragments d'images les plus disparates, dans l'espace-temps singulier qui caractérise les aventures des deux protagonistes, Rubia et Maria Elona.

Sous l'enseigne des «singulières»

Le dialogue entre l'écrit poétique et le pictural déroge en grande partie à la fonction représentationnelle des deux moyens d'expression. Les poèmes et les collages coexistent sur la double page et entretiennent un «rapport double de convergence» (selon le principe de l'analogie) et, le plus souvent, de divergence et de convergence (rapport dialectique, donc, pour reprendre les termes d'Elza Adamowicz[55]), tout en menant des vies parallèles.

Tout concourt à nous faire croire que la principale caractéristique du collage, qui consiste à rassembler des fragments visuels ou des objets souvent sans lien apparent, préside à la conception générale de l'album, tant la mise en dialogue de réalités poétiques et visuelles paraît disparate, tant la disposition des éléments variable d'une page à l'autre contribue à la fracturation «à l'excès» de l'espace du livre, où sont annulées «les attributions et proportions spatiales connues au profit d'une ouverture de la dimension spatiale vers son ébranlement sans cesse renouvelé[56]». Seule une lecture intermédiale se révèle probante pour détecter les passerelles entre le poème en français et sa version anglaise, entre les vignettes et les poèmes, entre la page de gauche et la page de droite. C'est souvent une atmosphère singulière qui est commune aux

---

55. Voir Elza Adamowicz, «Les yeux, la bouche», *loc. cit.*, p. 36-37. La critique littéraire, spécialiste des avant-gardes, décline diverses configurations de livres surréalistes au sein desquels les dispositifs texte/image fonctionnent selon les principes de l'analogie ou de l'homologie (*Les Malheurs des immortels*; *Simulacre*), de convergence/divergence (*Alice au pays des merveilles*; *Les Jeux de la Poupée*), ou de dialogue et d'échanges (*Facile*; *Constellations*).

56. Voir Doris G. Eibl, «Le partage de l'espace dans *Dons des féminines* de Valentine Penrose», *loc. cit.*, p. 162.

différents éléments réunis dans le même espace d'une (double) page. Ainsi, dans la deuxième double page (Fig. 38), le poème énonce en quatre vers des mises en garde étonnantes :

> Attention aux femmes dont les sœurs sont belles
> Attention aux filles dont les femmes sont belles
> Dans les foules où nos yeux
> Font leurs échanges déserts.

La répétition anaphorique du terme « Attention » insiste sur le danger émanant de certaines « femmes » ou « filles », notamment lorsqu'il est combiné à la beauté. Ce danger est métaphorisé dans le collage. On y perçoit deux figures féminines sur fond de ville : celle de droite, plus petite, en grande tenue sombre et avec un voile devant le visage, tient une dague et paraît se diriger vers un adversaire invisible ; celle de gauche, dominant la scène par sa grandeur hyperbolique mais aussi grâce au halo végétal qui entoure le haut de son corps, jette un regard à la fois méfiant et bienveillant sur le fauve (une hyène ?) à ses pieds. L'onirisme de la scène est accru par un cheval suivi de près par un tigre qui galopent au même rythme à travers la ville. Animalité et féminité se côtoient dans ce décor hautement théâtral, provoquant un trouble certain chez qui observe ce drôle de spectacle figé comme lors d'une prise de vue photographique. Les temporalités, les espaces et les règnes (humain, animal, végétal, minéral) se confondent allègrement dans les images.

À propos des figures féminines dans le recueil de Penrose, Renée Riese Hubert explique leur caractère hétérogène par l'appartenance à différents univers : « Toutes les figures féminines n'appartiennent pas au même univers rassurant puisque de gigantesques têtes féminines – fétiches, idoles [ou] statues, dont certains paraissent aussi vivants que les protagonistes victoriennes, tandis que d'autres se présentent fragmentés, éclipsés ou dissous – font des apparitions inattendues[57] ». Et la critique de poursuivre l'idée en plaçant ces figures et formes troublantes dans le contexte de visions oniriques : « Penrose propose ainsi une mise en abyme du rêve de sublimation de la femme, par laquelle elle transgresse

---

57. « *Not all feminine figures belong to the same secure universe, for gigantic female heads, either fetishes or idols [or] statues, some of them as lifelike as the Victorian protagonists, others fragmented, eclipsed, or dissolved make unexpected appearances* » : Renée Riese Hubert, « Gender, Genre, and Partnership », *loc. cit.*, p. 130.

Attention aux femmes dont les sœurs sont belles
Attention aux filles dont les femmes sont belles
Dans les foules où nos yeux
Font leurs échanges déserts.

Beware of women whose sisters are beautiful
Beware of daughters who have beautiful wives
In the crowd where our eyes
Make their barren exchanges.

FIG. 38 « Attention aux femmes dont les sœurs sont belles » et collage, dans Valentine Penrose, *Dons des féminines*, 1951; avec l'aimable autorisation de Marie-Gilberte Devise.

les limites entre le soi et l'autre [...][58] ». Serait-il question, dans *Dons des féminines*, de l'abolition de la frontière entre le Soi et l'Autre que seul le rêve serait capable d'opérer ?

Le règne des féminines…

C'est en effet ce qualificatif qui est associé à Rubia et à Maria Elona dans le cinquième poème de l'album, intitulé « Du matin frais et beau ». L'ensemble des doubles pages leur étant exclusivement dévolu donne à lire/voir un univers éclaté où le féminin est décliné sous diverses figures et formes hybrides, ne permettant pas de saisir réellement les héroïnes que sont Rubia et Maria Elona, ni les autres personnages qu'elles croisent au fil de leurs pérégrinations. Elles demeurent mystérieuses, comme ces contrées lointaines et inusitées que le lecteur-spectateur traverse en suivant les fugitives à la trace (qu'il faut, de fait, savoir trouver et déchiffrer pour pouvoir avancer dans la lecture).

Livre surréaliste à part entière, tant par son dispositif texte/image particulièrement complexe[59], soigneusement élaboré, que grâce à la fuite entreprise par deux personnages qui s'aiment à la folie, *Dons des féminines* nous fait découvrir un monde dont le masculin semble évacué. S'il n'était question du mari cocu de Rubia, Cock Norah, évoqué rapidement au début du recueil, on pourrait croire que les amoureuses évoluent dans un univers composé essentiellement de figures féminines, ou alors d'un genre indéterminé comme celui des androgynes. Les collages regorgent par ailleurs de personnages en tout genre, comme ces trois femmes japonaises assises autour d'une table dans le distique « Pas pour cette fois la dernière », la promeneuse songeuse, à la tête baissée, dans « Alors les salons s'écroulèrent avec les plus blondes qui luttaient », ou encore les deux témoins silencieux de la fin de Rubia dans « Les cheveux s'ensanglanteront [...] ». Valentine Penrose chante l'amour entre femmes, elle rend hommage à « toutes choses féminines » et reprend ainsi, en texte et en image, un vers de *Sorts de la lueur* qui pointait déjà en 1937 vers un lieu où se tiendraient « les féminines » :

---

58. « *In this manner, Penrose produces a mise en abyme of the woman's sublimating dream by whose means she transgresses the barriers between the self and the other [...]* » : ibid., p. 130.
59. On constate la même complexité des rapports texte/image dans l'album *Oiseaux en péril* (1975) de Dorothea Tanning et Max Ernst.

Au bout du pont de fer voici les féminines[60]
se glissant en pistils dans les veines de dieu
la plus blanche attelée à la mare est restée
béante du troupeau léger sans rien tacher[61].

Il s'agit du poème liminaire du recueil qui, à la suite de l'histoire d'amour (fou) que connurent Penrose et Alice Rahon Paalen durant leur voyage en Inde en 1936[62], célèbre l'érotisme et la sensualité lesbiens à travers un flot de métaphores végétales et aquatiques[63]. Le même réseau sémantique est convoqué dans le vers qui consacre, avant l'« Épitaphe », non seulement « [l]'eau l'heure la planète », en énumération asyndétique, mais aussi « toutes choses féminines » qui riment avec le verbe « se destinent ». En d'autres termes, la poète inscrit explicitement, quoique de manière mystérieuse, le principe féminin à même le titre de l'album de 1951, ainsi que dans plusieurs vers des poèmes bilingues, au lieu de le laisser sous-jacent, comme dans les recueils précédents. Ce faisant, elle reprend à son compte l'idéal de « l'érotique-voilée[64] », jeu entre ce qui est visible et ce qui demeure dissimulé.

*

Avec Rubia et Maria Elona, nous sommes loin des tropes surréalistes du féminin – la femme-enfant, la sorcière, la folle, la criminelle, l'Immaculée conception ou, justement, « l'érotique-voilée » – comme sources d'inspiration poétiques. Aventurières, affranchies des normes sociales à

---

60. Georgiana M. M. Colvile voit dans ce vers une allusion au passage des *Vases communicants* de Breton où il cite l'arrivée de Nosferatu, dans le film de Murnau, de l'autre côté du pont : « Valentine Penrose et ses doubles », *loc. cit.*, p. 314.
61. Valentine Penrose, *Sorts de la lueur*, Paris, G.L.M., 1937, n. p.
62. Outre cette relation amoureuse, Penrose en vécut d'autres, dont certaines très brèves comme celle avec Marie-Berthe Ernst, d'autres plus longues avec Lydie Chantrell et, dans les années 1950, avec Hélène Azénor. Voir Georgiana M. M. Colville, « Valentine Penrose et ses doubles », *loc. cit.*, p. 310-312.
63. Pour plus de détails, voir Charles Plet et Andrea Oberhuber, « *Sorts de la lueur* de Valentine Penrose : magie du Verbe poétique », http://lisaf.org/project/penrose-valentine-sorts-de-lueur/. La mise en scène du désir dans des décors végétaux luxuriants est bien illustrée à travers la figure métaphorique de la *femme-nature* et les motifs naturels tels l'herbe, l'eau, la terre, le serpent, les oiseaux, les montagnes et les astres qui lui sont adjoints par Beth Kearney, *Figures de femmes chez Valentine Penrose*, *op. cit.*, p. 18-27.
64. Dans *L'Amour fou* (Paris, Gallimard, 1937, p. 26), publié la même année que *Sorts de la lueur*, André Breton caractérise la « beauté convulsive » comme « érotique-voilée, explosante-fixe et magique-circonstancielle ».

l'égard de leur sexe et de leur genre, plus précisément quant aux attentes matrimoniales, les deux fugitives récusent le modèle hétérosexuel pour *se donner* en amour : « Ô Rubia ! ce goût que nous avons connu de l'heureuse façon vivante / Cette mort abondante cette nuit sommée », comme on le lit dans le vingt-et-unième poème qui célèbre l'harmonie de la rencontre amoureuse. Ces « féminines » prennent en main leur destin, elles font preuve d'agentivité plutôt que d'attendre le prince charmant (ou alors un mari) qui les emmène en promenade le dimanche après-midi…

L'artiste et son double : *Le Livre de Leonor Fini*

S I LA CARRIÈRE ET LA RECONNAISSANCE de Valentine Penrose sont essentiellement basées sur sa production littéraire et si, en ce sens, la fabrication de collages pour l'album *Dons des féminines* constitue plutôt l'exception qui confirme la règle, Leonor Fini, quant à elle, est connue surtout comme artiste visuelle[1]. Elle fait pourtant partie de ces quelques créatrices, parmi lesquelles il faut aussi compter Meret Oppenheim, Kay Sage et Dorothea Tanning, qui avaient une pratique littéraire certes plus ponctuelle mais parallèle à leurs formes d'expression visuelles. Dans le cas de Fini, la peinture, le dessin, l'illustration de livres[2] et la conception de décors de théâtre et de costumes[3] ont occulté ses écrits littéraires publiés en rafale à partir du milieu des années 1970 : *Mourmour, conte pour enfants velus* (1976), *L'Oneiropompe* (1977), *Miroir des chats* (1977) et *Rogomelec* (1979). Si cette dernière œuvre – à la croisée du récit de

---

1. Voir Peter Webb, *Leonor Fini: métamorphoses d'un art*, Arles, Actes Sud et Imprimerie nationale, 2007 ; Pierre Borgue, *Leonor Fini ou le théâtre de l'imaginaire : mythes et symboles de l'univers finien*, *op. cit.* ; et Tiziana Villani, *Parcours de l'œuvre de Leonor Fini*, Bruxelles, Trinckvel, 1994.
2. Les livres illustrés *a posteriori* par Fini sont très nombreux : Shakespeare, Poe, Nerval, la comtesse de Ségur, Baudelaire, Verlaine, Rachilde, Marcel Schwob, André Pieyre de Mandiargues, Pauline Réage et Jacques Audiberti, entre autres. Pour la liste complète, voir l'annexe du *Livre de Leonor Fini*, de Leonor Fini (Lausanne, La Guilde du Livre et Clairefontaine, 1975, p. 244-245), Constantin Jelenski, *Leonor Fini*, *op. cit.*, p. 176, et, surtout, Jean Paul Guibbert, *Leonor Fini graphique*, *op. cit.* L'aspect érotique des illustrations de Fini est mis en évidence dans l'article de Bernd-Ingo Friedrich, « Buchkunst und "scharfe Erotik" : die Illustratorin Leonor Fini », *Marginalien : Zeitschrift für Buchkunst und Bibliophilie*, vol. 216, n° 4, 2014, p. 30-37.
3. L'annexe du *Livre de Leonor Fini* (*op. cit.*, p. 239) donne une longue liste de ce type de travaux pour le théâtre et le cinéma s'échelonnant de 1945 (*Le Palais de cristal*, ballet de Balanchine, Opéra de Paris) à 1969 (*Le Balcon*, Théâtre du Sud-Est, Marseille), en passant par *Bérénice* (1955, compagnie de Jean-Louis Barrault et Madeleine Renaud) et *Walk with Love and Death* (1968, film de John Huston).

voyage et du récit de rêve fantasmatique[4] – comporte, par exemple, des dessins à l'encre noire (des formes abstraites alternent avec des têtes et des bustes), aucun autre ouvrage n'atteint l'hybridité complexe qui caractérise *Le Livre de Leonor Fini*[5]. Au moment de sa publication, en 1975, l'artiste est consacrée depuis longtemps dans les milieux de l'art; le choix du livre grand format, hors norme et très richement «illustré», apparaît ainsi comme une manière de mettre de l'avant sa double pratique. La conception de l'ouvrage en texte et en image contribue à la consécration pérenne de l'auteure-artiste, donnant lieu à une mise en récit de Fini en tant que *persona* aux multiples visages et apparences. Si, dans l'ensemble, l'esthétique singulière est facilement reconnaissable, on découvre plus en détail le rapport qu'entretient Fini à l'écriture.

Composition de l'*opus magnum*

Ouvrage au titre quelque peu banal, *Le Livre de Leonor Fini* fait néanmoins partie des productions les plus étonnantes dans le champ des objets *livres* inspirés par l'esthétique surréaliste, parce qu'il la dépasse justement à divers égards. Le paradoxe semble inscrit à même le titre puisque le lieu d'expression par excellence d'un artiste visuel n'est-il pas, du moins traditionnellement, le musée ou la galerie plutôt que l'espace du livre? Leonor Fini, comme d'autres auteures-artistes dont les affinités avec le mouvement surréaliste étaient variables dans le temps ou alors peu déterminées – pensons à Claude Cahun, à Frida Kahlo ou à Valentine Penrose –, n'est pas à un paradoxe près. Si elle choisit l'objet *livre* comme forme d'expression à une époque où le Surréalisme est officiellement déclaré «mort» en même temps que le livre d'artiste est

---

4. Le narrateur-protagoniste part de Port-Saïd, en Égypte, pour se rendre, en compagnie de Xenia, à Rogomelec où il s'apprête à débuter une cure dans un monastère. Les moines y endorment les curistes avec des breuvages préparés à l'aide de plantes. C'est alors que le récit bascule du côté de l'onirique parce que, endormi, le narrateur assiste à un opéra fantastique dans un ossuaire, puis à un bal masqué préparé en l'honneur de l'arrivée du roi qui est déguisé avec un manteau de pieuvres confectionné par le moine Calpournio. La visite des ruines près du monastère devient cauchemardesque parce qu'il découvre, dans les vestiges d'une demeure fastueuse détruite dans un incendie, un pendu vêtu d'une armure or et argent. Terrifié, il rejoint les moines et quitte le monastère (Leonor Fini, *Rogomelec*, Paris, Stock, 1979).

5. Leonor Fini, *Le Livre de Leonor Fini. Peintures, dessins, écrits, notes de Leonor Fini*, avec la collaboration de José Alvarez, Lausanne, La Guilde du Livre et Clairefontaine, 1975. Désormais, les références au *Livre de Leonor Fini* seront indiquées par le sigle *LLF* placé entre parenthèses dans le corps du texte, suivi de la page.

investi, en quelque sorte à contremploi, par un nombre grandissant de peintres et de photographes du XXe siècle[6], c'est sans doute pour s'inscrire dans les deux traditions esthétiques.

Objet au format grand in-4 (36,8 cm de hauteur sur 27,2 cm de largeur) et à la facture précieusement soignée, *Le Livre de Leonor Fini* alimente la confusion terminologique qui règne dans les études sur l'histoire du livre, notamment en ce qui concerne les différences entre «livre illustré», «livre surréaliste» et «livre d'artiste[7]». L'œuvre de Fini affiche des caractéristiques à la fois du «livre surréaliste» (de par son dispositif texte/image et un travail à deux à l'origine du projet – j'y reviendrai plus loin), du catalogue de peintre (support traditionnel dans le domaine de l'art) et du «livre d'artiste», trois pratiques livresques qui s'échelonnent au fil du XXe siècle et se chevauchent à l'occasion. Le *Livre* semble répondre au fantasme d'Aragon, dans le *Traité du style* (1928), qui consistait à imaginer un «Livre Unique» en son genre. L'ouvrage impressionnant de Fini – par sa matérialité, certes, mais aussi grâce à la qualité des reproductions et à la composition iconotextuelle[8] jusque dans la table des matières – répond sans doute à cet idéal: d'une part, parce qu'il est unique dans la production de l'artiste et, d'autre part, parce qu'il n'y en a pas vraiment de comparable dans le reste du corpus de livres surréalistes. De nombreuses toiles en couleur (Fig. 39), des dessins en noir et blanc, des croquis, de même que des portraits picturaux et photographiques de l'artiste, regroupés en 19 parties, se trouvent accompagnés

---

6. Voir l'article que j'ai coécrit avec Sofiane Laghouati, «Emploi et contremploi du Livre», *Textimage*, n° 11, 2019, https://www.revue-textimage.com/17_blessures_du_livre/introduction1.html.

7. Dans son état de la recherche, Elza Adamowicz distingue surtout la tradition du «livre illustré» de celle du «livre d'artiste» en y subsumant en quelque sorte le «livre surréaliste» («État présent. The *Livre d'artiste* in Twentieth-Century France», *loc. cit.*, p. 189-198). Je propose, pour ma part, une nette distinction entre les trois formes livresques, notamment en ce qui concerne leur apparition et leur diffusion à des époques historiques bien différentes et ce, malgré un certain nombre d'éléments communs au «livre surréaliste» et au «livre d'artiste», tous deux issus des recherches esthétiques avant-gardistes du XXe siècle (Andrea Oberhuber, «Livre surréaliste et livre d'artiste mis en jeu», *loc. cit.*, p. 9-30).

8. Le terme «iconotexte» a été forgé, rappelons-le, par Michael Nerlich qui le définissait comme «une unité indissoluble de texte(s) et image(s) dans laquelle le texte ni l'image n'ont de fonction illustrative et qui – normalement, mais non nécessairement – a la forme d'un "livre"» («Qu'est-ce qu'un contexte?», *loc. cit.*, p. 268). Alain Montandon reprend le terme ensuite dans sa «Préface» à Alain Montandon (dir.), *Signe/Texte/Image*, Meyzieu, Césura Lyon Éditions, 1990, p. 8. Liliane Louvel quant à elle emploie plutôt l'expression «image-en-texte» («Le tiers pictural, l'événement entre-deux», *Le tiers pictural*, *op. cit.*, p. 258-276).

FIG. 39 Leonor Fini, *L'Enroulement du silence*, 1955, huile sur toile, coll. privée (Lausanne), dans *Le Livre de Leonor Fini*, 1975, p. 156-157 ; © Adagp, Paris, 2023.

de récits brefs, de commentaires, de contes et de poèmes écrits pour l'occasion ou recyclés de textes publiés antérieurement. Comme jamais auparavant, Fini témoigne en ce milieu des années 1970 d'une véritable dualité créatrice, se révélant, dans ce qu'il convient d'appeler son *opus magnum*, artiste et auteure (presque) à parts égales.

Si l'on y trouve du nouveau, l'ensemble texte/image est en bonne partie conçu à partir d'un matériau préexistant au moyen duquel la créatrice, au faîte de sa carrière, jette un regard rétrospectif sur sa trajectoire à la croisée des arts et des médias. Les 246 pages forment une œuvre faisant valoir les thèmes, les motifs et les figures insolites dont est peuplée la mythologie personnelle de l'auteure-artiste : des chats, des sphinx ou, plus souvent encore, des sphinges, des petites filles tantôt impudiques, tantôt « perverses », des groupes de jeunes femmes sensuelles, des sorcières désinvoltes, des objets fétiches (dont le célèbre manteau volé en Corse), quelques intérieurs de maison ou d'appartement, des têtes de mort, des masques mortuaires et des portraits de Fini... à perte de vue. Les images de l'artiste servent de leitmotiv visuel, rappelant à des intervalles réguliers au lecteur-spectateur *de qui* est le livre et *sur qui* il porte essentiellement. À propos de la forte propension à la mise en scène de soi, Pierre Borgue note, dans une perspective psychanalytique :

> [...] l'œuvre de Leonor Fini devient en premier lieu le spectacle de l'identité instable dont elle fait l'expérience en elle-même et des subterfuges qu'elle doit imaginer pour pouvoir se saisir sans avoir à nier ses propres inachèvements. [...] Mais cette approche, Leonor Fini l'effectue non à partir de ce qu'elle est pour elle, dans sa conscience de soi, mais à partir des personnages qu'elle pourrait être et que masque cette conscience. C'est pourquoi il lui faut inventer à partir de ses propres signes, images et symboles, mis en scène dans les jeux de son inspiration, ses autres personnages, en les traduisant au niveau imaginaire, ce qui leur permet de durer sur des pistes d'ombre et de lumière où la logique n'a point part[9].

Cette lecture psychanalytique des images – plus que des textes – semble insister sur le besoin de l'artiste de donner suite à la question bretonienne du « Qui suis-je ? », comme s'il s'agissait pour Fini de mettre à mort l'idée d'une « identité stable », de « se saisir sans avoir à nier ses propres inachèvements ». Il est vrai que le regard est avant tout happé par le nombre impressionnant de portraits et d'autoportraits (occu-

---

9. Pierre Borgue, *Leonor Fini ou le théâtre de l'imaginaire*, op. cit., p. 84.

pant la double page, une pleine page ou placés en petit format dans une mosaïque de diverses images[10]); on ne peut donc qu'acquiescer au constat de Borgue. Mais il y a plus dans cette entreprise de théâtralisation de soi et c'est ce que le critique saisit par la formulation «logique» qui «n'a point part» dans les jeux des personnages, des «pistes d'ombre et de lumière». À lire/regarder les 19 parties, la (non-)logique de leur enchaînement, de l'assemblage des textes et des images de facture très variable, de la raison d'être d'un livre qui, dans le titre, annonce une propension à la spécularité intrigante, se doit d'être examinée de près. À quoi ressemble une œuvre faisant largement abstraction de toute logique? En serait-ce une née du hasard objectif, selon les règles du jeu? Celles du jeu de l'«inspiration», comme le mentionne Pierre Borgue, ou celles d'un jeu plus matériel? S'il y a jeu, il faut au moins une autre personne pour s'adonner à ce plaisir.

Mise en œuvre

Dans le préambule, la voix narrative prend la parole à la première personne du pluriel pour affirmer le caractère aléatoire de la mise en œuvre de différentes sources iconiques et textuelles:

> Avant de commencer à travailler sur ce livre avec José Alvarez, nous avons étalé par terre des centaines de photos, et nous avons joué avec elles comme aux dominos. Un souvenir attire un tableau, qui attire un objet, qui attire un autre tableau, qui attire une ville. Les photos imposent un parcours, comme les nombres sur les dés…
> […]
> Des ensembles sont ainsi formés, et je leur ai donné les titres de certains de mes tableaux. Comme dans un scrapbook, j'ai écrit un commentaire là où j'en avais envie. J'y ai ajouté quelques citations et des fragments de contes que j'ai écrits parfois. (*LLF*, p. 5)

Si le lecteur comprend que la conception du *Livre de Leonor Fini* est le résultat d'un assemblage de dominos désordonnés qui sont sans doute des reproductions photographiques de peintures et de dessins de l'artiste; s'il se laisse séduire par la prétendue simplicité du processus de sélection, par principe associatif, au moment de la genèse du livre, il

---

10. Voir précisément, outre la couverture et la page de titre, les pages 32-40, 49, 53, 63, 65, 69, 93, 101, 105, 146-147, 163, 179, 185, 195, 208-209 et 216 dans Leonor Fini, *Le Livre de Leonor Fini*, op. cit.

verra plus loin, une fois le parcours de lecture-spectature entamé, que ces «dominos», remaniés à la manière des jeux surréalistes[11], révèlent plusieurs figures d'inspiration récurrentes. Ce que l'on comprend également est le fait que Fini avait un partenaire de jeu avec lequel elle a réussi à transformer «des centaines de photos» en «ensembles» thématiques. L'apport de José Alvarez, éditeur et écrivain espagnol, semble s'arrêter au jeu de dominos, autrement dit à la part ludique de l'agencement des images selon des affinités thématiques, puisque le «nous» initial cède la place au «je» qui a «écrit un commentaire là où [il en avait] envie», qui a «ajouté quelques citations et des fragments de contes qu'[il a] écrits parfois». Alvarez n'est donc pas un collaborateur au sens strict tel qu'on l'entend généralement dans le cas d'un Livre surréaliste ; c'est plutôt un complice à qui revient le rôle d'accompagner l'auteure-artiste dans une démarche nouvelle qui consiste à investir l'objet *livre* grand format et non un lieu d'exposition. Mise à part la mention du second «joueur» dans les préliminaires, ainsi que dans la page de titre (où on lit sous le titre principal, en plus petits caractères : «avec la collaboration de José Alvarez»), il n'y pas d'autres traces de l'éditeur et écrivain dans le corps du livre. Aucun texte n'est issu de sa plume.

Le Livre de Leonor Fini porte donc bien son nom : il consigne ce que la créatrice, avec le concours vaguement défini de son complice, y a transféré comme fonds préexistant et réarrangé sur de nouvelles bases. Dans la section «Kinderstube» s'amorce une réflexion sur le passé entre deux cultures (italienne et française[12]), sorte d'ancrage double, tandis que, dans la majeure partie de l'ouvrage, il est question de diverses facettes de création et sources d'inspiration de Fini. Ces parties s'articulent autour des ensembles thématiques suivants: «Les cérémonies», «D'un jour à l'autre», «Fêtes dans le vide», «Les belles dames sans

---

11. La part du hasard et la reconnexion à l'enfance grâce au jeu (de cartes, de tarot, du cadavre exquis, de fabrication d'objets, etc.) ont fasciné les surréalistes qui tentaient de réduire ainsi l'écart entre le sérieux et le ludique. Pour les diverses facettes du ludisme et leurs fonctions, voir Jacqueline Chénieux-Gendron (dir.), *Jeu surréaliste et humour noir*, *op. cit.*

12. Rappelons que Fini naquit à Buenos Aires en 1908, d'une mère italienne et d'un père argentin, mais que la culture argentine a été largement évincée de sa socialisation. Dès l'âge d'un an, elle a grandi en effet à Trieste (où sa mère s'était réfugiée avec sa fille auprès de la famille italienne), puis s'installa à Milan pour y étudier la peinture ; elle émigra à Paris en 1937 où elle rencontra Breton. Pour la trajectoire biographique, voir Xavière Gauthier, *Leonor Fini*, Paris, Le Musée de poche, 1979, p. 83-137, et Georgiana M. M. Colvile, «Leonor Fini», *Scandaleusement d'elles*, *op. cit.*, p. 100-111.

merci », « Les chats », « Lointaines parentes », « Vienne », « L'amour sans condition », « Le long sommeil des fleurs », « Les grands chapeaux de clarté », « Jeux de vertige », « Les gardiennes », « Théâtre », « Visages », « Les ombres respirantes », « Le long du chemin », « Les leçons » et « Paris », point d'aboutissement et lieu de création principal de l'artiste.

Une double page composée sur la gauche d'une photographie d'enfance de Leonor Fini à l'âge de huit ans, à Trieste, habillée en style matelot, et sur la belle page, d'un détail du tableau *Kinderstube* (1970[13]), reproduit en noir et blanc (Fig. 40), donne le coup d'envoi à une série de souvenirs d'enfance. Le titre allemand se mérite, telle une seconde légende, une explication en quatre vers :

> Kinderstube en allemand veut dire,
> mot à mot, chambre d'enfant.
> A Trieste on utilise encore certains mots d'allemand.
> Cela veut dire « éducation », milieu de l'enfance. (*LLF*, p. 7)

Précisons que ce terme quelque peu vieilli est, la plupart du temps, associé en allemand à l'adjectif « *gut* » (« *eine gute Kinderstube haben* » – être bien élevé, avoir de bonnes manières) ou à l'indéfini « *kein* » (« *keine Kinderstube haben* » – être mal élevé, ne pas avoir de manières). Il y a lieu de se demander de quel type d'éducation jouit justement la petite fille agenouillée à l'intérieur des jambes écartées d'une jeune femme debout, vêtue d'un voile transparent. Cette question est d'autant plus importante que l'attention de la petite fille est happée par une salamandre captive dans une poche aqueuse qui ressemble à un sac amniotique et dont un bout pointe vers l'entre-deux-cuisses de la fille agenouillée. La poche d'eau se serait-elle échappée du corps de la jeune femme montrée de dos, jambes plantées en triangle dans le sol d'une pièce à peine meublée, mais recouverte d'une moquette mauve au motif floral ? Assisterions-nous à une fausse couche (la figure sur le point d'arriver par une porte à la droite de la pièce, dans le tableau en taille réelle, pourrait être la sage-femme, bien qu'avec son bouquet de fleurs à la main et tout de blanc vêtue, elle ait l'air d'une vieille fée) ? La petite fille serait-elle, dans un télescopage temporel irréel, témoin de sa propre naissance ? Ou alors Fini aurait-elle choisi ce détail de *Kinderstube* pour débuter son livre par un jeu d'enfant, comparable à celui des dominos évoqué deux

---

13. Je suis la datation adoptée par Constantin Jelenski, *Leonor Fini, op. cit.*, p. 167.

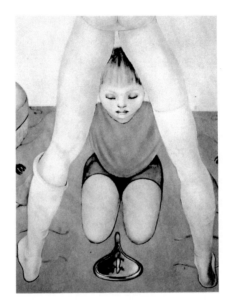

KINDERSTUBE

Kinderstube en allemand veut dire,
mot à mot, chambre d'enfant.
A Trieste on utilise encore certains mots allemands.
Cela veut dire «éducation», milieu de l'enfance.

7

FIG. 40 *Kinderstube* (détail), 1970, huile sur toile, coll. Marci (Gstaad), dans *Le Livre de Leonor Fini*, 1975, p. 7 ; © Adagp, Paris, 2023.

pages avant : campée dans un décor ambivalent, non dépourvue d'une connotation sexuelle, une petite fille observerait-elle tout simplement une bestiole emprisonnée, comme les enfants se plaisent à le faire avec des insectes ou autres petites bêtes ? L'enfance finienne à Trieste, ville portuaire de l'ancien Empire austro-hongrois, semble en tout cas ne pas avoir manqué d'excitations en tout genre, à regarder le défilé « du petit sphynx en porphyre rose du Château de Miramar » (*LLF*, p. 8), suivi des statues allégoriques, des macarons « aux visages barbares, souvent coiffés de fourrure » (*LLF*, p. 8), des bâtiments richement décorés tel le « Cinéma Eden, sujet d'exaltation » (*LLF*, p. 12-13), des aïeuls (grand-mère, grands-tantes, grand-père et grands-oncles) assemblés sur une double page. Dérobée à l'emprise paternelle, la jeune fille semble se donner une assise généalogique exclusivement dans la famille maternelle installée à Trieste, à mille lieues de l'Argentine. On retrouve, dans ces souvenirs d'enfance, l'importance du sphinx, de la théâtralité d'« une grande petite ville élargie par le vent et la mer... » (*LLF*, p. 8) et de ses statues monumentales, des membres d'une famille haute en couleur, des « bibliothèques chargées de livres », de « l'odeur de cannelle dans les corridors » (*LLF*, 16) et d'une gravure du peintre symboliste allemand Franz von Stuck, au titre intrigant, aux yeux de la petite fille, *Sinnlichkeit* (*Sensualité*). Mais on découvre surtout l'intérêt pour diverses techniques picturales, allant du plus « naturel » au plus artistique et difficile à maîtriser : le dessin à la mine de plomb à l'âge de sept ans (un wagon de train avec deux passagers), l'aquarelle vers onze ans (pour faire « le portrait d'une amie de [s]a mère », *LLF*, p. 18) et l'huile autour de dix-sept ans : Fini retient parmi ses premières toiles une « blanche jeune fille » inspirée des statues du jardin et un « garçon-coiffeur [...] préoccupé par la poupée de cire » (*LLF*, p. 19). Pourquoi ces deux tableaux-là ? Parce qu'ils présagent déjà, selon ce que nous explique le commentaire ajouté par l'artiste, du caractère cérémonial des images et des textes réunis dans la partie suivante du *Livre de Leonor Fini*. Aux souvenirs d'enfance marquants succèdent ainsi « Les cérémonies », « D'un jour à l'autre », « Fêtes dans le vide » et ainsi de suite.

Parcours de lecture-spectature

L'œuvre promène le lecteur-spectateur d'un lieu (de mémoire) à un autre, dont certains sont mentionnés dès la préface : « À partir de Trieste, où j'ai vécu enfant, cette logique aléatoire nous a entraînés à Paris, à Vienne, en Corse et sur la Loire» (*LLF*, p. 5). Ce n'est toutefois pas selon une logique géographique ni chronologique qu'est pensé l'agencement des parties du *Livre*. Grâce au travail de montage de textes et d'images, le «je» part à sa propre poursuite: nous y entraînant, il se lance dans une enquête sur soi comme sujet créateur[14]. Un vaste éventail de masques et de travestissements en tout genre qui empruntent au jeu scénique[15] et à la grande mascarade propre au carnaval ouvre le champ des possibles non seulement vers des doubles de soi, des doubles tout court[16], mais également vers une créativité «à l'état brut»:

> Encore enfant, d'un jour à l'autre j'ai découvert l'attrait des masques et des costumes. Se costumer, c'est l'instrument pour avoir la sensation de changer de dimension, d'espèce, d'espace. [...] Se costumer, se travestir est un acte de créativité. Et cela s'applique sur soi-même qui devient d'autres personnages ou son propre personnage. Il s'agit de s'inventer, d'être mué, d'être apparemment aussi changeant et multiple qu'on peut se sentir à l'intérieur de soi. C'est une – ou plusieurs – représentations de soi, c'est l'extériorisation en excès de fantasmes qu'on porte en soi, c'est une expression créatrice à l'état brut. (*LLF*, p. 41)

La gamme des jeux spéculaires et des doubles trace un parcours à travers le *Livre* conçu comme un dispositif propice à faire coexister les images de *l'artiste* Fini et les textes de *l'auteure* Fini, jusqu'à confondre les deux postures l'une dans l'autre. De la même manière, le passé – lointain ou plus récent – entrecoupe le présent de la création jusqu'à confondre à l'occasion les deux temporalités. C'est ainsi que, dans la section «Lointaines parentes», Fini décline la figure du sphinx (Fig. 41) en se demandant

---

14. À propos des aspects autobiographiques de l'ouvrage, voir Renée Riese Hubert, «Le Livre de Leonor Fini: Self Portrait and Autobiography», *Corner*, n° 2, 1999, http://www.cornermag.net/corner02/page05.htm, et Andrea Oberhuber, «Écriture et image de soi dans *Le Livre de Leonor Fini*», *Dalhousie French Studies*, n° 89 («Voir le texte, lire l'image»), hiver 2009, p. 51-61.

15. Voir Martine Antle, «Picto-théâtralité dans les toiles de Léonor Fini», *The French Review*, n° 62, 1989, p. 640-649.

16. Constantin Jelenski (*Leonor Fini*, *op. cit.*, p. 5) voit dans la figure du double «une clef importante à l'œuvre de Leonor» qu'il trouve «pour une fois directement exprimé[e]» dans le tableau *Les Fileuses* (1954). Ajoutons qu'un tableau de 1955 est explicitement intitulé *Le Double*: il montre deux personnages féminins de profil, agenouillés et regardant droit devant elles. Bon nombre de figures de femmes peintes par Fini au milieu des années 1950 (pensons à *La Gardienne des phénix*, 1954, au *Sommeil dans la grotte*, 1955, à *La Gardienne à l'œuf rouge* et au *Voile*, 1956, entre autres) se ressemblent par ailleurs tant qu'on ne sait plus qui des personnages est l'original et l'autre le double.

s'il est préférable d'imaginer d'«[ê]tre embrassé très très légèrement au moment du demi-sommeil ou du demi-réveil par un être à corps d'animal et visage humain, ou par un être à corps humain mais visage d'animal» (*LLF*, p. 100). Si la frontière entre les règnes humain et animal est estompée dans ce passage textuel fantasmatique (écrit en 1974), celle entre le sommeil et le réveil, la nuit et le jour, l'est par la même occasion. Et si l'auteure-artiste choisit, pour accompagner l'attrait de l'hybride, un portrait photographique d'elle *en sphinx* (datant de 1969)[17], c'est pour mieux rassembler dans les pages qui suivent différentes représentations de sphinges en sculpture, peinture, photographie, lithographie et dessin, parmi lesquelles la célèbre huile *Divinité chtonienne guettant le sommeil d'un jeune homme* (1947), qui marie fabuleusement les contraires (temporels, ethniques[18], genrés, ainsi que le clair-obscur), et *La Belle* (1974) en guise de vanité, avec des yeux bleus tournés vers l'avenir.

Saturé de références picturales, le récit bref «Le Pantigane» (1947) est intercalé dans la galerie des figures mythologiques, faisant appel à nombre de motifs de l'esthétique finienne: «le squelette, la sphinge, l'oiseau, l'homme castré, l'homme habillé en femme, la pieuvre, la roue, les chaussettes, les perles, les œufs velus, le rêveur, les ruines[19]», comme l'observe Valérie Mandia. Elle propose le terme «mnémopicturalité» pour désigner le rapport entre le récit et les œuvres picturales qui y résonnent. Il est vrai que, à travers un champ lexical d'arts visuels («cadres dorés», «ces images [de saintes et de vierges]», «marbres rayés», «angelots en porcelaine» et surtout un foisonnement de couleurs), la narration fait appel à la vue (à la réminiscence visuelle pour ceux qui sont familiers avec l'univers finien) et, par là, ouvre l'œil du texte[20]. La description du lieu où le mystérieux Pantigane personnifié en

---

17. Notons que les portraits photographiques sont signés Eddy Brofferio ou Richard Overstreet. Leonor Fini ne semble pas s'être adonnée à l'autoportrait photographique comme d'autres artistes avant-gardistes, telles Lee Miller, Claude Cahun, Dora Maar, Florence Henri ou Germaine Krull.

18. Une sphinge à la peau noire, richement ornée (bijoux dorés, énorme plume de paon sortant de sa chevelure), veille sur le sommeil d'un jeune homme blanc entièrement nu.

19. Valérie Mandia, «*Dans mes peintures je ne dis jamais JE*». *Autoportraits texte-image chez Leonor Fini*, thèse de doctorat, Université d'Ottawa, 2020, p. 83. L'auteure rappelle à juste titre que «Le Pantigane» a déjà été publié en 1973 dans la biographie de *Leonor Fini* (*op. cit.*, p. 47-54) par Xavière Gauthier.

20. C'est par des «marqueurs du pictural» tels le lexique technique, la référence à un genre pictural donné, les effets de cadrage, la comparaison explicite à un tableau ou le suspens du temps de narration, qu'un texte peut s'ouvrir à l'image. Voir Liliane Louvel, *Texte/image: images à lire, texte à voir*, *op. cit.*, p. 33.

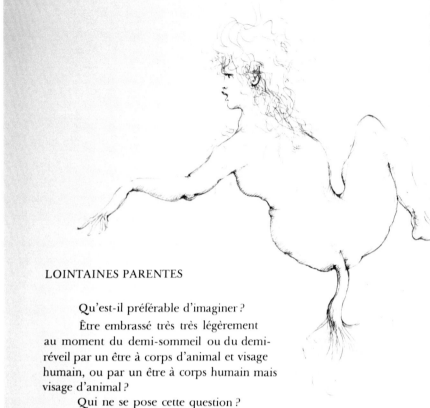

LOINTAINES PARENTES

Qu'est-il préférable d'imaginer ?
Être embrassé très très légèrement au moment du demi-sommeil ou du demi-réveil par un être à corps d'animal et visage humain, ou par un être à corps humain mais visage d'animal ?
Qui ne se pose cette question ?
La version visage humain ferait naître l'illusion de plus forte partic pation, mais quel serait le corps de l'animal ? Félin, velu, à forte odeur mu quée, avec le visage de Florinda Bolkan, de Bianca Jagger, de moi-même, Charlotte Rampling, de Brando, de Cassius Clay ?... Ou le corps de Clay o de Raquel Welch et la tête d'un puma, d'un tigre, d'un jaguarundi ?
Et le centaure ? Là je ne peux éviter une certaine réticence : les sabo durs... encombrants...
Mais s'il avait la tête de Joël Grey dans Cabaret ? Et s'il chanta comme lui ? Alors, alors...
L'entrée solennelle, commandatoriale d'un sphinx de marbre ou d pierre, je me la suis souvent imaginée : visage de beauté ingrate à la Brigitt Helm ou d'une dame de l'école de Fontainebleau. Il chanterait avec la voi de Deller.

100

FIG. 41 « Lointaines parentes » et portrait photographique de Leonor Fini (Eddy Brofferio, 1969), dans *Le Livre de Leonor Fini*, 1975, p. 100-101 ; © Adagp, Paris, 2023.

guide emmène la narratrice[21], soit dans une « église au toit effondré, [...], noire, bordée d'ornements dentelés, foudroyée d'herbes géantes, violentée de plantes grimpant partout » (*LLF*, p. 106), se fait sous forme d'une hypotypose, l'une des modalités du pictural selon Liliane Louvel[22]. La scène qui se présente au regard de la narratrice paraît dramatiquement vivante :

> Sur les parois, pendues de travers dans des cadres dorés et déchiquetés, les saintes et les vierges lorgnaient encore.
> [...]
> Sur l'autel de droite s'alignaient de grands plateaux en argent. Des poulpes violets, sinon des limaces marines, étaient entassés sur ces assiettes précieuses. Les autels étaient en malachite, en porphyre : des marbres, rayés de rouge comme le jambon de Parme, drapaient de gros anges qui avaient des ailes lourdes et mobiles tenues par des charnières et que l'on pouvait ouvrir et fermer comme des portes.
> [...]
> Par terre, entre beaucoup de flaques d'eau noire, allaient et venaient de grands lézards armés chacun d'une crête rose et violacée, dure et menaçante. Bien pire que des rats. (*LLF*, p. 106)

Plus le guide et la visiteuse pénètrent vers le maître-autel de l'église incendiée[23], plus la scène s'anime, comme s'il y avait différents spectacles en train de se dérouler simultanément : de « gros oiseaux blancs, harfangs de neige » qui se posent sur des « corps absents » en poussant « un petit cri discret » ; « des têtes de nègres bleuâtres » qui balbutient « les refrains incompréhensibles des décapités » ; ou encore, effet de reflet, la narratrice-visiteuse qui perçoit dans « les yeux bien ouverts » d'un « cadavre énorme d'homme habillé en femme » une scène de « "décornation douce" se␣pass[ant] juste en face », exécutée sur « une victime [...] préalablement ligotée sur une chaise de fer » (*LLF*, p. 106-107).

---

21. L'appartenance au sexe féminin est explicite à un seul endroit du texte : « Je regardais. J'étais émue » (*LLF*, p. 107).
22. Dans le chapitre « Nuances du pictural : petit essai de typologie » (*Texte/image : images à lire, texte à voir, op. cit.*, p. 32-44), Liliane Louvel regroupe diverses modalités textuelles à même de faire émerger l'image, ou le pictural, devant l'œil du lecteur. Selon le degré de saturation picturale du texte, elle distingue l'effet-tableau, la vue picturale, l'hypotypose, le tableau vivant, l'arrangement esthétique, la description picturale et l'ekphrasis. Elle reprend plusieurs de ces idées dans le chapitre « Le tiers pictural, l'événement entre-deux », *Le tiers pictural, op. cit.*, p. 258-276.
23. Dans *Rogomelec*, le narrateur découvre, dans les alentours du monastère, une demeure ravagée par le feu. À cet élément naturel s'ajoute celui de l'eau, également très présent dans le récit.

L'espace narratif regorge de vues et de visions, sans oublier les cris et autres bruits contribuant au caractère dramatique de l'intrigue. L'on pourrait se croire dans un amalgame de plusieurs peintures de Fini, parce que le récit, campé dans un scénario de fin du monde, avec des « corps inertes » (*LLF*, p. 106), comme dans le tableau *Sphinx Philagria* (1945) reproduit à la page 104 du *Livre*, évoque à un moment donné « un grand squelette qui ne manquait pas d'allure » (*LLF*, p. 106) – allusion furtive à *La Belle* –, la présence de « flaques d'eau noire », et, plus loin, en passant derrière le maître-autel (lieu sacré par excellence), la narratrice aperçoit « un énorme sphinx », à « la tête d'une négresse très belle » et dont la respiration est « plus animale qu'humaine » (*LLF*, p. 107), ce qui préfigure la double page consacrée à la toile *Divinité chtonienne* (*LLF*, p. 108-109), le jeune éphèbe en moins. Que l'explication par le Pantigane voulant qu'il s'agisse du « sphinx Amaouri » soit saluée par « Belle » (*LLF*, p. 110) ne fait que confirmer les nombreux jeux de renvois entre l'écrit et le pictural ; précisons toutefois que le récit n'*explique* pas les images, ne se propose pas comme résolution des énigmes picturales caractéristiques de l'imaginaire finien[24]. Que le récit se termine par le désir du « je » de s'approcher d'Amaouri endormie, de « se frôler à ses pattes, de la renifler partout », d'« embrasser ses paupières » (*LLF*, p. 110), suggère une proximité presque libidinale entre le « je » et la sphinge. Une autre proximité, voire une analogie entre la figure énigmatique et l'auteure-artiste est établie par la présence de deux images photographiques de Fini – l'une en noir et blanc (*LLF*, p. 101) et l'autre en couleur, avec le sphinx Hiver de Saint-Dyé[25] –, rapprochant esthétiquement la première de ce qui doit être considéré comme son double mythique.

Ailleurs non plus, le double ou *Doppelgänger*, héritage de l'imaginaire romantique, n'est jamais loin, comme chez Claude Cahun, ni dans les textes ni dans les images, notamment dans celles où Fini explore des postures d'autoreprésentation. Elle ne cesse de s'ausculter à travers le pli de la double page, de convoquer une multitude de regards,

---

24. Voir Valérie Mandia, « *Dans mes peintures je ne dis jamais JE* », *op. cit.*, p. 82. L'auteure cite Leonor Fini selon des documents des Archives de Leonor Fini, sans aucune autre précision : « Si on me demande d'expliquer mes peintures, je ne sais pas mais je peux autour inventer des histoires… ». Le verbe « inventer » l'emporte sur l'idée d'« expliquer » ses peintures.

25. Dans le jardin de Saint-Dyé-sur-Loire, deux sphinx en pierre Second Empire se font face, l'un représentant l'été et l'autre, l'hiver. Les sculptures occupent la deuxième double page de la section « Lointaines parentes » (*LLF*, p. 102-103).

de faire surgir des *personae* qui engagent le lecteur-spectateur dans un jeu de reconnaissance. Ainsi, elle multiplie son image et place, un peu partout dans le livre, des photographies d'elle la montrant souvent dans de grandioses postures de travestissement : nous la croisons costumée à l'orientale (*LLF*, p. 49), drapée et perruquée tout en blanc (*LLF*, p. 53), prenant l'allure d'une sorcière en vol (*LLF*, p. 63), en géante au milieu d'un triptyque (*LLF*, p. 74-75) qu'elle forme avec deux « Belles dames sans merci[26] », ou alors en 56 photos d'identité en noir et blanc placées sur un échiquier (*LLF*, p. 33). Dans cet exemple de mise en abyme du portrait (Fig. 42), l'on peut s'amuser à trouver les visages qui font la paire ; la mosaïque crée un vertigineux effet de spécularité. L'original et le double invitent ici au jeu de Memory à travers lequel est rappelé au lecteur-spectateur que, si le domino est à l'origine de l'assemblage de toutes les pièces étalées sur le sol, l'aléatoire n'est que partiellement de mise dans la figuration de soi.

L'écriture, de son côté, procède d'une hybridation de formes et de genres textuels qui vont du commentaire[27] à la citation[28], en passant par le conte et des extraits de textes littéraires anciens. C'est le cas de *Mourmour, conte pour enfants velus*, première œuvre littéraire selon la critique de l'époque, de facture précieuse[29], dont Fini reprend quelques

---

26. C'est le titre de la partie V.
27. Pensons au commentaire libre sur « Les chats » (qui date de 1972-1973) à propos desquels « on en apprend de toutes les couleurs » (*LLF*, p. 88) et par lequel s'ouvre la section VI. Fini s'en donne à cœur joie à son amour des félins, illustré de photographies, de tableaux et d'esquisses. Cet amour passionné s'explique par le caractère médiateur que l'auteure-artiste attribue à l'animal : « [...] le chat est le meilleur médiateur et le plus accessible entre nous et la nature. Devant sa grâce, son innocence, sa douceur, sa confiance, s'efface cette ambiguïté que font surgir les humains et leurs circonstances. Le chat est à nos côtés le souvenir chaud, poilu, moustachu et ronronnant d'un paradis perdu » (*LLF*, p. 97). La proximité avec le règne animal revient chez bon nombre d'auteures et artistes visuelles proches du Surréalisme, si l'on pense au cheval blanc chez Leonora Carrington, à la chouette chez Remedios Varo ou au singe chez Frida Kahlo. Le chat est également l'animal totem de Lise Deharme et de Claude Cahun. Pour des commentaires plus substantiels sur la question de l'animalité, voir Georgiana M. M. Colvile, « Beauty and/Is the Beast », *loc. cit.*, p. 148-158.
28. Ainsi Leonor Fini reprend-elle, sous le titre « Benjamin Franklin et Mme Helvétius », un extrait du livre *Le Vent d'Amérique* (1974), tome 2 des *Hommes de la liberté* de Claude Manceron, pour clore la partie sur les chats (*LLF*, p. 98). Ailleurs, elle insère une citation d'Aelius Lampridius pour expliquer l'exemple des « fêtes d'Héliogabale » (*LLF*, p. 47).
29. Valérie Mandia (« *Dans mes peintures je ne dis jamais JE* », *op. cit.*, p. 169-171) en fournit plusieurs exemples avant de proposer une étude détaillée de la matérialité du livre (tirage de 100 exemplaires sur vélin d'Arches couleur crème, emboîtage recouvert de papier de teinte rosée) et du conte illustré.

FIG. 42 Leonor Fini (mosaïque de portraits), dans *Le Livre de Leonor Fini*, 1975, p. 33 ; © Adagp, Paris, 2023.

extraits dans la section « Fêtes dans le vide » avant même la publication du récit illustré de dessins. L'écriture remonte à 1968, lorsque l'artiste séjournait en Corse[30] où elle semble avoir hanté souvent les ruines du monastère de Nonza, dont on voit quelques photographies qui servent de décor au conte du chat Mourmour[31]. Deux fragments de texte intitulés respectivement « Souvenirs de Mourmour, fils de la chatte Belinda et de père humain inconnu » et « La nuit avec Belinda » célèbrent l'érotisme nocturne entre l'enfant Mourmour et sa mère Belinda, tous deux anthropomorphisés comme il se doit dans un conte. D'autres textes brefs (« J'assiste à une leçon de vol », « La grotte » et « Les collections »), ainsi que des sources iconiques diverses et variées, complètent une partie parmi les plus hétéroclites de l'ouvrage. On peut se demander si l'idée de la fête, qui doit être pour Fini « une libération », « une conception globale de la vie, de la mort », synonyme d'une « existence où tout [est] sujet à l'éternel retour, saisons, ancêtres, dieux... » (*LLF*, p. 47), n'est pas à l'origine, du moins en partie, de la célébration de l'Art et de la Vie tels qu'ils sont unis dans cet objet *livre* que s'offre Fini en cadeau. Elle l'offre en même temps aux lecteurs-spectateurs comme un legs de son « style » qui, selon Constantin Jelenski, consiste à « comprendre au plus profond l'apparence sensible », « voir les choses comme si elle les voyait pour la première fois, pour leur permettre d'affleurer sous son regard[32] ». Ce regard de l'artiste a la capacité de percer les apparences, de faire cohabiter des éléments inattendus.

---

30. Les détails sur la genèse d'un texte ou d'une œuvre visuelle sont généralement fournis dans la table des matières du *Livre de Leonor Fini* (ici, p. 230).
31. Le jeu de références avec *Le Chat Murr* (*Lebensansichten des Katers Murr*) d'E. T. A. Hoffmann, publié en deux volumes en 1819 et 1821 mais resté inachevé (en raison de la mort du chat de Hoffmann), est évident même si Leonor Fini ne passe pas par l'astuce d'un roman autobiographique relaté du point de vue d'un chat. Son protagoniste est toutefois aussi capable que celui de l'écrivain romantique allemand de parler et d'agir comme un être humain. Pour une analyse approfondie de cette œuvre fondatrice de l'imaginaire littéraire et pictural de Fini, voir Valérie Mandia, «*Dans mes peintures je ne dis jamais JE* », *op. cit.*, p. 87-88 et p. 168-192. Elle qualifie Mourmour « d'archétype du roman finien » (p. 171), qui sera suivi peu après de *L'Onéiropompe* et de *Rogomelec*, reprenant tous deux certains invariants de l'œuvre matrice (importance du voyage, cérémonies rituelles, présence de la lune et du soleil, ainsi que de figures mythologiques hybrides telles Méduse et Mélusine).
32. Constantin Jelenski, *Leonor Fini*, *op. cit.*, p. 5.

Voilement et dévoilement

Espace ouvert, l'œuvre accueille divers moyens d'expression sur la même page, la double page ou au sein d'une même section. Mais c'est l'écriture qui permet l'essai sur l'art propice aux considérations sur la peinture, sur l'importance du pictural – du dessin à l'aquarelle en passant par la lithographie, l'huile et la gouache (technique chère à Fini[33]) – dans le parcours d'une artiste plurielle. L'ultime section a pour thème «Paris», haut lieu culturel lorsque Fini s'y installa en 1937 et, surtout, ville où elle s'est rapprochée des cercles surréalistes sans jamais devenir membre du groupe, côtoyant une myriade d'écrivains et d'artistes: Jacques Audiberti[34], Yves Bonnefoy[35], Victor Brauner, Leonora Carrington, Max Ernst, Georgio de Chirico, Jean Genet, Constantin Jelenski, André Pieyre de Mandiargues, Meret Oppenheim et Dorothea Tanning, entre autres[36]. S'ouvrant sur la sphinge (encore une autre) de l'Hôtel de Sallé, cette partie dévoile, à travers de nombreuses photographies assemblées en mosaïque, la vie quotidienne de Fini (son appartement, ses chats, l'artiste se promenant dans les rues de la capitale française ou assise dans son atelier, à côté du chevalet de peintre). Les portions textuelles abordent la question de l'art et la «complexité du réel» que «l'artiste à son insu [...] transpose» (*LLF*, p. 215). C'est ici que la créatrice désavoue une piste de lecture purement autobiographique[37] puisque, comme

---

33. «Toujours, pour elle, la gouache fut une matière divinatoire qu'elle laissait se déployer, attentive, avant de fixer brusquement la forme à un stade métamorphique. [...] Travaillant la gouache, Leonor est fulgurante, car il lui faut avec ce qu'elle a sous la main saisir l'instant où la tache brassée, tourmentée, rejoint tout d'un coup le réel. Longtemps la peinture à l'huile lui imposait le rythme contraire, d'une patience, d'une application infinie», note Constantin Jelenski (*op. cit.*, p. 6) à propos des techniques de peinture de Fini et de son rapport à la représentation du réel.

34. Le dramaturge rassembla en 1957, sous le titre *Le Sabbat ressuscité par Leonor Fini* (Paris, Société des Amis du livre), 35 dessins de sorcières, de démons et autres figures macabres, réalisés l'année précédente. L'un d'eux est repris comme en médaillon à la page 62 du *Livre de Leonor Fini*.

35. L'auteur se trouve mentionné dans la section «Le long sommeil des fleurs», à propos des «grands chapeaux de clarté» (*LLF*, p. 143), image textuelle qui fait écho à l'huile *Le Chapeau* (1969) placée avant un bref texte sur l'objet et une série de jeunes filles (pas tout à fait des modèles) et de femmes (y compris Fini elle-même) toutes ornées de couvre-chefs aussi ravissants qu'impressionnants par leur forme et leur grandeur.

36. Voir Georgiana M. M. Colvile, *Scandaleusement d'elles, op. cit.*, p. 100.

37. Pour avoir étudié ailleurs la propension «autographique» de cette œuvre – Fini exprime ses réticences à l'égard des conventions du genre littéraire inauguré par les *Confessions* de Rousseau, en utilisant l'expression «presque une autobiographie» (*LLF*, p. 215) –, je renvoie à l'article suivant: Andrea Oberhuber, «Écriture et image de soi dans

elle l'affirme, dans ses peintures, elle «ne di[t] jamais *je*» et qu'il serait «vain de croire qu'on peut retrouver, dans une peinture ou un poème, un aperçu d'une phase de vie – un profil – un souvenir précis» (*LLF*, p. 215). Dans le même souffle, elle évoque la fatalité exhibitionniste de «ceux qui sont de nature créative», la méfiance vis-à-vis du «regard des autres», quoique nécessaire à la reconnaissance, de même que le «fort don d'absence ou de dédoublement» (*LLF*, p. 215) dont il faut témoigner lorsque la reconnaissance est acquise. Le véritable aveu concerne la chronologie des moyens d'expression : la peinture a préséance sur l'écrit. Cela se manifeste dans le rapport entre la peinture d'un tableau qui précède «toujours, ou presque» (*LLF*, p. 217), la trouvaille d'un titre. Dans le *Livre*, la prépondérance des images en comparaison des textes est une évidence. On s'en rend compte au plus tard à partir des sections «Vienne» (peuplée de squelettes, de crânes et de visages fantomatiques), «Les gardiennes» (dépourvue de tout texte), «Théâtre» (faisant la part belle aux masques, aux esquisses pour le théâtre, aux maquettes de costumes), «Visages» (qui occupent, pour la plupart, la pleine page et font apparaître un intéressant jeu de regards entre la page de gauche et la belle page, ne cédant l'espace qu'à deux brefs commentaires), ou «Les leçons» (de châtiment physique, d'anatomie humaine, de botanique, de paléontologie et de rhétorique), qui se passent, à nouveau, de l'écriture. Leonor Fini est peintre-dessinatrice avant d'être auteure ; elle révèle les multiples facettes de son potentiel créateur dont l'écriture fait partie intégrante en ajoutant une épaisseur sémantique au parcours tracé par elle, avec le concours de son complice Alvarez.

Tout se passe donc comme si le plaisir de la trouvaille et de la remémoration de phases de création s'échelonnant dans le temps avait réussi à engendrer un objet livresque qui fait office d'œuvre-testament. Fini lègue à la postérité ses tableaux, des souvenirs associés à un lieu (outre Paris, la Corse est très présente, par exemple), des photographies, des réflexions sur l'Art et la Vie. Tout semble relié par des fils transparents, invisibles aux yeux de qui, d'un œil distrait, passe à travers l'ouvrage ;

Le Livre de Leonor Fini», *loc. cit.*, p. 51-61. Si Valérie Mandia («*Dans mes peintures je ne dis jamais JE*», *op. cit.*, p. 90-91) tend à ranger l'ouvrage entre l'autoportrait et l'autofiction pour ensuite endosser le terme «autofiction visuelle» proposé par Sandrine Morillo, je réaffirme plutôt le caractère d'entre-deux du *Livre* où les frontières entre les genres, les arts et les médias sont justement perméables, où l'état indéterminé et l'ambivalence sont fondateurs de l'esthétique finienne.

l'ensemble texte/image renvoie à une trajectoire non linéaire pour laquelle le livre constitue une forme de remédiation idéale grâce à laquelle les 19 sections entrent en résonance tout en constituant des entités autonomes. Le lecteur-spectateur peut se promener librement entre les « Jeux de vertige », « Les gardiennes » et « Théâtre », pour ne citer les titres que de trois parties. À la fin d'une section est jetée une passerelle vers la nouvelle. Ainsi « Lointaines parentes » se termine-t-elle par l'image d'une sphinge du Belvédère de Vienne (*LLF*, p. 114), qui ouvre la porte à la déambulation libre dans les pages consacrées à la capitale autrichienne. La sculpture est accompagnée du commentaire suivant : « Ce sphynx [sic] du Belvédère nous annonce Vienne. De ces rapides Reisebilder[38], il faut comprendre que ce sont des images-souvenirs à moi, celles qui nourrissent directement mon imagination ».

Le Livre de Leonor Fini résiste au dévoilement rapide des secrets dissimulés, dans les plis du majestueux tissu drapé en manteau dans lequel se présente l'auteure-artiste sur le seuil de l'œuvre, à la page de faux-titre (Fig. 43) : on y voit la protagoniste dans une posture de magicienne, regard baissé, jambes écartées et pliées à mi-hauteur, en train d'exécuter, dirait-on, un rite sacré qui implique ses mains. L'habit non seulement couvre entièrement le corps de haut en bas, mais occupe aussi une grande partie de la page qui mène vers l'intérieur du livre ; de plus, le manteau revient comme l'un des principaux motifs visuels, rappelant chaque fois le caractère théâtral des diverses figurations de soi. Fini en est pleinement consciente puisqu'elle note dans le texte introductif de la partie « D'un jour à l'autre » (Fig. 44) que, enfant, elle n'aimait pas se faire photographier, qu'elle se couvrait le visage, que l'attrait du visage dans le miroir est venu plus tard, telle la « confirmation de [s]on existence » :

> Des miroirs, je suis passée aux photographies. Depuis on m'a toujours photographiée : costumée, déguisée, quotidienne. Mais je n'aime pas les instantanés, rien n'est plus faux que le « naturel » figé. C'est la « pose » qui est révélatrice, et je suis curieuse et amusée de voir ma multiplicité – que je crois assez bien connaître – affirmée par ces images. (*LLF*, p. 32)

---

38. Fini laisse à quelques endroits des termes allemands, vestiges de son passé triestin, sans prendre la peine de les traduire ni de les mettre entre guillemets. « Reisebilder » signifie « images (ou impressions) de voyage ».

L'artiste et son double : Le Livre de Leonor Fini   297

FIG. 43 Leonor Fini devant sa maison de Saint-Dyé (page de faux-titre), photographie Eddy Brofferio, dans *Le Livre de Leonor Fini*, 1975, p. 2-3 ; © Adagp, Paris, 2023.

Le livre de Leonor Fini

D'UN JOUR A L'AUTRE

Quand j'étais enfant, je détestais me faire photographier.
Je fuyais. Comme les musulmans, je me couvrais le visage. Petit à petit,
j'ai trouvé intéressant d'avoir un visage : confirmation de mon existence. Des miroirs,
je suis passée aux photographies. Depuis on m'a toujours photographiée : costumée, déguisée,
quotidienne. Mais je n'aime pas les instantanés, rien n'est plus faux que le « naturel »
figé. C'est la « pose » qui est révélatrice, et je suis curieuse et amusée de voir ma
multiplicité – que je crois assez bien connaître – affirmée par ces images.
On me dit : « Vous auriez dû être actrice. » Non – pour moi,
seule l'inévitable théâtralité de la vie m'intéresse.

FIG. 44 « D'un jour à l'autre » et portrait de Leonor Fini en ange noir (photographie André Ostier), dans *Le Livre de Leonor Fini*, 1975, p. 32 ; © Adagp, Paris, 2023.

Le jeu de rôle avec son lot de masques et de maquillage, de déguisements et de performances, fait donc partie de l'*ethos* créatif dont se revendique Fini. Mais ce n'est jamais la scène de théâtre qui l'a intéressée, affirme l'auteure-artiste arborant, sur l'image posée sous le texte, l'allure d'un ange noir : « seule l'inévitable théâtralité de la vie » (*LLF*, p. 32) est à la fois moteur et finalité de l'acte de création. Le rapport entre l'écrit et le portrait photographique (réalisé par André Ostier) semble vouloir inverser les rapports entre l'image et la légende : ici, on dirait que l'artiste *en ange noir* s'ajoute comme légende (illustrative) au propos sur sa propension théâtrale.

Tissée de multiples fils mémoriels des étapes significatives de sa création (y compris sa propre genèse), l'œuvre médiatise en réagençant ce qui a été, ce que l'artiste a peint, dessiné, ce que l'auteure a écrit durant une quarantaine d'années afin de léguer à la postérité une image de soi qui en impose grâce à une vue d'ensemble, afin de remédier à l'oubli. *Le Livre de Leonor Fini* se referme sur une série de gravures en noir et blanc, « Le temps de la mue », par ailleurs absente de la table des matières et dont le lien avec les parties précédentes ne s'établit pas[39]. Composée de huit gravures et de quelques lignes placées en bas de chaque image, cette série clôt l'ouvrage (Fig. 45) ; semant le trouble dans les rapports texte/image tant ils ne tiennent qu'à un fil[40], elle consigne par des figures et des formes souvent tordues, parfois grotesques, voire monstrueuses[41], ce

---

39. Cette série est tirée de l'ouvrage au titre éponyme, publié en 1975 par la Galerie Bosquet de Paris. Les gravures à la pointe sèche et au pochoir, sur papier d'Arches, sont en couleur, signées au crayon par l'artiste.

40. Prenons l'exemple de la première gravure où l'on identifie facilement une femme vue de dos, jambe droite écartée et largement agrandie par rapport au reste du corps et main gauche se terminant par trois griffes dont l'une trempe dans un verre. La légende semble dissociée de l'image : « Ach… Vous êtes un pionnier ? Mais alors je suis un élément trop subtil et trop subtilement frénétique. / Il vous manquera la compétence, l'acuité de la vue. Comment avez-vous pu imaginer le *Tout-d'un-morceau* ? / Pour moi ? / Avec moi ? » (*LLF*, p. 220). Entre la quatrième gravure et le texte, le lien peut toutefois être établi grâce à la forme du dialogue (« *Quel est votre nom ?* il lui dit insidieusement et comme si cela ne faisait* », *LLF*, p. 223) qui mime la représentation de deux figures hybrides en train de se promener côte à côte.

41. Plusieurs rappellent les dessins érotiques de Hans Bellmer et son idée fantasmatique du corps qui fonctionne comme une anagramme (les gravures 2, 3 et 8 sont évocatrices à cet égard), tandis que d'autres font penser aux dessins à l'encre de Chine d'Unica Zürn, notamment en ce qui concerne l'hybridité humano-animale des configurations corporelles (gravures 4 et 5) et la tendance au trait ornemental des formes géométriques (gravures 1, 4, 5, 6 et 7).

LE TEMPS DE LA MUE

Ach... Vous êtes un pionnier ? Mais alors je suis un élément trop subtil et trop subtilement frénétique.
Il vous manquera la compétence, l'acuité de la vue. Comment avez-vous pu imaginer le *Tout-d'un-morceau*
Pour moi ?
Avec moi ?

220

FIG. 45 Gravures et textes tirés de *Le Temps de la mue* (Paris, Éditions Galerie Bosquet, 1975), dans *Le Livre de Leonor Fini*, 1975, p. 220-221 ; © Adagp, Paris, 2023.

lui-ci donne du fil à retordre aux gardiennes de cabinets du Grand-Hôtel. Là il oublie en général
 linge fait en étiquettes de cigares, en centimètres de couturières, en modes d'emploi de médicaments
s valeur... Un tel fouillis est déconcertant et elles se creusent la tête en se demandant s'il se promène
s dessous ou si c'est lui qui a volé le gâteau sec pour en recouvrir ses parties vraiment très, très honteuses.
ui...

221

que le livre a permis : muer pour faire peau neuve[42]. Ou pour le dire dans les mots de Fini : « le désir de s'exprimer, de réinventer la vie, revient, se renouvelle [...] – cercle vicieux qui recommence – jusqu'au jour où il se refermera » (*LLF*, p. 215).

Signe du renouveau, d'une métamorphose accomplie, la fin du livre peut inciter le lecteur-spectateur à retourner dans l'une ou l'autre des 19 sections, ce qui dessine alors une lecture en spirale, marquée d'allers-retours ; mais la mue peut aussi signaler la fin d'un processus et inaugurer un nouveau départ. Les ensembles texte/image, variables d'une partie à l'autre, tracent des itinéraires à travers l'œuvre finienne, lieu de réinvention de soi, comme c'est le propre de la mue. Sans cesse parcouru par la métamorphose du corps et l'hybridité des genres (sexuels et littéraires)[43], le *Livre* permet la mise en théâtre protéiforme : déguisé ou travesti parfois jusqu'à la méconnaissance, le sujet polymorphe déplace les frontières des genres, confond les règnes (la pulsion animale est particulièrement présente tant dans les textes que dans les images) et bouscule les habitudes de lecture-spectature. Tout se passe en effet comme si une image appelait un texte, et *vice versa* ; comme si les sphinges, les sorcières et les figures fantomatiques (portant souvent des masques mortuaires) abolissaient les contours des territoires du réel et de l'imagination. Le lecteur-spectateur en subit les conséquences : face à tant d'impressions, il peut se sentir déterritorialisé, chercher parfois en vain le fil d'Ariane, lutter contre la dérive vers laquelle semble l'entraîner volontairement *Le Livre de Leonor Fini*.

À l'instar d'autres écrivaines et artistes surréalistes, tels Annie Le Brun et Toyen dans *Sur le champ* (1967) et *Annulaire de lune* (1977), Dorothea Tanning et Max Ernst dans *Oiseaux en péril* (1975), ou Meret Oppenheim dans *Sansibar* (1981) et *Caroline* (1985), pour ne citer que ces quelques exemples de livres singuliers eux aussi, Fini permet au lecteur-spectateur de s'évader dans un univers hors du temps. Monté tel un immense collage d'images et d'écrits composé dans l'espace de l'objet *livre*, l'ensemble nourri de formes et de figures insolites donne lieu

---

42. Explorant l'homophonie des mots, Valérie Mandia (« *Dans mes peintures je ne dis jamais JE* », *op. cit.*, p. 93) mentionne à propos de la mue que l'auteure-artiste « montre ses ex-peau en exposant son corps comme dans une exposition de tableaux ».

43. En comparant Leonor Fini et Dorothea Tanning, Annette Shandler Levitt s'intéresse précisément à la notion de *transformation* dans leur œuvre respective : « Women's Work. The Transformations of Leonor Fini and Dorothea Tanning », *The Genres and Genders of Surrealism*, New York, St. Martin's Press, 1999, p. 89-111.

à une *réflexion* sur ce que l'art peut dévoiler du sujet créateur, à différents moments de sa trajectoire, en tenant compte de l'Autre – humain, animal, végétal ou même minéral, comme dans le cas des sphinges et des sculptures en pierre.

D'une tradition (livresque) l'autre

Le Livre de Leonor Fini ne peut nier un héritage surréaliste certain, étant donné notamment son hybridité générique et le fait que la conception de l'œuvre a été pensée de concert avec José Alavarez que l'on pourrait qualifier de conseiller esthétique et éditorial. Des commentaires sur l'art, des contes et autres histoires fantastiques agrémentent les techniques visuelles que sont les huiles, les dessins, les photographies et les aquarelles. Mais il y a plus : Fini envisage, rappelons-le, l'inconscient comme préalable à la création : « Je peins des tableaux qui n'existent pas et que je voudrais voir. C'est un peu la raison de ce livre » (*LLF*, p. 5).

L'inscription dans une tradition avant-gardiste et visionnaire que l'on fait remonter généralement aux romantiques et à Rimbaud (qui, dans sa « Lettre du voyant », s'autoproclame doté d'une vision singulière), et dont se revendiquent par ailleurs les poètes surréalistes, se voit amplifiée par une proximité incontestable avec le livre d'artiste contemporain. Lorsque Fini publie son œuvre-testament en 1975 – la même année que Tanning et Ernst font paraître *Oiseaux en péril* –, le mouvement surréaliste est officiellement mort, mais des répercussions du travail collaboratif ou de la dualité créatrice se font sentir dans nombre de projets livresques. Ainsi, des artistes comme Alison Knowles, Robert Filliou, Marcel Broodthaers, Christian Boltanski, Annette Messager et Daniel Spoerri explorent les possibles de l'objet *livre* en réduisant son matériau de base, c'est-à-dire les mots, à des traits noirs (*Un coup de dés jamais n'abolira le hasard*, de Marcel Broodthaers, 1969), en le transformant en espace plus grand que nature dans lequel on peut se promener, sorte de construction « *walk in* » construit de huit pages faisant office de murs (*The Big Book*, d'Alison Knowles, 1967), ou au contraire en abritant les pages de *Parfois les astres* (Louise Dupré et Denise Desautels, 2000) à l'intérieur d'un boîtier en bois qui ressemble à un écrin[44].

---

44. Pour plus de détails sur l'appropriation du livre et de sa matérialité particulière par les artistes (modernes et contemporains) qui procèdent souvent à un « contremploi »

Livre surréaliste, catalogue de peintre, livre d'artiste ? Chemin faisant, on constate que *Le Livre de Leonor Fini* n'appartient à aucune tradition entièrement ; il se plaît à se nourrir à même certaines configurations de l'objet *livre* tout en privilégiant l'entre-deux. Le *Livre* livre son secret, le *Livre* garde son secret, pour travestir l'idée maîtresse de l'essai *Les paris sont ouverts* (1937) de Claude Cahun, dans lequel l'auteure-photographe se prononça contre la récupération de la poésie par le politique, contre la poésie de propagande, et en faveur de «l'action indirecte[45]». Les paris poétiques de ce vaste dispositif d'images et de textes que constitua Fini en 1975, une quarantaine d'années après les déclarations cahuniennes, restent ouverts. L'ouvrage laisse libre cours à l'imagination des lecteurs-spectateurs qui peuvent déambuler entre les différentes parties à leur guise. Peut-être s'agit-il, au fond, d'un musée imaginaire que l'artiste dédoublée en auteure rêvait d'ouvrir depuis longtemps, pour nous y accueillir.

---

du support, voir Andrea Oberhuber et Sofiane Laghouati, «Emploi et contremploi du Livre», *loc. cit.*
   45. Claude Cahun, *Les paris sont ouverts, op. cit.*, p. 14. L'essayiste explique en ces termes son idée d'«action indirecte» : « Il s'agit de mettre en marche et de laisser en panne. Ça oblige le lecteur à faire tout seul un pas de plus qu'il ne voudrait. On a soigneusement bloqué toutes les sorties, mais la porte d'entrée, on lui laisse le soin de l'ouvrir. *Laissez à désirer*, dit Breton ».

Le Livre surréaliste au féminin : entité tératologique ou tête de Janus[1] ?

TELLE EST LA QUESTION CREUSÉE tout au long de l'étude consacrée à des œuvres composites dont l'hybridité intrinsèque, et donc constitutive du genre, faisant d'elles des objets *monstrueux*, « à deux têtes, deux corps, quatre mains[2] », lance un défi à la conception traditionnelle de ce qu'est un livre. Dès lors qu'il y a une présence d'images, insérées *in texte* ou hors texte, que celles-ci ne s'ajoutent pas *a posteriori* en tant que supports de lecture ou manière d'augmenter la valeur bibliophilique, souvent à l'initiative de l'éditeur, et ne se contentent pas d'une fonction ancillaire, largement dominante dans l'histoire du livre[3], leur emplacement et leur rôle confèrent à ces types d'objets livresques un statut nouveau, une valeur de modernité. Dans leur désir de rompre radicalement avec le passé, les normes et les conventions littéraires et esthétiques, les avant-gardes, plus précisément les surréalistes, dans la foulée des expériences de Filippo Tommaso Marinetti, de Tristan Tzara et de Jean Arp[4], investissent

---

1. Le recours à ce dieu de la mythologie romaine est doublement motivé : premièrement parce que la tête de Janus a valeur symbolique quant à la démarche collaborative au sein du Livre surréaliste ; et deuxièmement parce que la conclusion des réflexions menées depuis plusieurs années a largement profité d'un séjour à Rome comme professeure invitée à la Sapienza au printemps 2022. L'héritage mythologique de la ville, omniprésent dans ce musée à ciel ouvert, m'a d'ailleurs souvent ramenée aux œuvres littéraires et picturales dont il est question dans le présent ouvrage.

2. L'expression est de Gérard Dessons qui conçoit les différentes formes de livres hybrides comme des entités tératologiques : « Tératologie du livre d'artiste », *loc. cit.*, p. 35. Elza Adamowicz s'interroge quant à elle sur l'approche méthodologique possible de ce « monstre hybride » que constituerait le Livre surréaliste composé de « deux modes d'expression distincts » : « Les yeux, la bouche », *loc. cit.*, p. 33.

3. C'est ce que rappelle Michel Melot pour le long XIXe siècle : « Le texte et l'image », dans Henri-Jean Martin et Roger Chartier (dir.), *Histoire de l'édition française*, tome III : *Le temps des éditeurs, du Romantisme à la Belle Époque*, Paris, Promodis, 1985, p. 287-301.

4. Après avoir libéré les paroles dans différentes versions de *Parole in libertà* (1912-1914), Marinetti imagine, avec *Zang Tumb Tumb* (1914), un livre que l'on peut qualifier

307

pleinement l'objet *livre* en estompant les limites entre les disciplines, les catégories et les façons de faire ; ce faisant, elles l'ouvrent vers des zones intermédiaires où les soi-disant contraires – la littérature et la peinture, ou, plus généralement, les arts visuels, ayant été considérés, depuis Lessing[5], comme des formes d'expression opposées, inconciliables – peuvent coexister en termes d'analogie, de dialectique, voire d'antagonisme.

Les œuvres qui en résultent peuvent paraître comme des *anomalies*, pour rester dans l'esprit de la tératologie, tout comme leur principale caractéristique, soit le croisement du texte et de l'image au sein d'un même espace, selon différents degrés de complexité d'un ouvrage à l'autre, permet de déplacer les frontières du livre. Car certains exemples, notamment ceux que j'ai qualifiés d'albums, ne relèvent-ils pas du domaine de la littérature autant que de celui de l'art, tant la facture d'*Oracles et spectacles*, de *Dons des féminines* ou d'*Oiseaux en péril*, par exemple, est précieuse, tant le dispositif texte/image se révèle sophistiqué, à mille lieues du modèle descriptif ou imitatif des images par rapport au texte ? N'y a-t-il pas lieu de les considérer *aussi* comme des œuvres d'art même si l'on ne peut les exposer sur les murs d'une galerie ou d'un musée ? Peut-être la nature « tératologique » des livres surréalistes de manière générale, de même que de ceux au féminin, dont il était question ici, réside-t-elle justement dans leur conception intermédiale : 1º en raison de la démarche collaborative, mode de mise en commun à l'origine de la genèse et de l'élaboration de l'ouvrage selon un processus généralement simultané (et non diachronique, comme dans le cas de la majorité des livres illustrés des siècles passés) ; 2º parce que la configuration de l'espace du livre et de son dispositif texte/image s'inscrit explicitement dans une esthétique de l'entre-deux, grâce à laquelle les deux moyens d'expression se côtoient sur la même page, la double page ou alors, de manière décalée, à travers tout le livre ; et 3º toujours en lien

---

de sonore, tout en rêvant d'un livre olfactif (rappelons à ce propos que les 30 premiers exemplaires d'*Œillades ciselées en branche* (1939), de Georges Hugnet et Hans Bellmer, était imprégnés de parfum). Et même si Dada veut brûler les bibliothèques et créer seulement des œuvres éphémères (soirées de récitation de poésie, spectacles de danse et de performance), Tzara et Arp collaborent pour réaliser le recueil *Vingt-cinq poèmes* (1918), pour ne citer que cet exemple. Les surréalistes poursuivent, en le diversifiant au sein de leur communauté, l'investissement de l'espace du livre par les futuristes et les dadaïstes, eux-mêmes redevables à Mallarmé.

5. Voir Bernard Vouilloux, « *Le texte et l'image : où commence et comment finit une interdiscipline ?* », loc. cit., p. 96-97.

avec le penchant esthétique de certains livres surréalistes au féminin (outre le fait que l'insertion d'images déclenche des effets de rupture de ton, de rythme de lecture-spectature et de coprésence de médias), le pictural souligne l'importance grandissante de la perception qui s'amorce au seuil de la modernité[6] pour faire l'objet de toutes sortes d'expérimentations formelles dans les avant-gardes de la première moitié du XXe siècle, du Fauvisme au Surréalisme[7]. Comme dans les papiers collés de Braque et de Picasso, les tableaux abstraits de Kandinsky, de Duchamp, de Sonia Delaunay et de Sophie Taeuber, les collages de Hannah Höch et de Raoul Hausmann, ainsi que les photocollages de Toyen, le sens de la vue est parfois sollicité autant que notre capacité de lire et de comprendre le texte, tous deux souvent rassemblés au sein d'un même espace. Le sens se construit par cumul, dans l'interstice de l'écrit et du pictural.

Plutôt que de voir la nature double de toutes les configurations livresques, abordées précédemment comme des «entités monstrueuses» ou des «monstres hybrides», faisons valoir, dans le but d'éviter certaines connotations péjoratives associées à la tératologie, héritage d'une pensée *normalisante*, basée sur le binarisme normalité/anormalité, l'entre-deux comme parti pris des collaborateurs et collaboratrices et en tant que trait fondamental du Livre surréaliste. Principe combinatoire de deux subjectivités, de deux arts et médias hétérogènes, l'entre-deux paraît alors tel un défi de composition *et* de réception d'une œuvre dont l'indétermination – le propre de tout genre hybride – devient l'expression d'une ouverture, permettant la circulation des idées, des formes et des modalités collaboratives[8]. Chez les auteures et les artistes surréalistes à

---

6. Dans *De l'œil du monde. Une histoire du regard au seuil de la modernité* (Paris, Fayard, 1998), Carl Havelange évoque la complexification du regard et de la perception, en assignant des fonctions différentes à l'«œil du dehors» et à l'«œil du dedans»: «Il y a l'œil du dehors, l'organe concret de la perception, bien sûr, mais aussi de la communication et d'une certaine forme d'action ou de pouvoir. À cet œil du dehors répond toujours l'œil du dedans, celui de l'intellection, mais également celui de la contemplation et celui de l'imagination» (p. 14). Est-il besoin de préciser qu'en régime de Livre surréaliste, l'«œil du dedans» est la fenêtre vers l'imagination?

7. Voir, à ce propos, l'histoire culturelle généreusement illustrée de Serge Fauchereau, qui porte sur les théories et les pratiques artistiques des deux premières décennies du XXe siècle: *Avant-gardes du XXe siècle: arts & littérature (1905-1930)*, Paris, Flammarion, 2016.

8. À l'exception de mentions ponctuelles pour ce qui est des rapports de Cahun et Moore, de Deharme, Éluard et Cahun (dans leur correspondance), ainsi que de Tanning et Ernst (étonnamment peu dans le récit autobiographique *Birthday*), les auteures et

l'étude, l'objet *livre* se fait en effet support d'hospitalité pour diverses formes d'écriture (récit de soi, conte – merveilleux ou fantastique –, poésie, anagramme, prose poétique, commentaire sur l'art), au-delà d'une hiérarchie des genres littéraires, et d'expression picturale (photomontage, collage, dessin, peinture, eau-forte, gravure sur cuivre).

Aveux non avenus, Le Cœur de Pic, Le Poids d'un oiseau, La Maison de la Peur, La Dame ovale, Oiseaux en péril, Hexentexte, Oracles et spectacles, Dons des féminines et *Le Livre de Leonor Fini* : ces titres couvrent la gamme d'ouvrages hybrides présentés pour la première fois dans une vue d'ensemble, analysés chacun pour ses particularités littéraires, picturales et, surtout, livresques, notamment en ce qui concerne le dialogue texte/image. Le chiffre rond de dix œuvres réalisées selon l'une des trois modalités collaboratives n'est pas qu'un pur effet de *hasard objectif*, pour reprendre cette notion chère aux surréalistes[9] : « rencontre d'une causalité externe et d'une finalité interne[10] », elle désigne des coïncidences inattendues, parfois troublantes, entre des événements, des incidents ou des pensées, défiant les lois de la causalité et mettant à distance une vision positiviste (celle des sciences) du hasard comme une contingence que l'on doit se résigner à constater. Le hasard *objectif* contient une part inconsciente qu'il est possible de rationaliser partiellement, grâce à des stratégies argumentatives telles que les déploient les analyses des livres auxquelles j'ai procédé, mais qui, ultimement, nous échappe. Du moins en partie, et c'est cette part inconnue, quelque peu insaisissable et fuyante de certaines coïncidences signifiantes que j'assume délibérément dans la conclusion. Aussi proposerai-je de comprendre le nombre dix comme la symbolisation à la fois de la multitude (n'est-ce pas ainsi que sont compris certains chiffres élevés dans la pensée sacrée ou ésotérique[11] ?) et de la pluralité, l'un des traits relevés dans la comparaison

---

les artistes impliqués dans les livres surréalistes au féminin du corpus ont laissé peu de traces – véritable serpent de mer – concernant le processus de création, la dynamique d'un couple créateur, le partage des tâches et le choix des images retenues pour insertion dans une œuvre donnée.

9. Rappelons que la notion de *hasard objectif* traverse la trilogie autobiographique d'André Breton : de *Nadja* à *L'Amour fou* en passant par *Les Vases communicants*. Elle est particulièrement importante dans les années 1930, sous la double influence de la psychanalyse et de la pensée marxiste.

10. Jean-Claude Clébert, « Hasard objectif », *Dictionnaire du Surréalisme, op. cit.*, p. 304.

11. Rappelons également que les philosophies ou croyances cosmogoniques, de même que la magie comme manifestation d'une certaine transcendance, capable d'abolir les

des démarches collaboratives, de même que des dispositifs texte/image privilégiés par Cahun et Moore, Deharme et Cahun, Deharme et Fini, Carrington et Ernst, Tanning et Ernst, Zürn, Penrose et Fini.

L'ensemble du parcours que nous venons d'esquisser dans les parties d'analyse avait pour principal but d'illustrer les formes (d'écriture, de rapports texte/image), les genres littéraires et picturaux privilégiés, ainsi que les contenus (thèmes, motifs, valeurs avant-gardistes) variables d'une auteure et artiste à l'autre, d'une période à l'autre, qui existent dans le domaine du Livre surréaliste au féminin lorsqu'il est porté par une auctorialité double. Les sept chapitres montrent, sous forme d'un éventail qui se veut à la fois exploratoire et emblématique, la démarche collaborative dans laquelle s'aventurent conjointement une auteure et un ou une artiste dans le but de *faire œuvre à deux*. Je n'insisterai jamais assez sur la fécondité de l'idée derrière cette belle formule : solliciter le concours d'un ou d'une complice – cet autre pouvant être le double de soi, dans le cas des auteures-artistes (on s'en souvient, elles sont nombreuses chez les surréalistes) –, afin de créer aux confins des arts et des médias ; renoncer à signer seule une œuvre, conformément à la posture de l'*auctor* démiurge qui s'est implantée dans l'imaginaire occidental à partir de la première modernité[12], au lieu de revendiquer une auctorialité synonyme de singularité et, par effet de ricochet, d'originalité[13] ; faire confiance à autrui en l'accueillant dans l'espace de l'écriture, à l'origine du projet *livre* à naître : voilà autant de signes non seulement d'hospitalité mais également d'humilité (à ne pas confondre avec modestie), autant de qualités primordiales dans toute création à quatre mains. L'auteure

---

frontières entre l'en-deçà et l'au-delà, connaissent une réception importante chez plusieurs surréalistes, si l'on pense à l'intérêt de Cahun, de Penrose et de Rahon pour le bouddhisme et l'hindouisme, à la fascination de Carrington et de Zürn pour le sortilège, la divination et la magie (blanche ou noire), à l'affection pour les procédés alchimiques dans les peintures de Remedios Varo, ou encore à la croyance de liens, d'une communication possible, selon la culture oaxaqueña, entre les vivants et les morts chez Frida Kahlo.

12. Pour un rapide aperçu de l'évolution de la fonction auctoriale à cette époque, voir Elsa Neeman (en collaboration avec Jérôme Meizoz et Claire Clivaz), « Culture numérique et auctorialité : réflexions sur un bouleversement », *A contrario*, n° 17, 2012, p. 10-13.

13. Dans plusieurs œuvres du corpus, si la couverture renseigne toujours sur l'auteure à l'origine du livre, elle n'indique pas systématiquement la contribution de l'artiste. En revanche, l'information est fournie la plupart du temps sur la page de titre. Cette manière de prioriser le nom de l'écrivaine – et c'est la même chose du côté des œuvres réalisées par deux créateurs surréalistes, si l'on pense au très célèbre *À toute épreuve* d'Éluard et Miro – laisse supposer que l'idéal de collaboration ne se répercute pas automatiquement de manière visible. L'invisibilisation partielle de la collaboratrice ou du collaborateur relève généralement du choix de l'éditeur.

ouvre son espace à l'artiste, puisque, rappelons-le, telle était la prémisse de ce que signifie le Livre surréaliste au féminin, pour s'engager sur la voie du partage, en étant à l'écoute d'une voix différente de la sienne, des vues et des visions qui en émanent sous forme d'images. Lorsque les couples dans la vie, Cahun-Moore, Carrington-Ernst et Tanning-Ernst, créent des œuvres en collaboration, la confiance, l'hospitalité et le sens du partage font partie de leur éthique du vivre-ensemble, favorable au prolongement de la valeur du partage dans le domaine créatif. Le partage comme philosophie de création *et* de vie s'inscrit parfaitement dans l'imbrication de l'esthétique et de l'éthique prônée comme idéal par les avant-gardes de l'entre-deux-guerres[14]. Ces couples créateurs ont une œuvre-vie en commun, qui s'élabore sur la longue durée dans le cas de Cahun-Moore et dans celui de Tanning-Ernst.

Le principe de l'« art e(s)t la vie » se manifeste autrement chez des créatrices et des créateurs dont les chemins se croisent ponctuellement, c'est-à-dire le temps d'un livre, parfois de deux. Ainsi est-ce moins le symbiotique « art-vie » qui les réunit que le désir de donner forme à une œuvre, à des idées et valeurs qu'ils auraient en commun[15]. Pensons à cet égard au travail collaboratif entre Lise Deharme et Leonor Fini, liées par une relation amicale, les amenant à deux reprises – d'abord autour du *Poids d'un oiseau* analysé dans le chapitre trois, puis pour *Oh! Violette ou la Politesse des végétaux* – à réfléchir, en termes de temps et d'espace, sur la notion du fantomatique et sur la représentation de personnages féminins fugitifs, hybrides et érotiquement transgressifs. Dans les deux exemples, l'objet *livre* permet, comme l'ont démontré Yves Peyré et Jean Khalfa pour la poésie et la peinture[16] du dernier tiers du XIXe siècle au XXe siècle, le dialogue des idées, la rencontre de l'écriture et du dessin, par-delà les effets de collusion. Il en est de même pour d'autres couples créateurs temporaires dont il a été question: mises en relation par Éluard, Deharme et Cahun réalisent *Le Cœur de Pic* sur la base commune d'un imaginaire débridé, lié à l'enfance, au merveilleux et à l'oni-

---

14. Cet idéal est mis en valeur dans le chapitre « L'art et "la vie" » d'Anne Tomiche, titre qui laisse par ailleurs entendre que l'art *est* la vie: *La naissance des avant-gardes occidentales, op. cit.*, p. 27-50.
15. L'idée d'un travail à réaliser en commun réunit, selon Renée Riese Hubert (*Surrealism and the Book, op. cit.*, p. 17), nombre d'auteurs ou auteures et d'artistes surréalistes autour de divers projets de livres.
16. Yves Peyré, *Peinture et poésie, op. cit.*, et Jean Khalfa (dir.), *The Dialogue Between Painting and Poetry, op. cit.*

risme, loin des sentiers battus, plus proche de la vanité (philosophique) et de la nature morte (picturale). On pourrait également faire entrer dans cette catégorie disons « éphémère » le cas de Carrington-Ernst, bien qu'ils aient eu une vie commune à la fin des années 1930 : les univers respectifs se marient dans *La Maison de la Peur* et *La Dame ovale*, tout en faisant apparaître la mythologie idiosyncratique de la jeune peintre en train de faire ses premiers pas en littérature, d'une part, et la maîtrise du collage sans fissures, bien rodée depuis les trois romans-collages d'Ernst, d'autre part. Ce couple créateur éphémère servira de tremplin à Carrington pour explorer, par la suite et en alternance, l'usage créatif de l'écriture et de la peinture.

Mais qu'en est-il du partage et de la répartition des tâches chez des auteures-artistes telles Unica Zürn, Valentine Penrose et Leonor Fini, dont le travail est caractérisé par une démarche double, résolument intermédiale et sur la longue durée dans les cas notamment de Zürn et de Fini ? On se souvient qu'elles mènent en parallèle l'écriture et la création visuelle, et font se croiser les deux médias au sein de l'objet *livre*. Si, d'un point de vue chronologique, l'écriture précède la peinture, le dessin ou le collage chez Zürn et Penrose, et si, pour Fini, c'est le contraire, le fait de conjuguer simultanément les deux formes d'expression dans une œuvre leur permet d'explorer leur propre altérité, de figurer l'Autre en soi. Cette dualité créatrice est particulièrement répandue chez les représentantes de la deuxième génération et encore davantage de la troisième génération du Surréalisme : le déploiement de différentes compétences chez ces créatrices (outre les trois mentionnées ci-dessus et auxquelles il convient d'ajouter Gisèle Prassinos, Frida Kahlo, Bona de Mandiargues, Dorothea Tanning, lorsqu'en 1973, elle réalise l'album *En chair et en or*, et Meret Oppenheim) est, certes, le signe d'une ouverture des milieux surréalistes vers de nouvelles avenues. C'est toutefois aussi, ou disons surtout, la démonstration, de la part de toutes celles qui avaient entretenu un lien plus ou moins étroit avec le Centre, que leur position de « double marginalité » ou « allégeance double », pour recourir de nouveau à la conception de Susan Rubin Suleiman concernant le centre et la périphérie[17], est propice à la distance, à la « vue oblique » – celle de satellites

---

17. Développées d'abord dans *Subversive Intent, op. cit.*, Suleiman reprend trois ans plus tard ces idées dans « En marge : les femmes et le surréalisme », *Pleine Marge*, n° 17, 1993, p. 55-68. J'ai tendance à adhérer, notamment en conclusion et en raison de l'agentivité impliquée dans le terme, à l'image d'une « vue oblique » introduite par Jacqueline

Le Livre surréaliste au féminin

gravitant autour de la nébuleuse surréaliste –, à l'exploration de divers arts, à la perméabilité des pratiques scripturaires et picturales, bref à une autonomisation de la création. Évolution non linéaire et point d'aboutissement pour plusieurs auteures et artistes, cette autonomisation se fait le plus souvent dans un mouvement d'affiliation au groupe dominant dans un premier temps, suivi d'un mouvement de désaffiliation, pas forcément signe de rupture avec les valeurs avant-gardistes, mais de leur redéfinition au féminin, dans un second temps. En ce sens, l'esthétique surréaliste a fait office de catalyseur de penchants, de compétences, de forces vives qui étaient là en germe, n'attendant que le moment de pouvoir éclore grâce à un système bien fonctionnel en matière de maisons d'édition, de galeries d'art, d'expositions collectives, de même qu'à un réseau d'échanges internationaux (Paris, New York, Mexico) bien instauré dans le champ de l'époque. Bref, le partage s'effectue entre les deux compétences d'une auteure-artiste et, bien entendu, à l'extérieur d'elle, avec les membres de la communauté.

Être le double de soi, ou même être son propre agent double, pour le formuler un peu ironiquement, dans des disciplines de création encore largement cloisonnées constitue sinon un impensé, on l'a compris, du moins un *credo* esthétique moins propice à la reconnaissance que la revendication du statut d'artiste individuel. La réception de toutes ces auteures-artistes demeure jusqu'à aujourd'hui encore largement unilatérale : si plusieurs font désormais partie des récentes expositions de redécouverte des femmes artistes avant-gardistes, on ne mentionne que très peu leur pratique d'écriture et encore moins leur contribution au Livre surréaliste comme dispositif expérimental. Les musées n'exposent que rarement des livres[18], leur mission (traditionnelle) étant ailleurs.

Chénieux-Gendron dans la discussion sur la place des créatrices au sein du mouvement surréaliste : « De l'écriture au féminin dans le surréalisme », *loc. cit.*, p. 55.

18. Ils le font, comme discuté dans l'introduction et dans certains chapitres d'analyse (à propos d'*Oiseaux en péril* et du *Livre de Leonor Fini*), dans le cas de ce qu'on appelle les « livres d'artistes », c'est-à-dire ces œuvres créées par un plasticien ou une plasticienne qui s'approprie le support livresque par des moyens artistiques, lui inflige des blessures et pratique à l'occasion, sorte de contremploi, l'écriture. Pensons aux travaux, exposés dans les grands musées du monde, de Marcel Broodthaers, de Rodney Graham, de Tania Mouraud, d'Elisabetta Benassi ou de Laurent Sfar *sur* et *à partir de* l'objet *livre*, de sa matérialité et de sa manipulabilité. Signe de temps et de conceptions qui changent, le festival EXTRA ! organisé par le Centre Georges Pompidou se donne justement pour but d'interroger les matérialités de la littérature « hors livre ».

Restons un instant avec l'idée d'un contremploi auquel s'adonnent certains écrivains et artistes, permettant de penser que le décloisonnement des frontières peut également avoir lieu dans le domaine de la recherche. Dans cette perspective, je me plais à dire que *Faire œuvre à deux* propose une galerie de livres, comme si l'on pouvait les exposer au regard du lecteur. La présente étude s'apparenterait alors à un endroit où l'on peut circuler librement entre les objets, où l'on s'arrête quand on veut, happé par un détail, une idée, une image évoquée par le pouvoir des mots. L'organisation en parties et en chapitres aurait pour finalité de guider le lecteur à travers un parcours prétracé, mais dont il peut à tout moment dévier. Comme dans les salles d'une exposition, les flèches seraient là pour indiquer le sens à suivre, mais qu'on peut contourner en suivant les flèches dans le sens inverse… En d'autres termes, et à défaut de pouvoir agencer les réflexions dans un espace-temps de la simultanéité (comme dans le cadre d'une exposition), il faut imposer un ordonnancement à cette galerie de livres surréalistes au féminin, en offrant des analyses qui se font écho à de nombreux égards. Elles se veulent exemplaires, ce qui signifie que chaque *exemplum* renvoie, tel le *pars pro toto*, à l'ensemble des ouvrages retenus en raison de leur représentativité et de leur singularité. D'une analyse à l'autre, il s'agissait d'attirer l'attention sur une production particulière, d'obédience surréaliste, mais qui en déroge de diverses façons et dépasse le mouvement avant-gardiste en fait de longévité et de diversité (matérielle, formelle et thématique). Les points de départ et d'arrivée du parcours correspondent aux deux œuvres dont les stratégies d'imaginer l'objet *livre* me semblent les plus complexes et insolites – *Aveux non avenus* et *Le Livre de Leonor Fini* –, notamment en ce qui a trait aux rapports texte/image conçus de manière à troubler les attentes du lecteur-spectateur et à le faire dévier du droit chemin. Dans le cadre formé par ces deux livres, les autres ouvrages hybrides trouvent leur place comme dans un système de vases communicants. Les dix livres s'installent ainsi en équilibre, dans les trois parties sur les modalités collaboratives, les uns par rapport aux autres, au sein de la galerie virtuelle.

La notion d'équilibre se présente autrement quand on aborde la question des rapports qu'entretenaient les créatrices entre elles, autour d'un objet et d'un objectif communs : la cocréation. En rassemblant les réalisations livresques issues de cette cocréation et en les soumettant à un regard comparatif, l'analyse a montré l'existence d'un corpus

– pluriel – de livres surréalistes pensés comme autant de lieux de rencontre, d'échange et d'expérimentation ; l'analyse a surtout permis de faire advenir une communauté (virtuelle) de créatrices, composée de subjectivités distinctes qui appartenaient à différentes générations, cultures et langues, qui pratiquaient l'écriture pour les unes, les arts visuels pour les autres, et parfois les deux. À travers ce que j'appellerais un exercice d'équilibrage et d'équilibrisme, constituer une communauté d'auteures et d'artistes regroupées autour d'une valeur surréaliste *en commun*, soit l'objet *livre* hybride, avait pour vocation de pallier une lacune dans le domaine des recherches sur les avant-gardes historiques. On se rappelle, puisqu'il en a été question dans l'introduction, que le sentiment d'appartenance à une communauté a été plus développé en exil, notamment au Mexique, terre d'accueil après la Seconde Guerre mondiale, tandis qu'avant, il se manifestait sporadiquement, sous forme de liens d'amitié ou de prises de vues photographiques restées fréquemment privées. Ce qui semble surtout avoir fait défaut aux marges de la marge, au nombre grandissant de femmes installées en périphérie du mouvement surréaliste, était de se percevoir en tant que membres d'une communauté, celle du groupe autour de Breton, pour aller vite, mais aussi celle qu'elles auraient pu constituer entre elles, au sein de ce groupe existant. En revanche, si j'ai pu observer que leur priorité se situait du côté du processus de travail collaboratif, dans l'exploration de différentes formes de «relationalité[19]», n'est-il pas légitime d'interpréter ces rapports artistiques, les liens d'amitié et les relations de couple amoureux comme un être-ensemble moins contraignant que ce qu'implique généralement le statut de membre d'un groupe ou d'un mouvement ? Cet être-ensemble d'un genre différent, laissant une considérable marge de liberté à chacune, semble avoir fait l'impasse sur la théorisation d'idées (dans des manifestes, des tracts ou des pamphlets, genres prisés par les avant-gardes) et la mise en place d'activités collectives[20], afin de favo-

---

19. J'emprunte le terme à Fabienne Brugère qui l'a introduit dans les théories du *care*. La philosophe désigne par «relationalité» les liens avec autrui qu'entretiennent les êtres humains, idéalement dans des rapports d'horizontalité, et qui sont à la base d'un prendre soin de l'autre, tant matériellement que psychologiquement (*L'éthique du «care»*, Paris, Seuil, 2021, p. 3).
20. Signalons toutefois que Suzanne Césaire a rédigé le manifeste *Le Surréalisme et nous* (1943), que Nelly Kaplan est l'auteure du *Manifeste d'un art nouveau : la polyvision* (1955) et que Claude Cahun a exploré le genre de l'essai pamphlétaire dans *Les paris sont ouverts* (1934), tout en ayant été cosignataire de plusieurs tracts surréalistes. Largement

riser des liens occasionnellement tissés, dans une visée précise – *faire œuvre à deux* – et selon des affinités électives temporaires. Or, on sait que la postérité littéraire ou artistique est généralement conditionnée par des textes théoriques fondateurs, par le regard que la critique pose rétrospectivement sur les œuvres d'une période, par l'inscription de la démarche d'un créateur, d'une créatrice dans les valeurs du groupe dominant, bien que, parfois, l'écart et l'opposition puissent se révéler plus tard garants de reconnaissance.

Si des communautés de femmes qui écrivent, dessinent, peignent, photographient, mettent en scène ou réalisent des films ne sont pas légion avant les mouvements de ce qu'on a l'habitude d'appeler la deuxième vague du féminisme, cette réalité s'explique en bonne partie par la difficulté – historique et culturelle – de construire, avant la postmodernité, un réseau de filiation entre écrivaines et artistes à l'horizontale (au sein d'une même génération) et à la verticale (d'un temps à l'autre)[21]. Dans son essai de 1949, Simone de Beauvoir analyse dans une perspective genrée le statut inférieur du «deuxième sexe» et pose dès l'introduction que, historiquement, les femmes ont eu de la difficulté à se constituer en communauté:

> L'action des femmes n'a jamais été qu'une agitation symbolique; elles n'ont gagné que ce que les hommes ont bien voulu leur concéder; elles n'ont rien pris: elles ont reçu. C'est qu'elles n'ont pas les moyens concrets de se rassembler en une unité qui se poserait en s'opposant. Elles n'ont pas de passé, d'histoire, de religion qui leur soit propre; et elles n'ont pas comme les prolétaires une solidarité de travail et d'intérêts; il n'y a pas même

méconnu, ce corpus de manifestes ou, plus largement, de textes manifestaires signés par une écrivaine ou une artiste visuelle, fait l'objet d'une thèse de doctorat que Sarah-Jeanne Beauchamp Houde est en train de rédiger en s'intéressant tout particulièrement à l'éthos et à l'écriture performative à l'œuvre dans les textes.

21. Il n'est guère question de filiation encore au XIXe siècle chez les écrivaines. L'absence d'une communauté de femmes à laquelle appartenir et dans laquelle s'inscrire est régulièrement déplorée au fil de l'histoire de l'écriture des femmes, de Christine de Pizan à Virginia Woolf, en passant par George Sand et Elizabeth Barret Browning. Pour ce qui est plus précisément d'un esprit de filiation peu ou prou développé d'une avant-garde au féminin à l'autre, je renvoie à une réflexion que j'ai menée il y a quelques années: «De la *Baroness Elsa* à Unica Zürn: performance, collaboration interartistique et fil(l)iation dans les avant-gardes de l'entre-deux-guerres», dans Patricia Izquierdo (dir.), *Genre, Arts, Société: 1900-1945*, Paris, Éditions Inverses, 2012, p. 109-123. Pour les années 1970 à 2000, Évelyne Ledoux-Beaugrand aborde la question d'une communauté de la sororité à propos des écrivaines de la deuxième génération, qui se transforme en une «communauté disloquée» dans la troisième génération du féminisme: *Imaginaires de la filiation. Héritage et mélancolie dans la littérature contemporaine des femmes*, Montréal, XYZ, 2013, p. 71-112.

entre elles cette promiscuité spatiale qui fait des Noirs d'Amériques, des Juifs des ghettos, des ouvriers de Saint-Denis ou des usines Renault une communauté. Elles vivent dispersées parmi les hommes, rattachées par l'habitat, le travail, les intérêts économiques, la condition sociale à certains hommes – père ou mari – plus étroitement qu'aux autres femmes[22].

De cette explication philosophico-historique, qui établit un peu trop rapidement une comparaison entre la condition féminine et celle des Noirs, des Juifs et des ouvriers, retenons que, traditionnellement, les femmes sont restées dans une dépendance vis-à-vis des hommes; que, dans le système patriarcal, elles n'ont pas eu «les moyens concrets de se rassembler en une unité qui se poserait en s'opposant». Le problème que signale Beauvoir quant à l'appartenance des femmes à une communauté identitaire clairement établie, je le transpose au contexte surréaliste: l'absence de tentatives de regroupement *pour soi* qui pourraient servir de modèles historiques explique sans doute, dans la France tant de l'entre-deux-guerres que de l'après-Seconde Guerre mondiale –moment où Beauvoir formule ses idées sur les faits et les mythes (tel est le sous-titre de l'essai) en matière de condition féminine –, l'absence d'une communauté de créatrices perçue en tant que telle, c'est-à-dire formée autour d'une cheffe de file ou constituée en collectif, d'au moins un texte fondateur et d'idées communes. La position solitaire prime sur la posture solidaire. Il n'en reste pas moins que, pratiqué depuis la fin des années 1920, le *faire œuvre à deux*, s'il ne permet pas l'avènement d'une communauté de femmes autoproclamée, d'auteures et d'artistes rassemblées officiellement et explicitement autour de valeurs partagées, était pour beaucoup d'entre elles une manière de s'affranchir du statut de muse-modèle-maîtresse; elles investissaient la démarche collaborative dans la finalité de créer des œuvres à leur image, de participer, en tant qu'égales au sein du couple créateur, à ce que Katharine Conley appelle «la conversation surréaliste[23]», à savoir les échanges d'idées, les débats et les modalités de création. À ce titre, le travail à deux représente, pour ces femmes, une sorte de laboratoire où les pratiques et les formes du livre

---

22. Simone de Beauvoir, *Le deuxième sexe*, tome 1: *Les faits et les mythes*, Paris, Gallimard, 1949, p. 20.
23. Katharine Conley, «Women in the Surrealist Conversation: Introduction», *loc. cit.*, p. i. Précisons que la critique littéraire base ses réflexions sur les auteures et les artistes créant dans les Amériques ou s'y étant installées pendant et après la Seconde Guerre mondiale.

(et plus généralement de la création) sont mises en cause, bien sûr, mais aussi où sont explorées diverses façons d'affirmer sa puissance créative face à et avec un ou une partenaire de travail[24].

Au terme du parcours que propose la galerie d'un corpus hybride s'impose un aveu qui ne sera pas aussitôt déclaré «non avenu», comme Cahun se plaît à le faire en 1930 par d'impressionnantes acrobaties verbales. Au moment où le livre est sur le point de se refermer sur lui-même, où les idées ont pris forme et où plusieurs conclusions sont apparues, il me faut définitivement faire le deuil de l'exhaustivité. Comme il n'existe à ce jour aucun ouvrage sur le Livre surréaliste au féminin, la tentation était grande de vouloir embrasser toutes les œuvres hybrides, issues d'une démarche collaborative entre une auteure et un ou une artiste. Mais cela aurait donné lieu à un projet véritablement monstrueux, ayant pour effet d'embrouiller, à force d'accumuler les analyses, les enjeux les plus importants de ce corpus d'ouvrages hétéroclites, tant sur le plan de leur matérialité que sur celui des contenus et des rapports texte/image. Il s'agissait plutôt de tracer des lignes, de regrouper des œuvres dans des ensembles plus ou moins homogènes, sous des traits communs, de proposer des axes de réflexion novateurs, de fournir un certain nombre de clés de lecture, même si le propre du Livre surréaliste est de fonctionner comme des portes battantes, pour reprendre la célèbre métaphore employée par Breton. Par conséquent, *Faire œuvre à deux* n'a pas une ambition encyclopédique, cet objectif ayant été à l'origine de la création du site web <www.lisaf.org> qui rassemble, sous forme d'une bibliothèque virtuelle, 32 études sur la démarche collaborative au féminin. Prolongement de ce travail de recherche mené pendant quatre ans, avec une équipe de jeunes chercheuses et chercheurs dynamiques, le présent ouvrage constitue l'approfondissement des connaissances acquises, le mûrissement des idées quant au lien qu'entretiennent les femmes avec l'objet *livre* et l'esthétique avant-gardiste.

Reste une dernière question à régler, celle de la tête de Janus évoquée dans le titre de la conclusion. Si, finalement, contrairement à Gérard Dessons et à Elza Adamowicz, je suis peu encline à associer le Livre surréaliste à la notion de monstrueux (bien qu'elle soit déclinée comme

---

24. Pour Jean-Luc Nancy, ce n'est pas autour du principe d'unicité que devrait être bâtie une communauté «saine», mais bien sur la base du partage traduit selon le philosophe par la préposition «avec», permettant «un être ensemble sans assemblage» (*La communauté désœuvrée, op. cit.*, p. 43).

Le Livre surréaliste au féminin 319

thème et motif visuel dans plusieurs œuvres, dont *Aveux non avenus*, *Hexentexte*, *Oracles et spectacles* et *Le Livre de Leonor Fini*), je suis encore moins disposée à reprendre à mon compte l'association entre le féminin et le monstrueux dans l'imaginaire occidental : aussi fascinant soit-il – il suffit de penser à Méduse, à Médée, aux Amazones et aux Érinyes –, leur lien est le plus souvent funeste. Il existe une figure mythologique dont l'apparence et les valeurs lui étant assignées font d'elle l'allégorie de ce qui est au cœur du *faire œuvre à deux* : Janus, dieu romain à double visage dont les profils, s'ils sont tournés dans des directions opposées, évoquent l'idée de dualité, centrale dans toute cocréation et dans l'ensemble que forme le texte/image dans un Livre surréaliste. Symbole du changement, du début et de la fin d'une période délimitée, ainsi que du passage entre le passé et l'avenir[25], la tête double de Janus semble bien convenir à ce que j'ai identifié tout au long de l'étude comme fondements de la démarche collaborative : représentant des compétences différentes mais complémentaires, deux forces créatives décident d'œuvrer ensemble, à partir d'un champ de vision propre à chacune. Le temps de leur collaboration, l'auteure et l'artiste forment un être double qui, bien que centré sur l'objet livresque à engendrer, ne regarde pas forcément dans la même direction. Le fait de conjuguer cette vision double au sein de l'espace d'un livre hybride entraîne, comme le suggère la figure de Janus, un changement dans notre manière de lire/regarder ce genre d'œuvre. Le double et le regard au lointain, parfois bidirectionnel, voire bitemporel, sont thématisés dans plusieurs ouvrages à l'étude, comme on a pu le constater. Rappelons les nombreux regards que, sur une même double page de *Dons des féminines*, le couple Rubia et Maria Elona jette sur le passé, incarné par des ruines, et le présent de sa fuite, point de départ de tous les changements que les deux protagonistes projettent dans l'avenir. Traversé par l'omniprésence du regard sur soi, les autres, les statues, les paysages, etc., *Le Livre de Leonor Fini* contient à la page 33 une mosaïque composée d'une multitude de portraits de l'auteure-artiste, à partir desquels on peut s'amuser à assembler des têtes de Janus. Convoquons un dernier exemple : dans la planche X par laquelle s'ouvre l'ultime partie d'*Aveux non avenus*, notre regard est happé, en bas à

---

25. Voir Georges Dumézil, *Tarpeia. Essai de philologie comparative indo-européenne*, Paris, Gallimard, 1947, p. 33-113. Le philologue et historien des religions explique que, dans les rites et les sacrifices romains, le premier dieu invoqué est toujours Janus et que la cérémonie se termine par la prière à Vesta, déesse du feu et du foyer.

gauche du photomontage, par un ensemble horizontal composé d'une rangée de visages (ou de masques ?) doubles qui sortent tous d'un seul cou ; ces visages-masques regardent toutefois dans la même direction, droit devant eux, et ne disposent donc pas – c'est le privilège des dieux – d'un champ de vision de 360 degrés sans avoir besoin de tourner la tête. Néanmoins, grâce aux jeux de regards, de masques et de mascarades, le changement est inscrit à même le photomontage, comme il est formulé, telle une injonction, dans plusieurs passages textuels.

Pour clore définitivement, je proposerais de placer sous le signe du visage double de Janus le Livre surréaliste au féminin, ainsi que les idées connexes : 1º le partenariat d'une auteure et d'un ou d'une artiste, ou alors la dualité créatrice comme modèle de création avant-gardiste ; 2º les rapports texte/image se situant sur un vaste spectre entre collusion et collision, entre complémentarité et antinomie ; 3º la métamorphose du lecteur, de la lectrice, en regardant-lisant, ouvrant les portes à l'œuvre conçue comme un espace de partage. À l'instar des deux profils dont l'un cherche à rejoindre l'autre, les ouvrages à double face, pour filer la métaphore, tentent de réaliser l'impossible exploit : *se faire face*. C'est précisément cette tension féconde qui anime toutes les démarches collaboratives abordées au fil des chapitres : qu'elle se fasse au féminin, en mode mixte ou en dualité créatrice, cette tension permet à l'écriture de se projeter vers les images qui ponctuent le texte, et aux images de jeter des passerelles vers les mots. En d'autres termes, de déployer un espace aux contours et aux seuils souvent complexes, mais qui est propice à la circulation libre du sens. Dieu des commencements et des passages, et par conséquent des seuils, Janus peut être ici évoqué avec raison. Mais, pour bien rendre compte de la dynamique collaborative du Livre surréaliste *au féminin*, il faudrait probablement adjoindre au dieu Janus la figure complémentaire de Jana, sa parèdre, historiquement plus difficile à cerner que Janus et, par conséquent, moins connue[26]. Elle avait toutefois elle aussi à voir avec les idées de passage et de changement, rappelle l'écrivain et philologue romain Macrobe, selon qui Jana était l'un des deux visages de Janus (pensés en termes d'une relation frère/sœur) avant de devenir une seconde tête masculine, d'ailleurs souvent plus jeune que

---

26. Les sources sont, en effet, peu précises concernant Jana qui aurait été absorbée par Diana. L'étude de Jacob Samuel Speijer indique à ce propos que « Jana », associée dans certains textes latins aux phases de la lune, serait la prononciation rustique de « Diana » : « Le dieu romain Janus », *Revue de l'histoire des religions*, nº 26, 1892, p. 39.

l'autre pour représenter le temps en mouvement[27]. Ainsi, l'image mythologique de la dualité s'ouvre sur une forme de pluralité qui comprend le masculin aussi bien que le féminin, l'Un *et* l'Autre.

L'identification de Jana comme *alter ego* de Janus constitue une invitation à changer de perspective, à porter une attention toute particulière à ce qui se dissimule derrière les apparences. L'étude sur le Livre surréaliste au féminin s'est ouverte sur les deux femmes-oiseaux-poissons de l'artiste Max Walter Svanberg, figures hybrides par excellence, placées en vis-à-vis et essayant de trouver des entrées dans le corps de l'autre. La réflexion sur l'objet *livre* et le travail collaboratif se clôt par un jeu de regards porté par les forces excentriques inhérentes à la tête double de Janus/Jana. Ces représentations doubles nous invitent à considérer à quel point, à propos de ce qui nous est donné à lire et à voir, les œuvres issues d'une démarche collaborative relèvent d'une dynamique qui tout à la fois rapproche et éloigne.

---

27. Voir les explications fort instructives de Lora Holland sur les paires dans les divinités de la religion romaine (Liber/Libera ; Faunus/Fauna ; Janus/Jana) : « Family Nomenclature and Same-Name Divinities in Roman Religion and Mythology », *The Classical World*, vol. 104, n° 2, 2011, p. 224-226.

BIBLIOGRAPHIE

Œuvres

Aragon, Louis, *Traité du style*, Paris, Gallimard, 1980 [1928].

Baudelaire, Charles, *Les Fleurs du Mal*, édition Claude Pichois, Paris, Gallimard, 1996 [1857].

Belen, *La Reine des Sabbats*, illustrations de Le Maréchal, Paris, Éric Losfeld, 1960.

Belen, *Le Réservoir des sens*, illustrations d'André Masson, Paris, La Jeune Parque, 1966.

Bellmer, Hans, «Lettre à Gaston Ferdière», dans Unica Zürn, *Gesamtausgabe*, vol. 4.3 («Anmerkungen / Briefe / Dokumente»), Berlin, Brinkmann & Bose, 1999, p. 123-124.

Breton, André, *L'Amour fou*, Paris, Gallimard, 1937.

Breton, André, *Lettres à Simone Kahn (1920-1960)*, édition Jean-Michel Goutier, Paris, Gallimard, 2016.

Breton, André, *Manifestes du surréalisme*, Paris, Gallimard, 1985 [1924, 1930].

Breton, André, *Nadja*, Paris, Gallimard, 1963 [1928].

Breton, André, *Œuvres complètes*, tome I, Paris, Gallimard, coll. «La Pléiade», 1988.

Breton, André et Philippe Soupault, *Les Champs magnétiques*, Paris, Gallimard, 1971 [1920].

Breton, Simone, *Lettres à Denise Lévy. 1919-1929*, édition Georgiana M. M. Colvile, Paris, Éditions Joëlle Losfeld, 2005.

Cahun, Claude, *Aveux non avenus*, illustré d'héliogravures composées par Moore d'après les projets de l'auteur, Paris, Éditions du Carrefour, 1930.

Cahun, Claude, «Carnaval en chambre», *La Ligne de cœur*, n° 4, 15 mars 1926, p. 47-50.

Cahun, Claude, *Confidences au miroir*, dans *Écrits*, édition François Leperlier, Paris, Jean-Michel Place, 2002, p. 571-624.

Cahun, Claude, *Écrits*, édition François Leperlier, Paris, Jean-Michel Place, 2002.

Cahun, Claude et Moore, *Il y a mode et mode*, édition fac-similé des chroniques de mode (oct. 1913 – juillet 1914) réunies par Ève Gianoncelli et François Leperlier, Paris, Jean-Michel Place éditeur, 2022.

Cahun, Claude, *Le Chemin des chats*, 1949-1953, Bibliothèque municipale de Nantes, Ms 3581/III.

Cahun, Claude, *Les paris sont ouverts*, Paris, José Corti, 1934.

Cahun, Claude, «Lettre à Marianne Schwob», 18 août 1948, Bibliothèque municipale de Nantes, Ms 3412-3.

Cahun, Claude, « Prenez garde aux objets domestiques », *Cahiers d'art*, n°s 1-2 (« L'objet »), 1936, p. 45-48 (reproduit dans *Écrits*, édition François Leperlier, Paris, Jean-Michel Place, 2002, p. 539-541).

Carrington, Leonora, *En Bas*, précédé d'une lettre à Henri Parisot, Paris, Éric Losfeld, 1945 (réédition en 2013 chez L'Arachnoïde, précédée d'un texte d'Annie Le Brun).

Carrington, Leonora, *La Dame ovale*, avec sept illustrations de Max Ernst, Paris, G.L.M., 1939.

Carrington, Leonora, *La Maison de la Peur*, préface et illustrations de Max Ernst, Paris, Henri Parisot, coll. « Un divertissement », 1938.

Deharme, Lise, *Cahier de curieuse personne*, Paris, Éditions des Cahiers libres, 1933.

Deharme, Lise (sous le pseudonyme de Lise Hirtz), *Il était une petite pie*, illustrations de Joan Miró, Paris, Jeanne Bucher, 1928.

Deharme, Lise, *La Caverne*, Troyes, Librairie bleue, 1984.

Deharme, Lise, *La Marquise d'Enfer*, Paris, Grasset et Fasquelle, 1977.

Deharme, Lise, *Le Cœur de Pic : trente-deux poèmes pour les enfants*, illustré de vingt photographies par Claude Cahun, préface de Paul Éluard, Paris, José Corti, 1937 (réédition fac-similé aux Éditions MeMo en 2004).

Deharme, Lise, *Le Poids d'un oiseau*, Paris, Le Terrain vague, 1955.

Deharme, Lise, *Le Tablier blanc*, illustrations de Joan Miró, Alès, PAB, 1958.

Deharme, Lise, *Oh ! Violette ou la Politesse des végétaux*, illustrations de Leonor Fini, Paris, Éric Losfeld, 1969.

Ernst, Max, *La Femme 100 têtes*, avis au lecteur par André Breton, Paris, Éditions Prairial, 2016 [1929].

Ernst, Max, *Rêve d'une petite fille qui voulut entrer au Carmel*, Paris, Éditions du Carrefour, 1930.

Ernst, Max, *Une semaine de bonté ou Les sept éléments capitaux*, Paris, Jeanne Bucher, 1934.

Fini, Leonor, *Le Livre de Leonor Fini. Peintures, dessins, écrits, notes de Leonor Fini*, avec la collaboration de José Alvarez, Lausanne, La Guilde du Livre et Clairefontaine, 1975.

Fini, Leonor, *Mourmour, conte pour enfants velus*, Paris, Éditions de la Différence, 1976.

Fini, Leonor, *Rogomelec*, Paris, Stock, 1979.

Fini, Leonor, *Portraits de famille*, Paris, Georges Visat, 1950.

Goll, Claire, *L'Ignifère*, lithographies de Leonor Fini, Paris, Librairie Saint-Germain-des-Prés, 1969.

Hirtz, Lise (alias Lise Deharme), *Il était une petite pie*, huit dessins en couleur par Joan Miró, Paris, Jeanne Bucher, 1928.

Kahlo, Frida, *Journal de Frida Kahlo* [1944-1954], traduit de l'espagnol par Rauda Jamis, Martine Laroche et Olivier Meyer, Paris, Éditions du Chêne, 1995.

Lautréamont, comte de, *Les Chants de Maldoror*, chant VI, 1, *Œuvres complètes*, Paris, G.L.M., 1938.

Le Brun, Annie, *Annulaire de lune*, avec six dessins originaux de Toyen, Paris, Éditions Maintenant, 1977.

Le Brun, Annie, *Sur le champ*, avec six collages originaux de Toyen, Paris, Éditions surréalistes, 1967.

Le Brun, Annie, *Tout près, les nomades*, avec une pointe sèche de Toyen, Paris, Éditions Maintenant, 1972.

« Lettre de Claude Cahun à Adrienne Monnier », 2 juillet 1926, Bibliothèque littéraire Jacques-Doucet, Ms 8717.

« Lettre de Claude Cahun à Adrienne Monnier », 23 juillet 1926, Bibliothèque littéraire Jacques-Doucet, Ms 8718.

« Lettre de Claude Cahun à Adrienne Monnier », 20 juin 1928, Bibliothèque littéraire Jacques-Doucet, Ms 8719.

« Lettre de Claude Cahun à Charles-Henri Barbier », 21 janvier 1951, reproduite dans Charlotte Maria, *Correspondances de Claude Cahun : la lettre et l'œuvre*, thèse de doctorat, vol. 1 et 2, Université de Caen Basse-Normandie, 2013, p. 426-469.

« Lettre de Paul Éluard à Claude Cahun », 15 août 1936, collection privée.

Mallarmé, Stéphane, *Un coup de dés jamais n'abolira le hasard*, Paris, Gallimard, 1993 [1897].

Mandiargues, Bona de et Alain Vircondelet, *Bonaventure*, Paris, Stock, 1977.

Mansour, Joyce, *Carré blanc*, illustrations de Pierre Alechinsky, Paris, Le Soleil noir, 1965.

Mansour, Joyce, *Le Bleu des fonds*, illustrations de Pierre Alechinsky, Paris, Le Soleil noir, 1968.

Oppenheim, Meret, *Caroline. Gedichte und Radierungen*, Bâle, Edition Fanal, 1985.

Oppenheim, Meret, *Sansibar*, Bâle, Edition Fanal, 1981.

Penrose, Valentine, *Dons des féminines*, préface de Paul Éluard, Paris, Librairie Les Pas perdus, 1951.

Penrose, Valentine, *Dons des féminines*, dans *Écrits d'une femme surréaliste*, édition Georgiana M. M. Colvile, Paris, Éditions Joëlle Losfeld, 2001, p. 149-207.

Penrose, Valentine, *Herbes à la lune*, préface de Paul Éluard, Paris, G.L.M., 1935.

Penrose, Valentine, *Le Nouveau Candide*, illustrations de Wolfgang Paalen, Paris, G.L.M., 1936.

Penrose, Valentine, *Poèmes*, Paris, G.L.M., 1937.

Penrose, Valentine, *Sorts de la lueur*, illustrations de Wolfgang Paalen, Paris, G.L.M., 1937.

Prassinos, Gisèle, *Brelin le frou ou le Portrait de famille*, Paris, Belfond, 1975.

Tanning, Dorothea, *Birthday*, Paris, Christian Bourgois, 1989 [1986].

Tanning, Dorothea, *Between Lives: An Artist and Her World*, New York, W. W. Norton & Company, 2001.

Tanning, Dorothea, « Blind Test », *VVV*, n°s 2-3, mars 1943, p. 104.

Tanning, Dorothea, *En chair et en or*, dix poèmes et gravures, Paris, Georges Visat, 1973.

Tanning, Dorothea, *Les 7 Périls spectraux*, avec un texte d'André Pieyre de Mandiargues, Paris, Librairie Les Pas perdus, 1950.

Tanning, Dorothea, *Oiseaux en péril*, huit gravures de Max Ernst, Paris, Max Ernst et Georges Visat, 1975.

Woolf, Virginia, *Orlando*, Paris, Stock, 1974 [1929].

Zürn, Unica, *Hexentexte*, zehn Zeichnungen und zehn Anagramm-Texte, mit einem Nachwort von Hans Bellmer, Berlin, Galerie Springer, 1954.

Zürn, Unica, *Gesamtausgabe*, 8 vol., Berlin, Brinkmann & Bose, 1988-2001.

Zürn, Unica, *L'Homme-Jasmin. Impressions d'une malade mentale*, suivi de *Notes concernant la dernière (?) crise, Les Jeux à deux* et *La Maison des maladies*, traduit par Ruth Henry et Robert Valançay, préface d'André Pieyre de Mandiargues traduit de l'allemand par Robert Valençay et Ruth Henry, Paris, Gallimard, 1971.

Zürn, Unica, *Oracles et spectacles*, quatorze poèmes-anagrammes et huit eaux-fortes, introduction de Patrick Waldberg, frontispice et postface de Hans Bellmer, Paris, Georges Visat, 1967.

Zürn, Unica, *Sombre printemps*, traduit de l'allemand par Ruth Henry et Robert Valançay, Paris, Belfond, 1985.

Zürn, Unica, *Vacances à Maison Blanche. Derniers écrits et autres inédits*, traduit de l'allemand par Ruth Henry, Paris, Éditions Joëlle Losfeld, 2000.

Catalogues d'exposition

Angels of Anarchy. Women Artists and Surrealism, catalogue d'exposition édité par Patricia Allmer, Munich, Prestel, 2009.

Au pays des merveilles: les aventures surréalistes des femmes artistes au Mexique et aux États-Unis, catalogue d'exposition édité par Ilene Susan Fort et Tere Arcq, Munich, Londres et New York, DelMonico Books et Prestel, 2012.

Claude Cahun. Bilder, catalogue d'exposition édité par Heike Ander et Dirk Snauwaert, Munich, Schirmer & Mosel, 1997.

Claude Cahun, catalogue d'exposition édité par Juan Vicente Aliaga et François Leperlier, Paris, Hazan et Jeu de Paume, 2011.

Claude Cahun et ses doubles, catalogue d'exposition édité par la Bibliothèque municipale de Nantes et le Musée des Beaux-Arts de Nantes, Nantes, MeMo, 2015.

Couples modernes (1900-1950), catalogue d'exposition édité par Emma Lavigne, Paris, Gallimard et Centre Pompidou-Metz, 2018.

Don't Kiss Me: The Art of Claude Cahun, catalogue d'exposition édité par Louise Downie, Londres et Jersey, Tate Publishing et Jersey Heritage Trust, 2006.

Dorothea Tanning, catalogue d'exposition, Londres, Tate Modern, 2018.

Photolittérature, catalogue d'exposition édité par la Fondation Jan Michalski pour l'écriture et la littérature, Montricher, 2016.

Pionnières: artistes dans le Paris des Années folles, catalogue d'exposition édité par Camille Morineau et Lucia Pesapane, Paris, Éditions de la Réunion des musées nationaux – Grand Palais, 2022.

Surreal Friends: Leonora Carrington, Remedios Varo, and Kati Horna, catalogue d'exposition édité par Stefan van Raaij, Joanna Moorhead et Teresa Arcq, Farnham, Lund Humphries, 2010.

Surréalisme au féminin?, catalogue d'exposition sous la direction d'Alix Agret et Dominique Païni, Paris, In Fine éditions d'art, 2023.

Unica Zürn, catalogue d'exposition, Paris, Halle Saint-Pierre, 2006.

Unica Zürn: Bilder 1953-1970, édition Erich Brinkmann, Ralf Helmes, Wolfgang Knapp, Inge Morgenroth et Klaus Theuerkauf, Berlin, Brinkmann & Bose, 1998.

Unica Zürn: Alben (Bücher und Zeichenhefte), édition Erich Brinkmann, Berlin, Brinkmann & Bose, 2009.

Ouvrages et articles critiques

Abadie, Karine, *La cinéologie de l'entre-deux-guerres: les écrivains français et le cinéma*, thèse de doctorat, Université de Montréal, 2016.

Aberth, Susan, *Leonora Carrington: Surrealism, Alchemy and Art*, Aldershot et Burlington, Lund Humphries, 2004.

Adamowicz, Elza, « État présent. The *Livre d'artiste* in Twentieth-Century France », *French Studies*, vol. 63, n° 2, 2009, p. 189-198.

Adamowicz, Elza, « Les yeux, la bouche: approches méthodologiques du livre surréaliste », *Mélusine*, n° 32 (« À belles mains. Livre surréaliste – livre d'artiste »), 2012, p. 31-42.

Adamowicz, Elza, *Surrealist Collage in Text and Image. Dissecting the Exquisite Corpse*, Cambridge et New York, Cambridge University Press, 2005.

Allain, Patrice, « Du poétique au politique: les épreuves de la révolution », dans *Claude Cahun et ses doubles*, catalogue d'exposition édité par la Bibliothèque municipale de Nantes et le Musée des Beaux-Arts de Nantes, Nantes, MeMo, 2015, p. 86-94.

Allmer, Patricia, « Of Fallen Angels and Angels of Anarchy », dans *Angels of Anarchy. Women Artists and Surrealism*, Munich, Prestel, 2009, p. 12-27.

Antle, Martine, « Mise au point sur les femmes surréalistes: intertexte et clin d'œil chez Leonora Carrington », *Mélusine*, n° 16 (« Cultures et contre-cultures »), 1997, p. 208-220.

Antle, Martine, « Picto-théâtralité dans les toiles de Léonor Fini », *The French Review*, n° 62, 1989, p. 640-649.

Appelbe, Victoria, « "Du wirst dein Geheimnis sagen": l'anagramme dans l'œuvre d'Unica Zürn », *Unica Zürn*, catalogue d'exposition, Paris, Halle Saint-Pierre, 2006, p. 23-33.

Aragon, Louis, « Une vague de rêves », *Commerces*, n° 2, 1924, p. 89.

Aron, Paul, Denis Saint-Jacques et Alain Viala (dir.), *Le dictionnaire du Littéraire*, Paris, Presses universitaires de France, 2002.

Aron, Paul, « Roman gothique », dans Paul Aron, Denis Saint-Jacques et Alain Viala (dir.), *Le dictionnaire du Littéraire*, Paris, Presses universitaires de France, 2002, p. 529-530.

Arvisais, Alexandra, « Détournement du savoir féminin dans les écrits journalistiques de Claude Cahun alias "M" », *@nalyses*, vol. 10, n° 1, 2015, p. 178-195.

Arvisais, Alexandra, *L'esthétique du partage dans l'œuvre littéraire et photographique de Cahun-Moore*, thèse de doctorat, Université de Montréal et Université de Lille, 2017.

Arvisais, Alexandra et Andrea Oberhuber, « Noms de plume et de guerre: stratégies auctoriales dans la démarche collaborative de Claude Cahun et (Marcel) Moore », dans Frédéric Regard et Anne Tomiche (dir.), *Genre et signature*, Paris, Classiques Garnier, 2018, p. 113-128.

Barnet, Marie-Claire, *La femme cent sexes ou les genres communicants: Deharme, Mansour, Prassinos*, Berne et New York, Peter Lang, 1998.

Barnet, Marie-Claire, «To Lise Deharme's lighthouse: *Le Phare de Neuilly*, a forgotten Surrealist review», *French Studies*, vol. 57, n° 3, p. 323-334.

Baron, Catherine, *Métamorphose et écriture autobiographique dans* Aveux non avenus *de Claude Cahun*, mémoire de maîtrise, Université de Montréal, 2004.

Bastien, Sophie, «La photographie chez Breton: une illustration du hasard objectif», *Voix plurielles*, vol. 6, n° 1, 2009, https://journals.library.brocku.ca/index.php/voixplurielles/article/view/169.

Baumgärtel, Ute, «... dein Ich ist ein Gramm Dichtang ...»: *Die Anagramme Unica Zürns*, Vienne, Passagen Verlag, 2000.

Baxandall, Michael, *L'œil du Quattrocento*, Paris, Gallimard, 1985.

Beauchamp Houde, Sarah-Jeanne, *La collaboration au féminin: les livres surréalistes de Lise Deharme*, mémoire de maîtrise, Université de Montréal, 2019.

Beauvoir, Simone de, *Le deuxième sexe*, tome 1: *Les faits et les mythes*, Paris, Gallimard, 1949.

Béhar, Henri, «André Breton soulève l'*Arcane 17*», dans Maryse Vassevière (dir.), *La fabrique du surréalisme*, Paris, Association pour l'étude du surréalisme, 2009, p. 7-28.

Béhar, Henri, «En belle page», *Mélusine*, n° 4 («Le livre surréaliste»), 1982, p. 11-13.

Bellmer, Hans, *Petite anatomie de l'inconscient physique ou l'Anatomie de l'image*, Paris, Éditions Allia, 2002 [1957].

Benstock, Shari, *Femmes de la rive gauche: Paris, 1900-1940*, Paris, Des femmes, 1987 [1986].

Bertrand, Jean-Pierre, «Fantastique», dans Paul Aron, Denis Saint-Jacques et Alain Viala (dir.), *Le dictionnaire du Littéraire*, Paris, Presses universitaires de France, 2002, p. 218-219.

Blancard, Marie, «Les figures féminines dans les contes de Leonora Carrington», dans Christiane Chaulet (dir.), *Conte et narration au féminin*, Achour, Université de Cergy-Pontoise, 2003-2004, p. 47-70.

Blancard, Marie, *Les spectacles intérieurs de Leonora Carrington, Frida Kahlo, Gisèle Prassinos, Dorothea Tanning et Unica Zürn*, thèse de doctorat, Université de Cergy-Pontoise, 2006.

Borgue, Pierre, *Leonor Fini ou le théâtre de l'imaginaire: mythes et symboles de l'univers finien*, Paris, Lettres Modernes, 1983.

Bourque, Dominique, «Claude Cahun ou l'art de se démarquer», dans Dominique Bourque, Francine Descarries et Caroline Désy (dir.), *De l'assignation à l'éclatement. Continuité et ruptures dans les représentations des femmes*, Montréal, Cahiers de l'IREF, 2011, p. 145-161.

Bourse, Alexandra, «Claude Cahun: la subversion des genres comme arme politique», dans Guillaume Bridet et Anne Tomiche (dir.), *Genres et avant-gardes*, Paris, L'Harmattan, 2012, p. 137-145.

Bourse, Alexandra, «Claude Cahun, un auteur? Travestissement et crise de l'auctorialité dans *Aveux non avenus*», dans Frédéric Regard et Anne Tomiche (dir.), *Genre et signature*, Paris, Classiques Garnier, 2018, p. 99-111.

Breton, André, *Anthologie de l'humour noir*, Paris, Jean-Jacques Pauvert, 1972 [1940, 1966].

Breton, André, « Le surréalisme et la peinture » [1928], *Le surréalisme et la peinture*, nouvelle édition revue et corrigée, 1928-1965, Paris, Gallimard, 1979 [1965], p. 11-72.

Bridet, Guillaume et Anne Tomiche, « Introduction », dans Guillaume Bridet et Anne Tomiche (dir.), *Genres et avant-gardes*, Paris, L'Harmattan, 2012, p. 7-18.

Brinkmann, Erich, *Unica Zürn : Alben (Bücher und Zeichenhefte)*, Berlin, Brinkmann & Bose, 2009.

Brinkmann, Erich, *Unica Zürn : Bilder 1953-1970*, Berlin, Brinkmann & Bose, 1997.

Brugère, Fabienne, *L'éthique du « care »*, Paris, Seuil, coll. « Que sais-je ? », 2021.

Bürger, Peter, *Théorie de l'avant-garde*, traduit de l'allemand par Jean-Pierre Cometti, Paris, Éditions Questions théoriques, 2013 [1974].

Butler, *Trouble dans le genre. Pour un féminisme de la subversion*, traduit de l'anglais par Cynthia Kraus, Paris, Éditions de la Découverte, 2005 [1990].

Cahun, Claude, « Aux "Amis des Livres" », *La Gerbe*, n° 5, 1er février 1919, p. 147-148.

Calle-Gruber, Mireille, « Claire Voyance d'Unica Zürn », dans Mireille Calle-Gruber, Sarah- Anaïs Crevier Goulet, Andrea Oberhuber et Maribel Peñalver Vicea (dir.), *Les folles littéraires, des folies lucides. Les états* borderline *du genre et ses créations*, Montréal, Nota bene, 2019, p. 49-62.

Calle-Gruber, Mireille, « Elles le livre », dans Andrea Oberhuber et Alexandra Arvisais (dir.), *Héritages partagés de Claude Cahun et Marcel Moore, du XIXe au XXIe siècles. Symbolisme, modernisme, surréalisme, postérité contemporaine*, http://cahun-moore.com/collectif-heritages-partages-de-claude-cahun-et-marcel-moore/elles-le-livre/.

Calle-Gruber, Mireille, Sarah-Anaïs Crevier Goulet, Andrea Oberhuber et Maribel Peñalver Vicea (dir.), *Folles littéraires : folies lucides. Les états* borderline *du genre et ses créations*, Montréal, Nota bene, 2019.

Calle-Gruber, Mireille, *Histoire de la littérature française du XXe siècle ou Les repentirs de la littérature*, Paris, Champion, 2001.

Cardinal, Roger, « Unica Zürn : dessins si denses », dans *Unica Zürn*, catalogue d'exposition, Paris, Halle Saint-Pierre, 2006, p. 11-15.

Castant, Alexandre, « Le Surréalisme et l'image », *Critique d'art*, n° 20, automne 2002, http://journals.openedition.org/critiquedart/2037.

Castro, Idioia Murga, « Sleepwalkers : Dorothea Tanning and Ballet », *Dorothea Tanning*, catalogue d'exposition, Londres, Tate Modern, 2018, p. 37-51.

Caws, Mary Ann, « Claude Cahun : Island of Courage », *Glorious Eccentrics. Modernist Women Painting and Writing*, Hampshire, Palgrave Macmillan, 2006, p. 127-140.

Caws, Mary Ann, « Doubling : Claude Cahun's split self », *The Surrealist Look : An Erotics of Encounter*, Cambridge et Londres, MIT Press, 1997, p. 95-119.

Caws, Mary Ann, « Person : Tanning's Self-Portraiture », *The Surrealist Look : An Erotics of Encounter*, Cambridge et Londres, MIT Press, 1997, p. 61-93.

Caws, Mary Ann, Rudolf E. Kuenzli et Gwen Raaberg (dir.), *Surrealism and Women*, Cambridge et Londres, MIT Press, 1991.

Caws, Mary Ann, *The Surrealist Look : An Erotics of Encounter*, Cambridge et Londres, MIT Press, 1997.

Caws, Mary Ann, «These Photographing Women: the Scandal of Genius», dans *Angels of Anarchy. Women Artists and Surrealism*, catalogue d'exposition édité par Patricia Allmer, Munich, Prestel, 2009, p. 28-35.

Chadwick, Whitney, *Les femmes dans le mouvement surréaliste*, Paris, Éditions Thames et Hudson, 2002 [1985].

Chénieux-Gendron, Jacqueline, «De l'écriture au féminin dans le surréalisme», dans Georgiana M. M. Colvile et Katharine Conley (dir.), *La femme s'entête. La part du féminin dans le surréalisme*, Paris, Lachenal et Ritter, 1998, p. 54-69.

Chénieux-Gendron, Jacqueline, «Jeu, rire, humour: un colloque à Cerisy», dans Jacqueline Chénieux-Gendron et Marie-Claire Dumas (dir.), *Jeu surréaliste et humour noir*, Paris, Lachenal et Ritter, 1993, p. 3-17.

Chénieux-Gendron, Jacqueline (dir.), *Jeu surréaliste et humour noir*, Paris, Lachenal et Ritter, 1993.

Chénieux-Gendron, Jacqueline, *Le surréalisme et le roman: 1922-1950*, Lausanne, L'Âge d'homme, 1983.

Chénieux-Gendron, Jacqueline, *Surréalismes: l'esprit et l'histoire*, Paris, Honoré Champion, 2014.

Chevrier, Alain, «L'anagramme comme genre poétique nouveau», *Critique*, vol. 44, n° 492, 1988, p. 416-430.

Clark, Timothy James, *The Painting of Modern Life: Paris in the Art of Manet and His Followers*, New York, Simon & Schuster, 1982.

Clébert, Jean-Claude, «Hasard objectif», *Dictionnaire du Surréalisme*, Paris, Seuil, 1996, p. 304.

Clébert, Jean-Claude, «Lise Deharme», *Dictionnaire du Surréalisme*, Paris, Seuil, 1996, p. 199-200.

Colvile, Georgiana M. M., «Beauty and/Is the Beast: Animal Symbology in the Work of Leonora Carrington, Remedios Varo, and Leonor Fini», dans Mary Ann Caws, Rudolf E. Kuenzli et Gwen Raaberg (dir.), *Surrealism and Women*, Cambridge et Londres, MIT Press, 1991, p. 148-158.

Colvile, Georgiana M. M., «Introduction», *Valentine Penrose. Écrits d'une femme surréaliste*, Paris, Éditions Joëlle Losfeld, 2001, p. 11-22.

Colvile, Georgiana M. M., «Les femmes-fantômes du surréalisme», dans Emmanuel Rubio (dir.), *L'entrée en surréalisme*, Paris, Phénix Éditions, 2004, p. 155-171.

Colvile, Georgiana M. M., «Lise Deharme», *Scandaleusement d'elles: trente-quatre femmes surréalistes*, Paris, Jean-Michel Place, 1999, p. 82-85.

Colvile, Georgiana M. M., *Scandaleusement d'elles: trente-quatre femmes surréalistes*, Paris, Jean-Michel Place, 1999.

Colvile, Georgiana M. M., «Temple of the Word: (Post-)Surrealist Women Artists' Literary Production in America and Mexico», *Journal of Surrealism and the Americas*, vol. 5, n°s 1-2, 2011, p. 1-18.

Colvile, Georgiana M. M., «Through an Hourglass Lightly: Valentine Penrose and Alice Rahon Paalen», dans Russell King et Bernard McGuirk (dir.), *Reconceptions: Reading Modern French Poetry*, Nottingham, The University of Nottingham Press, 1996, p. 81-112.

Colvile, Georgiana M. M., «Valentine Penrose et ses doubles», *Mélusine*, n° 23, 2003, p. 305-318.

Colvile, Georgiana M. M., «Women Artists, Surrealism and Animal Representation», dans Patricia Allmer (dir.), *Angels of Anarchy. Women Artists and Surrealism*, Munich, Prestel, 2009, p. 64-73.

Colvile, Georgiana M. M. et Katharine Conley (dir.), *La femme s'entête. La part du féminin dans le surréalisme*, Paris, Lachenal et Ritter, 1998.

Colvile, Georgiana M. M. et Annie Richard (dir.), *Mélusine*, n° 33 («Autoreprésentation féminine»), 2013.

Conley, Katharine, *Automatic Woman. The Representation of Woman in Surrealism*, Lincoln et Londres, University of Nebraska Press, 1996.

Conley, Katharine, «La femme automatique du Surréalisme», *Pleine Marge*, n° 17, juin 1993, p. 69-80.

Conley, Katharine, *Surrealist Ghostliness*, Nebraska, University of Nebraska Press, 2013.

Conley, Katharine, «Through the Surrealist Looking Glass: Unica Zürn's Vision of Madness», *Automatic Woman. The Representation of Woman in Surrealism*, Lincoln et Londres, University of Nebraska Press, 1996, p. 79-111.

Conley, Katharine, «Women in Surrealist Conversation: Introduction», *Journal of Surrealism and the Americas*, vol. 5, n°s 1-2, 2011, p. i-xiv.

Delvaux, Martine, *Femmes psychiatrisées, femmes rebelles. De l'étude de cas à la narration autobiographique*, Le Plessis-Robinson, Institut Synthélabo pour le progrès de la connaissance, 1998.

Delvaux, Martine, *Histoires de fantômes: spectralité et témoignage dans les récits de femmes contemporains*, Montréal, Presses de l'Université de Montréal, 2005.

Dessons, Gérard, «Tératologie du livre d'artiste», dans Montserrat Prudon (dir.), *Peinture et écriture 2: le livre d'artiste*, Paris, La Différence et UNESCO, 1997, p. 35-43.

Drost, Julia, Ursula Moureau-Martini et Nicolas Devigne (dir.), *Max Ernst, l'imagier des poètes*, Paris, Presses de l'Université Paris-Sorbonne, 2008.

Duch, Anne, *L'autoportrait textuel par Claude Cahun: énonciation, formes génériques et détournements dans Aveux non avenus (1930)*, thèse de doctorat, Université de Stockholm, 2017.

Duponchelle, Valérie, «Max Ernst, maître onirique de l'univers», *Le Figaro.fr Culture*, http://www.lefigaro.fr/arts-expositions/2013/06/14/03015-20130614ART-FIG00300-max-ernst-maitre-onirique-de-l-univers.php.

Dumézil, Georges, *Tarpeia. Essai de philologie comparative indo-européenne*, Paris, Gallimard, 1947.

Dussert, Éric et Christian Laucou, *Du corps à l'ouvrage*, Paris, La Table ronde, 2019.

Egger, Anne, *Claude Cahun, l'antimuse*, Brest, Les Hauts-Fonds, 2015.

Eibl, Doris G., «Le partage de l'espace dans *Dons des féminines* de Valentine Penrose», *Mélusine*, n° 32 («À belles mains. Livre surréaliste – livre d'artiste»), 2012, p. 157-166.

Eibl, Doris G., «Se répondre et ne pas répondre: du dialogisme dans *La Dame ovale* de Leonora Carrington et Max Ernst», http://lisaf.org/project/carrington-dame-ovale/.

Fauchereau, Serge, *Avant-gardes du XXe siècle: arts & littérature (1905-1930)*, Paris, Flammarion, 2016.

Felka, Rike, «Die träumende Hand. Unicas Zeichnungen», dans *Unica Zürn: Alben (Bücher und Zeichenhefte)*, édition Erich Brinkmann, Berlin, Brinkmann & Bose, 2009, p. 320-325.

Felka, Rike et Erich Brinkmann, «Unica Zürn (6 juillet 1916 – 19 octobre 1970): repères biographiques», dans *Unica Zürn*, catalogue d'exposition, Paris, Halle Saint-Pierre, 2006, p. 81-98.

Follain, Claire, «Lucy Schwob and Suzanne Malherbe – résistantes», dans *Don't Kiss Me: The Art of Claude Cahun*, catalogue d'exposition édité par Louise Downie, Londres et Jersey, Tate Publishing et Jersey Heritage Trust, 2006, p. 83-95.

Fort, Ilene Susan, «Introduction», *Au pays des merveilles: les aventures surréalistes des femmes artistes au Mexique et aux États-Unis*, catalogue d'exposition, sous la direction d'Ilene Susan Fort et Tere Arcq, Munich, Londres et New York, DelMonico Books et Prestel, 2012, p. 19-29.

Freud, Sigmund, *Le mot d'esprit et ses rapports avec l'inconscient*, Paris, Gallimard, 1974 [1930].

Friedrich, Bernd-Ingo, «Buchkunst und "scharfe Erotik": die Illustratorin Leonor Fini», *Marginalien: Zeitschrift für Buchkunst und Bibliophilie*, vol. 216, n° 4, 2014, p. 30-37.

Gagnon Chainey, Benjamin et Karianne Trudeau Beaunoyer, «Prendre la parole, se parer du langage: "beauté convulsive" et "insurrection lyrique" dans *Annulaire de lune*, d'Annie Le Brun et Toyen», https://lisaf.org/project/brun-annie-annulaire-de-lune/.

Gauthier, Xavière, *Leonor Fini*, Paris, Le Musée de poche, 1979.

Gauthier, Xavière, *Surréalisme et sexualité*, Paris, Gallimard, 1971.

Gewurtz, Michelle, *Equivocally Jewish: Claude Cahun and the Narratives of Modern Art*, Boston, Brandeis University Press, 2012.

Gianoncelli, Eve, «Les voies de la (re)connaissance: Claude Cahun, artiste et intellectuelle au miroir transatlantique», *Genre, sexualité & société*, n° 16, 2016, https://journals.openedition.org/gss/3907?lang=en.

Glinoer, Anthony, «Y a-t-il une "identité collective" du romantisme de 1830?», *Romantisme*, n° 147, 2010, p. 29-40.

Godard, Jocelyne, *Leonor Fini ou les métamorphoses d'une œuvre*, Paris, Le Sémaphore, 1996.

Graulle, Christophe, *André Breton et l'humour noir: une révolte supérieure de l'esprit*, Paris, L'Harmattan, 2000.

Guibbert, Jean Paul, *Leonor Fini graphique*, Lausanne, La Guilde du Livre et Clairefontaine, 1976 [1971].

Hamon, Philippe, *Imageries: littérature et image au XIXe siècle*, Paris, José Corti, 2007.

Han, Ji-Yoon, «La *Poupée* de Bellmer: variations éditoriales sur le montage d'une série photographique», dans Paul Edwards, Vincent Lavoie et Jean-Pierre Montier (dir.), *Photolittérature, littératie visuelle et nouvelles textualités*, Phlit, 2013, http://phlit.org/press/?p=2159.

Harel, Simon, *Artaud, l'astre errant*, Québec, Presses de l'Université Laval, 2021.

Havelange, Carl, *De l'œil du monde. Une histoire du regard au seuil de la modernité*, Paris, Fayard, 1998.

Hogue, Caroline, *Poïétique et sacrifices rituels chez Antonin Artaud, Laure (Colette Peignot), Michel Leiris et Unica Zürn*, thèse de doctorat, Université de Montréal, 2023.

Holland, Lora, «Family Nomenclature and Same-Name Divinities in Roman Religion and Mythology», *The Classical World*, vol. 104, n° 2, 2011, p. 211-226.

Hubier, Sébastien, *Littératures intimes. Les expressions du moi, de l'autobiographie à l'autofiction*, Paris, Armand Colin, 2003.

Humphreys, Karen, «*Collages communicants*: Visual Representation in the Collage-Albums of Max Ernst and Valentine Penrose», *Contemporary French and Francophone Studies*, vol. 10, n° 4, 2006, p. 377-387.

Humphreys, Karen, «The Poetics of Transgression in Valentine Penrose's *La Comtesse sanglante*», *The French Review*, vol. 76, n° 4, 2003, p. 740-751.

Jackson, Jeffrey H., *Paper Bullets. Two Artists Who Risked Their Lives to Defy the Nazis*, Chapel Hill, Algonquin Books, 2020.

Jelenski, Constantin, *Leonor Fini*, Lausanne, La Guilde du Livre et Clairefontaine, 1968 et 1972.

Joubi, Pascale, *Figures de la résistance: les Amazones modernes, de la Belle Époque à aujourd'hui*, thèse de doctorat, Université de Montréal, 2020.

Kaufmann, Vincent, *Poétique des groupes littéraires: avant-gardes (1920-1970)*, Paris, Presses universitaires de France, 1997.

Kearney, Beth, *Figures de femmes chez Valentine Penrose: à la croisée du saphisme littéraire et du roman gothique*, mémoire de maîtrise, Université de Montréal, 2019.

Knapp, Bettina L., «Leonora Carrington's Whimsical Dreamworld: Animal Talk, Children are Gods, a Black Swan Lays and Orphic Egg», *World Literature Today*, vol. 51, n° 4, 1977, p. 525-530.

Krauss, Rosalind, *Le Photographique: pour une théorie des écarts*, Paris, Éditions Macula, 2013 [1990].

Krauss, Rosalind, Jane Livingston et Dawn Ades, *Explosante fixe: photographie et surréalisme*, Paris, Hazan, 2002.

Kuenzli, Rudolf E., «Surrealism and Misogyny», dans Mary Ann Caws, Rudolf E. Kuenzli et Gwen Raaberg (dir.), *Surrealism and Women*, Cambridge et Londres, MIT Press, 1991, p. 17-26.

La Bible. L'Ancien et le Nouveau Testament, traduction œcuménique, Paris, Le Livre de poche, 1996.

«La Femme surréaliste», *Obliques*, n°s 14-15, 1977.

Lafon, Michel et Benoît Peeters, *Nous est un autre: enquête sur les duos d'écrivains*, Paris, Flammarion, 2006.

Lai, Yi-lin, «Les impossibles autoportraits de Claude Cahun», *Sens public*, 23 mars 2007, http://sens-public.org/articles/418/.

Larivière, Fanny, *Stratégies intermédiales et autoreprésentation dans l'œuvre littéraire et les dessins-partitions d'Unica Zürn*, mémoire de maîtrise, Université de Montréal, 2011.

Latimer, Tirza True, «Entre Claude Cahun et Marcel Moore», dans Andrea Oberhuber (dir.), *Claude Cahun: contexte, posture, filiation. Pour une esthétique de l'entre-deux*, Montréal, Département des littératures de langue française, coll. «Paragraphes», 2007, p. 31-42.

Latimer, Tirza True, « L'art de Claude Cahun et Marcel Moore », dans *Claude Cahun et ses doubles*, catalogue d'exposition édité par la Bibliothèque municipale de Nantes et le Musée des Beaux-Arts de Nantes, Nantes, MeMo, 2015, p. 13-20.

Latimer, Tirza True, « "Narcissus and Narcissus" : Claude Cahun and Marcel Moore », dans *Women Together / Women Apart: Portraits of Lesbian Paris*, New Brunswick (New Jersey), Rutgers University Press, 2006, p. 68-104.

L'Aminot, Tanguy, « Jean-Jacques Rousseau chez les Surréalistes », *Revue d'Histoire littéraire de France*, vol. 83, n° 1, janvier-février 1983, p. 65-80.

Le Brun, Annie, *Leonora Carrington*, Paris, Gallimard, 2008.

Le Brun, Annie, « L'humour noir », dans Ferdinand Alquié (dir.), *Entretiens sur le surréalisme*, La Haye, Mouton, 1968, p. 99-124.

Ledoux-Beaugrand, Évelyne, *Imaginaires de la filiation. Héritage et mélancolie dans la littérature contemporaine des femmes*, Montréal, XYZ, 2013.

Lecarme, Jacques et Éliane Lecarme-Tabone, *L'autobiographie*, Paris, Armand Colin, 1997.

Le Follic-Hadida, Stéphanie, « Le parcours illustré de l'oiseau de *Galapagos* à *Oiseaux en péril* », dans Julia Drost, Ursula Moureau-Martini et Nicolas Devigne (dir.), *Max Ernst, l'imagier des poètes*, Paris, Presses de l'Université Paris-Sorbonne, 2008, p. 159-170.

Le Follic-Hadida, Stéphanie, *L'oiseau dans la sculpture du XXe siècle*, thèse de doctorat, Université Panthéon-Sorbonne, 2001.

Le Guen, Laurence, *Littérature pour la jeunesse et photographie : mise à jour et étude analytique d'un corpus éditorial européen et américain*, thèse de doctorat, Université Rennes 2, 2019.

Le Guen, Laurence, *Cent cinquante ans de photo-littérature pour les enfants*, Nantes, Éditions MeMo, 2022.

Lejeune, Philippe, *L'autobiographie en France*, Paris, Armand Colin, 1998 [1971].

Lejeune, Philippe, *Le pacte autobiographique*, Paris, Seuil, 1996 [1975].

Lemaître, Sophie, « Le "Livre sur les peintres" de 1918 », *Mélusine*, n° 32 (« À belles mains. Livre surréaliste – livre d'artiste »), 2012, p. 61-72.

Leperlier, François, *Claude Cahun: l'écart et la métamorphose*, Paris, Jean-Michel Place, 1992.

Leperlier, François, *Claude Cahun: l'exotisme intérieur*, Paris, Fayard, 2006.

Leperlier, François, « *La Dame masquée* et le cinéma de Claude Cahun », *Europe*, vol. 95, n° 1056, avril 2017, p. 217-228.

Leperlier, François, « Suzanne Malherbe: "Rêve de Moore" », dans *Le rêve d'une ville : Nantes et le surréalisme*, catalogue d'exposition, Nantes et Paris, Musée des Beaux-Arts de Nantes et Réunion des musées nationaux, 1994, p. 437-445.

Lhermitte, Agnès, « *Aveux non avenus*: la déconcertante écriture de soi de Claude Cahun », *Mélusine*, n° 27, 2007, p. 233-244.

Lhermitte, Agnès, « "La nièce de Marcel Schwob" », dans Andrea Oberhuber et Alexandra Arvisais (dir.), *Héritages partagés de Claude Cahun et Marcel Moore, du XIXe au XXIe siècles. Symbolisme, modernisme, surréalisme, postérité contemporaine*, http://cahun-moore.com/collectif-heritages-partages-de-claude-cahun-et-marcel-moore/la-niece-de-marcel-schwob/.

« Lise Deharme », *Cahiers bleus*, n° 19, automne-hiver 1980.

Lista, Giovanni, *Le Futurisme: création et avant-garde*, Paris, L'Amateur, 2001.

Louvel, Liliane, *Le tiers pictural: pour une critique intermédiale*, Rennes, Presses universitaires de Rennes, 2010.

Louvel, Liliane, *Texte/image: images à lire, texte à voir*, Rennes, Presses universitaires de Rennes, 2002.

Mahon, Alyce, «Dorothea Tanning. Behind the Door, Another Visible Door», dans *Dorothea Tanning*, catalogue d'exposition, Londres, Tate Modern, 2018, p. 15-34.

Mahon, Alyce, «Life is Something Else: Chambre 202, Hôtel du Pavot», dans *Dorothea Tanning*, catalogue d'exposition, Londres, Tate Modern, 2018, p. 53-67.

Mandia, Valérie, «*Dans mes peintures je ne dis jamais JE*». Autoportraits texte-image chez Leonor Fini, thèse de doctorat, Université d'Ottawa, 2020.

Marceau, Jean-Claude, *Unica Zürn et l'Homme Jasmin: le dit-schizophrène*, Paris, L'Harmattan, 2006.

Maria, Charlotte, *Correspondances de Claude Cahun: la lettre et l'œuvre*, thèse de doctorat, vol. 1 et 2, Université de Caen Basse-Normandie, 2013.

Maria, Charlotte, «Claude Cahun ou les masques de l'identité», dans Jean-Philippe Beaulieu et Andrea Oberhuber (dir.), *Jeu de masques. Les femmes et le travestissement textuel (1500-1940)*, Saint-Étienne, Publications de l'Université de Saint-Étienne, 2011, p. 227-237.

Mariniello, Silvestra, «La *littéracie* de la différence», dans Jean-Louis Déotte et Marion Froger (dir.), *Appareil et intermédialité*, Paris, L'Harmattan, 2007, p. 163-187.

Marquié, Hélène, *Métaphores surréalistes dans des imaginaires féminins. Quêtes, seuils et suspensions; souffles du surréel au travers d'espaces picturaux et chorégraphiques*, thèse de doctorat, Université Paris 8 – Vincennes Saint-Denis, 2000.

Marwood, Kimberley, «Shadows of Femininity: Women, Surrealism, and the Gothic», *re.bus*, n° 4, 2009, http://fliphtml5.com/kjno/jmdo/basic.

Mèredieu, Florence de, *André Masson: les dessins automatiques*, Paris, Blusson, 1988.

Meuleman, Marie, *Identités de Claude Cahun: étude de l'héritage juif dans les textes et les images*, mémoire de maîtrise, Université de Montréal, 2019.

Melot, Michel, «Le texte et l'image», dans Henri-Jean Martin et Roger Chartier (dir.), *Histoire de l'édition française*, tome III: *Le temps des éditeurs: du Romantisme à la Belle Époque*, Paris, Promodis, 1985, p. 287-301.

Monette, Annie, «Les anagrammes de *L'Homme Jasmin*: folie, écriture et délivrance», *Postures*, n° 11, 2009, p. 45-57.

Montandon, Alain (dir.), *Iconotextes*, Paris, Ophrys, 1990.

Montandon, Alain, «Préface», dans Alain Montandon (dir.), *Signe/Texte/Image*, Meyzieu, Césura Lyon Éditions, 1990, p. 7-17.

Montier, Jean-Pierre, David Martens et Anne Reverseau (dir.), *L'écrivain vu par la photographie*, Rennes, Presses universitaires de Rennes, 2017.

Morin, Fannie et Caroline Hogue, «Cerner le désir infiniment: *Sur le champ* d'Annie Le Brun et Toyen», https://lisaf.org/project/le-brun-annie-sur-le-champ/.

Mulvey, Laura, «Visual Pleasure and Narrative Cinema», *Screen*, vol. 16, n° 3, 1975, p. 6-18.

Mundy, Jennifer, «Dorothea Tanning, *Eine kleine Nachtmusik*», *Tate Modern*, http://www.tate.org.uk/art/artworks/tanning-eine-kleine-nachtmusik-t07346.

Murat, Laure, «The Invention of the Neuter», *Diogenes*, n° 208, 2004, p. 72-84.

Nancy, Jean-Luc, *La communauté désœuvrée*, Paris, Christian Bourgois, 2011.

Neeman, Elsa (en collaboration avec Jérôme Meizoz et Claire Clivaz), «Culture numérique et auctorialité: réflexions sur un bouleversement», *A contrario*, n° 17, 2012, p. 3-36.

Nerlich, Michael, «Qu'est-ce qu'un contexte? Réflexions sur le rapport texte-image photographique dans *La femme se découvre* d'Evelyne Sinnassamy», dans Alain Montandon, (dir.), *Iconotextes*, Paris, Ophrys, 1990, p. 255-302.

Oberhuber, Andrea, «Aimer, s'aimer à s'y perdre? Les jeux spéculaires de Cahun-Moore», *Intermédialités*, n° 4, 2004, p. 87-114.

Oberhuber, Andrea (dir.), *Claude Cahun: contexte, posture, filiation. Pour une esthétique de l'entre-deux*, Montréal, Département des littératures de langue française, coll. «Paragraphes», 2007.

Oberhuber, Andrea, *Corps de papier. Résonances*, Montréal, Nota bene, 2012.

Oberhuber, Andrea, «De la *Baroness Elsa* à Unica Zürn: performance, collaboration interartistique et fil(l)iation dans les avant-gardes de l'entre-deux-guerres», dans Patricia Izquierdo (dir.), *Genre, Arts, Société: 1900-1945*, Paris, Éditions Inverses, 2012, p. 109-123.

Oberhuber, Andrea, «Désir, violence et sexualité "noire" dans *La Comtesse sanglante* de Valentine Penrose», *Sextant*, n° 29, 2012, p. 71-80.

Oberhuber, Andrea, «Du livre au livre surréaliste: Cahun-Moore, Cahun-Deharme», dans *Claude Cahun et ses doubles*, catalogue d'exposition édité par la Bibliothèque municipale de Nantes et le Musée des Beaux-Arts de Nantes, Nantes, MeMo, 2015, p. 21-33.

Oberhuber, Andrea, «Écriture et image de soi dans *Le Livre de Leonor Fini*», *Dalhousie French Studies*, n° 89, hiver 2009, p. 51-61.

Oberhuber, Andrea, «Exposer des œuvres en partage: travail collaboratif et livre surréaliste au féminin», *Au féminin. Livres surréalistes 1930-1975*, catalogue d'exposition publié sur *Littératures: modes d'emploi*, http://www.litteratures-modesdemploi.org/catalogue_expo/au-feminin-livres-surrealistes-1930-1975/, 2020, p. 2-6.

Oberhuber, Andrea, «Humour noir et onirisme dans *La Maison de la Peur* et *La Dame ovale* de Leonora Carrington et Max Ernst», dans Mireille Calle-Gruber, Sarah-Anaïs Crevier Goulet, Andrea Oberhuber et Maribel Peñalver Vicea (dir.), *Folles littéraires: folies lucides. Les états borderline du genre et ses créations*, Montréal, Nota bene, 2019, p. 25-47.

Oberhuber, Andrea, «"J'ai la manie de l'exception": illisibilité, hybridation et réflexions génériques dans *Aveux non avenus* de Claude Cahun», dans Ricard Ripoll (dir.), *Stratégies de l'illisible*, Perpignan, Presses universitaires de Perpignan, 2005, p. 75-87.

Oberhuber, Andrea, «La consignation de poèmes-anagrammes dans *Oracles et spectacles* d'Unica Zürn», *Le livre surréaliste au féminin… faire œuvre à deux*, http://lisaf.org/project/zurn-unica-oracles-spectacles/.

Oberhuber, Andrea, « L'(im)possible portrait d'écrivain chez Claude Cahun et Marcel Moore », dans Jean-Pierre Montier, David Martens et Anne Reverseau (dir.), *L'écrivain vu par la photographie*, Rennes, Presses universitaires de Rennes, 2017, p. 151-159.

Oberhuber, Andrea, « Le pouvoir incantatoire de *Hexentexte* d'Unica Zürn », *Le livre surréaliste au féminin… faire œuvre à deux*, http://lisaf.org/project/zurn-unica-hexentexte/.

Oberhuber, Andrea, « Livre surréaliste et livre d'artiste mis en jeu », *Mélusine*, n° 32 (« À belles mains. Livre surréaliste – livre d'artiste »), 2012, p. 9-30.

Oberhuber, Andrea, « Présentation : Texte/image, une question de coïncidence », *Dalhousie French Studies*, n° 89, 2009, p. 3-9.

Oberhuber, Andrea, « Projets photolittéraires et modes de lecture de l'objet *livre* dans les années trente », dans Jean-Pierre Montier (dir.), *Transactions photolittéraires*, Rennes, Presses universitaires de Rennes, 2015, p. 159-170.

Oberhuber, Andrea, « The Surrealist Book as a Cross-Border Space : The Experimentations of Lise Deharme and Gisèle Prassinos », *Image & Narrative*, vol. 12, n° 3, 2011, p. 81-97.

Oberhuber, Andrea, « Une œuvre, deux signatures : la part du photographique dans le livre surréaliste », dans *Photolittérature*, catalogue d'exposition édité par Marta Caraion et Jean-Pierre Montier, Montricher, Fondation Jan Michalski pour l'écriture et la littérature, 2016, p. 68-81.

Oberhuber, Andrea, « Vers le Neutre : l'haltérophile et le Minotaure », *Mélusine*, n° 36, 2016, p. 113-122.

Oberhuber, Andrea (dir.), « Voir le texte, lire l'image », *Dalhousie French Studies*, n° 89, 2009.

Oberhuber, Andrea et Sarah-Jeanne Beauchamp Houde, « *En chair et en or* : corps-textes en métamorphoses », *Le livre surréaliste au féminin… faire œuvre à deux*, http://lisaf.org/project/en-chair-et-en-or/.

Oberhuber, Andrea et Sarah-Jeanne Beauchamp Houde, « *Oiseaux en péril*, l'œuvre testament de Dorothea Tanning et Max Ernst », *Le livre surréaliste au féminin… faire œuvre à deux*, http://lisaf.org/project/tanning-dorothea-oiseaux-en-peril/.

Oberhuber, Andrea et Caroline Hogue, « *Le Poids d'un oiseau* de Lise Deharme et Leonor Fini. Parcours d'une revenante », *Le livre surréaliste au féminin… faire œuvre à deux*, https://lisaf.org/project/deharme-lise-poids-dun-oiseau/.

Oberhuber, Andrea et Sofiane Laghouati, « Emploi et contremploi du Livre », *Textimage*, n° 11, 2019, https://www.revue-textimage.com/17_blessures_du_livre/introduction1.html.

Oberhuber, Andrea et Jean-Pierre Montier, « 1 + 1 = 3, ou comment naît l'œuvre photolittéraire », *Revue internationale de photolittérature*, n° 3 (« Œuvres photolittéraires et couples créateurs »), 2021, http://phlit.org/press/?post_type=numerorevue&p=3307.

Orenstein, Gloria, « La nature animale et divine de la femme dans les œuvres de Leonora Carrington », *Mélusine*, n° 2 (« Occulte-Occultation »), 1981, p. 130-137.

Pelard, Emmanuelle, « *Iconolecture, tactilecture* : la réinvention du lire dans le livre-objet de Roland Giguère », *Mélusine*, n° 32 (« À belles mains. Livre surréaliste – livre d'artiste »), 2012, p. 145-155.

Peyré, Yves, «A Glimpse of the Future», dans Jean Khalfa (dir.), *The Dialogue between Painting and Poetry. Livres d'Artistes 1874-1999*, Cambridge, Black Apollo Press, 2001, p. 159-169.

Peyré, Yves, *Histoire de la reliure de création: 1870-2014*, Dijon, Éditions Faton, 2015.

Peyré, Yves, *Peinture et poésie: le dialogue par le livre, 1874-2000*, Paris, Gallimard, 2001.

Pierre, José, *Max Walter Svanberg et le règne féminin*, préface d'André Breton, Paris, Le Musée de poche, 1975.

Plazy, Gilles, *Dorothea Tanning*, Paris, Filipacchi, 1976.

Plet, Charles, «*Le Nouveau Candide* ou le merveilleux de l'écriture automatique», *Le livre surréaliste au féminin... faire œuvre à deux*, http://lisaf.org/project/penrose-valentine-nouveau-candide/.

Plet, Charles et Andrea Oberhuber, «*Il était une petite pie* de Lise Deharme: un recueil faussement candide?», *Le livre surréaliste au féminin... faire œuvre à deux*, http://lisaf.org/project/deharme-lise-etait-petite-pie/.

Plet, Charles et Andrea Oberhuber, «*Sorts de la lueur*: magie du Verbe poétique», *Le livre surréaliste au féminin... faire œuvre à deux*, http://lisaf.org/project/penrose-valentine-sorts-de-lueur/.

Pollock, Griselda, *Vision and Difference. Femininity, Feminism and Histories of Art*, Londres et New York, Routledge, 1988.

Pouzet-Duzer, Virginie, «Le triangle du désir dans les livres d'Ivšić-Toyen-Lebrun», *Mélusine*, n° 32 («À belles mains. Livre surréaliste – livre d'artiste»), 2012, p. 167-175.

Raaberg, Gwen, «The Problematics of Women and Surrealism», dans Mary Ann Caws, Rudolf E. Kuenzli et Gwen Raaberg (dir.), *Surrealism and Women*, Cambridge et Londres, MIT Press, 1991, p. 1-10.

Rabain, Jean-François, «Quelques roses pour Unica Zürn», dans Georgiana M. M. Colvile et Katharine Conley (dir.), *La femme s'entête. La part du féminin dans le surréalisme*, Paris, Lachenal et Ritter, 1998, p. 233-251.

Reid, Martine (dir.), *Femmes et littérature. Une histoire culturelle*, tomes I et II, Paris, Gallimard, 2020.

Remy, Michel «British Surrealists Writing and Painting: Re-Making the Margin», dans Elza Adamowicz (dir.), *Surrealism: Crossings/Frontiers*, New York, Peter Lang, 2006, p. 171-181.

Reynes Delobel, Anne, «Point d'arrêt – point d'ouverture: Claude Cahun et la photographie surréaliste dans *Le Cœur de Pic*», *Image & Narrative*, vol. 15, n° 2, 2014, p. 26-45.

Riese Hubert, Renée, «Beyond Initiation: Leonora Carrington and Max Ernst», *Magnifying Mirrors. Women, Surrealism and Partnership*, Lincoln et Londres, University of Nebraska Press, 1994, p. 113-140.

Riese Hubert, Renée, «Collaboration and Partnership», *Magnifying Mirrors. Women, Surrealism and Partnership*, Lincoln et Londres, University of Nebraska Press, 1994, p. 1-29.

Riese Hubert, Renée, «Gender, Genre, and Partnership: A Study of Valentine Penrose», dans Juliet Flower MacCannell (dir.), *The Other Perspective in Gender and Culture. Rewriting Women and The Symbolic*, New York et Oxford, Columbia University Press, 1990, p. 117-142.

Riese Hubert, Renée, « Leonora Carrington and Max Ernst: Artistic Partnership and Feminist Liberation », *New Literary History*, vol. 22, n° 3, 1991, p. 715-745.

Riese Hubert, Renée, « *Le Livre de Leonor Fini* : Self Portrait and Autobiography », *Corner*, n° 2, 1999, http://cornermag.net/corner02/page05.htm.

Riese Hubert, Renée, « Le rôle du couple dans la peinture surréaliste », *Mélusine*, n° 11 (« Histoire-Historiographie »), 1990, p. 249-260.

Riese Hubert, Renée, « Lesbianism and Matriarchy : Valentine Penrose and Roland Penrose », *Magnifying Mirrors. Women, Surrealism and Partnership*, Lincoln et Londres, University of Nebraska Press, 1994, p. 87-111.

Riese Hubert, Renée, *Magnifying Mirrors. Women, Surrealism and Partnership*, Lincoln et Londres, University of Nebraska Press, 1994.

Riese Hubert, Renée, *Surrealism and the Book*, Berkeley, University of California Press, 1988.

Rosello, Mireille, *L'humour noir selon André Breton: après avoir assassiné mon pauvre père...*, thèse de doctorat, Université du Michigan, 1986.

Rosemont, Penelope, *Surrealist Women: An International Anthology*, Austin, University of Texas Press, 1998.

Rubio, Emmanuel (dir.), *L'entrée en surréalisme*, Paris, Phénix Éditions, 2004.

Sauvageot, Anne, *Le partage de l'œuvre : essai sur le concept de collaboration artistique*, Paris, L'Harmattan, 2020.

Schwakopf, Nadine, *Polygraphies de l'intime : le projet autofictionnel de Claude Cahun et d'Unica Zürn*, mémoire de maîtrise, Université de Montréal, 2007.

Sebbag, Georges, *André Breton, l'amour-folie : Suzanne, Nadja, Lise, Simone*, Paris, Jean-Michel Place, 2004.

Sebbag, Georges, « Musidora, Nadja et Gradiva », *Histoires littéraires*, n° 37, 2009, p. 43-60.

Shandler Levitt, Annette, « Women's Work. The Transformations of Leonor Fini and Dorothea Tanning », *The Genres and Genders of Surrealism*, New York, St. Martin's Press, 1999, p. 89-111.

Shaw, Jennifer L., « Spiritual Arms Instead of Firearms : Cahun and Moore on the Isle of Jersey », *Exist Otherwise: The Life and Works of Claude Cahun*, Londres, Reaktion Books, 2017, p. 197-258.

Speijer, Jacob Samuel, « Le dieu romain Janus », *Revue de l'histoire des religions*, n° 26, 1892, p. 1-47.

Spies, Werner, *Max Ernst-Loplop : l'artiste et son double*, traduit de l'allemand par Claire de Oliveira, Paris, Gallimard, 1997.

Spies, Werner, *Max Ernst : les collages, inventaire et contradiction*, Paris, Gallimard, 1984.

Spies, Werner, *Max Ernst : vie et œuvre*, traduit de l'allemand par Françoise Joly, Paris, Centre Pompidou, 2007.

Stahl, Andrea, *Artikulierte Phänomenalität. Der Körper in den Texten und Fotografien Claude Cahuns*, Würzburg, Königshausen & Neumann, 2012.

Starobinski, Jean, « Le style de l'autobiographie », *Poétique*, n° 3, 1970, p. 257-265.

Stevens, James, « Claude Cahun : an Analysis of Her Photographique Technique », dans *Don't Kiss Me: The Art of Claude Cahun*, catalogue d'exposition édité par

Louise Downie, Londres et Jersey, Tate Publishing et Jersey Heritage Trust, 2006, p. 46-55.

Suleiman, Susan Rubin, *Subversive Intent. Gender, Politics and the Avant-Garde*, Cambridge et Londres, Harvard University Press, 1990.

Suleiman, Susan Rubin, «En marge: les femmes et le surréalisme», *Pleine Marge*, n° 17, 1993, p. 55-68.

Suleiman, Susan Rubin, «Surrealist Black Humor: Masculine/Feminine», *Papers of Surrealism*, n° 1, hiver 2003. http://www.surrealismcentre.ac.uk/papersofsurrealism/journal1/acrobat_files/Suleiman.pdf.

Thynne, Lizzie, «Action indirecte: politique, identité et subversion chez Claude Cahun et Marcel Moore dans la résistance contre l'occupation nazie de Jersey», dans Andrea Oberhuber (dir.), *Claude Cahun: contexte, posture, filiation. Pour une esthétique de l'entre-deux*, Montréal, Département des littératures de langue française, coll. «Paragraphes», 2007, p. 69-92.

Tomiche, Anne, *La naissance des avant-gardes occidentales, 1909-1922*, Paris, Armand Colin, 2015.

Valle Arbex, Márcia Maria, «Le procédé du collage dans l'œuvre de Max Ernst», *Caligrama: Revista de Estudos Românicos*, n° 3, 1998, p. 79-92.

Villani, Tiziana, *Parcours de l'œuvre de Leonor Fini*, Bruxelles, Trinckvel, 1994.

Vincensini, Jean-Jacques, «Conte», dans Paul Aron, Denis Saint-Jacques et Alain Viala (dir.), *Le dictionnaire du Littéraire*, Paris, Presses universitaires de France, 2002, p. 112-113.

Vouilloux, Bernard, «Le texte et l'image: où commence et comment finit une interdiscipline?», *Littérature*, n° 87, 1992, p. 95-98.

Waddell, Roberta, *Dorothea Tanning: Hail Delirium! A Catalogue Raisonné of the Artist's Illustrated Books and Prints, 1942-1991*, New York, The New York Public Library, 1992.

Wagner, Peter (dir.), *Icons – Texts – Iconotexts*, New York, Walter de Gruyter, 1986.

Webb, Peter, *Leonor Fini: métamorphoses d'un art*, Arles, Actes Sud et Imprimerie nationale, 2007.

Weigel, Sigrid, «Hans Bellmer Unica Zürn: "Auch der Satz ist wie ein Körper…"? Junggesellenmaschinen und die Magie des Imaginären», *Topographien der Geschlechter. Kulturgeschichtliche Studien zur Literatur*, Reinbek et Hambourg, Rowohlt Verlag, 1990, p. 67-113.

Zachmann, Gayle, «Cahun and the Politics of Culture. Resistance, Journalism, and Performative Engagement», *Contemporary French Civilization*, vol. 35, n° 2, 2011, p. 19-46.

Vidéographie

Ferrandou, Dominique et Julien, *Dorothea Tanning: la belle dormeuse aux abois*, DVD, 2014, prod. Seven Doc.

Ferrandou, Dominique et Julien, *Leonora Carrington: ouvre-toi, porte de pierre*, DVD 3671, 2011, prod. Seven Doc.

Maze, Fabrice, *Claude Cahun: Elle et Suzanne*, DVD, 2015, prod. Seven Doc.

Thynne, Lizzie, *Playing a Part. The Story of Claude Cahun*, DVD, 2004, Sussex University.

Sites Internet

Claude Cahun, Jersey Heritage, https://www.jerseyheritage.org/research/jersey-heritage-collection/art/claude-cahun/.

Dorothea Tanning: Painter, Sculptor, Writer, http://www.dorotheatanning.org/life-and-work.

Héritages de Claude Cahun et Marcel Moore, http://cahun-moore.com/.

Leonora Carrington, https://www.leocarrington.com/.

Leonor Fini, http://www.leonor-fini.com/fr/.

Lise Deharme, Fonds Lise Deharme, https://francearchives.gouv.fr/fr/findingaid/7f97f088847aac05834af66dda1bc78dc5475f5f.

TABLE DES ILLUSTRATIONS

45   **FIG. 1** Couverture, dans Claude Cahun, *Aveux non avenus*, 1930 ; Ville de Nantes – Bibliothèque municipale [612504R].

53   **FIG. 2** Planche X, 1929-1930 (Moore et Claude Cahun), dans Claude Cahun, *Aveux non avenus*, 1930 ; Ville de Nantes – Bibliothèque municipale [612504R].

61   **FIG. 3** Planche VI, 1929-1930 (Moore et Claude Cahun), dans Claude Cahun, *Aveux non avenus*, 1930 ; Ville de Nantes – Bibliothèque municipale [612504R].

66   **FIG. 4** Planche I – frontispice, 1929-1930 (Moore et Claude Cahun), dans Claude Cahun, *Aveux non avenus*, 1930 ; National Gallery of Australia, Kamberri/Canberra.

75   **FIG. 5** Planche III, 1929-1930 (Moore et Claude Cahun), dans Claude Cahun, *Aveux non avenus*, 1930 ; Ville de Nantes – Bibliothèque municipale [612504R].

91   **FIG. 6** Couverture, dans Lise Deharme, *Le Cœur de Pic*, 1937, © Éditions MeMo, 2004 ; avec l'aimable autorisation d'Aude Deharme.

94-95   **FIG. 7** « Belle de nuit » et planche II, dans Lise Deharme, *Le Cœur de Pic*, 1937, © Éditions MeMo, 2004 ; avec l'aimable autorisation d'Aude Deharme.

98-99   **FIG. 8** « Les ennuis de Pic » et planche XV, dans Lise Deharme, *Le Cœur de Pic*, 1937, © Éditions MeMo, 2004 ; avec l'aimable autorisation d'Aude Deharme.

102-103   **FIG. 9** « Immortelle » et planche III, dans Lise Deharme, *Le Cœur de Pic*, 1937, © Éditions MeMo, 2004 ; avec l'aimable autorisation d'Aude Deharme.

104-105   **FIG. 10** « Monsieur le curé » et planche XX, dans Lise Deharme, *Le Cœur de Pic*, 1937, © Éditions MeMo, 2004 ; avec l'aimable autorisation d'Aude Deharme.

113   **FIG. 11** Dessin (Leonor Fini), dans Lise Deharme, *Le Poids d'un oiseau*, 1955 ; Droits réservés (L. Fini), avec l'aimable autorisation d'Aude Deharme.

114   **FIG. 12** Dessin (Leonor Fini), dans Lise Deharme, *Le Poids d'un oiseau*, 1955 ; Droits réservés (L. Fini), avec l'aimable autorisation d'Aude Deharme.

121   **FIG. 13** Dessin (Leonor Fini), dans Lise Deharme, *Le Poids d'un oiseau*, 1955 ; Droits réservés (L. Fini), avec l'aimable autorisation d'Aude Deharme.

126-127   **FIG. 14** Dessin (Leonor Fini), dans Lise Deharme, *Le Poids d'un oiseau*, 1955 ; Droits réservés (L. Fini), avec l'aimable autorisation d'Aude Deharme.

148-149 **FIG. 15** Collage et «Préface ou Loplop présente la Mariée du Vent» (Max Ernst), dans Leonora Carrington, *La Maison de la Peur*, 1938 ; General Collection, Beinecke Rare Book and Manuscript Library, Yale University [1995 246], © Adagp, Paris, 2023.

152-153 **FIG. 16** Collage (Max Ernst), dans Leonora Carrington, *La Maison de la Peur*, 1938 ; General Collection, Beinecke Rare Book and Manuscript Library, Yale University [1995 246], © Adagp, Paris, 2023.

156-157 **FIG. 17** Collage (Max Ernst) et page de titre, dans Leonora Carrington, *La Dame ovale*, 1939 ; General Collection, Beinecke Rare Book and Manuscript Library, Yale University [1984 203], © Adagp, Paris, 2023.

160-161 **FIG. 18** Extrait de «La débutante» et collage (Max Ernst), dans Leonora Carrington, *La Dame ovale*, 1939 ; General Collection, Beinecke Rare Book and Manuscript Library, Yale University [1984 203], © Adagp, Paris, 2023.

166-167 **FIG. 19** Collage (Max Ernst) et extrait de «L'amoureux», dans Leonora Carrington, *La Dame ovale*, 1939 ; General Collection, Beinecke Rare Book and Manuscript Library, Yale University [1984 203], © Adagp, Paris, 2023.

178-179 **FIG. 20** «Au printemps il se pare» et gravure sur cuivre (Max Ernst), dans Dorothea Tanning, *Oiseaux en péril*, 1975 ; General Collection, Beinecke Rare Book and Manuscript Library, Yale University [Folio Ernst 17], © Adagp, Paris, 2023.

190-191 **FIG. 21** «La carte du monde tourne en dérision» et gravure sur cuivre (Max Ernst), dans Dorothea Tanning, *Oiseaux en péril*, 1975 ; General Collection, Beinecke Rare Book and Manuscript Library, Yale University [Folio Ernst 17], © Adagp, Paris, 2023.

194-195 **FIG. 22** «Tous les couloirs du soir lilas» et gravure sur cuivre (Max Ernst), dans Dorothea Tanning, *Oiseaux en péril*, 1975 ; General Collection, Beinecke Rare Book and Manuscript Library, Yale University [Folio Ernst 17], © Adagp, Paris, 2023.

200-201 **FIG. 23** «Je suis un être oisif» et gravure sur cuivre (Max Ernst), dans Dorothea Tanning, *Oiseaux en péril*, 1975 ; General Collection, Beinecke Rare Book and Manuscript Library, Yale University [Folio Ernst 17], © Adagp, Paris, 2023.

212-213 **FIG. 24** Unica Zürn, «Wir lieben den Tod», dans *Hexentexte*, 1954 ; © Verlag Brinkmann & Bose Publisher, Allemagne.

216-217 **FIG. 25** Unica Zürn, «Alle guten Geister», dans *Hexentexte*, 1954 ; © Verlag Brinkmann & Bose Publisher, Allemagne.

218-219 **FIG. 26** Hans Bellmer, «ANAGRAMME sind Worte und Sätze», dans Unica Zürn, *Hexentexte*, 1954 ; © Verlag Brinkmann & Bose Publisher, Allemagne.

224-225 **FIG. 27** «Die Gottesanbeterin» (Hans Bellmer, eau-forte, ca 1960) et page de titre, dans Unica Zürn, *Oracles et spectacles*, 1967 ; © Verlag Brinkmann & Bose Publisher, Allemagne.

227 **FIG. 28** Eau-forte, dans Unica Zürn, *Oracles et spectacles*, 1967 ; © Verlag Brinkmann & Bose Publisher, Allemagne.

229	**FIG. 29** Eau-forte, dans Unica Zürn, *Oracles et spectacles*, 1967 ; © Verlag Brinkmann & Bose Publisher, Allemagne.
232	**FIG. 30** Unica Zürn, dessin à l'encre de Chine, août 1960, dans *Alben. Bücher und Zeichenhefte*, 2009 ; © Verlag Brinkmann & Bose Publisher, Allemagne.
239	**FIG. 31** Collage frontispice (Valentine Penrose), dans Valentine Penrose, *Dons des féminines*, 1951 ; avec l'aimable autorisation de Marie-Gilberte Devise.
244-245	**FIG. 32** « C'en est fait » et collage, dans Valentine Penrose, *Dons des féminines*, 1951 ; avec l'aimable autorisation de Marie-Gilberte Devise.
246	**FIG. 33** Collage, dans Valentine Penrose, *Dons des féminines*, 1951 ; avec l'aimable autorisation de Marie-Gilberte Devise.
252	**FIG. 34** Collage, dans Valentine Penrose, *Dons des féminines*, 1951 ; avec l'aimable autorisation de Marie-Gilberte Devise.
254-255	**FIG. 35** « Au pic d'Anie » et collage, dans Valentine Penrose, *Dons des féminines*, 1951 ; avec l'aimable autorisation de Marie-Gilberte Devise.
260-261	**FIG. 36** « Tantôt elles sont seules » et collage, dans Valentine Penrose, *Dons des féminines*, 1951 ; avec l'aimable autorisation de Marie-Gilberte Devise.
263	**FIG. 37** « À l'auberge des grands reflets », dans Valentine Penrose, *Dons des féminines*, 1951 ; avec l'aimable autorisation de Marie-Gilberte Devise.
270-271	**FIG. 38** « Attention aux femmes dont les sœurs sont belles » et collage, dans Valentine Penrose, *Dons des féminines*, 1951 ; avec l'aimable autorisation de Marie-Gilberte Devise.
278-279	**FIG. 39** Leonor Fini, *L'Enroulement du silence*, 1955, huile sur toile, coll. privée (Lausanne), dans Leonor Fini, *Le Livre de Leonor Fini*, 1975, p. 156-157 ; © Adagp, Paris, 2023.
284	**FIG. 40** *Kinderstube* (détail), 1970, huile sur toile, coll. Marci (Gstaad), dans Leonor Fini, *Le Livre de Leonor Fini*, 1975, p. 7 ; © Adagp, Paris, 2023.
288-299	**FIG. 41** « Lointaines parentes » et portrait photographique de Leonor Fini (Eddy Brofferio, 1969), dans Leonor Fini, *Le Livre de Leonor Fini*, 1975, p. 100-101 ; © Adagp, Paris, 2023.
293	**FIG. 42** Leonor Fini [mosaïque de portraits], dans Leonor Fini, *Le Livre de Leonor Fini*, 1975, p. 33 ; © Adagp, Paris, 2023.
298-299	**FIG. 43** Leonor Fini devant sa maison de Saint-Dyé (page de faux-titre), photographie Eddy Brofferio, dans Leonor Fini, *Le Livre de Leonor Fini*, 1975, p. 2-3 ; © Adagp, Paris, 2023.
300	**FIG. 44** « D'un jour à l'autre » et portrait de Leonor Fini en ange noir (photographie André Ostier), dans Leonor Fini, *Le Livre de Leonor Fini*, 1975, p. 32 ; © Adagp, Paris, 2023.
302-303	**FIG. 45** Gravures et textes tirés de *Le Temps de la mue* (Paris, Éditions Galerie Bosquet, 1975), dans Leonor Fini, *Le Livre de Leonor Fini*, 1975, p. 220-221 ; © Adagp, Paris, 2023.

TABLE DES MATIÈRES

Remerciements   9

Démarche collaborative et dialogue intermédial :
le livre comme support   11
    Démarche collaborative et Livre surréaliste   12
    Le Livre surréaliste au féminin, un genre à part (entière)   16
    Normes et écarts : à propos de quelques traits communs   21
    La « part du féminin » dans le Surréalisme   25
    Une communauté malgré tout   32

PARTIE I
Collaboration au féminin

Une œuvre en partage : *Aveux non avenus* de Claude Cahun
et Moore   43
    Le couple créateur : éthique et esthétique du partage   48
    Le fragment comme principe de (dé)composition   55
    Une œuvre « monstre à deux têtes »   63
    Collage de textes, montage d'images   70
    Pour une lecture intermédiale de l'objet *livre* avant-gardiste   78

Lise Deharme et ses collaboratrices artistes : *Le Cœur de Pic*
et *Le Poids d'un oiseau*   83
    Muse un jour, poète et romancière toujours   85
    Un « livre d'images [qui] a l'âge que vous voulez avoir » :
    Le Cœur de Pic   88
        Facture photolittéraire   89
        Jeux et aventures magiques *de Pic*   92
        Mots poétiques, objets trouvés dans des scènes arrangées   97

Des histoires de passantes et de fantômes : *Le Poids d'un oiseau*   109
  Détournements   115
  Temporalité et merveilleux   116
  Traversée et spectralité   120
  Mise en valeur du féminin et confusion des règnes   125
  Complexité illustrative : sur les apports de l'image au texte   131

PARTIE II
Collaboration mixte

À la ville comme à l'œuvre : *La Maison de la Peur* et *La Dame ovale* de Leonora Carrington et Max Ernst   137
  L'humour noir au service de la *révolution* des valeurs bourgeoises   140
  L'inquiétante *Maison de la Peur*   143
    L'univers du rêve dans les collages   146
    Du discontinu et de l'irrationnel   151
  Décloisonnement des frontières du réel et du merveilleux dans *La Dame ovale*   155
    Jeux d'enfants et adversité du monde adulte   162
    Face à l'absurde   168

Oiseaux en péril, ou le sacre du couple créateur Dorothea Tanning et Max Ernst   173
  Une suite de quadriptyques   176
  Des collaborateurs à titre égal   181
  Entre Ciel et Terre   188
  Rôles inversés dans le dialogue par l'album   196

PARTIE III
Dualité créatrice

Les noces magiques de l'anagramme et du dessin : *Hexentexte* et *Oracles et spectacles* d'Unica Zürn   207
  Le pouvoir incantatoire de *Hexentexte*   210
  L'ensemble d'anagrammes-dessins   211
  «*Anagramme sind Worte und Sätze…*»   220

La consignation d'eaux-fortes et d'anagrammes dans *Oracles et spectacles* 221
   L'image comme moteur d'écriture poétique? 222
   Travail de montage et de démontage 230
   Démarche collaborative ou dédoublement de l'auteure en artiste visuelle 233

Dons des féminines de Valentine Penrose, une histoire d'«amour fou» 237
   Un album de poèmes-collages 240
   Rencontres et échanges 247
   Traversées 253
   Rapports de collusion et de collision 262
   Texte – image – langues 264
   Sous l'enseigne des «singulières» 268
   Le règne des féminines… 272

L'artiste et son double : *Le Livre de Leonor Fini* 275
   Composition de l'*opus magnum* 276
   Mise en œuvre 281
   Parcours de lecture-spectature 285
   Voilement et dévoilement 295
   D'une tradition (livresque) l'autre 305

Le Livre surréaliste au féminin : entité tératologique ou tête de Janus ? 307

Bibliographie 323
   Œuvres 323
   Catalogues d'exposition 326
   Ouvrages et articles critiques 327
   Vidéographie 340
   Sites Internet 341

Table des illustrations 343